中等职业学校学生劳动素养评价与培育研究

杨秋月 著

地质出版社
·北 京·

图书在版编目（CIP）数据

中等职业学校学生劳动素养评价与培育研究 / 杨秋月著. -- 北京 : 地质出版社, 2025. 3. -- ISBN 978-7-116-14503-0

Ⅰ. G40-015

中国国家版本馆 CIP 数据核字第 20259GK350 号

中等职业学校学生劳动素养评价与培育研究

ZHONGDENG ZHIYE XUEXIAO XUESHENG LAODONG SUYANG PINGJIA YU PEIYU YANJIU

策划编辑：胡庆翠
责任编辑：贺倩云
责任校对：关风云
出版发行：地质出版社
社址邮编：北京市海淀区学院路31号，100083
电　　话：（010）66554599
网　　址：https://www.gph.clmpg.com
传　　真：（010）66554601
印　　刷：北京地大彩印有限公司
开　　本：787mm×1092mm　1/16
印　　张：20.75
字　　数：320千字
版　　次：2025年3月北京第1版
印　　次：2025年3月北京第1次印刷
定　　价：58.00元
书　　号：ISBN 978-7-116-14503-0

劳动足以能够使每个人身上燃起求知的火花。劳动，即那种使学生的天赋才能得以显露并使之产生自尊感的劳动，能让学生在劳动中表现自己，显露和发挥自己的才能，使之感到“有某一点可以自豪”，并同时产生自尊、自信和上进心。要通过劳动使学生理解世界，感受生活的真实意义。故劳动教育不仅仅是熟练掌握某种技艺，更重要的是培养学生对待劳动的正确态度。

——[苏]苏霍姆林斯基

序　言

在人类文明的光辉历程中，劳动始终扮演着不可或缺的角色，它不仅是人类生存的基础，更是社会进步的强大动力。马克思认为，劳动是人生活的本质，是人与动物相区别的根本标志，更是人与自然之间深刻互动的桥梁。劳动不仅塑造了人类独特的社会属性，更在不断地拓展和丰富着我们的本质力量。在此过程中，劳动方式和劳动关系的演变，不仅映射出生产力和生产关系的发展轨迹，更是社会形态更迭与文明程度提升的重要标志。苏霍姆林斯基曾断言：“脱离劳动，没有劳动，就没有，也不可能有教育。”这深刻地揭示了劳动与教育之间的紧密联系。劳动因其本身所具有的独特价值成为现代学校教育不可或缺的重要组成部分，是促进学生全面发展的关键要素。劳动教育的重要价值在职业教育领域体现得尤为明显。

职业劳动，作为人类劳动的基本形态之一，其重要性不言而喻。职业教育正是围绕职业劳动能力与品质的培养而展开的教育实践，因而与生活劳动、生产劳动和社会服务性劳动始终有着天然的联系，从而，职业院校的专业教育与劳动教育靠得很近，结合得更紧，且易于迁移。因此，职业教育中的劳动教育，可以以职业劳动为纽带，带动学生的劳动观念、劳动技能、劳动习惯和品质以及劳动精神的培养，并辐射到日常生活劳动、生产劳动、服务性劳动中去。

职业劳动，作为职业教育研究的逻辑起点，其深刻价值不言而喻。职业是劳动的载体，职业的产生是劳动分工的结果，职业劳动属性是职业教育研究的特有属性。随着手工业的出现，产生了一批最初的工匠，人类为了生存和发展，需要传承生产与职业劳动经验和技艺，这就决定了人类最早的教育形态具有职业与劳动属性。从最初的以纯粹满足生存需要的生产职业劳动到以获取剩余价值为最终目标的工业职业劳动，再到如今以科技为主的适应现代化生产需要的技术职业劳动，职业劳动传承方式也从家传方式和师傅带徒弟方式（学徒制）发展为近现代教产联合、产教融合、校企合作等现代学徒制方式。从家传师承到现代学徒制，每一种传承方式都承载着对技艺与经验的尊重与传承，也见证了职业教育随社会发展而不断革新的历程。

职业劳动要素是职业教育课程的主要内容。职业教育通过“课程”实施使学生掌握“职业劳动知识”，形成“职业劳动熟练”，完成“特定职业”的准备。职业教育专业与课程内容变迁是职业劳动对象的一个指标器，是职业教育改革与社会经济发展互动的反映。职业劳动过程、劳动场域、劳动环境、劳动产品等相互影响，对职业教育课程有关岗位适应能力、创业就业能力也提出了新的要求。

职业劳动教育的主要特征有以下几方面：一是基础性，职业劳动教育在整个职业教育体系中起着基础性作用，并通过专门教育与学科教育、专业教育的融合而形成一个完整的体系；二是具身性，职业劳动教育应是身心合一，强调手脑并用，注重理论与实践相结合；三是社会性，职业劳动的劳动对象、服务对象、劳动场域往往涉及众多利益相关者个体或群体，劳动情感、劳动关系、劳动法律等是职业劳动社会性的重要体现；四是动态性，职业劳动教育应随着社会职业与学校专业变迁而有所调整；五是稳定性，职业劳动教育应让学生掌握特有的劳动知识结构、技能方法、行为范式、思维习惯等。

正是基于这样的背景与认识，杨秋月的研究首次在国内选取中等职业学校学生作为研究对象，多维度地阐释了劳动素养的内涵与功能，并通过德尔菲法和问卷调查法建构中等职业学校学生劳动素养评价指标，并从方法论层面采用分层随机抽样方法系统反思了中等职业学校学生劳动素养现状水平和影响因素，推动中等职业学校学生劳动素养研究领域进入发展新阶段，形成了中等职业学校教育研究的新视角、新领域，为完善中等职业学校劳动教育领域理论和实践体系做出重要贡献。

本书全面系统地研究了中等职业学校学生劳动素养的现状水平、影响因素及实践路径，对于我国中等职业学校实施劳动教育具有重要的借鉴价值和指导意义。本书在行文方面，既是文风朴实简洁，又饱含真挚纯美的情感。这本文质兼美的著作给了我们关于劳动教育方面的深刻启示。同时，它也将会对劳动教育研究和中等职业学校劳动素养实践培育发挥重要的参考作用。

当然，科学研究永无止境。本书虽已尽力做到全面与深入，但仍有诸多需要进一步斟酌和研讨的问题，这也是科学研究中常有之事，如作者在最后一章结尾处所提出的一些问题，有待进一步解答。希望本书的出版能够引起更多对职业院校劳动教育有所研究的学者对这些问题的关注和研讨。

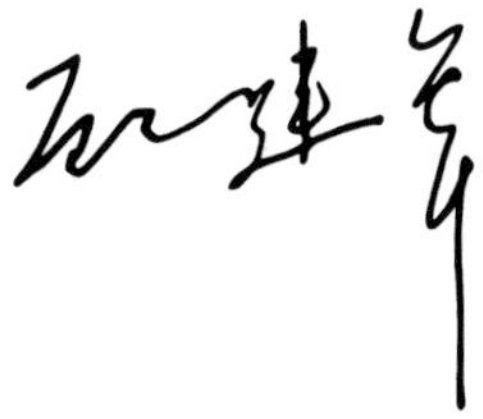

教育部义务教育劳动课程标准组组长

南京师范大学劳动教育研究院院长、教授

前言

劳动是构成整个人类社会得以产生及延续的重要保障，是人类特有的基本社会实践活动，也是推动和促进人类生活从低级阶段向高级阶段发展的重要因素。劳动教育是中国特色社会主义教育制度的重要内容，是全面发展教育体系的重要组成部分，是大中小学必须开展的教育活动。职业教育是围绕职业劳动而展开的教育，职业教育的培养对象也是与劳动操作密切相关的职业劳动者。职业教育和劳动教育相伴共生，具有天生的必要性和天然的优越性。近年来，党和政府高度重视职业院校劳动教育。2019年《教育部关于职业院校专业人才培养方案制订与实施工作的指导意见》提出："结合实习实训强化劳动教育，明确劳动教育时间，弘扬劳动精神、劳模精神，教育引导学生崇尚劳动、尊重劳动。"2020年《中共中央 国务院关于全面加强新时代大中小学劳动教育的意见》规定："职业院校以实习实训课为主要载体开展劳动教育，其中劳动精神、劳模精神、工匠精神专题教育不少于16学时。"教育部出台的《大中小学劳动教育指导纲要（试行）》明确规定"职业院校开设劳动专题教育必修课"。在国家教育体系中，中等职业教育发挥着为产业发展培养技术技能人才的基础性与战略性作用。中等职业学校学生劳动素养评价及其培育工作是落实新时代劳动教育的重要手段，更是中等职业教育人才培养质量监测的重要环节。

通过梳理有关中等职业学校学生劳动素养评价研究发现，研究者大多偏向于中等职业学校学生劳动教育、劳动能力的研究，鲜少关注学生劳动素养的研究，更不用说劳动素养评价指标体系的系统思考和构建。基于此，本研究主要探讨了四个核心问题：中等职业学校学生劳动素养评价指标有哪些？中等职业学校学生劳动素养现状如何？中等职业学校学生劳动素养影响因素是什么？中等职业学校学生劳动素养培育措施有哪些？

本研究选取中等职业学校学生作为研究对象，多维度地阐释了劳动素养的内涵与功能，根据三轮德尔菲法建构出四个一级、九个二级和二十四个三级中等职业学校学生劳动素养评价指标。然而，仅仅依靠单一的德尔菲专家论证研究方法在一定程度上会弱化评价指标体系的科学性与客观性，需要运用量化研究方法来佐证。研究依据一系列量表设计的原则和标准，自行编制了适用于中等职业学校学生的劳动素养评价量表，利用信度分析、探索性因素分析、验证性因素分析方法对评价初始指标结构做了进一步的修正，最终确立为四个一级指标，即劳动观念、劳动能力、劳动习惯与品质、劳动情感与态度；八个二级指标，即劳动价值观、劳动成果观、劳动技能、劳动创造、劳动习惯、劳动品质、劳动情感、劳动态度；十七个三级指标。借助层次分析法，计算出评价指标体系权重。采用分层随机抽样方法发放问卷，共回收有效问卷 560 份，分别采用描述性分析和差异性分析方法陈述了中等职业学校学生劳动素养的整体现状和个体、家庭、学校层面的差异。

研究发现，就中等职业学校学生劳动素养而言，劳动观念评估结果为Ⅱ级，劳动能力评估结果为Ⅱ级，劳动习惯与品质为Ⅲ级，劳动情感与态度为Ⅲ级（Ⅰ级为最高等级），劳动素养整体水平有待提高。就个体层面差异而言，女生劳动素养要高于男生，城市与县城学生劳动素养低于乡镇与农村学生；就家庭层面差异而言，独生子女组群体劳动素养相对最低，父母比较乐意劳动显著高于劳动态度一般、不太乐意劳动，父母鼓励承担家务劳动显著高于父母认为只需要自我劳动与只需要好好学习；就学校组织层面差异而言，省会城市学校学生劳动素养显著高于非省会城市学校，学校对劳动教育比较重视，学生劳动素养相对较高，参加顶岗实习活动时长在 6 个月及以上学生劳动素养相对较高，参加技能比赛次数在 6 次以上学生劳动素养相对较高。此外，研究还发现中等职业学校学生劳动素养在个体、家庭与学校组织层面存在交互效应。家庭所在地为农村且父亲比较乐意劳动的学生劳动素养较高，兄弟姐妹较多且平均每天家务劳动时间较长的学生劳动素养较高，学校所在地为省会城市且父母鼓励家务劳动的学生劳动素养较高，学校对劳动教育比较重视且父母鼓励家务劳动的学生劳动素养较高。

基于上述研究结果，对中等职业学校学生劳动素养的影响因素进行访谈分析。两所学校遴选出包括教师、管理者、学生共26名访谈对象，对劳动素养的情感体验与行为逻辑、劳动素养培育过程中遇到的“张力”及如何得到消解等方面进行深入访谈。根据访谈结果，从理论层面归纳出劳动素养影响因素主要有：文化困惑——本土文化传续间断、城市化价值取向牵制、消费主义思潮泛起；技术附魅——工具理性消减劳动主体性价值、技术变迁诱发职业适应性危机；制度空位——常态化家校社协同机制缺失、柔性化长效管理机制缺失、科学化评价机制缺失；资源壁垒——课程资源开发能力不足、师资队伍质量低下等方面。

据此，研究得出三个主要结论：中等职业学校学生劳动素养评价是关于劳动观念、劳动能力、劳动习惯与品质、劳动情感与态度的四维评价指标体系；当前中等职业学校学生劳动素养总体不高，且存在个体、家庭、学校组织层面的差异；中等职业学校对学生劳动素养培育发挥激励－约束作用，但存在一定限度。为明确中等职业学校学生劳动教育改革方向，提升学生劳动素养，本研究提出应聚焦素养导向的教育目标定位与实现：解构素养内涵，明确教育培养目标与方向；瞄准国际经验，注重教育价值认同与引导；构建素养导向的课程体系与师资建设——精准教学内容，实施模块化多维度课程；完善师资培养，推动教师自组织化发展；健全素养导向的评价体系与开放式系统——坚持规范评价，建立合理评价机制；挖掘地域资源，打造开放式创新系统；强化素养导向的培养环境与文化基础：融合劳动情境，创造协同培育环境；夯实文化基础，营造劳动校园文化等措施。

劳动教育既是中国教育的经典问题，也是新时代中国特色社会主义教育的时代命题。劳动创造了人，劳动解放了人，劳动发展了人。劳动是人的在世方式，是贯穿人一生的生命活动。劳动素养是学生通过多方面的劳动教育而逐步形成的劳动精神面貌、劳动价值取向和劳动技能水平等要素凝结而成的整体状态，在日常生活、生产实践、职业劳动和社会参与活动中得到体现，并融入人生及其观念、习惯、品质、能力之中。也正因为如此，学生劳动素养的形成不是一蹴而就的，而是循序渐进、拾级而上、润物无声的过程，需要从幼儿园、小学、初中、高中到大学阶段持之以恒、一以贯之地不断强化。本书兼顾理论与实践两个领域，采用德尔菲专家咨询法与问卷调查法，建构中等职业学校学生劳动素养评价指标体系，并针对中等职业学校学生进行问卷调查与深度访谈，揭示中等职业学校学生劳动素养现状水平，重点分析中等职业学校学生劳动素养的影响因素，提出多渠道多层面多形式培育中等职业学校学生劳动素养的实践路径，为新时代中国特色社会主义劳动教育特征的彰显和职业院校劳动教育的探索创新提供现实观照，展示中国特色职业院校劳动教育的中国逻辑和时代内涵。

本书由湖北工业大学职业技术师范学院杨秋月著。湖北工业大学职业技术师范学院硕士研究生李小凤、朱晓清、王慧汝配合进行资料收集与整理。最后，杨秋月负责了统稿工作，朱晓清、李小凤协助统稿。在此，谨表衷心的感谢。

由于著者水平所限，不妥之处，恳请同行专家和广大读者批评指正，以便我们进一步修改、完善。

杨秋月
2024 年 8 月 10 日

目 录

第一章　导论

社会历史归根结底是劳动发展的历史，并且首先是劳动人民群众的历史。纵观人类劳动发展的历史，时间是镌刻其中的自然印记。而时代却承载着人类自我认知与反思的属人印记。从教育的角度看，新时代劳动教育是基于人、培养人、发展人的教育，是有目的、有计划地运用多种多样的劳动实践方式实现教育价值的活动。苏霍姆林斯基明确表示，没有劳动的教育，至少是片面的教育。[1]劳动教育是中国特色社会主义教育制度的重要内容，是全面发展教育体系的重要组成部分。正是在这样的背景下，劳动素养孕育而生。劳动素养是劳动教育培养目标的具体阐述与可操作性表达，是促进劳动教育深化发展的强劲推动力与有效载体，是落实劳动教育的重要手段与必要途径。劳动素养取向的劳动教育，区别于单一的劳动德育，也区别于单一的劳动知识与技能教育，更区别于“教育缺场”的“有劳动无教育”的劳动活动，是基于劳动素养培养意义上劳动教育的“整体教育”“完整教育”。[2]劳动教育不但是职业教育的基础，而且其中也有职业教育的因素。[3]正如美国学者罗伊・W・罗伯茨曾说：“职业教育的历史就是人类努力学习如何劳动的历史。”[4]职业教育是劳动教育的专业版，职业教育人才培养目标、过程与方式本身就与劳动素养的形成条件相吻合。因此，学生劳动素养的培育已然成为职业教育人才培育的根本途径与必然选择。

与其他类型教育不同，由于生源特点、专业设置、培养目标等差异，中等职业学校学生劳动素养的功能定位应有其自身的特殊性，其中包括心理特殊性、认知特殊性与行为特殊性。首先，根据调查问卷与访谈分析显示，绝大多数中等职业学校学生的年龄区间主要在 14～17 岁，正处在人生成长的“拔节孕穗期”，最需要精心引导和栽培。这个年龄阶段的学生是独立性逐渐增强的阶段，也是逆反心理较为严重的阶段。在整个中职教育阶段，学生的心理发展呈现出从具有劳动好奇心、喜欢探究新事物逐渐过渡到心理较为稳定的过程特点。其次，中等职业学校学生群体的入学分数普遍较低，知识基础较差，也没有养成良好的学习习惯，接受知识较慢。此外，中职教育理念奉行“知识

---

[1] 苏霍姆林斯基，1983．帕夫雷什中学 [M]．赵玮，等，译．北京：教育科学出版社．

[2] 顾建军，2020．加快建构新时代劳动素养评价体系 [J]．人民教育（08）：19-22．

[3] 成有信，1993．劳动教育、综合技术教育和职业教育（下）[J]．高等师范教育研究（01）：34-40．

[4] 贺国庆，2014．外国职业教育发展的历史经验 [J]．河北大学学报：哲学社会科学版（1）：1．

够用，能力为先”，知识学习强调“点到为止，实操为主”。可见，中等职业学校人才培育更强调实践的能力和适应职业变化的能力，忽视了良好的文化知识、文化素养、职业道德与行为规范等的学习。在劳动素养培育上，表现出以劳动能力素养培育为重点，劳动观念、劳动知识、劳动习惯与品质、劳动情感与态度素养有所欠缺的现象。最后，相对于初高中学生，中等职业学校学生日常行为较为散乱无序，在日常学习生活中出现较多的行为偏差，不便于学校管理。中等职业学校劳动教育价值应然取向是指劳动教育最本质的、最基本的价值取向，也是中等职业学校劳动育人的主要原则和判定依据。中等职业学校学生劳动素养评价是加快构建现代职业教育体系，培养更多高素质技术技能人才的重要内容之一，也是非常值得职业教育理论与实践者关注的研究主题之一。尤其是当前中等职业学校学生的劳动观念素养、劳动技术能力素养、劳动情感与态度素养、身体心理素养等呈现出新的特点，也面临着诸多问题。部分中等职业学校也没有将学生的劳动理想的树立、劳动道德的养成、劳动能力的提高嵌入到劳动教育的实践中来。因此，建立起科学的中等职业学校学生劳动素养评价指标体系，是贯彻中等职业学校劳动教育，探索更为多元的劳动素养培育形式，落实立德树人的根本任务，着力培养“德技双优”的劳动者和未来工匠，提升新时代职业教育现代化水平所不能忽视的基础研究的前沿重要课题。

第一节　研究背景

劳动是人的存在方式和本质活动。[1]正如马克思主义认为，劳动是人之为人的本质特征，它既是实现个体价值的过程，也是物质与精神财富的积累手段。习近平总书记在全国教育大会上强调：“要在学生中弘扬劳动精神，教育引导学生崇尚劳动、尊重劳动，懂得劳动最光荣、劳动最崇高、劳动最伟大、劳动最美丽的道理，长大后能够辛勤劳动、诚实劳动、创造性劳动。”职业院校劳动教育价值应然取向是指劳动教育最本质的、最基本的价值取向，也是职业院校劳动育人的主要原则和判定依据。[2]培育学生劳动素养既是新时代贯彻党的教育方针，落实立德树人的根本任务，也是促进学生全面发展的关键要素。明确劳动素养的科学内涵与构建劳动素养评价指标是学生劳动素养提升的重要前提。因此，本研究试图对中等职业学校学生劳动素养评价体系与培育路径进行研究，以期建构一套能够测量中等职业学校学生劳动素养、真实地反映中等职业学校学生劳动素养问题的评价指标体系，促进学生全面

[1] 陈超，欧彦麟，2022. 高职院校“一核三阶五维”劳动教育评价体系构建研究 [J]. 教育与职业（20）：102-106.

[2] 杨秋月，2020. 新时代职业院校劳动教育的价值逻辑：应然、异化及回归 [J]. 高等职业教育探索，19（01）：8-14.

可持续发展。

一、落实国家要求：引导与规范劳动教育政策落地生根

劳动素养评价是新时代劳动教育体系建设的重要组成部分，对引导劳动教育的实施走向、促进劳动教育的目标实现、辨析劳动教育实施的经验和问题、保障劳动教育的实际效能、激励劳动教育的实践创造等具有极为重要的意义。[1]劳动素养评价体系的建构，使劳动教育方向更加明确，任务更加具体，路径更加清晰，有助于厘清劳动教育推进的新思路，寻求突破点，有效地推进劳动教育政策落地生根。

近年来，党和政府高度重视职业学校劳动教育。当历史车轮转回至1957年，劳动教育已被纳入我国的教育方针，与德育、智育、体育相结合，旨在培养有社会主义觉悟和有文化的劳动者。1993年，《中国教育改革与发展纲要》中强调，要加强劳动观点与劳动技能的教育，要将劳动教育列入教学计划中。1999年，《中共中央 国务院关于深化教育改革，全面推进素质教育的决定》中强调："教育与生产劳动相结合是培养全面发展人才的重要途径。各级各类学校要从实际出发，加强和改进对学生的生产劳动和实践教育，使其接触自然、了解社会，培养热爱劳动的习惯和艰苦奋斗的精神。"2010年，《国家中长期教育改革和发展规划纲要（2010—2020年）》强调"加强劳动教育，培养学生热爱劳动、热爱劳动人民的情感"。从加强"劳动观点"与"劳动技能"到培养学生"热爱劳动的情感"的关注点的转变，不仅体现的是技能到情感的上升，更体现出国家对劳动教育的重视及教育人才的需要。2014年，《教育部关于全面深化课程改革，落实立德树人根本任务的意见》中提到，要将"爱学习、爱劳动、爱祖国"的教育要求融入到相关学科日常教学活动中，培养学生学习兴趣、养成劳动习惯、坚定爱国信念。2018年9月10日，习近平总书记在全国教育大会上的讲话系统阐述了劳动教育作为人的全面发展教育的内容及途径，赋予新时代学校劳动教育新的时代内涵。习近平总书记关于劳动的重要论述，突出了新时代中国特色社会主义教育的目标，充分体现了党和国家对劳动和劳动者的重视，说明了新时代劳动者对实现民族伟大复兴的不可替代性，为劳动教育研究注入了新内涵、指明了前进方向。2019年《中国教育现代化2035》提出"弘扬劳动精神，强化实践动手能力、合作能力、创新能力的培养"。2019年《教育部关于职业院校专业人才培养方案制订与实施工作的指导意见》提出："结合实习实训强化劳动教育，明确劳动教育时间，弘扬劳动精神、劳模精神，教育引导学生崇尚劳动、尊重劳动。"2020年3月《中共中央 国务院关于全面加强新时代大中小学劳动教育

[1] 顾建军，2020. 加快建构新时代劳动素养评价体系[J]. 人民教育（08）：19-22.

的意见》明确“将劳动素养纳入学生综合素质评价体系”，“把劳动素养评价结果作为衡量学生全面发展情况的重要内容，作为评优评先的重要参考和毕业依据，作为高一级学校录取的重要参考或依据”。[1]同年7月教育部印发的《大中小学劳动教育指导纲要（试行）》指明，要“树立正确的劳动观念”，“牢固树立劳动最光荣、劳动最崇高、劳动最伟大、劳动最美丽的思想观念”。[2]2020年10月，中共中央、国务院印发的《深化新时代教育评价改革总体方案》明确指出：“加强劳动教育评价，实施大中小学劳动教育指导纲要，探索建立劳动清单制度，加强过程性评价等。”[3]这为中等职业学校学生劳动素养评价指明了方向。

对社会而言，劳动教育有利于社会的政治稳定，劳动教育的实施具有极为深刻的社会影响。通过劳动教育，社会能够培养出具有正确劳动观、价值观和人生观的公民，这些公民具备扎实的道德基础和良好的社会责任感。当社会成员普遍认同劳动的价值，尊重每一份工作，无论其高低贵贱，这将增强社会凝聚力，从而有利于社会的长治久安。对学生而言，劳动教育有利于中等职业学校学生自觉学习政治、文化知识，养成劳动习惯。通过劳动教育，学生能够更加深刻地理解所学的文化知识，提高解决实际问题的能力。与此同时，能够培养学生坚韧不拔的意志力，面对困难和挑战时保持积极乐观的态度，这种心理素质对于个人职业发展至关重要。就中等职业学校学生劳动素养评价而言，对中等职业学校劳动教育教学改革、课程建设、人才培养模式等具有重要的导向和监测作用。因此，建构中等职业学校学生劳动素养评价指标体系，不仅对促进学生的成长成才和全面发展具有重要作用，还能够准确获得中等职业学校劳动教育素养评价参数，从而对中等职业学校学生劳动素养与存在的问题有更加深入的认识。

二、破解现状需求：反馈与改进当前劳动教育实践困境

评价是一种较为常见的社会现象，一种特殊的认识活动，反映出个体一定的价值判断。杜威明确地提出：“所有的行为举止，只要不是盲目地仅凭情感冲动行事或只是机械地例行公事的话，似乎都包含评价。”[4]评价作为一种“反馈—矫正”系统，用于教学过程中的每一步，判断该过程是否有效，如果无效，必须及时采取什么方式变革，

---

[1] 中共中央 国务院关于全面加强新时代大中小学劳动教育的意见 [EB/OL].（2020-3-20）[2020-9-22]. http://www.moe.gov.cn/jyb_xxgk/moe_1777/moe_1778/202003/t20200326_435127.html.

[2] 王晴，杨秋月，2022. 论五年制高职生劳动观念培养的价值与实践路径 [J]. 高等职业教育探索，21（02）：13-18+66.

[3] 中共中央 国务院印发《深化新时代教育评价改革总体方案》[EB/OL].（2020-10-13）[2020-11-12]. https://www.gov.cn/zhengce/2020-10/13/content_5551032.htm.

[4] 约翰·杜威，2007. 评价理论 [M]. 冯平，等，译. 上海：上海译文出版社.

以确保教学过程的有效性。科学有效的教育评价制度，不仅是客观衡量教师教育贡献及工作成效的重要工具，还是持续推动与激励师生积极进取、奋发向前的强大动力源泉，更是全面培育良性育人生态与和谐教育环境的基本保证。教育评价如同一个“指挥棒”，即有怎样的教育评价制度就有怎样的教学导向。习近平总书记强调，要扭转不科学的教育评价导向，坚决克服唯分数、唯升学、唯文凭、唯论文、唯帽子的顽瘴痼疾，从根本上解决教育评价指挥棒问题。从劳动素养评价的本质出发，它超越了传统意义上单纯依赖分数和升学率等量化指标的评估方式，转而将评价的重心放在促进人的全面发展与成长之上，进而能够更加精准地对标教育实践中的困境并加以反馈与改进。在进行中等职业学校学生劳动素养评价的过程中，反馈与改进功能是通过对当前中等职业学校劳动教育效果进行诊断，从而掌握当前中等职业学校学生劳动素养的实际情况，并与中等职业学校人才培养目标与劳动教育目标进行对比，以便能够更好改进劳动教育教学的实效性。同时，及时的信息反馈功能可以帮助教师掌握学生的劳动素养情况和发现劳动教育过程中存在的问题，并进一步总结出原因，从而改进和调整劳动教育策略与方式。中等职业学校学生劳动素养评价指标体系是一个由若干指标综合在一起的指标集合，各个细小指标划分和考查在一定程度上都有助于实现中等职业学校学生劳动教育培养目标。

我们的时代既是一个激奋的时代，也是一个困惑的时代；既是一个日新月异的时代，也是一个各种矛盾积累的时代。为全面了解新时代中等职业学校劳动教育及劳动教育课程的实施现状、问题成因，把握新时代中等职业学校劳动教育课程的独特价值、时代特征，南京师范大学“劳动教育课程体系研究”课题组在全国 8 个省市 20 所学校的教师中开展调研。通过对调查结果的统计分析发现，当前的劳动教育确实存在社会劳动教育“淡漠”、学校劳动教育“无位”、家庭劳动教育“疲软”等现实性问题。通过回顾新中国 70 多年劳动教育的历史轨迹也能够发现，由于对“劳动”概念、“劳动教育”的方式方法存在种种错误的解读，劳动在一定时期内曾被“妖魔化”为惩罚的手段，扭曲为改造学生思想的工具，窄化为培养学生技能的训练，遮蔽了劳动的本真教育意蕴。劳动与劳动教育不同，劳动以创造物质财富为目的，劳动教育是教育体系的一部分，是一种以劳动为载体进行教育的形式。劳动教育也不能理解为一味地艰辛付出，而忽视了教育的本意。“没有劳动的教育”和“没有教育的劳动”一样背离劳动教育的目标。当前，党和国家的教育方针给劳动教育指明了路线和方向，各级教育行政管理部门虽然在思想上高度重视，但在劳动教育的开展方式上却存在“各行其是”现象，在劳动教育实践中对劳动、技术、活动、操作等概念不加以区分，导致劳动教育的实施只注重劳动教育的形式，忽视了劳动教育的教育价值、育人目的及其正确的实施方式。[1]因此，新时期中等职业学校学生劳动素养评价指标体系构建，将起到强化激励性与基础性的作用，逐步形成中等职业学校劳动教育理论与实践体系。

三、践行学校追求：激励与鞭策高素质技术技能人才培养

任何一种评价都包含着对评价对象本身价值的一种挖掘判断，这里的价值是一种多元的价值，这里的评价不仅体现为一种外部的督促和控制，更多的是一个组织或个人对某些行为的审视，这种不断的反省恰恰成为了激励力量产生的源泉。在教育体系中，学生只有通过劳动，才能充分发挥个人的才干和智力。“劳动是一种极为复杂的现象，它可以揭示人的思想、情感、智力、美感、心理状态、创造精神，揭示教育和自我教育的意义。人生育人，而劳动则把人造就成真正的人。”[2]凯兴斯泰纳也明确提出，“公民教育”是国民学校的教育目的，职业训练是“公民教育”的手段，“劳动学校”是实现公民教育和职业训练的场所，[3]劳动育人属性不断彰显与强化。中等职业学校学生劳动素养评价指标体系构建有利于激励与鞭策中等职业学校技术技能人才培养，建立劳动教育的长效机制，从而提高劳动教育实效。习近平总书记在对职业教育工作的重要指示中指出，在全面建设社会主义现代化国家新征程中，要加快构建现代职业教育体系，培养更多高素质技术技能人才、能工巧匠、大国工匠。这不仅阐明了劳动育人的重要属性，更是为加快发展职业教育指明了方向，整体方向就是要为社会培养大批高素质劳动者和技术技能人才。高素质技术技能人才中的“技术技能人才”表明人才类型，打通了技能人才与技术人才的“鸿沟”，体现了技术化时代职业人才的类型特征；“高素质”表明质量要求，消融了“硬技能”与“软技术”的隔阂，体现了产业升级和社会文明的同步与统一。[4]职业教育从“层次”到“类型”的转变是新时期职业教育改革与发展的重要方向。2019 年，《国家职业教育改革实施方案》指出“职业教育与普通教育是两种不同教育类型，具有同等重要地位”，直接将职业教育从“学制层次”上升到“独立体系”的层面。现代职业教育不仅是一个与教育相关的概念，在更深刻的意义上还是一个与劳动产业与劳动者就业内涵密切相关的概念。技术作为生产力发展的重要标志，对职业的影响和渗透是广泛且深刻的。从技术哲学视角出发，对于技术的深刻理解具有两类分野，即工程技术哲学和人文技术哲学。工程技术哲学认为，技术应用于实践活动中产生的经济价值、社会价值和功能价值等，

[1] 杨秋月，2020. 新时代职业院校劳动教育课程体系设计探讨 [J]. 职教通讯（06）：24-30.

[2] 安东，2002. 苏霍姆林斯基选集（五卷本）[J]. 江苏教育（7）：47.

[3] 凯兴斯泰纳，1935. 劳作学校要义 [M]. 刘钧，译. 北京：商务印书馆.

[4] 顾建军，2021. 高素质技术技能人才培养的现代意蕴与职业教育调适 [J]. 国家教育行政学院学报（05）：20-25.

合理运用科学与技术能够永久消除困扰人类社会进步的贫穷、疾病、灾难等问题。人文技术哲学则主要批判技术理性带来的技术活动“异化”问题，聚焦于技术的负面价值，认为社会中传统文化快速没落、个人隐私透明化以及核能污染等都是技术带来的危害，技术进步只会加速人类社会消亡。[1]由此可知，技术具有两面性。在职业教育场域中则体现为技术一方面催生了智能化时代的诸多产业新业态、职业新形态、职业劳动新技能，另一方面也导致对职业岗位需求的减少，或者是对技术技能人才结构的变化。进入知识经济与信息社会快速发展的新时期，伴随着以大数据、人工智能、5G时代、区块链等为核心的新一代智能技术的发展，技术对产业的持续升级与不断迭代，促进生产方式的转变，工作要求更加精细化，职业劳动内容更加多样化等都得到了充分的展示。因此，这对技术技能人才的质量和规格都提出了更高的要求，应用在职业学校的劳动教育领域，影响了中等职业学校学生劳动素养评价的价值取向与实践方向。

作为培养初级与中级劳动者的主阵地，中等职业学校自然承担着重要的角色。在目前阶段，教育行政部门与劳动人事部门职能交叉、模糊与空白现象较为严重。具体表现为：在职前教育阶段，育人的教育体系与用人的劳动体系之间的分离，直接影响劳动者的培养与劳动力市场需求的匹配问题。此外，教育的学历证书与职业资格证书也分别隶属于教育体系与劳动体系，到目前为止未对二者之间的关系进行明确规定，二者“各行其是，互不沟通”，[2]这就造成用工制度混乱与劳动素养评价无序的现象。部分中等职业学校受到工具价值观的影响，一味地强调依靠多次、反复的训练，提高劳动技能和技巧，忽视了综合劳动素养的培养。在学生评价方面，简单的照搬与模仿普通教育的纸笔测验或“以训代教”的技能培训模式等，直接导致学生劳动素养整体水平普遍不高。在职后教育阶段，企业职工的继续教育与培养问题主要归劳动体系管理，教育体系参与积极性不高、行动力不足。尽管每年会投入大量的教育培训经费，达到的效果甚微。由此可见，无论在职前教育阶段还是职后教育阶段，教育体系与劳动体系之间缺乏有效的衔接机制。同样是培养高素质劳动者，我国却有完全不同的两套体系：一套隶属于教育体系，主要由中等职业学校承担培养任务；另一套则隶属于劳动体系，主要由技工院校承担培养任务，这样很难形成高技能人才培养的合力。[3]因此，中等职业学校学生劳动素养评价指标体系的建构恰恰能够起到激励与鞭策学校将劳动教育的课程教学、师资建设、实践载体、校园文化等实践行为按照学生劳动素养

[1] 苏荟，张月，2022. 技术哲学视域下本科层次职业教育发展行动的反思与解读 [J]. 现代教育管理（09）：103-110.

[2] 郝天聪，2017. 我国高技能人才培养的误区及模式重构——基于高技能人才成长的视角 [J]. 中国高教研究（07）：100-105.

[3] 郝天聪，2017. 我国高技能人才培养的误区及模式重构——基于高技能人才成长的视角 [J]. 中国高教研究（07）：100-105.

培养模式进行改革，通过劳动教育实践及时纠正与改善劳动技能，能够逐步认同与理解劳动并积极主动地投入劳动教育实践。

四、满足学习诉求：坚持与完善个体自由而全面的发展

人的发展问题不仅是教育的根本性问题，也是教育评价的基本性问题。教育本意是引出和唤醒，要由内而外。教育本质是引导人顺其自然的内在生长过程，其立论基础是人及其发展，教育过程就是人的自然本性的展开。《深化新时代教育评价改革总体方案》提出“扭转不科学的教育评价导向，克服‘五唯’顽瘴痼疾”，并提出“五个坚持”的教育评价改革原则，其中“坚持立德树人”为“五个坚持”之首，充分体现了人的发展在教育评价中的重要作用。苏霍姆林斯基曾说：“人的全面和谐发展必须建立在劳动教育的基础之上，否则教育将无从谈起。”[1]因此，劳动素养的整体培育不仅是实现个体全面发展的方法和手段，而且也成为学校教育的主要目标。

马克斯·韦伯（Max Weber）通过对人的行为的分析，提出了工具理性和价值理性的二元范畴。其中，工具理性（Instrumental Rationality）是“目的合乎理性的，即通过对外界事物的情况和其他人的举止的期待，并利用这种期待作为‘条件’或者作为‘手段’，以期实现自己合乎理性所争取和考虑的作为成果的目的”；而价值理性（Value Rationality）是“价值合乎理性的，即通过有意识地对一个特定的举止的——伦理的、美学的、宗教的或作任何其他阐释的——无条件的固定有价值的纯粹信仰，不管是否取得成就”。[2]人类是从群居动物一步步发展起来的，劳动一开始建立在分工的基础上，性别、年龄构成最初分工样态。可以说，凡劳动皆为分工性劳动，分工是劳动的一般载体和普遍形式。“自劳动存在，分工关系即存在，由分工所呈现的劳动关系是劳动与生俱来的伴生现象。问题在于劳动关系虽以分工关系为起点，却没有止步于既有分工关系，而是根据实际需要，逐步形成了越来越复杂的劳动分工体系；后者成为社会关系的基础和主干，在人们劳动活动中发挥着至关重要的作用。”[3]然而，伴随着经济的发展、技术的革新，劳动形态由简单到复杂、由低级到高级的演进过程引起了社会分工的精细化和职业领域的专业化，体力劳动和脑力劳动出现分离。分工使人的身体被束缚在特定的工作岗位上，人的视野、心理、精神、情感也为特定的劳动所限制而呈现片面的、畸形的发展。为了适应专业化的需要，个体须投入巨大的时间、精力用于学习专业知识和技能，以便积累必要的人力资本，为未来的职业生涯做好准备。职业教育为了迎合当前教育趋势，充分发挥为未来职业做准备的职能。然而，如此培养出来

---

[1] 《湖南教育》编辑部，1983. 苏霍姆林斯基教育思想概述 [M]. 长沙：湖南教育出版社.

[2] 马克斯·韦伯，1997. 经济与社会（上卷）[M]. 林荣远，译. 北京：商务印书馆.

[3] 余金成，2019. 劳动论要 [M]. 北京：光明日报出版社.

的人，不仅缺乏个性和创造性，自由的意志磨损殆尽，其生命的丰富性也大打折扣。专业发展在使人的部分价值得以实现的同时丧失了更多的人生价值，成为终身被捆绑于专业化劳作的片面的人，与“完整的人”应该享受的丰富的人生相去甚远。马克思说：“生产劳动同智育和体育的结合，它不仅是提高社会生产的一种方法，而且是造就全面发展人的唯一方法。”[1]劳动教育中的“劳动”，不是指专业化的劳作，而是充满了丰富性、完整性、变通性、实践性、全面性的劳动。这样的劳动教育，会使个体摆脱现代分工造成的片面性，为塑造“完整的人”提供充分的发展条件，促进人的自由全面发展。此外，通过问卷调查，收集学生个体、家庭、学校等方面的信息，结合学生的劳动素养评价结果，进行差异性分析，揭示不同因素对学生劳动素养的影响。进而，能够使学生明晰劳动素养的内容维度，并知晓其应该具备的行为表现，有利于学生对照自身的认知发展与个体差异，查缺补漏，发展自身的劳动素养。总之，中等职业学校学生劳动素养评价指标体系的建构，能够改进当下职业学校的劳动教育与人才培养模式，充分发挥评价对学生自我教育、自我激励与自我完善的功能，促进学生劳动素养的全面发展。

第二节　研究意义

无论是从理论层面来看，还是从实践层面来看，中等职业学校学生劳动素养评价与培育研究都是当前阶段深化职业学校劳动教育内涵式发展不可忽视的重大课题，这不仅仅关乎教育理念的更新，更触及到职业教育能否有效对接社会需求，培养出既有扎实专业技能又具备高尚劳动道德的新时代技术技能人才。如果不能构建出科学合理的中等职业学校学生劳动素养测评工具，那么中等职业学校劳动教育改革将很难找到方向。如果不能理解中等职业学校劳动素养培育实践可能遇到的困境，那么中等职业学校劳动教育改革将很难落到实处。

一、理论意义

（一）丰富学术界关于中等职业学校学生劳动素养评价问题的研究

劳动教育作为立德树人的重要基石，对于塑造学生的道德与品质具有不可或缺

[1] 马克思，恩格斯，1972. 马克思恩格斯选集（第23卷）[M]. 中共中央马克思恩格斯列宁斯大林著作编译局，译. 北京：人民出版社.

的作用。然而，相较于德智体美育，我国对劳动教育的关注起步较晚，因此相关的研究也相对较少。随着相关政策的陆续出台，劳动教育受到越来越多的重视，相关研究也逐渐增多，但主要集中在劳动教育的内涵、劳动教育的价值、劳动教育的实施问题及劳动教育的实施路径等方面，且大多集中在普通教育的大学和中学阶段。通过查阅已有研究发现，有关中等职业学校学生劳动素养的研究非常少，对中等职业学校学生劳动素养测评模型的研究更是不多。但中等职业学校学生的劳动素养问题仍然是新时代教育改革中的一个重点议题。这一问题的解决不仅关乎中等职业学校学生的个人成长和发展，也关系到整个社会对于劳动教育的认识和实践的深化。由此可见，随着教育改革的不断推进，中等职业学校学生的劳动素养培养成为了亟待关注和解决的关键点之一。因此，研究通过梳理和构建中等职业学校学生劳动素养的指标体系，旨在进一步丰富和完善相关理论基础，为现有的研究成果提供有益的补充和支持。

（二）对劳动素养评价在教育发展中的独特功能的有益探索

从目前的研究成果来看，对于劳动的运行机制、历史发展、劳动经济法、劳动保障学等方面的研究较多，但对于劳动教育评价、劳动素养评价指标体系方面的研究较少。关于劳动的研究成果主要是围绕经济社会发展、劳动带来的经济财富与价值方面的论述。但是从经济、社会、制度层面的价值研究，往往会忽略劳动素养评价在教育发展中所具备的独特功能。基于此，本研究结合劳动教育的特有属性，分析了劳动素养评价在教育发展中的价值与功能，完善了劳动教育评价领域的理论研究。劳动素养评价在教育发展中的独特功能不容忽视。它不仅是衡量教育质量的一个重要标尺，更是推动教育改革与创新的关键动力。通过定期的评估和反馈，教育者可以了解学生在劳动中的情况和诉求，以此来调整教学内容和教学方法，从而实现教学质量的提升和教学效果的提高。除此之外，劳动素养评价还可以促进学校、家庭和社会之间的协同育人，形成教育合力，为培养学生的劳动素养创造有益条件。

（三）对中等职业学校学生劳动素养评价指标构建的有益尝试

对学生劳动素养评价指标构建的研究较少，以中等职业学校学生为研究对象的文献更少。本研究在分析证据中心设计理论（Evidence-Centered Design，ECD）、多维项目反应理论与建构主义学习理论的基础上，采用德尔菲专家咨询法（Delphi Method）、层次分析法（Analytic Hierarchy Process，AHP）、问卷调查法、访谈法等研究方法双重互证的方式，对中等职业学校学生劳动素养评价指标进行了建构。此外，本研究开发与验证了中等职业学校学生劳动素养评价指标量表，为中等职业学校学生劳动素养测量提供了科学的测量工具。

对中等职业学校学生劳动素养的研究，旨在构建一套适用于中等职业学校学生劳动素养测评的指标体系。该评价体系不仅能够为中等职业学校提供具体的指标及体系建构参考，用于评估本校学生的劳动素养状况，还能够为中等职业学校劳动评价体系构建提供制度支撑。通过全面的评价体系进行测评反馈的信息，中等职业学校可以更好地了解学生在劳动教育方面的现状，从而有针对性地变革劳动教育发展模式，明确未来发展方向。一直以来，教育评价就是教育事业发展的老大难问题，也是高质量教育体系建设不可回避的任务。反观我国中等职业教育领域，中等职业学校学生劳动素养评价体系仍面临评价内容零散、评价标准不系统等问题。[1]中等职业学校学生劳动素养评价制度的构建不仅涉及评价主体、评价内容、评价方式和评价结果等多个方面，而且有助于推动学生劳动素养评价体系的系统化。研究所构建的劳动素养评价体系不仅能为中等职业学校的劳动素养评价提供体系化的指导，还可以为其他学段的学生劳动素养评价提供有价值的参考。因此，本研究致力于为中等职业学校劳动素养评价的实施提供坚实的制度支撑，以期促进劳动教育的整体进步和发展。

（四）对中等职业学校学生劳动素养培育影响因素的有益揭示

本研究从文化困惑、技术附魅、制度空位、资源壁垒四个关键维度出发，深度分析了中等职业学校学生劳动素养培育实践的背后逻辑，旨在构建一个中等职业学校学生劳动素养发展影响因素具有强大解释力的分析框架的分析框架。本研究不仅揭示出劳动素养培育存在的问题，阐明问题背后的成因与机制，还丰富了师生对于劳动素养内涵、重要性及其培育路径的认知，使其更加清晰地认识到劳动素养培育的复杂性与挑战性。

二、实践意义

（一）了解当前中等职业学校学生劳动素养的现状与差异

基于中等职业学校学生劳动素养评价指标体系研制测评工具，并运用多元化工具对学生进行评价，以全面地呈现出中等职业学校学生劳动素养，系统地了解中等职业学校学生的劳动素养现状。此外，通过问卷调查、深度访谈等方式，收集学校、家庭、教师及学生个体等方面的基本信息，结合中等职业学校学生劳动素养测评结果，了解当前中等职业学校学生劳动素养存在个体层面、家庭层面、学校组织层面的

[1] 朱德全，曹渡帆，2024. 新时代教育评价改革的本质释义与路向定位——新时代我们需要什么样的教育评价[J]. 教师教育学报，11（02）：29-38.

差异。还发现中等职业学校学生劳动素养在个体、家庭与学校组织层面存在交互效应等，为中等职业学校劳动教育的改革与发展提供现实依据。

（二）营造关心支持中等职业学校学生劳动素养发展的氛围

尽管自改革开放以来我国一直非常注重学生的全面发展，但在应试教育的影响下，劳动教育的关注度仍然不足。目前，我国中等职业学校学生在劳动素养方面的发展相对薄弱。因此，本研究调查了影响中等职业学校学生劳动素养评价的各种实际因素，这些因素对于推进劳动素养评价具有重要的现实价值。通过对中等职业学校学生劳动素养评价问题的深入反思，本研究针对性地考虑了存在的问题，这将有助于有效推进相关政策的落实，特别是《中共中央 国务院关于全面加强新时代大中小学劳动教育的意见》的实施，从而促进学生劳动素养的全面提升。

（三）引导劳动教育日常课程与教学的理解与实施

研究中等职业学校学生劳动素养评价问题，旨在通过评价，厘清劳动素养的内涵、结构，并分析出要素结构之间的关联、表征。通过调查、访谈等基本手段，了解中等职业学校学生劳动素养框架、素养现状，进一步通过对策分析得出提升中等职业学校学生劳动素养的有效措施，以期能为提升中等职业学校劳动教育日常课程与教学质量提供帮助。系统地分析中等职业学校学生劳动素养现状，并能够根据劳动素养不同维度水平的不足之处，提出有针对性、可操作性的建议，也为中等职业学校学生劳动教育日常课程与教学模式提供了实证依据等。

（四）丰富学生对劳动素养的认知，促进其素养习得

采用德尔菲专家咨询法、层次分析法、深度访谈法等双重互证的方式构建中等职业学校学生劳动素养评价的指标体系与结构层次，并通过测评指标体系的方式呈现给学生，学生能够明晰每个维度下隶属的评价指标，并且知晓应该具备的具体行为。这样有利于纠正中等职业学校学生已存在的“片面”的、“偏差”的甚至是“错误的”对劳动教育的理解，有助于促发其对劳动教育的理解认识，进而不断砥砺前行，发展自身的劳动素养。

第三节　核心概念界定

概念是思维的工具、材料和结果，也是理论的基本单位，它的建构对理论建树关

系甚大。[1]在教育学研究中，概念分析是认识和理解教育实践的需要，是构建教育理论的需要，更是解决问题的逻辑起点。譬如，“教育”这个概念作为教育学的基本概念一直受到人们的重视，经常把“教育”概念的定义看成是教育学研究的逻辑起点。[2]一直以来，对于“劳动是什么”“素养是什么”“劳动素养的界定”“劳动素养评价”等问题，在研究中尚不能达成统一，学者们或秉持某种价值立场，或专注于某个研究维度，或依据某种框架作出解释。本研究以中等职业学校（含职业高中、中等技工学校和五年制高等职业学校）的学生劳动素养评价指标体系为研究对象，涉及的核心概念的基本内涵界定如下。

一、中等职业学校

中等职业教育是指在高中教育阶段进行的职业教育，也包括一部分高中后的职业培训，其定位是在九年义务教育的基础上培养数以亿计的技能型人才和高素质劳动者。[3]中等职业学校则被视为中等职业教育的实施场域，即培养中等技术技能人才的专门组织机构。就法律层面而言，我国对于中等职业学校亦已有了清晰的界定，如 2022 年修订的《中华人民共和国职业教育法》第二章“职业教育体系”中明确规定：“中等职业学校教育由高级中等教育层次的中等职业学校（含技工学校）实施。”以法律形式确定了中等职业学校是职业教育体系中不可或缺的重要角色，明晰了其核心任务在于培养具备一定职业技能和良好素质的劳动者和技术人才。

中等职业学校作为中等职业教育的事实载体，其主要面向的招生群体为初中毕业生及具备同等学历的个体，学制通常以三年为主。此类学校在为学生提供高中阶段水平文化教育的基础上，还依据不同职业岗位的需求，专门开展职业知识传授与职业技能培训工作。具体而言，我国的中等职业学校可分为以下四类：一是中等专业学校，简称“中专”，这类学校主要面向初中毕业生招生，学制多为三年或四年，旨在为学生提供专业的职业教育；二是技工学校，该类学校同样以初中毕业生为主要招生对象，学制设定为三年，专注于培养初级和中级技术工人；三是职业高级中学，简称“职业高中”，这类学校是在教育结构改革的大背景下应运而生的，多由普通中学转型而来，主要招收初中毕业生，学制多为三年，但也存在二年制和四年制的学校；四是成人中等专业学校，简称“成人中专”，这类学校在改革开放后逐渐发展起来，最初的目标是培养具有初中文化程度的在职成年人成为中等技术人员。然而，随着形势的变化，其招生对象已逐渐转变为以应届初中毕业生为主，学制一般为二年或三年。进入新时

[1] 陈桂生，2009. 教育学的建构 [M]. 上海：华东师范大学出版社.

[2] 石中英，2009. 教育学研究中的概念分析 [J]. 北京师范大学学报（社会科学版）(3)：29-31.

[3] 李芷璇，2022. 中等职业学校劳动教育与专业教育的融合途径研究 [D]. 西北民族大学.

代，这四类不同的中等职业学校的人才培养目标已在逐渐趋同，即培养具有较高劳动素养、职业技能的中等技术技能人才。综上所述，为更契合青少年身心发展特点去构建较为客观的中等职业学校学生劳动素养评价指标，本研究所指的中等职业学校主要包含前三类，即中等专业学校、技工学校和职业高级中学。

二、劳动

“劳动”是人类生存的第一个历史前提，是人与人、人与自然、人与社会的连接点和生长因子，“劳动”是人类实践活动的一种特殊形式，多指创造物质财富和精神财富的活动。[1]一代又一代的大教育家、大思想家对“劳动”青睐有加，在他们所构筑的理论体系中，“劳动”往往成为一个核心概念和重要范畴，成为其理论体系的灵魂所在。《辞海》中将劳动解释为：“①人们有目的根据自己的需要进行劳动改造的活动，是人类社会存在和发展的基本条件；②一种锻炼身体的活动。”[2]《新编现代汉语词典》中将劳动定义为：“①人类在创造物质与精神财富时所进行的生产活动；②专指体力劳动；③进行体力劳动。”[3]《文史哲百科辞典》更为全面地揭示了“劳动”的含义：“人们使用工具改造自然物，使之适合自己需要的有目的的活动，即劳动力的使用或消费，包括脑力劳动和体力劳动。”[4]在历史唯物主义维度，马克思提出“劳动首先是人和自然之间的过程，是人以自身的活动来中介、调整和控制人和自然之间的物质交换的过程”的观点，[5]马克思强调劳动的核心地位，视之为年长者向年轻一代传承社会生活习惯、行为准则和纪律规范的途径，并引导他们融入生产活动与社会。这种教育模式，实则源于劳动本身。这也深刻印证了“最初教育是在劳动实践中萌生的”。由此可以看到，诸多对“劳动”的界定都与马克思主义的定义极为相似，均强调劳动对人类及社会发展具有极为重要的意义。

人们最熟悉的一个古老的神话中讲到，由于享受了那个“苹果”付出了高度的“劳动代价”。劳动是由于人类触犯了神权而产生的，劳动是一种给地球带来了祸患、给人类带来了痛苦的行动。由于这个最初对上帝的反抗，男子在忧患中做苦工，以求一个安定的生活，而女人则在痛苦中养育儿女。[6]从西方词源上考查，在大多数欧洲国家语言中，“劳动”一词最初都含有辛劳、痛苦之意，也用于指生育阵痛。“劳动”一词的表

---

❶ 檀传宝，2019. 劳动教育的概念理解——如何认识劳动教育概念的基本内涵与基本特征 [J]. 中国教育学刊（02）：82.

❷ 上海辞书出版社辞海编辑委员会，1977.《辞海》语词分册 [M]. 上海：上海辞书出版社.

❸ 罗琦，周丽萍，2003. 新编现代汉语词典 [M]. 长春：吉林大学出版社.

❹ 高清海，1988. 文史哲百科词典 [M]. 长春：吉林大学出版社.

❺ 马克思，2004. 资本论（第三卷）[M]. 北京：人民出版社.

❻ 杜威，2012. 经验与自然 [M]. 傅统先，译. 北京：中国人民大学出版社.

达，拉丁语是“labour”，希腊语是“ponos”，德语是“Arbeit”，法语是“travail”。汉娜·阿伦特（Hannah Arendit）指出，“labour”（劳动）与“labare”（在重负下步履蹒跚）有着相同的词根。“ponos”和“Arbeit”在词源上都是“贫穷”之意。[1]中世纪的德国，“Arbeit”一词被翻译为苦难、迫害、不幸、祸灾、疾病等。而法语中的“travail（ler）”也指一种折磨。[2]一直到16世纪，劳动的含义才由贬转为褒。拉丁文中的“laborare”一词，表明人们不但能取得成果，而且可以从中得到享受，因此，劳动指的是经过辛苦努力才获得的劳动成果。[3]从17世纪开始，劳动含义变为想强调行动，并要突出该动作的灵巧或强调是专为别人效劳。格林兄弟编撰的《德语词典》中认为，劳动可用“cura”（关照）、“industri”（技艺）和“ministerium”（服务）表示，但特别强调“ars”（手艺）。自从人的活动逐渐地变得更为非奴役般的、更为自由以来，劳动概念当然也就扩展到更轻松和高贵的活动。从这时起，“labour”（劳动）又被引申出新含义，逐渐成为政治经济领域中的重要概念，如《不列颠百科全书》从经济学角度解释劳动概念，即劳动（劳动力）“是指人类在生产财富中所提供的有价值的服务（不是积累和提供资本，也不是承担经营企业正常范围的风险）”。[4]劳动的现代词义主要有：①劳动，（尤指）体力劳动；②劳动者，劳工，工人，劳动力；③分娩，分娩期、分娩、生产；④政治，英国工党；⑤奋斗，努力做（困难的事）；⑥努力工作，干苦力活；⑦努力地进行，困难吃力地进行。[5]劳动，从说文解字角度考证，“劳”作为会意字。金文一形下从“廾”（双手），上从“爵”（酒器），中间断线像酒流出形，表会双手举爵以酒对辛劳有功者进行慰问、犒劳之意；金文二形省讹。由于爵上之形双柱形与“𤇾”的古文形近，遂繁化。这样，手举爵的古意就完全失去了。篆文承接古文另加义符“力”，成了从“力”，从𤇾省，字形上面是“焱”，表灯火，通明的意义；中间是“冖”，表示房屋，下面是“力”，表示用力。隶变后楷书写作“勞”，如今简化为“劳”。[6]

政治经济学家认为劳动是一切财富的源泉，但是劳动的作用还远不止于此。劳动既定义了人，也定义了人类社会的发展历史。恩格斯指出，劳动“是整个人类生活的第一个基本条件，而且达到这样的程度，以致我们在某种意义上不得不说：劳动创造了人本身。”[7]动物仅仅利用外部自然界，简单地通过自身的存在在自然界中引起变化；

[1] 徐海红，2011. 生态劳动视域中的生态文明 [D]. 南京师范大学.
[2] 汉娜·阿伦特，2009. 人的境况 [M]. 王寅丽，译. 上海：上海人民出版社.
[3] 罗贝尔·福西耶，2007. 中世纪劳动史 [M]. 陈青瑶，译. 上海：上海人民出版社.
[4] 中国大百科全书出版社不列颠百科全书编辑部，1986. 不列颠百科全书（第9卷）[M]. 北京：中国大百科全书出版社.
[5] 霍恩比，2010. 牛津高级英汉双解词典（第7版）[M]. 王玉章，赵翠莲，邹晓玲，等，译. 北京：商务印书馆.
[6] 谷衍奎，2008. 汉字源流字典 [M]. 北京：语文出版社.
[7] 马克思，恩格斯，1995. 马克思恩格斯选集（第30卷）[M]. 中共中央马克思恩格斯列宁斯大林著作编译局，译. 北京：人民出版社.

而人则通过他所作出的改变来使自然界为自己的目的服务，来支配自然界。这便是人同其他动物的本质差别，而造成这一差别的又是劳动。[1]马克思通过深入剖析劳动的物质规定性和社会规定性两个属性来界定劳动概念。从物质规定性方面来说：其一，劳动是物质生产活动。马克思认为，“生产自己的生活资料，同时间接地生产着自己的物质生活本身”。[2]其二，劳动是借助工具而从事的活动。马克思认为生产工具存在“自然形成的生产工具和由文明创造的生产工具”的差异。[1]生产工具划分为这两类，反映了人类对自然必然性的认知程度和社会分工状态。其三，劳动是“人和自然之间的物质变换的过程”。[3]在这个过程中，劳动产生了人与自然之间的关系。从社会规定性方面来说，马克思认为，劳动始终创造着社会关系。因此，一切劳动生产活动都是在一定的社会关系下进行的，孤立于社会之外的生产劳动是不存在的。[4]苏霍姆林斯基从劳动使人获得精神上的满足的角度指出，“‘劳动’一词应当包含比我们通常所理解的更为深刻的含义：劳动，不仅是人与自然的相互作用和在此基础上对周围世界的认识，而且也是人对自身的认识。学生的任何一项劳动，应该不仅是物质价值的创造，而且也是自身价值的创造，后者是建立在由于意识到自己精神上的提高、意识到自己的创造和技艺而深感精神上的满足这个基础之上的。”[5]

根据以上分析，“劳动”是一个在不同历史语境与研究领域的词意不尽相同的概念。在一般意义上，劳动是指在一定的社会关系中人类改造自然物或人化自然物，创造或服务于创造物质财富和精神财富以满足人类需要的有目的的活动。正如马克思认为，劳动“是不以一切社会形式为转移的人类生存条件，是人和自然之间的物质变换即人类生活得以实现的永恒的自然必然性”。[6]本研究将试图把“劳动”定义为教育的领域，指的是人类能动地进行物质活动与精神活动形式，通过“劳动”这一特别的实践活动，促进人的对象化，使人能够获得真正意义上的自由，最终促进人的自我实现。

---

❶ 马克思，恩格斯，2014. 马克思恩格斯选集（第26卷）[M]. 中共中央马克思恩格斯列宁斯大林著作编译局，译. 北京：人民出版社.

❷ 马克思，恩格斯，2009. 马克思恩格斯选集（第1卷）[M]. 中共中央马克思恩格斯列宁斯大林著作编译局，译. 北京：人民出版社.

❸ 马克思，恩格斯，2009. 马克思恩格斯选集（第5卷）[M]. 中共中央马克思恩格斯列宁斯大林著作编译局，译. 北京：人民出版社.

❹ 马克思，恩格斯，2009. 马克思恩格斯选集（第8卷）[M]. 中共中央马克思恩格斯列宁斯大林著作编译局，译. 北京：人民出版社.

❺ 苏霍姆林斯基，1983. 帕夫雷什中学[M]. 赵玮，等，译. 北京：教育科学出版社.

❻ 马克思，恩格斯，2009. 马克思恩格斯选集（第5卷）[M]. 中共中央马克思恩格斯列宁斯大林著作编译局，译. 北京：人民出版社.

三、劳动素养

“劳动素养”一词由“劳动”和“素养”组成。要理解“劳动素养”的内涵，首先需要对“素养”的语义内涵进行解析。按照《现代汉语词典》的解释：“素”，即本色，事物原有的颜色，指的是本质和内在特质。“养”，既可以解释为提供生活所需资料或费用，也可以引申为“后天养成”的概念，即培育、教养以及灌溉的寓意。它代表着通过系统的训练和实践，逐渐培养并塑造个体在道德修养、文化素质、社交技巧以及身心健康等多个方面的品质与能力。广义而言，“素养”涵盖了个人所应具备的全方位品质与修养，它不仅涉及个人的道德品质与内在修养，还体现为外在的形象塑造、社交礼仪的遵循、知识体系的建构以及综合能力的展现等多个维度。“素养”的基本含义是“平日的修养”，具体体现为个体在教育与环境长期熏陶下，在特定领域内所积淀的能力、知识、态度及价值观念的综合修养，以及在具体情境中，能够灵活整合知识、技能与态度以应对问题。“素养”一词最早见于我国的《汉书·李寻传》中：“马不伏枥，不可以趋道；士不素养，不可以重国。”亦即，“素养”不仅强调后天培养与持续发展，具有动态特性。同时全面覆盖了知识、能力、态度及价值观等维度，有力支撑了“立德树人”的教育宗旨，即通过教育培养品德高尚的人才。1981 年，布兰斯科姆（Branscomb）将“素养”（literacy）定义为“具有读、写和理解人类系统知识的能力。”[1] 在国际学生评估项目（PISA）测试中，经济合作与发展组织（OECD）对“素养”的独创性界定是：学生在主要学科领域应用所学知识和技能，在问题出现时分析、推断和有效交流以及在不同情境中解释和解决问题的能力。[2] 从这一点来看，素养的含义表现为应用知识和技能来解决问题的综合能力。早在 1959 年，美国哈佛大学教授罗伯特·W. 怀特（R.W.White）在《对动机的再思考：素养的概念》一文中就指出，“素养……是指某个有机体和环境有效互动的能力（capacity）……能够与环境适当的互动是通过长期持续的学习缓慢获得的……绝不是靠单纯的（生理）成熟就能达到的。”因此，在本质上，素养是个体后天习得的、能够适应和改造环境的可能性。我国台湾学者陈伯璋等人认为，“素养”是一种构念，是一种根据学理建构的理论构念或理念，指个人为了发展成为一个健全个体，必须透过教育而学习获得的因应社会之复杂生活情境需求所不可欠缺的“知识”“能力”与“态度”。[3]2002 年，美国教育部和国家教育统计中心（NCES）联合发布一项研究报告中，研究小组最终采用的素养的定义是，“素养是个体在完成一项具体任务中所需

[1] BRANSCOMB A W, 1981. Knowing How to Know[J].Science Technology & Human Values, 6 (36):5-9.

[2] OECD, 2007. PISA2006 Science Competencies for Tomorrow’s World (vol.1) [Z].Paris: OECD:18-20.

[3] 蔡清田，2015. 台湾十二年国民基本教育课程改革的核心素养 [J]. 上海教育科研（4）：5-9.

的技能、能力和知识的组合。”[1]在报告中，研究小组对相关概念的层级结构进行了界定和分析，试图为研究和评估提供清晰的框架，指明素养是通过学习过程中已发展的技能、能力和知识进行经验的整合所获得，具体如图 1-1 所示。

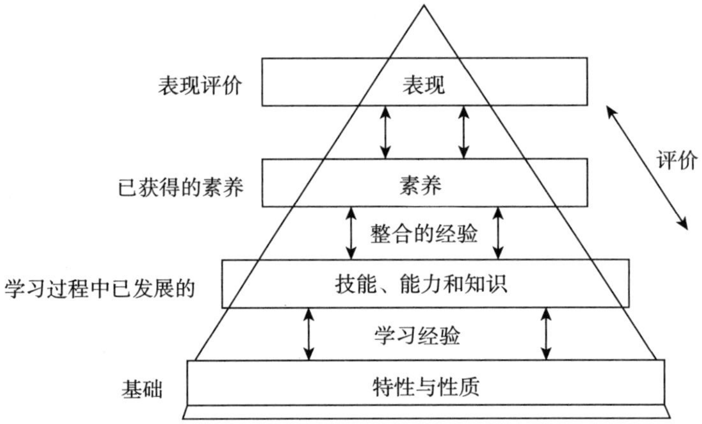

图 1-1　学习结果的层次

“劳动素养”一词最早出现在苏联教育家苏霍姆林斯基所著的《帕夫雷什中学》中。苏霍姆林斯基认为，一个人的和谐全面发展集中体现在一个人的劳动中。德智体美育无不以劳动教育为基础——一个富有教养、精神丰富、道德纯洁的人在劳动素养上必然已经达到了较高的阶段。故苏霍姆林斯基将劳动素养界定为人类的一种精神发展阶段。当一个人拥有良好的劳动素养时，他会为社会福利而劳动，会为集体生活而劳动，会为幸福生活而劳动。[2]

显然，苏霍姆林斯基在审视学生的劳动素养时，其深远的目标超越了单纯劳动技能或技巧的掌握，而是将其提升至道德与精神的高度。他所强调的劳动素养的核心不仅在于学生掌握了多少实用的劳动技能，更在于通过这些劳动实践，学生能够内化劳动的公民责任感，理解并实践为公共利益服务的崇高精神，从而实现个人价值与社会福祉的和谐统一。具体而言，苏霍姆林斯基提到：“我们所讲的‘劳动素养’这个概念，不只是包含完善的实际技能和技巧，不只是指在长者得当的指导下训练出来的技艺，这只是劳动的一个方面；劳动素养的实质，还包含劳动活动在一个人的精神生活中的作用和地位，以及劳动创造中充实的智力内容、丰富的道德意义和明确的公民目

[1] U.S. DEPARTMENT OF EDUCATION，NATIONAL CENTER FOR EDUCATION STATISTICS, 2002. Defining and Assessing Learning：Exploring Competency-Based Initiatives, for the Council of the National Postsecondary Education Cooperative Working Group on Competency-Based Initiatives[R].Washington, DC:7.

[2] 苏霍姆林斯基，1983. 帕夫雷什中学 [M]. 赵玮，等，译. 北京：教育科学出版社.

的性。”[1]指明了劳动素养既要包含掌握熟练而完善的从事实际劳动和创造物质财富的本领，又要充实学生的精神生活。本研究中所采用的素养正是在一定情境下能够表现出来的一种（潜在）综合能力，是知识、能力、经验、态度价值观的综合体。中等职业学校学生的劳动素养则指的是中等职业学校学生通过不同形式的劳动教育、劳动理论知识传授、劳动实习实训锻炼、劳动文化陶冶及自我劳动等形成的，适合社会经济发展与社会岗位所需要的综合劳动素养。

四、劳动素养评价

“评价”是“评定价值”的简称，是指评价主体通过订立的具有规范性的评价标准对评价对象进行量化和非量化的测量以及全方位的分析。其在词源上的含义是：引出与阐发价值。在各种学术著作中，常被作为“评价”的近义词或同义词的有“评估”“评定”“考评”等。在《简明国际教育百科全书》对“评价”的描述是：“一般地说，在教学计划、课程及组织变量等抽象领域中，保留‘教育评价’这一术语似乎合适一些。应用这一术语意味着对某一事物的价值给予一般的衡量。”[2]因此“评价”一词在教育领域中，一般适合用于对于教育情况的总体衡量，其抽象意义高于评定、考评、评估。《朗曼当代英语词典》将“评价”解释为：“计算价值或程度（to calculate the value or degree of）。”[3]《新编中国四大辞书：现代汉语辞海》对“评价”有两个重要解释：“①（动词）评定价值高低；②（名词）评定的价值。”[4]即评价可以是一种行为，也可以是对结果的一种描述。但是在“教育评价”“劳动素养评价”等词语组合中，“评价”一词是作为动词出现，是对人或事物的价值进行判断、评定的行为及过程。从哲学的角度来分析“评价”一词，按照马克思主义的观点，评价是一种认识与反映的过程。评价“实际上是价值，即客体与主体需要的关系在意识中的反映，是对价值的主观判断、情感体验和意志保证及其综合。”[5]“是主体对客体属性与主体需要之间价值关系的反映活动，是主体对自身以外的客观事物的属性满足主体需要的程度的认识活动。”[6]“评价，特别是自觉的、有意识的评价，总是包含着对一定价值关系的可能后果的预见、判断。”[7]

---

[1] 苏霍姆林斯基，1983. 帕夫雷什中学 [M]. 赵玮，等，译. 北京：教育科学出版社.
[2] 胡森，1997. 简明国际教育百科全书（第 1 版）[M]. 许建钺，译. 北京：教育科学出版社.
[3] 肖远军，2004. 教育评价原理及应用（第 1 版）[M]. 杭州：浙江大学出版社.
[4] 刘振铎，2002. 新编中国四大辞书：现代汉语辞海（第 1 版）[M]. 哈尔滨：黑龙江人民出版社.
[5] 李连科，1985. 世界的意义——价值论 [M]. 北京：人民出版社.
[6] 郝立忠，1996. 价值：实践评价的唯一尺度 [J]. 东岳论丛（4）：51-54.
[7] 李德顺，1987. 价值（第 1 版）[M]. 北京：中国人民大学出版社.

当前，在国内教育领域，“劳动素养评价”尚未形成一个统一而明确的概念框架。然而，众多学者已积极投身于探讨之中，从不同维度对学生劳动素养评价的内容进行了详尽的界定与阐述，旨在构建一个全面、科学的评价体系。其中：顾建军认为，劳动素养评价的范畴既有隐形内容，也有显性内容——劳动观念和劳动精神的形成、劳动习惯和劳动技能的养成。[1]刘丽红和丁建安对劳动素养进行了一个广泛的界定，经过生活或教育活动形成的与劳动有关的人的素养皆为劳动素养。[2]故他们认为劳动素养评价应当体现为四个评价维度——劳动意识的评价维度、劳动观念的评价维度、劳动能力的评价维度、劳动成果的评价维度。此外，曹飞从外部社会需要和内在心理品质两个视角构建了劳动素养评价指标，其中，内在心理品质视角下的劳动素养评价聚焦于劳动知识观念技能、劳动情感态度、劳动行为习惯；外部社会需要视角下的劳动素养评价可细分为德性劳动、智慧劳动、健康劳动、美感劳动、创新劳动。[3]总体而言，尽管学者们对劳动素养的定义持有不同见解，从而导致他们各自提出的学生劳动素养评价的维度或内容侧重点各异，但对于劳动素养评价的理解却在一个核心认知上达成了共识：劳动素养评价聚焦于学生内在的发展素养。具体而言，是评估学生在劳动领域中的认知水平、技能掌握程度以及价值观的塑造情况。这种评价模式显著区别于外部导向的课程评价或教育评价，更加侧重于学生个体在劳动实践中的内在成长与变化。

与哲学界对评价的理解相似的是，“劳动素养评价”也被认为是一种主观性的认识。从劳动素养评价本质来看，评价描述的并不是事物真正的、客观的状态，而是参与评价的人或团体关于评价对象的一种主观性认识，是一种通过“协商”而形成的“心理建构”。劳动素养评价是对劳动活动满足社会与个体的需要程度作出判断的活动，是对劳动活动现实的已经取得的或潜在的还未取得的，但有可能取得的价值作出判断。中等职业学校学生劳动素养评价则是根据中等职业学校劳动教育目标和基本原则进行定性或定量的评定的基础上作出合规律、合逻辑的价值判断的活动过程。

---

[1] 顾建军，2020. 加快建构新时代劳动素养评价体系 [J]. 人民教育（08）：20.

[2] 刘丽红，丁建安，2020. 构建科学合理的学生劳动素养评价体系 [EB/OL]. https://www.cssn.cn/skgz/bwyc/202208/t 20220803_5457275. shtml.

[3] 曹飞，2020. 中小学生劳动素养评价指标体系探析 [J]. 劳动教育评论（01）：54.

第四节　文献综述

他山之石，可以攻玉。有研究指出，文献综述“是一种古老而又具有生命力的研究方法，因为没有任何一项科学研究是不需要查阅文献的。”[1]通过文献综述进行研究，既可以了解研究现状，又能够解决现实问题。劳动教育评价是劳动素养发展的指挥棒，是践行劳动素养评价理念与实践的重要前提。基于此，本研究首先对近六十年来我国劳动教育研究进行了量化统计，包括逐年发文量、高频关键词、知识图谱等的整理与分析，随后展开劳动教育评价研究、劳动素养研究、劳动素养评价研究的相关文献资料的搜集与整理工作。最后，通过上述文献梳理，发现已有的研究空间对其进行补充。

一、关于劳动教育评价的相关研究

（一）劳动教育研究的文献回顾

回顾某一研究领域的文献是构建该领域的知识现状及细化、深化相关研究问题的有效方法。[2]我国劳动及劳动教育的思想源远流长，从我国七十年之久的劳动教育实践经历的视角来看，共经历了模仿、探索、迷失、推进和升华五个阶段，以及政策上经历的全面学习苏联的西方化、探索自身道路的去西方化、与资本主义对立的绝对去西方化、开辟中国模式、新时代劳动教育价值体系的初步建立五个阶段。[3]由此可见，尽管道路漫长且充满考验，我国对于劳动教育的坚持和优化从未停歇，其重要性得到了持续且坚定的确认和强调。从学术史的角度来看，近现代“关于劳动及劳动教育的研究”的主题与热度呈现出“波浪式”态势。在中国知网上检索篇名为“劳动教育”的中文文献，文献来源不限（截止时间为 2018 年 12 月 31 日），检索得到 820 篇文献，剔除会议信息等无关文献，确定 808 篇有效文献。根据逐年发文量显示（图 1-2），第一个波峰于 1954 年开端，这一时期侧重于对劳动教育概念的廓清、关于劳动教育地位的理论争鸣、劳动教育基本问题的探讨与反思，同时关注教育家劳动教育理论研究、苏联等国教育理论的引介和我国劳动教育理论的构建。第二个波峰在 1995 年前后（第八个五年计划结束之年），一批“八五”课题结题，一批劳动教育实践研究成果喷薄而

[1] 魏顺平，2010. 技术支持的文献研究法：数字化教育研究的一个尝试 [J]. 现代教育技术，20（6）：29-34.

[2] TRANFIELD, D., DENYER, D., et al., 2003. Towards a Methodology for Developing Evidence- Informed Management Knowledge by Means of Systematic Review[J]. British Journal of Management,14(3):207-222.

[3] 孙会平，宁本涛，2020. 五育融合视野下劳动教育的中国经验与未来展望 [J]. 教育科学，36（01）：29-34.

出，出现了第二个劳动教育研究的高峰。第三个波峰在 2015 年，结合国家对未来劳动者的要求提升，劳动教育的实践研究走向了“素质教育、核心素养、创新创造”等新选题。新的历史条件下劳动教育被赋予了新的内涵和时代价值，同时也对西方劳动教育相关理论进行了更深一步的探索和补充。这样的研究趋势，与我国在 1954 年首提劳动教育，推动全国中小学广泛开展劳动教育宣传和实践，1992 年《中华人民共和国义务教育法实施细则》将劳动教育作为五育并举的重要组成部分被正式提出，2015 年《教育部、共青团中央、全国少工委关于加强中小学劳动教育的意见》中，劳动教育对于立德树人的重要意义被重提并得到高度重视的教育趋势相一致，表现出劳动教育研究与劳动教育政策、实践的共生性。

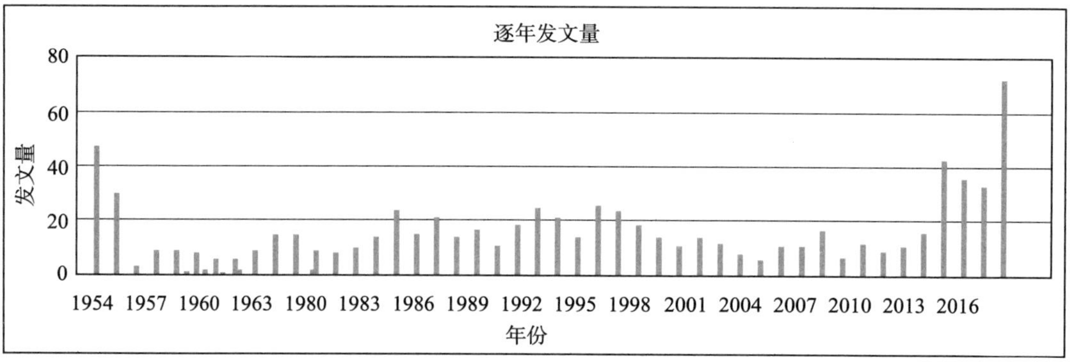

图 1-2 逐年发文量

将上述题录信息文本导入 Bicomb2 中进行关键词梳理与筛选，使构建矩阵的关键词更符合研究的要求。如对“苏维埃社会主义共和国联盟”与“苏联”、“学校”与“学堂”等意义相近的关键词进行统一。最后得到关键词 1126 个，累计总出现频次为 3445 次。借助齐普夫第二定律来确定高频关键词的频数临界点：$T=(-1+\sqrt[2]{1+8Ii})/2$，其中，Ii 是频次为 1 的关键词数目，T 是高频关键词的频次临界点。经统计 $Ii=850$，$T=40.7$，取整为 41，关键词过少则不足以概括劳动教育的研究热点，因此选取词频≥ 11 的 30 个关键词为高频关键词（表 1-1），累计频次 51.52%，满足分析标准。[1]

表 1-1 “劳动教育”相关研究的高频关键词

序号	关键字段	频次	累计百分比 /%	序号	关键字段	频次	累计百分比 / %
1	劳动教育	524	15.21	4	学校	153	30.28
2	劳动	185	20.58	5	小学	71	32.34
3	思想政治教育	181	25.83	6	中小学	71	34.40

[1] 郭文斌，方俊明，2015. 关键词共词分析法：高等教育研究的新方法 [J]. 高教探索（9）：15-26.

续表

序号	关键字段	频次	累计百分比 /%	序号	关键字段	频次	累计百分比 / %
7	体力劳动	58	36.08	19	苏霍姆林斯基	23	46.65
8	中学	50	37.53	20	劳动创造	23	47.31
9	教育与生产劳动相结合	39	38.66	21	大学生	23	47.98
10	苏联	34	39.65	22	党的教育方针	18	48.51
11	学生	30	40.52	23	劳动者	16	48.97
12	社会主义	29	41.36	24	农村	15	49.40
13	劳动技能	28	42.18	25	劳动教育思想	14	49.81
14	思想体系	28	42.99	26	生产劳动	13	50.19
15	劳动观	27	43.77	27	青年	12	50.54
16	儿童	26	44.53	28	家庭劳动教育	12	50.89
17	素质教育	26	45.28	29	劳动锻炼	11	51.20
18	劳动技术教育	24	45.98	30	家务劳动	11	51.52

使用 SPSS 对高频关键词词篇矩阵进行聚类分析（图 1-3），可以发现已有研究可分为三大研究热点主题。主题一主要涉及劳动教育与生产劳动相结合等，主题二涉及劳动教育的形式与实践等，主题三涉及劳动教育的思想与理论等。

多维尺度分析能够将相似度高的关键词聚集到一个类别中，便于判断学科内某研究领域的位置。用 1 减去相似矩阵中的数值，得到高频关键词的相异矩阵，导入 SPSS 中进行多维尺度分析（ALSCAL），结果显示 Stress（应力系数）=0.11，RSQ（拟合度）= 0.97。一般而言，Stress ≤ 2.5% 则为很好（Excellent）[1]，RSQ 越大越好，0.60 以上可以接受[2]。因此产生的模型拟合度高，能够反映出我国劳动教育研究关键词间的学术联系。根据聚类分析结果，对高频关键词做相似矩阵分析（如表 1-2），绘制得到“劳动教育”高频关键词的战略坐标图（图 1-4）。战略坐标图以描述领域间相互影响强度的向心度为 X 轴，以表明领域内部联系强度的密度为 Y 轴，坐标原点则是两者的中位数。第一象限的主题领域（主题一：劳动教育与生产劳动相结合等）密度及向心度较大，已有大量的研究成果，内部联系紧密，是劳动教育研究的核心与热点。第三象限的主题领域（主题三：劳动教育的思想与理论等），题目明确且内部联系较为紧密，由于后续的研

[1] 陈正昌，程炳林，陈新丰，等，2005. 多变量分析方法：统计软件应用 [M]. 中国税务出版社.
[2] 靖新巧，赵守盈，2008. 多维尺度的效度和结构信度评述 [J]. 中国考试（研究版）（1）：40-44.

究成果有限，体现为非热点领域。第四象限的主题领域（主题二：劳动教育的形式与实践等）在整个研究中处于边缘地位，重要性较小。

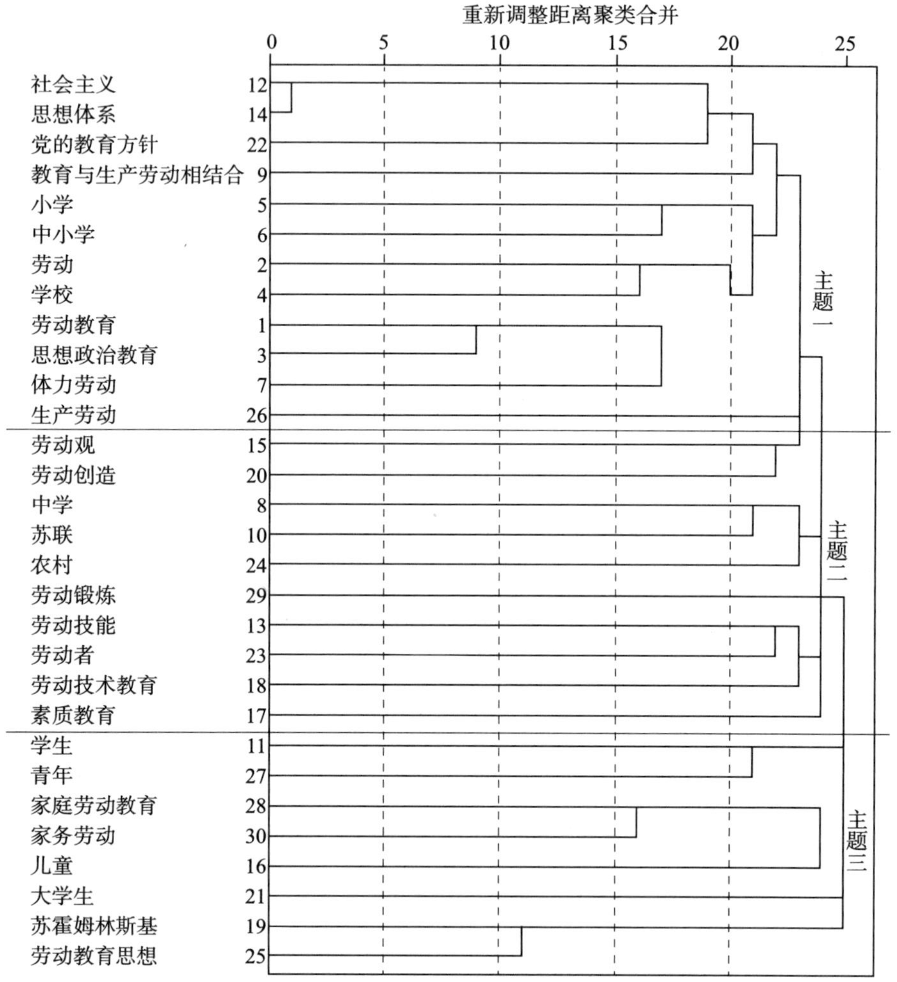

图 1-3 “劳动教育”相关研究关键词的聚类分析图

表 1-2 高频关键词的相似矩阵（部分）

关键词	劳动教育	劳动	思想政治教育	学校	小学	中小学
劳动教育	1	0.291	0.897	0.682	0.682	0.616
劳动	0.291	1	0.295	0.568	0.424	0.423
思想政治教育	0.897	0.295	1	0.777	0.621	0.588
学校	0.682	0.568	0.777	1	0.598	0.567
小学	0.682	0.424	0.621	0.598	1	0.727
中小学	0.616	0.423	0.588	0.567	0.727	1

续表

关键词	劳动教育	劳动	思想政治教育	学校	小学	中小学
体力劳动	0.676	0.217	0.749	0.677	0.385	0.376
中学	0.493	0.369	0.557	0.55	0.287	0.457
教育与生产劳动相结合	0.629	0.432	0.659	0.647	0.477	0.446
苏联	0.622	0.291	0.731	0.639	0.351	0.418
学生	0.237	0.125	0.144	0.135	0.133	0.08
社会主义	0.351	0.35	0.402	0.54	0.295	0.253
劳动技能	0.675	0.09	0.631	0.387	0.468	0.414
思想体系	0.359	0.405	0.423	0.586	0.299	0.285
劳动观	0.608	0.148	0.626	0.522	0.324	0.332

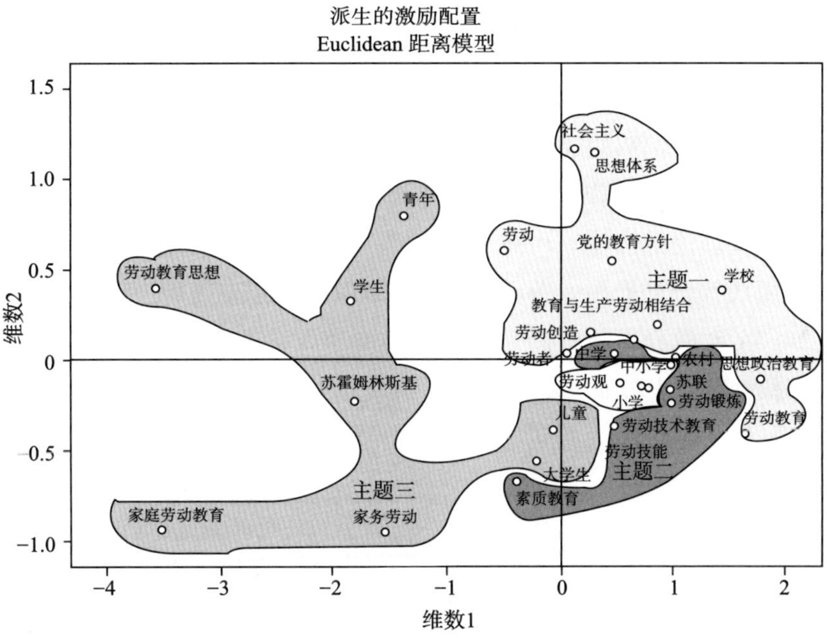

图 1-4 "劳动教育"相关研究的战略坐标图

为了弥补多维尺度分析的不足，进行社会网络分析可以直观呈现关键词之间联系的强弱，利用 Netdraw 对共现矩阵进行分析得到图 1-5。社会网络知识图谱中，点代表关键词，连线表示关键词之间的联系。从关键词的节点大小也可以再次验证图 1-5 显示的结果。

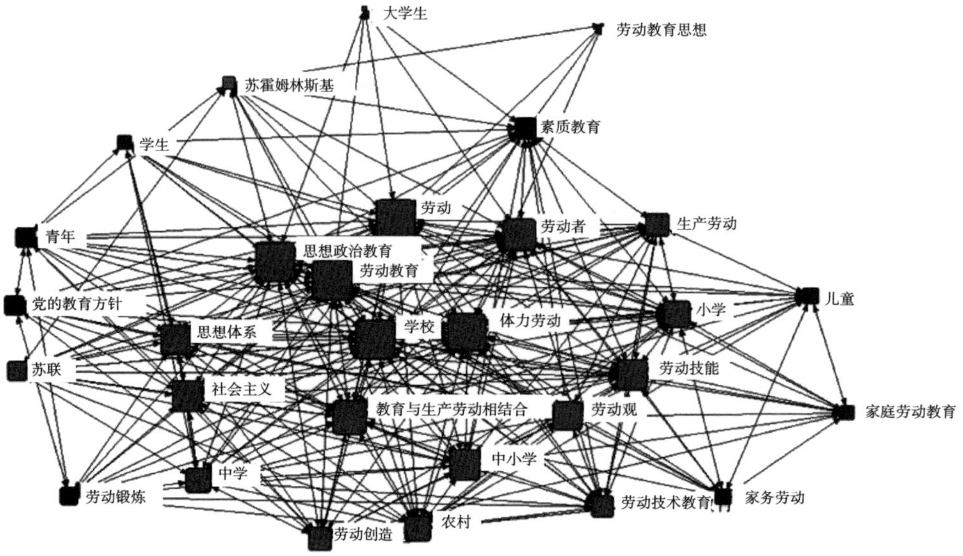

图 1-5 “劳动教育”的社会网络知识图谱

使用 citespace 进行关键词突现成知识图谱（图 1-6），可以发现 1986 年国家提出“德、智、体、美、劳”五育并举，劳动教育研究的主题呈现从“思想体系研究向具体劳动教育实践研究”偏移的趋势。1986 年成为劳动教育研究重点从理论研究转向实践研究的转折点。前期，更着重于教育家劳动教育理论研究、苏联等国教育理论的引介和我国劳动教育理论的构建。1986 年劳动教育作为德、智、体、美、劳五育全面发展的一个有机组成部分被提出，劳动教育研究的重点也转向中国劳动教育的现实实践中的问题，如“劳动教育课”的研究，注重学校微观案例的收集、剖析与研究，劳动教育研究的实践价值逐步彰显。

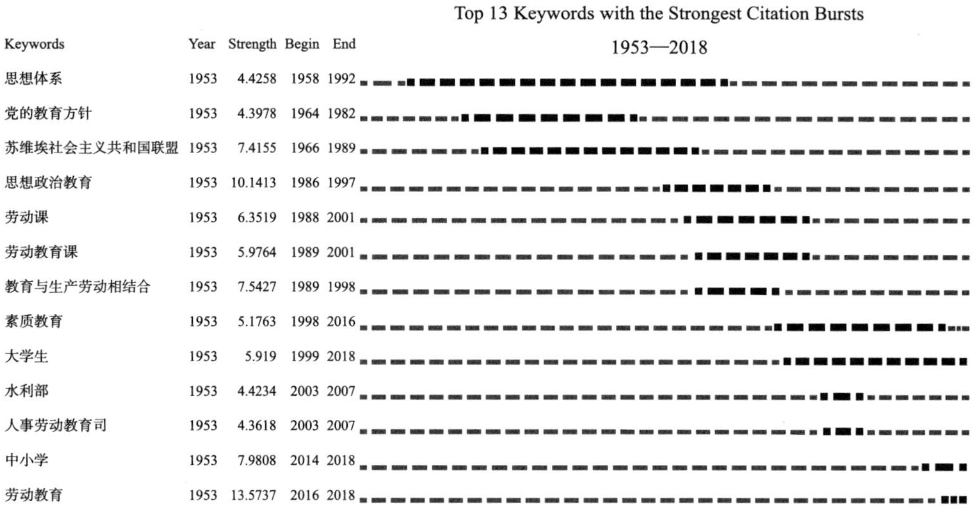

图 1-6 劳动教育关键词突现知识图谱（1953—2018 年）

综上所述，对学生劳动教育的研究虽然相关的文献资料为数众多，但尚未有人对劳动素养评价指标体系建构进行系统研究。

（二）劳动教育内容及路径研究

关于劳动教育的研究重在探讨学校教育过程中应该提供哪些有价值的内容以及如何将这些内容进行整合才能实现受教育者人格素质结构形成的问题。[1]通过实证研究与调查，陈双红清晰地揭示了当前劳动教育面临的若干未解难题，指出目前劳动教育的课程体系并不完善，劳动教育的师资力量薄弱，需要加强培养；同时，劳动课程实施的场地以及如何开展教学都处在需要加强的时期。[2]针对如何解决劳动教育中所面临的问题，学者们进行了深刻的探讨。钟飞燕的研究强调，为提升劳动教育质量，需着重完善课程标准，优化其结构，使之契合新时代背景下劳动教育的革新需求，并拓宽教育平台。同时，应充分考量学生的特性，鼓励教师在教学中创新，探索新颖的教学策略，并指出劳动教育的成功不仅依赖于校内课程，还需社会、家庭与学校三方面的协同合作与相互支撑。这表明，全方位的支持与配合是实现劳动教育目标的关键。[3]陈姗、谭中玲等研究者，基于其所在小学的劳动课程实施情况进行了深刻反思，主张除了学科渗透，还可借助特色或校本课程深化学生的劳动体验，强调“唯有亲历真实劳动，兼用脑力与体力，感受其中甘苦，方能有效锻炼学生的意志”，并提到了诸如快乐种植、趣味建筑等劳动密集型特色课程及实践劳动有益建议。[4]孙红军针对劳动教育现存的问题进行了细致分析，他提出的应对策略涵盖三个关键层面：劳动教育的执行机制、教育的内在含义及整体教育体系，详尽阐述了推动劳动教育深化发展的实用路径。[5]蔡京华聚焦于校本课程“农耕的乐趣”，系统地解析了从课程设计到课堂实践的核心要素，并对其后续的发展方向进行了前瞻性的思考。[6]韩天骄、苏德从身体视域视角出发，指出面对当下劳动教育“身心不一”的困境亟需从构建劳动实践场地，深化劳动体验，变革教学内容和教学方法等方面出发，破解劳动教育的实然困境。[7]

---

[1] 励雪琴，2006. 教育学是什么 [M]. 北京：北京大学出版社.

[2] 陈双红，2022. 小学劳动教育校本课程优化策略研究——以成都市 A 小学为例 [D]. 成都：四川师范大学：125-131.

[3] 钟飞燕，2021. 新时代学校劳动教育研究 [D]. 长春：吉林大学：125-131.

[4] 陈姗，谭中玲，隋红军，等，2021. “双减”背景下的小学劳动教育实践与反思 [J]. 中国教育学刊（S2）：221.

[5] 孙红军，2022. 当前劳动教育实施中的突出问题及对策 [J]. 中小学管理（01）：53-55.

[6] 蔡京华，2023. “双减”背景下课后服务供给中的小学劳动教育课程：为何与何为 [J]. 中国教育学刊（02）：94-98.

[7] 韩天骄，苏德，2022. 劳动教育的本质解构、现实困境与可为路径——基于身体视域 [J]. 现代教育管理（08）：48-57.

（三）劳动教育评价功能和定位问题研究

教育评价是对教育活动进行价值判断的过程，是提供评价信息的过程，是共同建构的过程。科学的教育评价体系对于教育改革同样具有重要的导向、激励与促进作用。劳动教育评价对于提高劳动教育的实效性同样具有导向、激励和示范功能，对劳动教育评价的研究也成为劳动素养评价的基础和关注的焦点。

贺明菊认为，由于劳动教育没有纳入学生升学和学校评价体系，因此劳动教育尚未得到教育行政部门、学校和家长的足够重视，已经被学校边缘化。劳动教育成为“说起来重要，做起来次要”，往往使学校劳动教育失位。在此基础上，贺明菊提出将劳动教育的评价结果作为衡量学生全面发展情况的重要内容，具体措施包括：加强对劳动技术课程学习的评价、落实各学段劳动实践的评价、注重评价内容的全面性等。[1]岳海洋提出将学生劳动教育考核的结果作为学生升学、就业以及各种人才选拔过程中的重要评价指标，将会在全社会逐步形成重视劳动教育的文化，使学生养成自觉劳动的意识。[2]朱贤友针对师范生人才培养提出：“对于师范生人才劳动素质的评价指标仍然有待完善，首先对师范生参与劳动教育的观念和意愿进行正确的引导，其次为学生提供与教师岗位相称的劳动实践科目，最后对师范生在合理的劳动过程中所产生的价值进行积极的评价。”[3]李仙娥、刘跃强提出应当建立健全科学的劳动教育评价体系，同时要建立健全劳动教育考核奖惩制度，充分发挥评价体系的实时监督与保障激励作用等。[4]宁本涛提出要建立劳动教育考评结果的全方位使用激励机制，教育行政管理部门以及国家权力机构规定对个人劳动教育考评的结果要在升学、就业与职务晋升以及各种人才选拔等过程中广泛使用，作为德才评价的重要组成部分。[5]唐治敏提出中等职业学校劳动教育的考核评价要关注劳动教育过程性评价、实施多元化评价、构建发展性综合评价，看到学生投入劳动教育的热情、执着、快乐和变化发展情况，关注学生情感的变化、技能的提升、潜力的凸现等方面的情况。[6]然而，张应强指出，在目前的应试教育体系框架下实施劳动教育，往往面临两难选择——不开展劳动评价，评价结果不作为升学评优的参考依据，学生积极性不高，学校和教师推动难；开展劳动评价，并将评价结果记入学生档案，作为升学评优的参考，又违背劳动

---

[1] 贺明菊，2015．找回“失联”的劳动教育 [EB/OL]．http://www.moe.gov.cn/jyb_xwfb/moe_2082/zl_2015n/2015_zl28/201508/t20150803_197321.html.

[2] 岳海洋，2019．新时代加强高校劳动教育的价值意蕴与实践路径 [J]．思想理论教育（3）：100-104.

[3] 朱贤友，2021．基于师范生人才培养的劳动教育评价体系构建 [J]．决策探索（下）（2）：68-69.

[4] 李仙娥，刘跃强，2021．劳动教育融入大中小学思政课一体化建设的重要性及其路径探析 [J]．学校党建与思想教育（16）：66-68.

[5] 宁本涛，2019．重塑劳动教育观 [N]．人民日报，2019-01-29.

[6] 唐治敏，2021．中等职业学校劳动教育课程的建设要点及实施策略 [J]．教育科学论坛（24）：53-56.

教育的初衷，处理这种两难问题，需要在着力改变劳动教育功利化思想的基础上，谨慎实施学生劳动教育评价。❶

现有研究也关注到了政府层面对学校劳动教育开展的评价。党和国家也尤其重视劳动教育评价，在《中共中央 国务院关于全面加强新时代大中小学劳动教育的意见》中明确指出，要将劳动素养纳入学生综合素质评价体系；《大中小学劳动教育指导纲要（试行）》中也提出，要以劳动教育目标、内容要求为依据，通过平时表现评价、学段综合评价、开展学生劳动素养检测等方式，发挥劳动教育评价育人导向和反馈改进功能。南战军提出希望教育部尽快发布劳动教育指导纲要和课程实施意见，出台县域劳动教育督导评估办法，创新劳动教育信息化手段，扩大优质资源的覆盖面，确保劳动教育常态化、体系化、实效化。❷程建坤认为教育部门要加强劳动教育的督导评价，将学校劳动教育的实施情况纳入中小学责任督学挂牌督导内容。❸ 地方政府层面也进行了积极的探索和总结。天津市政府主要通过专项督导开展劳动教育督导评价，部分区制定了区劳动教育督导评价文件，形成了专门的督导工作体系，大部分学校建立了学生劳动教育评价制度，将学生具体劳动实践情况和相关事实材料记入学生综合素质档案，作为升学、评优的重要参考，并将劳动教育纳入对班级和教师的考评中。❹湖北省将劳动教育纳入教育督导体系，纳入中小学责任督学挂牌督导内容，定期组织对全省各级政府和有关部门保障劳动教育情况以及学校组织实施劳动教育情况进行督导，以保障劳动教育的实施。❸ 大连市沙口区充分发挥评价的激励和导向功能，引导各学校在《区中小学生劳动素养评价手册》的基础上制定涵盖劳动观念、劳动意识、劳动习惯、劳动技能、劳动情感的评价制度和评价标准，纳入学生综合素质评价指标体系，作为学生评价的重要参考。❺云南省对学校劳动技术教育的评价融入综合实践活动课程评价和学生的综合素质评价中，主要由学校层面实施，省、州（市）、县（区）教育行政管理部门提出要求并督促检查。❻

（四）劳动教育评价的基本理念研究

劳动教育评价理念与原则的研究为劳动教育评价的实践上提供方向和标准。研究

---

❶ 张应强，2020. 新时代学校劳动教育的定性和定位 [J]. 重庆高教研究，8（4）：5-1.

❷ 南战军，2020. 构建上下联动的劳动教育新样态 [EB/OL]. https//www.cssn.cn/jyx/jyx_jyqg/202209/t20220913_5492746.shtml.2020-4-21.

❸ 程建坤，2020. 以评价促进劳动教育高质量开展 [N]. 中国教育报，2020-12-24.

❹ 天津市教育委员会，2020. 传承劳动育人初心　谱写创新作为新篇［EB/OL］. http://www.moe.gov.cn/jyb_xwfb/moe_2082/zl_2020n/2020_zl15/202003/t20200327_435385.html.

❺ 辽宁省大连市沙河口区，2017. 积极构建劳动教育体系　促进学生全面健康成长 [EB/OL]. http://www.moe.gov.cn/jyb_xwfb/moe_2082/zl_2016n/ztzl_zxxdy/201702/t20170213_296023.html.

❻ 刘海君，2015. 让学生在劳动实践中健康成长——云南省义务教育劳动技术教育的实践探索 [EB/OL]. http://www.moe. gov.cn/jyb_xwfb/moe_2082/zl_2015n/2015_zl28/201508/t20150803_197323.html.

者们主要从劳动教育评价理念与原则、不同教育阶段和教育类型所遵循的劳动教育评价理念与原则两个视角进行研究。

一是关于劳动教育整体性评价理念与原则研究。刘茂祥指出，劳动教育实践的评价需要克服“物化”，注重对学生劳动品质、劳动韧性、劳动精神方面的追求引领，在建立专门的学生劳动评价制度时，需引领学生乃至家庭重视劳动教育对学生核心素养的转化，关注学生认识劳动教育在促进物质与精神财富创造方面的功能。[1]冯刚、刘文博认为，对劳动教育成效的评价要立足劳动教育主体，将评价的重心放在学生在劳动实践中的获得感上，应“以生为本”，构建以学生获得感为核心的多元化评价体系，将劳动教育的成绩纳入学生综合素质测评体系，设立劳动专项奖学金，以劳动实践心得、答辩交流等形式考查学生的劳动实践成果。[2]沈炜认为，需要探索研究构建学生劳动素养评价指标和评价体系，把评价结果作为衡量学生全面发展情况的重要内容。[3]涂鹏提出，构建劳动教育评价机制需要坚持综合化的评价内容、构建多元化评价主体、运用多样化评价方法及加强评价反思与改进。[4]班建武指出，当前存在着将对劳动的评价方式直接迁移到劳动教育评价上的现象，具体表现为：更看重学生在特定劳动形态方面的物化产出，却忽视学生在劳动过程中的真实体验和感受；更在意对学生技能性劳动素养的考核，却忽视价值性、精神性劳动品质的评价，并强调片面用学生劳作的产品来评价劳动教育效果，在很大程度上将背离教育评价初衷，不利于劳动教育健康推进。[5]

二是关于劳动教育课程评价理念与原则研究。沈炜认为，劳动教育课程开发关乎劳动教育质量的高低，课时落实情况是衡量课程开设情况的“基本指标”，也是评价学校劳动教育情况的“硬杠杠”。[6]康翠萍、龚洪提出，劳动教育课程评价体系的建构要做到：①科学编制评价标准和内容维度；②要构建科学有效的评价方法；③建立系统、全面、配套的劳动教育评价制度。[6]杨秋月提出，职业院校劳动教育课程考核评价应坚持劳动过程考核与劳动实绩考核相结合的原则，采取直接与间接考核评价相结合的评价方法，呈现量化与质化相结合的评价结果，利用横向与纵向评价、定期与非定期评价、当前与长远评价相结合的评价手段，增强学生劳动学习的积极性，提高劳动教育课程质量。[7]

---

[1] 刘茂祥，2019. 打开劳动教育新天地 [N]. 光明日报，2019-01-19.
[2] 冯刚，刘文博，2019. 新时代加强大学生劳动教育的时代价值与实践路径 [J]. 中国高等教育（12）：22-24.
[3] 沈炜，2020. 教育评价“指挥棒”全面转向，你关心的问题专家答 [N]. 光明日报，2020-10-19.
[4] 涂鹏，2021. 新时代劳动教育课程实施困境及其破解 [J]. 教育科学论坛（13）：40-45.
[5] 班建武，2020. 劳动教育应在“教育”上下功夫 [N]. 中国教育报，2020-09-09.
[6] 康翠萍，龚洪，2019. 新时代中小学劳动教育课程的价值旨归 [J]. 教育研究与实验（6）：69-74.
[7] 杨秋月，2020. 新时代职业院校劳动教育课程体系设计探讨 [J]. 职教通讯（6）：24-30.

三是不同教育阶段和教育类型所遵循的劳动教育评价理念与原则研究。劳动教育贯通大中小学各阶段，贯穿人才培养的全过程，涵盖普通教育和职业教育两种教育类型，不同教育阶段和教育类型的劳动教育评价理念与原则也有所差异。王连照早在2016年就提出，基础教育阶段劳动教育实施评价层面的关键在于扎根整个教育体系，特别是基础教育所处的环境，洞悉环境中孕育的生命力量，基于教育事态，超越教育生活，需要关注学生对劳动意义的理解与获得、对劳动教育进行综合的、多元的评价。[1]张伟认为，教育主管部门要从宏观上强化对高校劳动教育的评价和引导，并把相关结果与高校绩效考核挂钩。评价的重点是“条件质量”“过程质量”“结果质量”等方面。[2]在职业学校层面，姜大源认为，劳动教育考核评价上要“知”与“行”合一，注重劳动素养发展。一方面对“知”的评价，应注重学生对劳动教育基本知识和基本技能的认知，尤其是对劳动教育基本内涵把握的好坏；另一方面对“行”的评价，应注重结合诸如疫情灾害等重大国内外事件的大考，对学生的劳动素养，也就是劳动过程中的劳动心态和劳动技能的综合应用能力进行衡量。[3]羌毅提出，新时代职业院校劳动教育的评价应注重对学生的技术能力、劳动状态、精神面貌、团队协作、任务达成等劳动素养进行过程性和整体性评价，要将定性评价和定量评价有机结合起来。[4]

二、关于劳动素养的相关研究

劳动素养的研究尚处于理论探索与建构阶段。因此，在对其进行评价与应用之前，可以进一步梳理国内外学者对劳动素养进行了哪些研究，有哪些成熟与薄弱之处，有哪些借鉴与不足之处。

（一）劳动素养基本内涵的研究

人类对劳动的认识经历了一个历史的发展过程。在很长一段时间内，劳动教育及劳动素养教育的重要性都为人所忽视。例如，在古希腊，劳动是一种制作活动，劳动的目的是使事物生成。古希腊人甚至将从事劳动的一般工匠或手艺人也视为是低贱的。按照汉娜·阿伦特（Hannah Arendt）的考证，亚里士多德（Aristotle）宁愿承认牧羊人和画家为公民，也不愿承认农民和雕刻家为公民。[5]只要劳动是为了纯粹生存，就

---

[1] 王连照，2016. 论劳动教育的特征与实施 [J]. 中国教育学刊（7）：89-94.

[2] 张伟，2020. 新时代学校劳动教育质量的时代逻辑、发展要义与评价维度 [J]. 教育科学论坛（20）：3-9.

[3] 姜大源. 2020. 职业院校强化劳动教育的新思考新措施 [N]. 中国教育报，2020-04-14.

[4] 羌毅，2021. 新时代我国职业院校劳动教育的新要求、现实困境与突破路径 [J]. 职业技术教育，42（4）：25-29.

[5] 汉娜·阿伦特，2009. 人的境况 [M]. 王寅丽，译. 上海：上海人民出版社.

是奴性的、卑贱的，是被人看不起的。即使在赫西俄德（Hesiod）那里，劳动也被认为是奴性的，“劳动就像所有其他邪恶一样，出自于潘多拉的魔盒，它是宙斯的惩罚，因为普罗米修斯（Prometheus）‘狡猾地欺骗了他’。从那时起，‘诸神就从人的生活中隐退’，并诅咒‘以面包为生的人’。而且，赫西俄德认为农活由奴隶和驯兽来干理所当然”。[❶]因此，在古希腊时期，劳动和技能教育并不受重视。[❷]在我国古代也有相类似的劳动教育思想，无论是孔子、孟子、荀子为代表的“基于人的出身富贵与贫贱而相应的天命论”职业劳动理念，还是主张“道法自然”，追求“天人合一”，通过“无为”，达到“无不为”的道家思想的特质，都是更注重一己安宁、修身劳心而不屑劳力的人伦文化，这种文化的劳动思想注定更多从社会等级秩序出发，从政治等级角度来看待劳动，对中国社会的劳动和人的存在发展产生了严重的消极影响。19 世纪，马克思从历史唯物主义角度阐述了劳动的价值，如“劳动创造世界”“劳动创造历史”“劳动创造人本身”，将劳动发展到了一个新的高度。[❸]此外，在劳动价值观的基础上，马克思提出教育必须与生产劳动相结合，也是劳动与教育第一次真正结合，这种结合不是机械式，而是以现代科学为结合点，二者相互联系、相互依存。[❹]相应地，以此为基础的劳动教育，逐渐孕育出劳动素养的萌芽。

劳动教育的内涵随时代变迁而变化。在社会主义革命时期，我国劳动教育政策侧重于为国家经济恢复与发展提供所需劳动力，教育内容主要集中在工农业生产和相关技能上；改革开放后，随着科技的快速发展，为适应现代化建设的需求，劳动教育开始强调“体脑结合”和技术知识的学习；进入 21 世纪，为培养全面发展且具备高素养的人才，劳动教育政策和内容也随之调整，加入了创新教育的元素。[❺]当下，我国教育改革的核心思路是以学生核心素养的发展为基础，倡导培养学生的全面核心素养。在劳动教育方面，则注重培养学生的劳动素养。[❻]当前，关于劳动素养的多维性已成为共识，但因侧重点不同，研究者在其维度结构的划分上大致持有能力和品格两种不同的取向。如顾建军教授认为，劳动素养是学生通过多方面的劳动教育而逐步形成的劳动精神面貌、劳动价值取向和劳动技能水平等要素凝结而成的整体状态，它主要体现在学生的日常生活、生产实践、社会参与和职业劳动活动中，并融入其观念、习惯、品质、能力以及人生中。[❼]龚春燕、廖辉等人认为，劳动素养是学生想劳动、

❶ 汉娜·阿伦特，2009. 人的境况 [M]. 王寅丽，译. 上海：上海人民出版社.
❷ 宋岭，张华，2020. 时代挑战与未来路向：劳动教育的当代诠释与实践 [J]. 中国教育科学，3（2），41-49.
❸ 成有信，1982. 论教育与生产劳动相结合的实质 [J]. 中国社会科学（1），163-176.
❹ 班建武，2019. “新”劳动教育的内涵特征与实践路径 [J]. 教育研究（1），21-26.
❺ 尹坚毅，2022. 新高考下高中生劳动素养评价三层次模式构建探析 [J]. 教育与考试，No. 94（04）:5-11.
❻ 林崇德，2016. 21 世纪学生发展核心素养研究 [M]. 北京：北京师范大学出版社.
❼ 顾建军，2020. 加快建构新时代劳动素养评价体系 [J]. 人民教育（8）：19-22.

会劳动、爱劳动的品格和价值观。[1]檀传宝认为，劳动素养指经过生活和教育活动形成的与劳动有关的人的素养。[2]王正青等人认为，劳动素养指的是正在接受教育的学生在教育与生活中形成的与劳动有关的个人素养。[3]羌毅、姜乐军认为，劳动素养指经过劳动或劳动教育等特殊形式的社会实践活动所形成的、与劳动相关联的人的素养。[4]蔡瑞林等人认为，劳动素养指的是人类整合运用智力、体力和劳动工具，在现实生活中所进行的带有一定的目的去改变外部世界和周边环境所需的多方面的复杂能力。[5]辛高洁认为，劳动素养指的是劳动者在参与实践过程中所含有的劳动能力以及劳动品质的综合概括。[6]

（二）劳动素养构成要素的研究

随着研究的丰富与深入，大量研究者越来越认同劳动素养是一种综合素养，是劳动品格和能力的整体表现，二者同等重要，缺一不可。《大中小学劳动教育指导纲要（试行）》中提到，要正确把握社会主义建设者和接班人的劳动精神面貌、劳动价值取向和劳动技能水平的培养，而大中小学生劳动素养主要包含劳动观念、劳动能力、劳动精神以及劳动习惯和品质等方面。黄济认为，“劳动教育是劳动观点、劳动态度和劳动习惯等基本素养的教育。”[7]王泉泉等人将劳动素养界定为学生在长期劳动学习与实践过程中逐步形成的，适应个人终身发展和社会发展需要的价值观、必备品格和关键能力的综合表现，并表现出育人性、时代性和具身性等主要特点。[8]檀传宝认为，劳动素养包括劳动的价值观（态度）、劳动的知识与能力等维度。这一视角同时采纳能力与品格两种取向之长，将知识技能教育与情感、态度、价值观教育有机统一在劳动素养这一整体中，互为补充、彼此促进。[9]此外，也有研究进一步关注了劳动素养在个体发展中的内化过程，将劳动习惯的塑造视为中小学劳动素养培养的关键一环。曹飞从个体内部心理品质的视角出发，探讨了劳动素养的结构，并将其划分为知识观念技能、情感态度和行为习惯三个维度，强调劳动素养的培养离不开通过长期实

[1] 龚春燕，廖辉，梅永鲜，2020. 新时代中小学劳动素养评价的历史逻辑与体系构建[J]. 劳动教育评论（2），42-54.

[2] 檀传宝，2019. 劳动教育的概念理解 [J]. 中国教育学刊（2），82-84.

[3] 王正青，刘涛，杜娇阳，等，2021. 新时代大学生劳动素养测评模型构建与测度研究 [J]. 现代教育管理（6）：81-89.

[4] 羌毅，姜乐军，2021. 新时代我国职业院校劳动素养评价 [J]. 教育与职业（4）：55-59.

[5] 蔡瑞林，花文凤，2021. 基于混合研究方法的大学生劳动素养评价指标体系构建 [J]. 中国大学教学（11）：81-85+96.

[6] 辛高洁，2022. “三全育人”视阈下大学生劳动素养培育路径研究 [D]. 太原：山西财经大学.

[7] 黄济，2004. 关于劳动教育的认识和建议 [J]. 江苏教育学院学报（社会科学版）（5）：17-22.

[8] 王泉泉，刘霞，陈子循，等，2021. 核心素养视域下劳动素养的内涵与结构 [J]. 北京师范大学学报（社会科学版）（2）：37-42.

[9] 檀传宝，2019. 劳动教育的概念理解 [J]. 中国教育学刊（2）：82-84.

践所达成的内化于心、外化于行的过程。[1]刘向兵提出，劳动素养是指在劳动实践过程中形成的认知、分析、判断、创造和生产的能力，具体包括劳动知识、劳动技能、劳动价值观、劳动伦理等维度的价值判断、规范及行动指南。[2]余江舟对新时代的劳动素养进行了四重维度的建构，四个维度主要包括劳动价值观、劳动情感品质、劳动知识技能和劳动实践习惯。[3]徐洁等人则认为，劳动素养是对劳动者在劳动过程中与之相匹配的劳动心态和劳动技能的综合概括，包括劳动价值观、劳动意识、劳动情感、劳动意志、劳动能力五个方面。[4]曾天山、顾建军主编的著作《劳动教育论》中提出："劳动素养的本质是学生在劳动学习中情感态度价值观、知识与技能、过程与方法的综合实现，是学生在各种复杂、不确定的情境中通过劳动实践解决现实问题的能力和品质。"[5]顾建军指出："在劳动教育中凝练劳动素养，就应加强劳动观念、劳动能力、劳动习惯和品质以及劳动精神的培育。劳动素养具有整体性、结构性、层次性、发展性等特点，其中，整体性、结构性要求在劳动教育的目标建构中注重要素的紧密联系，不可简单分割，层次性和发展性要求在劳动教育目标建构中应根据不同学段学生的特点进行劳动素养发展的目标定位和层次界定。"[6]纪德奎、陈璐瑶提出，劳动素养结构主要包括了劳动能力、劳动观念、劳动精神、劳动习惯和品质四个一级指标，以及劳动知识、劳动技能、劳动创新、劳动意识、劳动态度、劳动思想、劳动勤俭、劳动奉献、劳动奋斗、劳动自主、劳动诚信、劳动责任十二个二级指标。[7]在职业院校劳动素养构成要素层面，黄家敏则提出："劳动认知、劳动能力、劳动习惯和品质、劳动精神及劳动价值观五个维度是构建职业院校学生劳动素养评价指标的一级指标，由此衍生出二级指标十个，三级指标二十四个。"[8]羌毅、姜乐军提出，根据劳动素养的时代意蕴，评价要素应包含劳动价值观、劳动知识、劳动能力和劳动习惯四个一级指标，劳动观点、劳动态度、劳动情感、劳动理论知识、劳动实践知识、劳动技能、劳动创造、劳动意识、劳动行为九个二级指标和若干个三级指标。[9]基于文献分析的劳动素养评价构成要素具体如表 1-3 所示。

[1] 曹飞，2020. 中小学生劳动素养评价指标体系探析 [J]. 劳动教育评论（1）：42-55.
[2] 刘向兵，2019. 新时代高校劳动教育论纲 [M]. 北京：社会科学出版社.
[3] 余江舟，2021. 新时代劳动素养的四重维度 [J]. 中国高等教育（Z2）：53-55.
[4] 徐洁，楼幸琳，2020. 培育劳动素养：新时代劳动教育的核心指向 [J]. 教育科学论坛（19）：5-10.
[5] 曾天山，顾建军，2020. 劳动教育论 [M]. 北京：教育科学出版社.
[6] 顾建军，2020. 建构素养导向的劳动教育体系 [J]. 教育发展研究，40（24）：3.
[7] 纪德奎，陈璐瑶，2021. 劳动素养的内涵、结构体系及培养路径 [J]. 天津师范大学学报（基础教育版），22（2）：16-20.
[8] 黄加敏，2021. 高职院校学生劳动素养评价指标构建探析 [J]. 科技风（15）：162-163.
[9] 羌毅，姜乐军，2021. 新时代我国职业院校劳动素养评价 [J]. 教育与职业（4）：55-59.

表 1-3 基于文献分析的劳动素养评价的构成要素

序号	文献指标	劳动观念	劳动知识	劳动能力	劳动习惯	劳动品质	劳动情感	劳动态度	劳动精神
1	《大中小学劳动教育指导（试行）纲要》	√		√	√	√			√
2	黄济（2004）	√			√			√	
3	曾天山，顾建军（2020）	√	√	√	√	√			
4	顾建军（2021）	√	√	√	√	√			√
5	檀传宝（2019）		√	√				√	
6	刘向兵（2019）	√	√	√					√
7	邓宏宝，顾建军（2021）	√		√			√		√
8	徐洁（2020）	√		√			√		
9	黄家敏（2021）	√	√	√	√	√			√
10	王连照（2016）			√	√			√	
11	王泉泉等（2021）	√		√	√	√		√	
12	曹飞（2020）	√	√	√	√	√			
13	羌毅，姜乐军（2021）	√	√	√	√				
14	龚春燕（2021）			√	√			√	√
15	王正青等（2021）	√	√	√					
16	纪德奎，陈璐瑶（2021）	√		√	√	√			√
17	余江舟（2021）	√		√	√		√		

三、关于劳动素养评价的相关研究

素养评价的研究一直以来都是教育领域的关注热点，而对于劳动素养评价的研究则方兴未艾。本研究从劳动素养评价指标、劳动素养评价实施设计和劳动素养评价保障措施三个方面进行综述。

（一）劳动素养评价指标的研究

《中共中央 国务院关于全面加强新时代大中小学劳动教育的意见》中指出，要根据劳动教育目标，依据不同学段、不同类型学生的特点，开展日常生活劳动、生产劳动和服务性劳动。该政策文件的发布为学界对劳动素养评价指标的研究提供了基础性内容框架。顾建军教授指出，劳动素养的评价指标既涵盖了抽象的、不可见的劳动观念和劳动精神，也包括了具体的、可见的劳动知识、劳动技能和劳动习惯。他还提出，在进行劳动素养评价时应实现“三化”：抽象内容的具象化、开放内容的结构化以及复杂内容的简化。❶蔡瑞林等人指出，大学生的劳动素养主要分为两个层次：一是包含劳动观念与劳动精神等隐性内层素养；二是涉及劳动知识、劳动技能和劳动习惯等显性外层素养。并采用混合研究方法构建了一个包含五个一级指标（劳动观念、劳动习惯和品质、劳动知识、劳动技能以及劳动精神）及其下属二十一个二级指标的大学生劳动素养评价指标体系。❷李琦等人构建了中等职业学生的劳动素养“三生三维”评价体系。其中，“三生”内容维度包括生活性劳动、生产性劳动和服务性劳动，“三维”内容维度则涵盖能劳动、会劳动和爱劳动。在此评价指标体系下，意在指导学生明确劳动教育的发展目标。李琦等人还对“三生”和“三维”进行了具体化处理，将其细分为可操作和可评价的具体指标体系。❸黄佳敏根据“职业性”的特点，将高职院校学生劳动素养评价指标划分为四个一级指标（劳动认知、劳动能力、劳动习惯和品质、劳动精神），以及八个二级指标（劳动观念、劳动知识、劳动技能、劳动创造、劳动习惯、劳动品质、劳模精神、工匠精神），并明确了三级指标的评价要点。❹羌毅等人认为，职业院校的劳动素养评价要点可由四个一级指标（劳动价值观、劳动知识、劳动能力和劳动习惯）及九个二级指标（劳动观点、劳动态度、劳动情感、劳动理论知识、劳动实践知识、劳动技能、劳动创造、劳动意识和劳动行为）共同构成。❺卞玉昌对小学一、二年级学生的劳动素养评价指标体系总结为三个一级指标（劳动态度、劳动习惯和劳动技能），每个一级指标下设有五个二级指标。❻刘小惠以某中学的劳动教育课程建设为例，构建了劳动素养的四维度框架（劳动能力、劳动态度、劳动习惯和劳动观念），并设置了十一个二级指标。❼蓝文均提出的高中生劳动素养评价体系包括四个一级指标（劳动认知、情感劳动、劳动意识和劳动行为）及其下属的十三个二级指标和二十九个三级指标。❽尹坚毅提出了新高考背景下高中生劳动素养评价的三层次模式：核心层为立德树人、引领教学和服务选才；内涵层包括四个维度

❶ 顾建军，2020. 加快建构新时代劳动素养评价体系 [J]. 人民教育（08）：19-22.

❷ 蔡瑞林，花文凤，2021. 基于混合研究方法的大学生劳动素养评价指标体系构建 [J]. 中国大学教学（11）：81-85+96.

❸ 李琦，鲍鹏，周永平，2021. 中等职业学生劳动素养“三生三维”评价体系建构 [J]. 中国职业技术 教育（28）：73-76.

❹ 黄加敏，2021. 高职院校学生劳动素养评价指标构建探析 [J]. 科技风（15）：163-16.

❺ 羌毅，姜乐军，2021. 新时代我国职业院校劳动素养评价 [J]. 教育与职业（04）：55-59.

❻ 卞玉昌，2021. 小学生劳动素养评价体系的价值与构建 [J]. 教学与管理（26）：16-18.

❼ 刘小惠，2021. 新时代劳动素养评价体系建构与课程实践路径选择——以人大附中劳动教育课程建设为例 [J]. 创新人才教育（02）：31-37.

❽ 蓝文均，2021. 高中生劳动素养综合评价系统的研究与设计 [D]. 湘潭：湖南科技大学.

（劳动观念、劳动能力、劳动精神以及劳动习惯和品质）；外延层则涵盖三种评价方式（平时自我评价、综合素质评价以及高考融合考查）。[1]

（二）劳动素养评价实施设计的研究

劳动素养评价实施设计是劳动素养得以顺利实施的重要前提。部分学者聚焦于劳动教育的档案袋评价研究。滕青等人认为，应开设劳动课，在校生平均每学期要以分散或集中方式参加为期一周的劳动课学习，有专门的课程表、有专门的机构、有指导教师、有配套的相关规章制度，并以必修课学分制进行规范。其形式为立足校园开展力所能及的学生事务工作，学生参与劳动后填写书面总结报告，由班委会成员、辅导员和班主任共同负责组织和考核，有关部门协助，根据劳动效果、劳动态度给出等级评价，记入学生成绩档案。[2]林克松、熊晴认为，劳动教育课程丰富的实践形式要求课程评价不能局限于静态的口头评价或常规的评价清单等形式，而要走向动态生成的档案袋评价；要建立起以学生劳动表现为核心的个性化档案袋，融合学生劳动过程与劳动成果，包括制定评价标准、收集证据和反思再评价。[3]卢晓东、曲霞提出，隐性课程中劳动教育评价有所不同，学生参与劳动教育的情况不应以百分制或等第制评价，而应是质性化描述性评价。为此，应该设置学生成长数字档案，其中特别关注劳动中的表现以及劳动中断后的学生自我“反顾”。[4]顾建军、毕文健提倡多采用质性评价方式，将学生在劳动教育活动和课程中的各种表现和活动成果作为分析考查学生发展状况的重要依据，建立档案袋，写好记录，对学生的活动过程和结果进行综合评价。[5]德国采取的是将劳动教育成绩计入总体成绩之中的方法，通过教师给学生打分、学生之间互相评价、学生的自我评定三种教育评定渠道，按必修、选修及学时、成绩的不同计入总成绩。[6]在职业教育类型上，顾建军指出，职业院校可以以每一个学段为单位，设计劳动任务清单、劳动评价手册、劳动日志、劳动成长档案袋等进行课内外、校内外劳动学习与实践过程的记录，辅以抽样样本的劳动情境的表现性评价或“代表作评价”“典型任务评价”等，实施学生劳动素养的精准评价。[7]羌毅、姜乐军认为，职业院校劳动素养评价是一项综合性、实践性和情境性很强的工作，单一的评价方法、评

---

[1] 尹坚毅，2022. 新高考下高中生劳动素养评价三层次模式构建探析 [J]. 教育与考试，No. 94（04）：5-11.

[2] 滕青，杨汝奎，方美君，2008. 关于大学生劳动教育的思考 [J]. 教育探索（10）：33-34

[3] 林克松，熊晴，2020. 走向跨界融合：新时代劳动教育课程建设的价值、认识与实践 [J]. 湖南师范大学教育科学学报，19（2）：57-63.

[4] 卢晓东，曲霞，2020. 大学劳动教育课程框架、特征与实施关键：基于劳动要素的理论视野 [J]. 中国大学教学（Z1）：8-16.

[5] 顾建军，毕文健，2019. 刍议新时代劳动教育课程的一体化设计 [J]. 人民教育（10）：11-17.

[6] 傅小芳，周俪，2005. 德国基础教育中的劳动技术教育 [J]. 比较教育研究（2）：35-40.

[7] 顾建军，2020. 加快建构新时代劳动素养评价体系 [J]. 人民教育（8）：19-22.

价思维、评价形态必然会导致“畸形”评价和“片面”评价。职业院校劳动素养评价要坚持定性与定量相结合。❶

2013 年 4 月，德国正式推出“工业 4.0”国家振兴战略。工业 4.0 不仅局限于工业生产，而且引发了整个劳动市场的变革，也明晰了与之相匹配的“教育 4.0”未来改革的目标与方向。德国为帮助学生适应当前学校或家庭劳动需求，并为未来参与社会劳动生活做准备，使其有能力胜任未来劳动力市场对于不同职业的能力要求。❷德国各州学校劳动课程目标基本都是以能力为导向，旨在培养学生以下五种能力：专业知识能力、方法与过程能力、判断与决定能力、社会交往能力、行动能力。❸

（三）劳动素养评价保障措施研究

在目前出版的国内劳动教育著作与教材成果中，有典型案例集、改革报告、基于某个地区劳动教育评价实践经验总结与保障措施。例如，顾建军等人编写的《改革开放以来劳动教育的历史发展与现代建构》详细介绍了改革开放以来劳动教育的区域实践、学校实践、教学实践与项目实践案例的经验总结。从素养导向的劳动教育的视角出发，指明劳动素养评价的保障措施。刘茂祥指出，中小学劳动教育评价的实践导引策略，应注重导引学校全面落实布局与劳动教育特色创建相结合，导引专门劳动教育开发与学科劳动教育渗透相结合，导引教师劳动教育培训与劳动教育能力提升相结合，导引劳动教育的实训基地与社会资源开发相结合，导引基于文化创生的综合劳动与实践育人相结合。❹顾建军指出，“强化目标导引，让劳动素养评价体系立起来；优化评价内容，让劳动素养评价实起来；注重学段特点，让劳动素养评价活起来；坚持科学把握，让劳动素养评价亮起来；规范过程结果，让劳动素养评价硬起来”❺等措施完善。羌毅，姜乐军认为，职业院校劳动素养评价，需要遵循职业院校 PDCA 全面质量管理的基本范式，即注重 Plan（计划）、Do（执行）、Check（检查）和 Action（处理）等系统化、整体性、全方位管理。❻在地方实践案例上，自 2004 年起，山东省潍坊市将学生的综合实践活动课程作为考查科目纳入中考，作为高中招生录取的基本条件，设有专门的劳动教育专业实践基地，学生在实践基地参与的所有课程以等级方式来呈

❶ 羌毅，姜乐军，2021. 新时代我国职业院校劳动素养评价 [J]. 教育与职业（4）：55-59.

❷ 任平，贺阳，2020. 从“劳作学校”到“普职融合”：德国劳动教育课程建设的价值嬗变、特征与启示 [J]. 全球教育展望，49（10）：114-128.

❸ SENATSVERWALTUNG FÜR BILDUNG, JUGEND UND FAMILIE BERLIN, 2018. Entwurfsfassung-Curriculare Vorgaben für die gymnasiale Oberstufe: Zusatzkurskurs Digitale Welten[EB/OL].https://www.berlin.de /sen /.../dw_curriculum_gesamt_2018-1-als-entwurf.pdf., 2019-5-2 /2020-3-5.

❹ 刘茂祥，2020. 基于实践导引的中小学劳动教育评价研究 [J]. 教育科学研究（2）：18-23.

❺ 顾建军，2020. 加快建构新时代劳动素养评价体系 [J]. 人民教育（8）：19-22.

❻ 羌毅，姜乐军，2021. 新时代我国职业院校劳动素养评价 [J]. 教育与职业（4）：55-59.

现，评价的表述采取分值与星级个性评价相结合，涉及学生的课堂评价、课程阶段性评价、个性评价与终极性评价。❶

通过对当下国外具有代表性的劳动教育模式与劳动素养评价实施经验的总结，主要概括为三个方面：坚持“育人”的劳动教育价值导向；构建连贯、完备的劳动教育课程体系；营造家庭、学校、社会融洽的劳动教育环境。❷有从课程角度出发，如美国、德国、英国等国家在劳动教育相关课程中，通过采用日常式渗透的方式，不仅将评价渗透到教学课程的每个环节中，也渗透到家庭的日常作息中，❸使评价在动态中展开，更真实地反映了劳动教育的成效和学生劳动素养的发展水平。德国劳动素养培养以“项目教学法”为主要策略，秉承德国职业教育“任务导向性”的课程实施理念，凸显课程的活动性，将“项目教学法”作为主要的教学策略——即以一个具体项目（一个物品、一件产品或一项服务）为教学主线，学生需要独立制作特定产品或是完成特定项目，教师辅以一定的支持，使得学生有机会将理论知识运用于劳动实践之中。❹在学生的劳动教育评价保障措施方面，俄罗斯不仅在校内设置理论评价和实践评价，还将工艺学纳入奥林匹克竞赛项目。工艺学奥赛面向 5 ~ 11 年级的学生，男女分开进行考试，考试内容包括理论和实践两部分，获奖者可享有大学录取的优惠政策。此外，俄罗斯还注重从小学到高中各学段课程体系的衔接，确保学生的学习能够形成一个连贯且逐步深化的有机整体。❺古巴的劳动教育从幼儿园到大学的各年龄阶段都有实施劳动教育的大纲和细则，强调因材施教，强调劳动教育与德智体美相结合。❻2014 年，英国将“烹饪与营养”纳入中小学国家课程体系，实施时配以详细可操作的烹饪课程目标、丰富的教学资源包以及校外资源。❼此外，“食物准备与营养”也被美国纳入普通中等教育证书考试，考试内容包括知识性考试与非考试性的评估。此举措对于劳动教育质量保障具有重要意义。美国的劳动教育主要通过家庭、学校和社会三方面的合作来实施。各学校会因地制宜、因时制宜地组织社区志愿服务活动，并根据学生的表现颁发“好公民奖”。❽诸如此类的做法，对于培养学生的价值观和世界观及增强他们的责任感和同情心具有重要作用。在日本的中学，评价主体一般包括三类：学生本人、

❶ 孙桂芳，2015. 潍坊：让学生在综合实践基地体会劳动的意义 [N]. 山东教育报，2015-08-22.

❷ 庄坚佷，高磊，2021. 劳动教育的国外模式与课程实施 [J]. 思想政治课教学（02）：77-81.

❸ 龚春燕，廖辉，梅永鲜，2020. 新时代中小学劳动素养评价的历史逻辑与体系构建 [J]. 劳动教育评论（2）：42-54.

❹ 任平，贺阳，2020. 当代德国学校劳动教育课程构建的经验与启示 [J]. 中国教育学刊（8）：24-30.

❺ 宋丽荣，姜君，2020. 俄罗斯劳动教育课程改革——《工艺学》的改革举措及特点 [J]. 基础教育课程（05）：74-80.

❻ 黄南婷，2010. 古巴劳动教育的意义 [J]. 外国中小学教育，No. 208（04）：52-55+60.

❼ 缪学超，2021. 劳动教育进国家课程——英国中小学烹饪课程的演进、经验及启示 [J]. 天津师范大学学报（社会科学版）（06）：77-82.

❽ 谷贤林，2018. 美国学校如何开展劳动教育 [J]. 人民教育（21）：77-80.

同组同学和教师。评价过程则通常是先由学生自我评价，接着是同组同学评价，最后由教师进行评价，以此来提高评价的准确性。[1]此外，在日本的劳动教育过程中，教师需要随时检查学生参与劳动的情况，发现问题时及时解决，并为每位学生评定劳动成绩，给出符合实际情况的评价。综上，不难看出国外劳动教育不仅实施模式趋于多样化与多元化，内容较为丰富，且评价及保障机制也比较完善。

四、对已有研究的评价与反思

从现有研究来看，劳动素养及劳动教育的理论与实践研究是我国学术界最重要、最受关注的马克思主义研究领域之一这一观点能够获得极大共识。劳动素养评价指标体系建构研究领域的理论建设和实践构建都取得了进步，近期研究成果也比较多。我国学者对劳动素养评价指标体系建构的关注程度在不断升温，将其融入职业教育的探讨中并不断取得阶段性成果。但是也应该看到，劳动素养评价指标体系建构研究还有很长的路要走，无论在广度还是深度上都还有巨大的拓展空间。主要表现在以下几个方面：

第一，对中等职业学校学生劳动素养评价的理论研究不深入，导致对实践指导匮乏，且理论研究与实践研究联系不紧密。已有研究虽然涉及到了一些学生劳动素养评价的理论问题，但这些研究相似度很高，不够深入，且比较零散，不成系统。劳动素养评价作为我国教育评价研究领域的一个新生研究事物，劳动素养评价尚有颇多理论困惑有待解决。如劳动素养评价的概念与内涵、劳动素养评价的内容、劳动核心素养评价等，导致劳动教育实践产生混乱。因此，需要进一步澄清劳动核心素养评价的概念、发展历程、功能定位、理论基础、操作程序与使用材料等。此外，劳动素养评价的理论研究与实践研究联系不够紧密。一方面，劳动素养评价实施应该建立在一定的理论与实践基础之上，一线教师实践者应注重经验描述。经验描述是指仅把研究实践局限在事实材料的积累、描述和系统化，而不从理论上予以概括和把握，导致理论缺乏深度和高度；虽能指导教育实践，却难促进教育理论的深化和发展[2]。另一方面，理论研究者在研究中偏重理论研究，对学生劳动素养评价具体如何实施介绍较少，劳动教育政策和制度难以落实。因此，需要进一步加强彼此间联系，探索劳动素养评价及其指标体系，促进其在学校常态化、校本化实施过程中有参照标准。

第二，对全国中等职业学校学生劳动素养的整体把握不够。对整体状况的把握有利于更加清晰地把握我国中等职业学校学生劳动素养评价及其培养的现状。已有研究中，有较少文献涉及对中等职业学校学生劳动素养的部分要素评价、对中等职业学校

[1] 杨铭，1983. 日本中学的劳动教育 [J]. 外国教育动态（01）：24-27.

[2] 朱永祥，1991. 国外教育研究方法论的发展趋势 [J]. 教育科学（4）：56-61.

学生劳动素养评价的实施个案研究，且全都是硕士学位论文，大约有 3 篇选择了某省或某一所或几所中等职业学校作为个案研究（论文检索截止到 2019 年 1 月 1 日），对个案学校实施情况进行了深入分析，但对全国中等职业学校学生劳动素养评价实施的整体状况研究不够。

第三，对中等职业学校学生劳动素养内涵、评价与指标体系的研究不足。研究结果表明，有部分研究涉及到劳动素养，但是对其内涵、评价及其指标指标体系还尚未有人进行硕博论文系统研究。因此，本研究试图选取中等职业学校学生为研究对象，对中等职业学校学生劳动素养评价进行理论基础建构、内容结构建构、评价权重体系建构与指标体系建构等方面的研究。此外，如何通过劳动素养评价实施提高学生的自我评价能力，使学生能认识自我、发现自我、主动规划人生等方面的研究还不足。

第四，对劳动素养评价指标体系建构中操作程序的关键问题没有解决。斯塔弗尔比姆（Stufflebeam，D.L.）强调说："评价最重要的意图不是为了证明（prove），而是为了改进（improve）。"[1] 目前，中等职业学校学生劳动素养评价实施的目的既指向职业性，又指向教育性，如何在实际教学过程中处理好这两种关系，很多学校还没有厘清其思路，导致评价指标参差不齐，百花齐放。此外，中等职业学校学生劳动素养评价一方面力求科学、合理，通过对评价指标的层层分解，制订详细评分标准和细则来进行量化评价。另一方面又需要注重个性化评价与过程性评价等。因此，这也是造成中等职业学校在学生劳动素养评价操作层面比较困惑的难题。

第五节　研究设计

研究设计是实施研究的前提性问题。在实施研究前，研究者需要向读者交代清楚研究目的、研究问题、研究方法与研究技术路线图等。

一、研究目的

本研究的研究目的，从根本上说，是一种解释性与验证性并存的研究工作，即从历史的、共时的、系统的、实验的视角解读。本研究的主要目标有以下几点：

第一，通过梳理中等职业学校学生劳动素养的理论依据、国内外的研究现状及趋势，形成对劳动素养内涵、结构、评价指标体系等较为客观、系统的认识。

第二，通过德尔菲法确立中等职业学校学生劳动素养评价指标体系建构的内容结构维度与指标权重。

[1] 瞿葆奎，1989. 教育学文集・教育评价 [M]. 北京：人民教育出版社.

第三，通过对研究对象的调查，了解中等职业学校学生劳动素养一级评价指标水平及在个体、家庭、学校组织层面的差异。

第四，通过访谈分析法分析中等职业学校学生劳动素养培育的主要影响因素。

第五，提出提高中等职业学校学生劳动素养的策略建议，为中等职业学校劳动教育改革指出可能的愿景与方向。

二、研究问题

基于以上研究背景、研究意义与研究综述的阐述，本研究拟对以下几个问题进行细化研究。

1. 中等职业学校学生劳动素养评价指标设计理念是什么？如何确立中等职业学校学生劳动素养评价指标体系的内容结构与权重体系？

2. 中等职业学校学生劳动素养测评量表如何编制？中等职业学校学生劳动素养各个一级指标水平如何？是否存在个体、家庭、学校层面差异？

3. 对中等职业学校学生劳动素养影响因素进行访谈研究，其中学生、教师、管理者如何看待劳动教育与劳动素养培育？

4. 中等职业学校学生劳动素养培育的基本特征有哪些？如何进一步优化与提高中等职业学校学生劳动素养？

在上述问题中，上一个问题均是下一个问题解决的基础，下一个问题又是上一个问题的进一步延伸。根据研究问题，通过采取科学的研究步骤，循序渐进地跟进。

三、研究方法

著名德国哲学家、数学家戈特弗里德·威廉·莱布尼茨（Gottfried Wilhelm Leibniz）曾经指出，数学的本质不在于它的对象，而在于它的方法。那么，在科学的作用已经渗透到人类活动的一切领域的今天，或许也可以断言，科学的本质不在于它的对象，而在于它的方法。[1]

针对本研究的研究问题，主要以定量研究为主，辅之以定性研究，即混合研究方法。混合研究方法作为继定量研究范式和定性研究范式之后的“第三种教育研究范式”，已然成为教育研究的理想范式之一。[2]美国学者约翰逊和奥屋格普兹（Johnson & Onwuegbuzie）认为，混合研究法就是研究者在同一研究中综合调配或混合使用定量研

---

[1] 刘大椿，1987. 比较方法论 [M]. 中国文化书院内刊.

[2] 高潇仪，等，2009. 论混合方法在高等教育研究中的具体应用——以顺序性设计为例 [J]. 比较教育研究（3）：49-54.

究和定性研究的技术、方法、手段、概念或语言的研究类别。[1]尤其需要注意的是，混合研究方法并不是定性和定量研究的简单结合，它弥补了单一研究方法的局限性，体现出其独有的优势，实现优势互补，多元交叉，推动了对研究问题的分析，通过不同研究方法得出的结果可以获得更丰富的研究视角，使研究结论更加合理，更有意义。[2]具体采用的研究方法有以下几种：

（一）文献研究法

文献信息的收集主要采用文献法。文献研究既是文献综述的重要途径，又是理论研究的必要方法。文献研究法主要在大量阅读、分析所研究领域的论文、著作等后，对所要研究的问题形成深刻的了解，是对文献进行查阅、分析、整理，从而找出事物本质属性的一种研究方法。参考文献的质量和数量在一定程度上决定了理论基础的水平的高低，因而文献研究法贯穿于研究始终，既是基础也是前提。本研究对中国知网、万方、读秀、Springer、ERIC、Web of Science、Science Direct 等中外文数据库进行检索，并阅读了大量与劳动教育、劳动素养、评价体系等相关的学术期刊、硕博论文、著作及政策文件等，意在全面性、系统性地了解现阶段中等职业学校学生劳动素养的培养现状、存在的问题及发展策略等，以及准确地掌握当前学术界对于中等职业学校学生劳动核心素养评价指标体系建构的概况，为本研究提供重要的理论依据。此外，本研究将吸收多学科研究的成果，特别需要查询教育学、心理学、劳动学、经济学、管理学等与本研究相关的文献资料，在广泛阅读有关资料的基础上，从中择取重要和切实可用的资料，然后根据相关的理论框架，从一定的方法论和价值取向出发，分析、解释这些资料，揭示其蕴含的意义。

（二）问卷调查法

问卷调查法是指将所要调查的内容，具体化为一系列有机联系的可测指标，以便进行定量测量的方法，[3]具有经济省时、保密度高、调查范围广等优点[4]，被广泛应用于社会学、政治学、营销学等社科领域。规范的基于问卷调查法的实证研究，需要有严谨的问卷设计、审慎的抽样计划、规范的数据收集程序、精确的数据分析和概括等。在本研究中，问卷调查法的使用目的主要包括两个方面：一方面，在问卷预测阶段，通过收集相

[1] JOHN R. B.& ONWUEGBUZIE A. J, 2004. Mixed Methods Research: A Research Paradigm Whose Time Has Come [J]. Educational Research, 33(7):12-26.

[2] 安黎黎，2010. 混合方法理论的研究与应用 [D]. 上海：华东师范大学.

[3] 刘蔚华，1991. 方法大词典 [M]. 济南：山东人民出版社.

[4] 彭克宏，马国泉，陈有进，1989. 社会科学大词典 [M]. 北京：中国国际广播出版社.

关数据，并结合项目分析、探索性因素分析、验证性因素分析结果，对指标结构进行修正。另一方面，在问卷正式发放阶段，通过收集相关数据，对中等职业学校学生劳动素养做出评价。此外，本研究还采用了实地调查法、网络调查法等。实地调查法，又称现场调查法、田野调查法等，指的是在实验室、图书馆等以外收集信息的一种研究方法。实地调查法侧重于少数研究对象或个案、典型案例等，针对中等职业学校学生劳动素养这一现象，按照事先拟定的研究目标，在一定范围内进行实地考察，收集资料等进行深入、细致的调查，以期获得直接的感性认识。网络调查法是目前社会科学研究中的新式调查法，是一种基于互联网的技术手段为研究工具，利用网页问卷、电子邮件问卷、在线问卷调查平台等多媒体通信手段进行数据和资料收集的调查方法。在使用网络调查法的过程中，越来越多的研究者都开始承认，在某些特定的情境中，网络调查确实具备一些传统调查方式没有的独特优势。[1]在后续劳动素养现状调查中，通过网络调查法的应用和发挥其特定优势，为研究者节约了一些成本和精力。

（三）访谈法

访谈法是研究者通过与调查对象直接交谈来获取信息的方法。[2]它是质性研究中常用的资料收集方法，主要指的是访问者与受访者之间进行对话的方式，达到意见交换与建构意义的目的。访问者通过访谈的过程与内容，挖掘和分析出受访者对研究对象的态度与看法。访谈法不仅能够增加资料收集的多元性，还能够了解受访者内心真实的感受与行为认知。就研究者对访谈结构的控制程度而言，访谈可以分成封闭型、开放型和半开放型。[3]本研究的访谈采用的是半开放型访谈，即在辅以访谈提纲的基础上，主要围绕被访谈者的讲述思路进行自由访谈。这种访谈主要是以量化的思路进行设计。访谈结果也能够相对容易地进行编码与统计。这样，既能够保证访谈过程与内容不偏离研究的主题，也能够尽可能地降低访问者的预设作用，给予研究者充分的思考和语言自由，获得的研究资料也会更具有价值。通过与中等职业学校专任教师、管理者、学生三类不同主体的交流，了解他们内心真实的想法，鼓励他们通过自己亲身经历的具体事例描述其内在原因，从而为探索中等职业学校学生劳动素养背后的影响因素提供可靠的现实依据。

（四）案例研究法

案例研究通常是用来探索特定个人或群体的特定行为。案例研究的重点并不是期

[1] 赵国栋，黄永中，2008. 网络调查研究方法概论 [M]. 北京：北京大学出版社.

[2] 张彦，刘长喜，吴淑凤著，2016. 社会研究方法（第 2 版）[M]. 上海：上海财经大学出版社.

[3] 陈向明，2000. 质的研究方法与社会科学研究 [M]. 北京：教育科学出版社.

望从个案进行推广，甚至了解或者扩大其情境，而是关注案例具体呈现的是什么，关注案例本身，谨慎地进行迁移。罗伯特·K·殷（Robertk.K.Yin）指出，案例研究法是探索难于从其背景中分离出来的现象的恰当的研究方法。[1]也就是说，如果研究对象的边界难以从其所处的情境中清晰分割，那么对这个研究对象采用案例研究法就是合适的。基于中等职业学校学生劳动素养研究不是纯粹的实验室的实证研究，也不是头脑中的思辨研究，而是基于教育教学的系统研究。因此，从研究伊始，笔者就预估了中等职业教育教学实践中各种控制性因素对研究可能产生的影响，也能够清楚地认识到中等职业学校学生劳动素养研究很难完全摆脱教学实践中各种控制性因素的影响，因而选择案例研究法，在完全真实的情境中进行，强调在教育教学实践中对这一研究进行评估。

四、研究的技术路线图与创新之处

（一）技术路线图

基于上述研究问题、研究目标、研究方法等内容，本研究遵循“提出问题—分析问题—解决问题”的基本思路，制订出如图 1-7 所示的技术路线。

（二）研究的创新之处

本研究的创新之处主要体现为以下几个方面：

第一，在研究内容上，紧密联系国家政策。近年来，党和国家高度重视职业院校劳动教育。2019 年《教育部关于职业院校专业人才培养方案制订与实施工作的指导意见》提出：“结合实习实训强化劳动教育，明确劳动教育时间，弘扬劳动精神、劳模精神，教育引导学生崇尚劳动、尊重劳动。”2020 年《中共中央 国务院关于全面加强新时代大中小学劳动教育的意见》规定：“职业院校以实习实训课为主要载体开展劳动教育，其中劳动精神、劳模精神、工匠精神专题教育不少于 16 学时。”深入把握新时代劳动教育对职业院校学生劳动素养发展的要求，并结合国家发布的相关政策，梳理中等职业学校学生劳动素养的理论依据、国内外的研究现状及趋势，形成对劳动素养内涵、结构、评价指标体系等较为客观、系统的认识，并通过相关研究方法确立中等职业学校学生劳动素养评价指标体系建构的内容结构维度与指标权重，以推进中等职业学校学生劳动素养评价的实施，促进学生健康发展，并发挥劳动素养评价评价促进学生全面发展的初衷。由此，文章选题新颖，研究问题前沿且具有深刻的现实意义。

[1] 罗伯特·K·殷，2017. 案例研究：设计与方法 [M]. 周海涛，史少杰，译. 重庆：重庆大学出版社 .

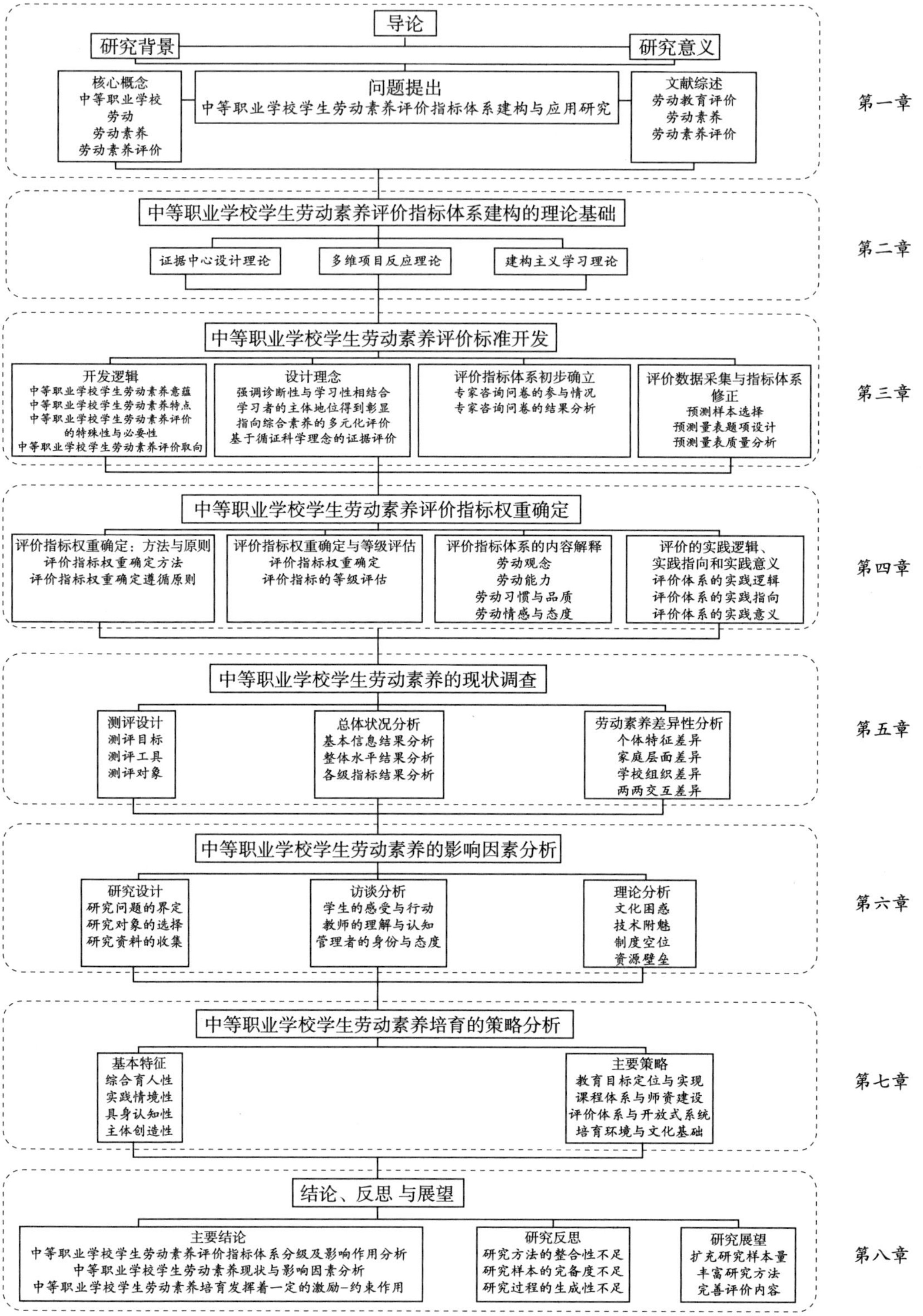
导论
研究背景
研究意义
核心概念
中等职业学校
劳动
劳动素养
劳动素养评价
问题提出
中等职业学校学生劳动素养评价指标体系建构与应用研究
文献综述
劳动教育评价
劳动素养
劳动素养评价
第一章
中等职业学校学生劳动素养评价指标体系建构的理论基础
证据中心设计理论
多维项目反应理论
建构主义学习理论
第二章
中等职业学校学生劳动素养评价标准开发
开发逻辑
中等职业学校学生劳动素养意蕴
中等职业学校学生劳动素养特点
中等职业学校学生劳动素养评价的特殊性与必要性
中等职业学校学生劳动素养评价取向
设计理念
强调诊断性与学习性相结合
学习者的主体地位得到彰显
指向综合素养的多元化评价
基于循证科学理念的证据评价
评价指标体系初步确立
专家咨询问卷的参与情况
专家咨询问卷的结果分析
评价数据采集与指标体系修正
预测样本选择
预测量表题项设计
预测量表质量分析
第三章
中等职业学校学生劳动素养评价指标权重确定
评价指标权重确定：方法与原则
评价指标权重确定方法
评价指标权重确定遵循原则
评价指标权重确定与等级评估
评价指标权重确定
评价指标的等级评估
评价指标体系的内容解释
劳动观念
劳动能力
劳动习惯与品质
劳动情感与态度
评价的实践逻辑、实践指向和实践意义
评价体系的实践逻辑
评价体系的实践指向
评价体系的实践意义
第四章
中等职业学校学生劳动素养的现状调查
测评设计
测评目标
测评工具
测评对象
总体状况分析
基本信息结果分析
整体水平结果分析
各级指标结果分析
劳动素养差异性分析
个体特征差异
家庭层面差异
学校组织差异
两两交互差异
第五章
中等职业学校学生劳动素养的影响因素分析
研究设计
研究问题的界定
研究对象的选择
研究资料的收集
访谈分析
学生的感受与行动
教师的理解与认知
管理者的身份与态度
理论分析
文化困惑
技术附魅
制度空位
资源壁垒
第六章
中等职业学校学生劳动素养培育的策略分析
基本特征
综合育人性
实践情境性
具身认知性
主体创造性
主要策略
教育目标定位与实现
课程体系与师资建设
评价体系与开放式系统
培育环境与文化基础
第七章
结论、反思与展望
主要结论
中等职业学校学生劳动素养评价指标体系分级及影响作用分析
中等职业学校学生劳动素养现状与影响因素分析
中等职业学校学生劳动素养培育发挥着一定的激励-约束作用
研究反思
研究方法的整合性不足
研究样本的完备度不足
研究过程的生成性不足
研究展望
扩充研究样本量
丰富研究方法
完善评价内容
第八章

图 1-7　技术路线图

第二，在研究视角上，紧跟时代评价潮流。全面系统地研究了中等职业学校学生劳动素养的现状水平、影响因素及实践路径，对于我国中等职业学校实施劳动教育具有重要的借鉴价值和指导意义。从评价视角探讨中等职业学校学生劳动素养的发展。把中等职业学校学生的劳动素养评价和学校劳动教育评价及综合素质评价进行统筹及全面性考虑，探索中等职业学校学生劳动素养评价指标体系，探析科学、合理的中等职业学校学生劳动素养评价策略。

第三，在研究方法上，坚持理论与实践相结合。本研究以证据中心设计理论、多维项目反应理论、建构主义理论等基础理论为指导，综合运用文献研究法、调查研究法和案例研究法等研究方法，以得到相关文献资料、数据资料和观察资料等。笔者在理论和实际材料的支撑下，首次在国内选取中等职业学校学生作为研究对象，多维度地阐释了劳动素养的内涵与功能，通过德尔菲法和问卷调查法建构中等职业学校学生劳动素养评价指标，并从方法论层面采用分层随机抽样方法系统反思了中等职业学校学生劳动素养现状水平和影响因素，推动中等职业学校学生劳动素养研究领域进入发展新阶段，为完善中等职业学校劳动教育领域理论和实践体系作出重要贡献。因此，在本研究中，研究方法与理论视角的多元化是本研究的创新之处。

本章小结

本章主要从研究背景、研究意义、核心概念界定、文献综述和研究设计共五个部分介绍了研究的基本情况，以便读者对本研究的框架和内容有较为清晰的了解。第一节从国家要求、现状需求、学校追求和学习诉求四个维度来阐述本研究的背景，使读者理解构建劳动素养评价的必要性；第二节从实然和应然两个方面阐明了本研究的研究意义和可行性；第三节对“中等职业学校”“劳动”“劳动素养”“劳动素养评价”概念进行了解释，以帮助读者扫清阅读障碍；第四节关于劳动素养的文献综述，详细介绍了以往学者的研究成果，本书将在此基础上展开更加详尽、深入的研究；第五节表明了本研究的研究目的、研究问题、研究方法和研究技术路线图，使读者基本掌握本书的主体框架。

第二章　中等职业学校学生劳动素养评价指标体系建构的理论基础

“劳动”是深入解读马克思主义科学理论和价值体系的关键词，在一定意义上，“劳动”成为构筑马克思主义理论大厦的宇宙之砖，也成为贯通马克思两大理论发现的核心枢纽。[1]劳动教育是培养德智体美劳全面发展的技术技能人才不可或缺的一个部分，劳动素养是劳动教育的集中表现，劳动素养评价指标是素养培育成效的可操作性表达。本章旨在从理论的视角来分析中等职业学校学生劳动素养评价指标体系建构的理论基础。本研究遵循研究的理论性与科学性的原则，以证据中心设计理论、多维项目反应理论、建构主义学习理论为主要理论基础，对“劳动素养评价指标体系建构何以可能”的问题进行拷问，然后予以重新定位。

第一节　证据中心设计理论

“证据中心设计”指的是通过相关量化与质性研究，研究者掌握了相关证据的基础之上设计出的理论分析、研究结论、实践对策，进行证据设计正是建构二者之间的逻辑关系。“证据中心设计”更加突出强调研究者要具有“证据”意识，重视证据的收集、归纳、整理、形成、转化等的科学过程。在本研究中具体指的是中等职业学校学生劳动素养评价指标体系构建在符合学生的认知规律的基础上，多方收集证据，从而进行设计、识别、转化、实验、证实等，进而在实际中解决问题。

一、证据中心设计理论概述

证据中心设计理论（ECD）是一种以证据为中心，基于证据、有逻辑、有系统地建立测评的评价设计，强调证据的获取、解释、判断、总结和报告等。证据中心理论是由美国梅斯雷弗（Mislevy，R.J.）等人在 1997—1999 年主持美国教育测量服务中心

[1] 田鹏颖，2018. 用实干践行马克思主义劳动观 [N]. 光明日报，2018-5-23.

（Educational Testing Service，ETS）的一个旨在开发评价设计框架的研究项目时首次提出。1999 年的研究报告中就提出了该模式最核心的三个子模式。[1]2003 年，梅斯雷弗等人又完善了该模式，并在随后几年进行了更为系统的阐述。[2] 随后，由于美国国家评价、标准、学生测试研究中心（CRESST）和美国教育考试服务中心（ETS）等评价机构的提倡，该模式已成为美国教育评价领域的主要研究方向和应用模式之一。[3] 经过不断研究，梅斯雷弗等人将 ECD 理论描述为设计、制作和提供教育评价的原则性框架，确保了收集和解释证据的方式与评价所对应的基本知识和目的相匹配。[1]ECD 模型逐步发展，扩展了评价质量的使用范围，运用在教育指导与评价的领域，ECD 理论模型为教育评价提供了一个比较合适的理论框架，使得教育评价测量体系的理论、技术、模型、方法等都能够在同一个理论框架进行系统的设计与实施。但是在我国教育测评研究领域运用还不够普遍，真正应用 ECD 模型开展劳动素养评价研究的探索也比较少。

梅斯雷弗等提出，应用 ECD 理论的三个前提：第一，评价必须围绕测评领域中的重要知识，以及如何获得和利用这些知识而展开；第二，必须根据证据推理原则，以被试在测评中说出的话和所做的事作为证据，推论他们知道什么、可以做什么或下一步应该做的事；第三，必须根据测评目的来决定测评设计，还要考虑测评可使用的资源、条件以及存在的局限。[4]

ECD 理论将设计、开发和使用测评的整个过程分为五个层次：领域分析层（domain analysis layer）、领域建模层（domain modeling layer）、概念评价框架层（conceptual assessment framework layer）、评价实施层（assessment implementation layer）、评价发布层（assessment delivery layer）。其中，测评设计主要涉及前三个层次，并以概念评价框架层为主。[1] 在理论与实践研究的基础上，梅斯雷弗等人提出了评估三角形模型。美国国家研究委员会（NRC）2001 年发布的报告指出，每一项评估，无论其目的如何，都依赖于三大支柱：在学科领域反映知识和能力发展的模型、观察学生表现的任务或情境、基于获得的证据进行推论的解释方法，这三大支柱形成了评估的三角模型

[1] MISLEVY, R.J., STEINBERG, L.S. & ALMOND, R.G, 1999. Evidence-cen tered assessment design [R]. Educational Testing Service, December 4. http://www.education.umd.edu/EDMS/mislevy/papers/ECD_overview. html.

[2] MISLEVY, R.J., ALMOND, R.G., & LUKAS, J.F, 2003. A brief introduction to evidence-centered design [R]. New Jersey：Educational Testing Service(ETS), Research Report:03-16.

[3] MISLEVY, R.J., & RICONSCENTE, M, 2005. Evidence-centered assessment design: layers, structures, and terminology [R].PADI Technology Report 9, CA: SRI International.

[4] MISLEVY R J, STEINBEG L S, ALMOND R A, 2003. On the structure of educational assessments[J]. Measurement: Interdisciplinary Research&Perspectives, 1(1):3-62.

（图 2-1）。[1]认知代表评估的目标维度，即 ECD 的学生模式；观察代表与认知模型相匹配的试题或项目，即 ECD 的任务模式；解释则对应 ECD 的证据模式。

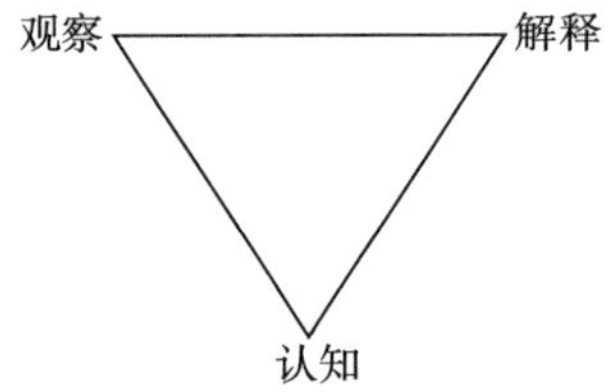

图 2-1　评估的三角模型

之后，美国斯坦福大学教育评估实验室对这一三角形模型进行了修订，将其改为评估矩形（图 2-2）。该评估矩形由四个部分组成，分别是建构、观察模型、评估和解释，并涉及概念、逻辑和经验三种类型的分析。其中：建构对应 ECD 的学生模式，主要描述要测量哪些知识、能力或其他属性；观察模型尝试回答什么样的反应、行为或活动能够反映所要评估的内容，即学生需要做出怎样的反应来推测出相关的证据和解释。学生的反应可能根据其质量被构建为不同的水平，这一水平描述有助于描述学生将要面临的任务和做出的反应；评估任务对应 ECD 的任务模式；解释对应 ECD 的证据模式。本研究在构建分析框架时主要依据评估矩形。[2]

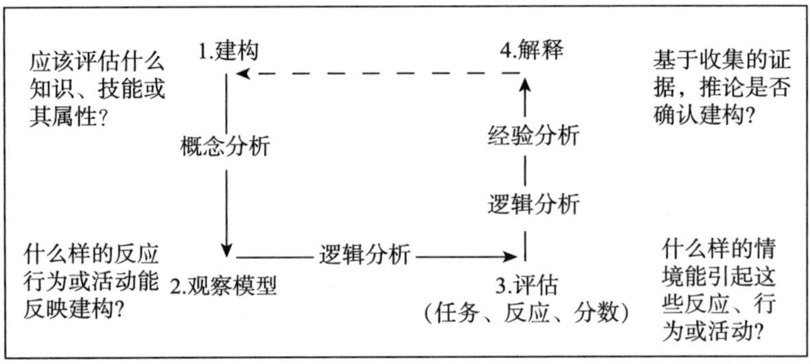

图 2-2　评估的矩形模型

在教育领域，ECD 被用于构建基于证据的论证，旨在形成对学习者知识、技能和能力的全面理解。例如，PISA2021 创造性思维测评就是基于 ECD 理论设计的，这种方法有助于实现测评标准的实证化，并通过信息技术增强问题的情境化。[3]此外，ECD 也被应用于改进口语考试的设计，使其更加符合实际操作需求。这些现实应用案例说

[1] NATIONAL RESEARCH COUNCIL, 2001.Knowing What Students Know:The Science and Design of Educational Assessment[M].Washington.DC:National Academies Press.

[2] 王俊民，2018. 核心素养视域下国际大规模科学学业评估框架与试题研究 [D]. 重庆：西南大学.

[3] 袁婷，林静，2021. 证据中心设计理论在 PISA2021 创造性思维测评中的应用及其启示 [J]. 中国考试（03）：56-62+73.

明了 ECD 在教育评估领域的价值，它不仅有助于设计出更加科学合理的测评工具，还能促进教育评估理论与实践的紧密结合，为教育决策提供有力支持。

在法律领域，ECD 的应用体现在如何通过系统化的证据收集和分析来支持法庭判决。例如，审判中心主义强调以审判为中心的诉讼制度改革，要求严格依法收集、固定、保存、审查和运用证据。[1]这种改革旨在确保案件事实的证据能够经得起法律的检验，从而提高司法公正性和效率。

总之，证据中心设计理论提供了一种系统化的方法来设计和实施各种类型的评估和测试，无论是在教育还是法律领域。通过这种方法，可以更有效地收集和分析证据，从而提高决策的质量和可靠性。

根据上述 ECD 理论的详细阐述，教育指导与评价是一项系统的工作，其核心思路是研究者首先对证据规则进行详细定义，其次需要取得学生在特地情境中实际的证据资料，包括学生的语言表达、行为实践以及系统交互间的各种复杂表现，根据所收集的证据、数据来推测学生的认知与行为实践所达到的真实水平，最后得出教育评价的结果与相应的结论。因此，ECD 理论能够驱动以结构性的思维与框架进行建构与指导相关研究问题与情境，以及评价的指标与考核标准的科学制订。

二、证据中心设计理论与本研究的关系

“以证据为中心”的教育评价设计模式是一种系统性地进行评价设计的模式，可以运用到广泛意义上的各种评价类型，并综合运用不同途径的评价数据。该模式重在使用关于学生能力的证据作为设计评价任务以及设定评价指标的基础，并强调要基于证据做出相应的推论。[2]对于学生劳动素养测评，从目前的研究成果来看，还没有一个被普遍认可的评价方式。学生劳动素养将 ECD 作为理论框架设计和实施劳动素养的评价，相当于为评价设计提供一条技术路径。基于 ECD 理论建构的评估矩形模型能够在劳动素养模型建构、劳动素养观察模型建构、劳动素养评估、劳动素养表现收集证据之间建立明确的逻辑联系。将 ECD 理论运用于学生劳动素养评价指标体系建构，可以将学生在劳动情境中的反应、行为或活动，劳动观念、劳动知识、劳动能力、劳动习惯等多维要素联系起来，形成评价学生劳动素养的证据，解决劳动素养的理论概念与评价内容、评价证据之间在价值取向、行为观察、证据收集与分析上的逻辑一致性。基于 ECD 理论，评价研发人员可以首先关注如何有效地基于证据分解劳动素养的具体评价要求与评价指标，做好评价的顶层设计，进而逐步基于证据构建测评数据收集的

---

[1] 吴洪淇，2015. 审判中心主义背景下的证据裁判原则反思 [J]. 理论视野（04）：34-36.

[2] 冯翠典，2012. “以证据为中心”的教育评价设计模式简介 [J]. 上海教育科研（8）：12-16.

方式和具体任务，最后联系具体实施情境细化、校正、布置可实施的有效测评。

基于 ECD 理论进行中等职业学校学生劳动素养评价，会涉及到最为核心的学生模式、证据模式和任务模式，需要进行以下三个关键步骤：

第一步，选择学生模式变量。评价设计的第一步是选择学生模式的变量。即要测量什么？学生模式是对应学习者的知识、技能和能力等品质的变量集。本研究想要评价学生劳动素养，将会选用劳动知识、劳动技能、劳动观念、劳动习惯作为主要变量，因此，就需要探究在这些变量上不同层次的学生会如何表现。

第二步，建立证据模式。证据模式决定了观察到的学生行为如何作为评价的证据使用。需建立证据规则和测量模式。同时，还要表明二者是如何结合在一起的。首先，建立证据规则，主要包括：具体的观察行为（即变量或指标），具体的观察行为如何被赋值的信息。其次，建立测量模式。根据评分规则就可以给学生的劳动素养各级指标内容进行打分，可以参照劳动素养评价指标权重进行分项评分或综合评分。

第三步，制定任务模式。中等职业学校学生劳动素养评价，除了设计评价指标，还要根据具体的学生特质、劳动项目等确定完整的任务模式，即选择合适的劳动任何情境。让学生在何种情境下进行何种劳动项目实践，才能有效测量出学生的劳动综合素养或者是劳动素养的其中一个维度的内容，都是需要提前制定好的任务模式。

第二节　多维项目反应理论

中等职业学校学生劳动素养评价指标体系构建与应用的主要目标在于产生理论和方法上具有可靠的、科学的、合理的评价理论，以便为指标体系构建提供更有价值的信息。目前，研究还缺乏对中等职业学校学生劳动素养测评理论的重视与运用，缺乏运用多维项目反应理论对劳动素养评价指标的可靠性与有效性的统计检验。

一、多维项目反应理论概述

在具体的测量活动中，建构理论（学生模型）回答了研究者对要测量的心理属性的表现特征和水平的概念化问题，对建构的认识是先于测量而存在的，它构成了整个测量活动的实质基础。[1]然而，建构与观测变量（学生的真实作答反应）之间的映射关系则是通过测量模型来表征的。

经典测量理论（Classical Test Theory，CTT）在历史上为心理测量作出了巨大贡

[1] 杨向东，2014. 理论驱动的心理与教育测量学 [M]. 上海：华东师范大学出版社.

献。CTT 的分析单位是被试在各个项目上得分加和后的原始总分，总分越高，表示被试能力越强，在量表或问卷上，总分越高，被试倾向同意的特质愈强。CTT 回避了受试者在某一特定项目上的反应机制，这带来了一系列问题，比如对于题目参数（难度、分离度）估计、被试能力水平估计依赖性，两者量超纲的差异性，测验误差估计的精确性等一系列问题。项目反应理论（Item Response Theory，IRT）正是在这种背景下发展起来的一种全新的测验理论，并且运用于各种大规模教育质量评价测评项目中。当前，IRT 在教育评估和心理测量领域得以广泛应用，它通过概率函数描述了被试者对测试题目的响应与其潜在特质（或能力）之间的相互关系。1946 年，塔克（Tucker）提出了项目特征曲线的概念。[1] 基于众多学者的贡献，劳德（Lord）经系统的研究，提出了重要的正态曲线模型及参数估计方法，人们普遍认为劳德的工作标志着项目反应理论的诞生。[1]1959 年，伯恩鲍姆（Brinbaum）给出了项目反应理论的 logistic 模型，打开了项目反应理论实践应用的大门。[2]项目反应理论以“潜在特质（Latent Trait）”和“项目特征曲线（Item Characteristic Curve，ICC）”为两个基本假设，关注项目特征、被试项目作答反应和被试测量属性水平之间的关系。[3] 影响人的外在行为表现的心理品质被称为潜在特质，心理测量学家致力于从测量学的角度探清它的结构和性质，并希望将其数量化，然后希望能测量个体在这些特质变量上的量数（或地位），以进一步预测个体的行为。[4] 多维项目反应理论（MIRT）正是近 20 年来测验理论发展的主要新进展之一。它扩展了传统的单维项目反应理论（UIRT），允许同时评估多个潜在特质或维度。多维项目反应理论（MIRT）的思想可追溯到 McDonald。[5] 作为 UIRT 模型的扩展，MIRT 模型通过指定的数学函数描述题目响应与被试者多维潜在特质之间的关系。这种理论的发展基于因子分析和单维项目反应理论的结合，旨在更准确地描述和测量复杂的心理、教育或其他领域的特质。[6]MIRT 的应用范围广泛，包括但不限于心理测验、教育评估、疾病治疗质量评价等领域。[7]

MIRT 主要分为补偿性（compensatory）MIRT 模型和非补偿性（non-compensatory）MIRT 模型。其中，补偿性多指标（MIRT）模型通常作为单指标（UIRT）模型的自然

[1] 许祖慰，1992. 项目反应理论及其在测验中的应用 [M]. 上海：华东师范大学出版社.

[2] 徐江涛，2007. 基于遗传算法的试题库智能组卷研究 [D]. 长沙：湖南师范大学.

[3] HAMBLETON R K, SWAMINATHAN H, 2013. Item response theory:Principles and applications[M]. Springer Science & Business Media.

[4] 戴海琦，罗照盛，2013. 项目反应理论原理与当前应用热点概览 [J]. 心理学探新（5）：392-395.

[5] MCDONALD R P, 1967. Nonlinear factor analysis (Psychometric Monograph No. 15)[M]. Richmond: Psychometric Corporation.

[6] 康春花，辛涛，2010. 测验理论的新发展：多维项目反应理论 [J]. 心理科学进展，18（03）：530-536.

[7] 涂冬波，蔡艳，戴海琦，等，2011. 多维项目反应理论：参数估计及其在心理测验中的应用 [J]. 心理学报，43（11）:1329-1340.

延伸被构建，它依托于多维度的潜在特质与题目参数的线性结合，进而通过一个严格单调的函数形式来定义题目响应的概率模型。非补偿性多指标潜在特质理论（MIRT）模型，亦被称为部分补偿性 MIRT 模型，其核心理念在于将测试题目所代表的认知任务细分为多个独立的部分。但这种模式限制了被试者在某些潜在特质维度上的高水平能力对其他维度上可能存在的低水平能力的补偿效应，从而确保了对能力表现的更为严格的评估。MIRT 的核心优势在于其能够处理和解释多维数据结构，这在传统的一维模型中是难以实现的。例如，在心理测验中，一个被试可能需要同时展示多种能力或特质来成功完成测试题目。MIRT 通过引入多个维度，使得研究者能够更细致地分析这些复杂的交互作用。❶ 此外，MIRT 还能够提供关于测试维度和样本容量对参数估计精度和稳定性的影响的重要信息，这对于确保测试的有效性和可靠性至关重要。

MIRT 在学生素养测评中的应用已有一定的研究成果：林子植、胡典顺认为数学素养的评价方式应与其多维项目反应理论相匹配，提供学生在数学素养测评各级指标上的表现信息。❷ 如果仅使用单维测量模型评价学生多维的数学素养就会出现错误的判断，❸ 比如将学生的数学素养划分为较高或较低的等级。因此，在中等职业学校学生劳动素养评价量表中，劳动观念维度下包括劳动价值观、劳动成果观等会有同一道题目测评两个内容，或是难以严格区别开的劳动素养内容，这就需要借助于 MIRT 理论进行有效测量。

二、多维项目反应理论与本研究的关系

中等职业学校学生的劳动素养具有多维结构，素养导向的劳动观念、劳动知识、劳动能力、劳动习惯评价需要提供被试在各级指标上的表现信息，而不仅是一个单一的总分。基于多维项目反应理论，在本研究中有以下三个方面的重要联系：第一，以多维项目反应理论（MIRT）为测量模型为本研究的测评明确了目标，即通过构建劳动素养评价量表，运用量表填写的信息与学生作答的数据进行参数估计，获取试题的系列参数，如难度参数、区分度参数、应答猜测参数，以劳动素养模型函数明确什么素养的学生能够对试题作出正确的应答，试题的质量如何。第二，本研究中中等职业学校学生劳动素养评价工具的研制需要以多维项目反应理论为基础，运用多维项目理论模型对评价工具的质量特征进行分析，以明确测评工具的效度、信度，从而确保评价工具的质量。第三，多维项目反应理论明确了中等职业学校学生劳动素养评价结果数

❶ 康春花，辛涛，2010．测验理论的新发展：多维项目反应理论 [J]．心理科学进展，18（03）：530-536.

❷ 林子植，胡典顺，2021．多维项目反应理论在数学素养测验中的应用 [J]．中国考试（5）：72-80.

❸ ALKER CM, BERETVAS S N, 2003. Comparing multidimensional and unidimensional proficiency classifications: multidimensional IRT as a diagnostic aid[J]. Journal of Educational Measurement, 40(3):255-275.

据分析过程中的方法及背后的原理，如参数估计的前提条件是被试者样本需要足够的大，进行模型假定检验、模型性质检验、模型预测能力检验以提高可靠性等。多维项目反应理论，为劳动素养评价数据的分析、问题的揭示提供了理论依据。

第三节　建构主义学习理论

人工智能的技术更迭，自动化进程的加速，机器替代技术工人工作的现象越来越盛行，未来的适龄劳动力就业与职业学习、职业培训、发展新技能如影随形，成为日常工作必不可少的流程。因为，人类只有贯彻“学会学习”和“持续学习”理念，才能准确顺应人工智能时代的发展趋势。建构主义学习理论为中等职业学校学生劳动素养评价指标的建构与应用提供了良好的理论基础。

一、建构主义学习理论概述

教育研究前沿发展趋势表明，教学研究重心逐渐从“如何教”向“怎样学”的维度转变。关于学习的研究也不断扩展，从“单一”的人才培养走向“全面”的关注知识、经验、技能等的建构学习。20 世纪 60 年代，建构主义以皮亚杰（Jean Piaget）的认知发展理论和维果茨基（Lev Vygotsky）的社会建构理论为理论基础，在知识观、学习观、教学观理论方面提出了有价值的理念和观点。建构主义学习理论认为：学习在本质上是学习者主动建构心理表征的过程，这种建构是学习者通过与外界的相互作用，在已有经验的基础上获取、建构新知识。[1]建构主义的学习评价理论也为我们了解劳动素养的评价的目的、内容、主体、方式提供了重要的理论依据和理论参考。

建构主义以皮亚杰的认知发展理论和维果茨基的社会建构理论为基础，认为知识是基于情境建构的，学习具有“建构性、累积性、目标导向、反思性”等特征。[2]皮亚杰给出了三种认知模型，“活动与图式”“同化与顺应”“平衡与不平衡”。在建构主义学习理论的发展过程中，这三种认识模型起着至关重要的作用，也形成了多种具体的教学和学习方法，其主要学习理论包括：合作学习（Cooperative Learning）、参与理论（Engagement Theory）、研究性学习（Research-based Learning）、基于问题式学习（Problem-based Learning）等。建构主义学习理论认为，建构世界的主体是社会性的，

[1] 何克抗，1997. 建构主义信息技术革新高校教学的理论基础 [R]. 香港“教学技能与教学技术学术会议”特邀报告.

[2] 杨秀玉，2010. 教育实习：理论研究与对英国实践的反思 [D]. 长春：东北师范大学.

或者说世界的建构者是主体间性的或者群体性的。“知识的建构不仅是在个体与物理环境的互相作用下发生的，学习过程中，社会性的相互作用具有同样重要的价值。”❶与评价的目的紧密相关，评价的内容从知识转向了能力，从结果转向了过程，侧重学习者在任务完成过程中的表现，即在真实的情境中进行学习迁移。因此，学习评价的结果也是主要参考学习者知识建构的水平，即学习者的知识结构在真实情境中的思维与成果的有效程度等。同时，结合知识的社会性、网络性等特性，以及建构主义学习对学习者的主动性的要求，对学习者的评价也更加多元，包括学习动机、态度、交流能力、创新意识和实践能力等。❷在评价主体上，建构主义学习理论强调学习者是知识意义的主动建构者，是学习评价的中心，教师只是学习评价的参与者。在评价方式上，由于评价主体与内容以学习者自我知识建构水平为核心进行综合性、过程性评价，因此评价方式也更加丰富、多元，主要是通过观察、访谈、记录等方式。基于真实情境与问题，对学习者学习过程信息分析，以及对学习结果，包括学习动机与态度、知识建构水平、问题解决能力、创新创造能力、交流合作能力、情感品德等方面进行形成性评价。

在教学实践中，建构主义学习理论倡导采用情境化教学、合作学习和支架式教学等方法，这些方法能够更好地激发学生的学习兴趣和主动性，帮助学生在真实或接近真实的环境中应用所学知识，从而更有效地构建知识。❸

然而，建构主义学习理论也存在一些争议和局限性。一些批评者指出，该理论可能过于强调学习者的自主性和创造性，忽视了知识的客观性和普遍性。此外，实施建构主义教学策略需要教师具备较高的专业能力和灵活运用各种教学资源的能力，这对教师提出了更高的要求。❹

建构主义大力张扬学习者的主体性，认为没有主体性也就无所谓“建构性”，而且这种主体性是由学习本质所赋予的，因而也是学习者天然具备的。4 这为当代教育改革提供了重要的理论支持和实践指导，促进了教学方法的创新和教学质量的提高。但同时，我们也应该清醒地认识到其存在的局限性，并在实践中不断探索和完善适合我国国情的教育教学模式。

二、建构主义学习理论与本研究的关系

自 20 世纪 80 年代以来，建构主义学习理论在教育研究领域产生了深刻的影响。

❶ 杨莉娟，2000. 活动理论与建构主义学习观 [J]. 教育科学研究（4）：59-65.
❷ 王志军，陈丽，2017. 远程学习中的概念交互与学习评价 [J]. 中国远程教育（12）：12-20.
❸ 张海涛，2010. 建构主义学习理论的教学实践反思 [J]. 山西大学学报（哲学社会科学版），33（06）：72-76.
❹ 彭红卫，蒋京川，2004. 对建构主义学习理论及其教育意义的反思 [J]. 教育探索（05）：52-54.

以建构主义学习理论为基础的劳动素养评价是一个动态的、持续探究的过程。建构主义学习理论与本研究的关系主要有以下三个方面：

第一，劳动素养评价是一项多主体共同参与的活动。当劳动素养评价被定义为一个动态的、创造性建构意义的过程，劳动素养评价相应地需要不断适应劳动教育的动态属性，持续关注劳动教育课程开发的条件、劳动教育学习的环境以及各实施主体在这一过程中的参与情况。建构主义学习理论强调，学习是交互建构的。受其启示，劳动素养是交互建构的，会受到使劳动素养发挥作用的个人和环境的影响。劳动素养的评价指标体系建构是一个不断调整的过程，这一过程需要研究者根据环境变化进行持续优化，以实现个体劳动素养评价指标与环境之间的心理与行为平衡，并逐步构建和完善个体的劳动素养评价体系。具体来说，是指个体需要在劳动实践过程中，根据内在心理和外部劳动环境的变化，通过自我调整，与内外环境保持动态平衡，形成积极的劳动观念，解决劳动问题，提高劳动能力，养成良好的劳动习惯与品质。

第二，劳动素养评价是一项情境性活动。建构主义学习理论强调学生对意义的建构过程，强调在真实的情境下利用各种资源进行合作学习、研究性学习、基于问题学习等。劳动及其素养具有鲜明的实践性，劳动素养是学生在积极的劳动实践活动中积累和建构起来了的，因此，劳动素养需要在情境中进行观察和评价，在情境中发现问题。中等职业学校学生劳动素养评价需要基于真实任务情境与问题。真实的学习和评价是指基于真实问题解决的学习，这也被认为是一种最有效的学习方式。从劳动素养的概念来看，它绝对不是重复操练的结果，而是通过社会建构实现的，劳动素养评价应对的是劳动任务与劳动现实问题，而这些现实问题都是具有相应情境的。因此，劳动素养测评题目也应当以具体的情境为载体，以典型任务为主要内容，将考核评价融入具体的情境中。劳动素养评价应是一个动态的过程。在基于劳动素养的培养环境中，学生需要经历同化和顺应两个相辅相成的过程，从而达到和周围环境彼此相平衡的状态。之后，随着环境等要素的改变，这种平衡状态会被打破，学生需要积极进行自我调整，从而重新与环境保持平衡。如此循环往复，从平衡到不平衡，再到平衡，完成学习适应过程，实现对知识的意义建构。从这还可以看出，学生的适应并不是静止不变的，而是随着环境的变化动态变化的，尤其是在对于新时代劳动教育的新内涵、新内容、新实践等方面的重要性更为突出。

第三，劳动素养评价是一个持续探究的过程。这种探究过程，不仅可以促进能够关注过程性劳动素养评价目标，重视学生的意义建构，还能够帮助学生通过自主探究劳动的过程实现他们的个人目标和共同目标。过程性目标是区别于只重视劳动知识与技能培养的结果性目标，而更加重视学生的劳动经历、劳动体验与劳动实践的目标。受建构主义学习理论的启示，知识是在经验的基础上建构的，学生真正地参与到实践过程，在过程中经历、体验和探索，完成对知识的建构，在活动中不断同化和顺应，才能不断修正和完善自己的认知。建构主义学习理论认为学习不是由教师把知识简单地传递给学生的过程，而是由学生自己建构知识的过程。学生不是简单被动地接收信息，而是主动地建构知识的意义，这种建构是无法由他人来代替的。从这可以看出，个体的学习并不是被动接受的过程，而是自主、主动探究的过程，学生成为了学习的主人。劳动教育自身具有天然生活性、实践性的属性，伴随着学生的方方面面，学生劳动素养的培养对学生自主学习能力提出了更高的要求。这就需要学生主动自觉参与不同形式的劳动，在不同的劳动过程与实践中进行自我评估等，从而习得劳动素养。

第四节　核心思想基础

一、马克思主义劳动观

（一）马克思主义劳动观

在19世纪中叶，随着工业革命的浪潮席卷而来，资本主义经济迅速崛起。这一时期，工人阶级在生产活动中扮演着核心角色，他们在繁忙的生产线上辛勤劳作，然而，他们所获得的报酬却远远低于他们所实际创造的价值，这一现象迅速成为社会广泛关注的焦点。在此背景之下，马克思敏锐地洞察到工人阶级报酬与其创造价值之间的巨大鸿沟，于是开始深刻思考这一矛盾并提出了马克思主义劳动价值理论。马克思主义劳动价值理论的诞生，深受古典经济学尤其是亚当·斯密和大卫·李嘉图劳动价值论的启发。这两位杰出的英国经济学家均认为，商品的价值根源于生产它所需的劳动量。[1]然而，他们的理论在解释“剩余价值”这一核心问题上显得力不从心。马克思正是识别出这一理论缺口，对劳动价值理论进行了深刻的拓展与修正。马克思的劳动价值论，作为政治经济学中最具有深远影响的价值理论，是无产阶级反对资本主义剥削的理论武器，其深刻揭示了资本与劳动之间存在内在矛盾的根源。[2]他认为，资本主义社会的根本症结在于生产关系与生产力之间的尖锐对立，而这一现象最直观地体现在工人阶级的剩余劳动被资本家无偿掠夺上。这种剥削机制虽隐藏在商品交换表面上的平等之下，却实际上塑造并支配着社会的根本结构与运作逻辑。马克思的劳动价值论的出现正是对这一隐蔽而深刻的剥削关系的揭露与批判。在19世纪末至20世纪初

[1] 张吉廷，朱进东，2024. 马克思主义劳动价值理论在当代经济全球化中的应用研究 [J]. 现代经济探讨（01）：20-27.

[2] 乔剑梅，2023.“自然资源价值”论的内在缺陷——基于马克思政治经济学批判视角 [J]. 中国地质大学学报（社会科学版），23（04）：13-22.

的历史转折点上，马克思主义劳动价值理论成为了社会主义运动蓬勃发展的强大思想武器。从俄国的十月革命到中国的新民主主义革命，均发挥了不可或缺的指导作用。与此同时，众多马克思主义学者在继承马克思思想的基础上，不断对劳动价值理论进行丰富与创新。[1] 步入 21 世纪，面对全球化浪潮与信息技术的迅猛发展，马克思主义劳动价值理论的研究与应用依然闪耀着现实的光辉。

（二）人的全面发展理论

马克思主义劳动观的终极目标是促进人的自由全面发展。人的全面发展理论则深入探讨了如何实现人的“全面”与“自由”的发展，共同构成了一个系统而完整的理论体系，在不同的发展阶段蕴含着不同的内涵，展现出鲜明的时代性和动态性特征。关于人的全面发展的学说，是马克思主义经典作家在批判资本主义生产方式的过程中逐步建立起来的。其理论的初始意义是对人的本质的科学认识，而其理论归宿则指向共产主义社会历史条件下人的自由与解放。要正确理解这一科学原理，就必须遵循其内在的理论逻辑，从整体上全面把握其精神实质。

马克思关于人的全面性的深刻诠释，最早出现在《1844 年经济学哲学手稿》中，深刻地论述了人对自身本质占有的全面性，并揭示了私有制必然导致人的异化的深刻道理。马克思认为，“人以一种全面的方式，就是说，作为一个完整的人，占有自己的全面的本质。”[2] 并指出这是人的存在方式区别于动物的重要本质特征，“动物的生产是片面的，而人的生产是全面的。”由此可知，对于人来说，“劳动的对象是人的类生活的对象化。”通过劳动实践，人便可以“在他所创造的世界中直观自身”。世界作为理性与感性相统一的载体，使人通过实践活动，在改造世界的同时不断发展自身，进而实现人的全面生产。故从本质上来说，人的存在和发展应当是全面的。基于人对自身本质的全面占有，以及人的本质与其社会关系之间的根本联系这一理论基础，马克思主义经典作家从批判资本主义生产方式入手，不仅创立了人的全面发展学说，同时也提出了共产主义学说。在论述人的全面发展与劳动时间之间的关系时，马克思指出：“个性得到自由发展，因此，并不是为了获得剩余劳动而缩减必要劳动时间，而是直接把社会必要劳动缩减到最低限度，那时，与此相适应，由于给所有的人腾出了时间和创造了手段，个人会在艺术、科学等等方面得到发展”。[3] 要使劳动者享有自由时间，

[1] 张国兴，赵沙俊一，2022. 中国共产党坚持马克思劳动价值论的理论逻辑与新时代的实践取向 [J]. 理论学刊（03）：49-59.

[2] 马克思，恩格斯，2009. 马克思恩格斯选：（第 1 卷）[M]. 中共中央马克思恩格斯列宁斯大林著作编译局，译. 北京：人民出版社.

[3] 马克思，恩格斯，2009. 马克思恩格斯选集（第 8 卷）[M]. 中共中央马克思恩格斯列宁斯大林著作编译局，译. 北京：人民出版社.

又必须实现劳动者对生产资料的占有。“劳动者就是所有者这一原则复苏，使劳动者享有自由时间并获得个性充分发展的社会制度产生。”[1]这种充分基于人的全面发展的社会制度便是共产主义社会制度。从人的全面发展学说与共产主义学说之间的内在逻辑联系可以看出，人的全面发展不仅体现了人追求自由和解放的本质要求，同时也是人类历史发展的必然归宿。从历史唯物主义角度出发，马克思又将“每个个人以物的形式占有社会权力”的社会发展史分成三个阶段：第一阶段是自然发生的以“人的依赖关系”为基础的；第二阶段表现为“以物的依赖关系为基础的人的独立性”；而第三阶段则是“建立在个人全面发展和他们共同的、社会的生产能力成为从属于他们的社会财富这一基础上的自由个性”。然而，要使这种个性成为可能，能力的发展就要达到一定的程度和全面性。”[2]这便深刻证实了人的全面发展对于个体及社会发展的重要性。

本研究基于马克思关于人的全面发展理论，着重于加强中等职业学校劳动教育的研究，旨在破解影响中等职业学校学生劳动教育的关键因素，以提升学校劳动教育的整体水平，并构建科学的劳动素养评价体系，从而培养出既符合社会需求又具备高素质技能型人才的劳动素养。

二、苏霍姆林斯基劳动教育思想

苏联杰出的教育家苏霍姆林斯基，在深入传承马克思主义劳动观念的基础上，历经多年不懈的教育实践与研究，逐渐构建起了独具特色且影响深远的劳动教育思想体系。作为苏联卓越的教育理论奠基者与实践先驱，苏霍姆林斯基在帕夫雷什中学的教育沃土上深耕细作，其孕育的劳动教育思想，不仅在当时熠熠生辉，而且对于当今培养社会主义建设的中坚力量与接班人，以及塑造适应新时代要求的人才，依然蕴含着深远的启迪与指导意义。苏霍姆林斯基认为，“教育本质上是一种高尚而艰难的劳动。”[3]强调了劳动教育在教育体系中的重要地位。

苏霍姆林斯基的劳动教育思想的内涵是极为丰富的。他认为，道德品质的培养本身就是教育的结果，学生只有在学会理解完成最普通的劳动工序的必要性之后，才能成为准备从事一切必需的工作的自觉劳动者。[4]强调劳动教育对个体道德情感的养成极具重要作用，并着重强调学校教育的最基本目标是培养每个人善良、诚实、同情心、

---

[1] 内田弘，2011. 新版《政治经济学批判大纲》的研究 [M]. 王青，李萍，李海春，译. 北京：北京师范大学出版社.

[2] 马克思，恩格斯，2009. 马克思恩格斯选集（第 8 卷）[M]. 中共中央马克思恩格斯列宁斯大林著作编译局，译. 北京：人民出版社.

[3] 苏霍姆林斯基，1983. 帕夫雷什中学 [M]. 赵玮，等，译. 北京：教育科学出版社.

[4] 马香莲，余玲瑄，2022. 苏霍姆林斯基劳动教育思想体系对我国新时代劳动教育的启示 [J]. 成都师范学院学报，38（9）：69-77.

乐于助人以及对生命和美好事物的关怀等品质。苏霍姆林斯基还指出“学习应当是一种促使智慧和双手的努力相结合的劳动。”[1]并提出“热爱劳动的人会变得聪明起来，懒惰的人依然愚昧无知。”[2]阐释了学习本来就是一种劳动这一深刻理念，个体的成长需通过脑力劳动和体力劳动相结合，这也是其劳动教育思想的核心基础之一。在苏霍姆林斯基的《帕夫雷什中学》中描述道：中学生们沉浸在丰富多彩的劳动教育环境中，包括果园的耕耘、实验室的探索、养殖场的照料以及工厂的实习等多个实践场景。这些场景不仅跨越了动植物学、物理化学、工程实践等多个学科领域，更以劳动教育为桥梁，巧妙地将理论知识与实际操作相结合。学生们在亲自动手、亲身体验的过程中，不仅得以启迪智慧、强化理解，还能够在实践中巩固所学知识，并灵活运用。这一过程不仅激发了学生们的学习热情，更在劳动实践中培养了他们的思考能力、动手能力以及宝贵的劳动技能，实现了学习与劳动的双重促进与提升。此外，健康的体魄是个体认知世界、感知世界的先决条件。苏霍姆林斯基认为，拥有健康的身体和充沛旺盛的精力是感知世界、培养乐观精神、培养战胜一切困难挑战意志的极为重要的基础。[1]进一步地，苏霍姆林斯基主张美育是在劳动教育中得到升华的。审美应是劳动教育的价值追求，劳动教育应该引导学生们通过自己的双手创造塑造美，也要能够看到、感受到自己或他们的劳动成果的美，从而实现外在美和内在美的统一。[3]总而言之，苏霍姆林斯基劳动教育思想的深刻内涵体现出劳动教育的功能远非仅仅作为“五育并举”策略中的一个组成部分或环节，而应深入考量其对“德育、智育、体育、美育”这四育的积极促进效应，以及对于实现“个性全面和谐发展”这一教育目标的正面推动作用。换言之，要全面把握劳动教育的多维度功能，就必须将其置于与“四育”相互交织、相互增强的联动体系中，从而更加清晰地界定其育人功能的内涵与价值，并在此过程中确认劳动教育不可替代的教育身份与地位。关于学校如何开展劳动教学，苏霍姆林斯基认为：一是进行思想教育，一方面通过安排学生接触身边的劳动模范，另一方面通过安排教师讲述劳动故事，引导学生阅读文艺作品，帮助学生感悟劳动模范形象。二是进行脑力劳动教育，在这个过程中要注重知识的实践性，重视学生思维能力的培养。三是进行创造性劳动，加强体力和脑力的结合。四是进行社会教育劳动，利用积极性质的劳动，引导学生在自觉劳动中充分发展个性。[1]

在苏霍姆林斯基的教育思想中要实现人的全面发展，就要使智育、德育、体育、劳育和美育相互融合成有机整体。苏霍姆林斯基的劳动教育思想，不仅在当时极大地

[1] 苏霍姆林斯基，1983. 帕夫雷什中学 [M]. 赵玮，等，译. 北京：教育科学出版社.

[2] 马香莲，余玲瑄，2022. 苏霍姆林斯基劳动教育思想体系对我国新时代劳动教育的启示 [J]. 成都师范学院学报，38（9）：69-77.

[3] 刘志山，何晓晴，2022. 新时代劳动教育的美学之维 [J]. 思想教育研究（12）：132-137.

推动了学校劳动教育的进步，其深邃而丰富的内涵在当下也为中等职业学校实施劳动教育的具体过程提供了崭新的思路，为中等职业学校学生劳动素养评价体系构建指明了方向。

本章小结

本章以“中等职业学校学生劳动素养评价指标体系建构的理论基础”为核心，通过引入证据中心设计理论、多维项目反应理论与建构主义学习理论，以及马克思主义劳动观和苏霍姆林斯基教育思想，为构建科学合理的劳动素养评价指标体系奠定了坚实的理论基础。

为了确保评价体系的客观性和可靠性，研究采用证据中心设计理论，强调以实证数据为依据，减少主观偏见，使评价指标的选择和权重的确定有据可循；鉴于中等职业学校学生劳动素养的多维度特性，研究借助多维项目反应理论，实现对学生劳动素养全面而精准的评价，确保评价体系能够覆盖并且准确反映出学生在不同方面劳动素养的表现；为了关注学生的主动学习和发展过程，研究引入建构主义学习理论，强调学生在评价中的主体性和建构性，鼓励学生通过实践探索和反思提升劳动素养，使评价体系更加符合学生成长的需求。

综上所述，基于马克思劳动观和苏霍姆林斯基劳动教育观为思想指导，根据证据中心设计理论、多维项目反应理论和建构主义学习理论在中等职业学校学生劳动素养评价指标体系建构中共同构成了一个完整、科学的理论体系。它们不仅提供了构建评价指标体系的理论基础和方法指导，更为理解和评价中等职业学校学生的劳动素养提供了新的视角和思路。

第三章　中等职业学校学生劳动素养评价标准开发

评价是指研究者按照一定标准对评价对象的事实或价值做出判断的过程。❶指标是用于衡量事物达到其目标程度的一种指向性分析工具，能够反映自然与社会现象在规模、比例、程度、结构及其关系等方面的概念和数值。❷通过上一章的研究，基本明确了中等职业学校学生劳动素养评价指标建构的理论基础，已有的相关研究有涉及到中等职业学校劳动素养评价指标研究，但是并没有经过足够科学的论证，也没有结合学生身心发展特点制订评价指标。鉴于此，本章将着力于中等职业学校学生劳动素养评价指标的建构，从而为中等职业学校学生劳动素养现状调查奠定基础。

第一节　中等职业学校学生劳动素养评价标准开发逻辑

一、中等职业学校学生劳动素养意蕴

（一）中等职业学校学生特点

中等职业学校，作为提供中等职业教育的核心机构，其主要招生范围涵盖了初中毕业生及具备同等学力的学生群体。这些学校通常采用三年制为基本学制，旨在为学生提供专业技能与知识的培养。中等职业学校的学生群体，具有其独特性与重要性，他们因学业成绩未达传统升学路径的要求，或出于个人兴趣与职业规划的主动选择，亦或受多种因素影响而被动转入此学习路径，从普通初中过渡到中职阶段。同时，这一时期，正值他们身心发展的关键节点，也是人生道路上的一个重大转折点。因此，这一群体尤其需要得到社会各界的深切关注与有效支持，以确保他们能够在新的学习环境中健康成长，顺利掌握专业技能，为未来的职业生涯奠定坚实基础。总体来看，

❶ 王景英，2015. 教育评价学 [M]. 长春：东北师范大学出版社.

❷ 周概容，1993. 应用统计方法辞典 [M]. 北京：中国统计出版社.

中等职业学校学生的特点主要体现为以下几点：

第一，中等职业学校学生容易产生逆反心理。中等职业学校学生正处于一个身心复杂多变且充满叛逆的青春期阶段。在这个阶段，他们的心理特点尤为鲜明，主要表现为强烈的自我中心意识、显著的逆反心理、自信心的相对缺乏，以及对新鲜事物的不懈追求。与此同时，由于学业成绩上往往不如普通高中的学生，他们可能会遭受“低人一等”“差等生”或“劣势群体”等社会偏见，这种标签极易触发他们的自卑情绪与逆反心理，促使他们寻求新鲜刺激以获得心理慰藉，甚至可能因此放纵自我，甚至误入歧途。然而，正是在这段身心剧烈动荡变化及敏感的时期，也是学生价值观、世界观、人生观形成的关键节点，及培养良好品质与行为习惯的黄金时期。因此，如何在充分尊重和理解学生身心发展规律的基础上，有效地引导他们走向正轨，成为教育工作的重中之重。

第二，中等职业学校学生学习动力不足。中等职业学校学生的学习成绩欠佳，并非源于智力水平低下或学习能力欠缺，而更多地归咎于他们缺乏明确的学习目标，及较差的纪律意识与自控能力。这些学生往往在文化课基础上较为薄弱，同时缺乏勤奋学习的精神和良好的学习习惯，容易表现出短期的热情，却难以持之以恒。在中等职业学校里虽然能够学习自己感兴趣的专业技能，但文化课与专业课的双重压力让他们感到学习内容繁杂且难度大，难以有效吸收和消化所学知识。加之多数学生自信心不足，学习动力显著匮乏，入学后自我管理能力薄弱，容易放纵自己。中职阶段的学生易受外界环境干扰，自控能力较差。部分学生对未来缺乏明确规划，对发展方向感到迷茫。在这种缺乏学习动力、排斥学习的情况下，他们逐渐产生了厌学情绪。据此，如何提升学生的学习动力是中等职业教育质量得以提升所面临的一大难题。

第三，中等职业学校学生缺乏吃苦耐劳精神。吃苦耐劳精神自古以来被视作中华民族的优良传统，要求人们“无畏艰苦、不惧劳累、不嫌脏乱、勇于面对挫折”，更是“意志坚韧、迎难而上、百折不挠、勇于探索”的高尚品质的象征。对于中等职业学校的学生而言，吃苦耐劳精神是他们从学生身份向技术技能人才转变不可或缺的基石。然而，在当今社会，由于家庭教育的溺爱倾向以及享乐主义风气的盛行，许多学生在实习期间往往表现出不切实际、逃避劳动、追求功利的心态。在工作中，他们倾向于选择轻松的任务，嫌弃繁重和艰苦的工作，难以完成重要任务，也不愿从事琐碎的小事，缺乏坚定的意志力和持久的耐力。这种浮躁、缺乏吃苦耐劳和脚踏实地品质的现象，根源在于学生内心浮躁和缺乏必要的劳动锻炼。

（二）中等职业学校学生劳动素养内涵

关于中等职业学校学生劳动素养的内涵，可从政策层面及学术研究层面进行透视。在政策层面，在教育部印发的《大中小学劳动教育指导纲要（试行）》中，将劳动素养的内涵阐释为包括劳动观念、劳动能力、劳动精神及劳动习惯和品质等方面。在学术研究层面，学者刘向兵提出，劳动素养是指在丰富多样的劳动实践过程中逐渐形成的综合能力，具体包括劳动伦理认知、价值判断、创造能力等。[1]黄加敏指出，职业院校学生劳动素养主要包括劳动认知、劳动能力、劳动习惯和品质、劳动精神及劳动价值观，其中格外强调劳动教育对产业新业态的敏锐感知和学生对劳动新形态的及时掌握，以及工匠精神、劳模精神的培育。[2]不论是国家政策层面还是学术界的研究层面，均体现出劳动教育的重要性。国家政策中明确指出了劳动教育的重要性，并强调要构建系统的劳动教育。职业教育作为一种类型教育，与普通教育具有同等重要的地位，其劳动教育更要在其教育体系中显现出来。中等职业教育旨在培养具备高素质且综合技能的技术人才，这一目标的实现离不开行业企业的深度参与。鉴于此，中等职业学校的劳动教育应在普遍提升学生的基础劳动素养——包括劳动兴趣激发、劳动意识培养及劳动认知深化的基础上，进一步构建一套横跨企业实习、顶岗实训与专业学习三大环节的综合性劳动教育体系。此体系需深度融合教育性、专业性、职业性和社会性四大特征，确保中等职业学校学生的劳动素养不仅局限于基本层面，更需展现其在实践操作、专业技能、职业适应及社会责任感等方面的综合优势。换言之，中等职业学校学生的劳动教育应全面覆盖并超越传统范畴，着重培养其将理论知识转化为实践能力，同时强化其职业素养与社会适应能力，以适应未来职业发展的多元化需求。随着当下产业结构垂直化升级以及新质生产力的方兴未艾。一方面，需鉴于对产业新态势的敏锐洞察及劳动新模式的迅速适应，中等职业学校学生的劳动素养培育需深度融合专业知识与职业实践。这一过程旨在促使学生身心并赴，将理论学习与实践操作紧密结合，激发其创造性思维，灵活运用新知识、新技术解决复杂项目中的实际问题。通过这样的方式，学生不仅能够构建扎实的职业劳动认知与产业劳动知识体系，还能塑造出与岗位需求高度匹配的专业技能与劳动技能，进而提升职业适应力与综合素养。另一方面，通过企业实训、顶岗实习及专业实践等环节，学生得以亲身体验完整且真实的劳动过程，这种沉浸式学习模式为他们提供了丰富的实践经历与职业感悟。在此过程中，劳动能力的重点聚焦于职业劳动技能与专业操作能力的强化；而在劳动情感与态度层面，则更加注重培养学生对所学专业的认同感、深厚的职业情怀以及强烈的职业荣誉感；至于劳动习惯与品质方面，则致力于培养学生的社会责任感，弘扬劳模精神与工匠

[1] 刘向兵，李珂，彭维峰，2018. 深刻理解新时代加强劳动教育的重大意义与现实针对性 [J]. 中国高等教育（21）：4-6.

[2] 黄加敏，2021. 高职院校学生劳动素养评价指标构建探析 [J]. 科技风（15）：162-163.

精神，使之成为未来职业生涯中不可或缺的精神支柱。

二、中等职业学校学生劳动素养特点

中等职业学校学生劳动素养的特点主要包括以下两点：

第一，学校，尤其是中等职业学校，作为劳动教育的主阵地，拥有无可比拟的优势地位。不仅是知识传授与技能培养的核心场所，更通过校企合作与产教融合的独特模式，为学生搭建了直接对接劳动实践的坚实平台与广阔舞台。具体而言，中等职业学校凭借与企业的紧密合作，不仅确保了教育内容的时效性与实用性，还为学生提供了丰富的实习实训机会，使劳动教育得以在真实的工作环境中得以顺利进行。因此，中等职业学校不仅是劳动教育的摇篮，更是劳动实践创新与探索的前沿阵地。中等职业学校凭借其独特的教育资源与环境，天然地融合了劳动教育的精髓，为学生铺设了直接通往未来职场的实践之路。这些学校不仅能够提供与未来职业紧密相连的劳动实践场所，还系统性设计了一系列紧贴生活生产实际的劳动活动，确保学生在实践中获得真知。同时，通过融合专业发展与岗位需求的劳动实践项目，中等职业学校为学生搭建了理论与实践深度融合的桥梁，使他们在“做中学、学中做”的过程中不断精进。作为职业教育体系的关键一环，中等职业学校肩负着培育兼具高素质与复合型能力的技术技能人才的历史使命。因此，在发展劳动教育时，中等职业学校必须紧跟时代步伐，立足职业教育特色，高瞻远瞩地设定教育目标。在此过程中，应着重将专业教育与劳动教育深度融合，使专业性、职业性与社会性相互渗透，形成有机整体。通过引入新知识、新技术以及紧跟产业新形态的发展。学生在这样全方位、多层次的劳动教育熏陶下，将不仅掌握扎实的专业技能，更将成长为拥有深厚职业认同感、良好职业素养及高度社会责任感的技能型劳动者，为社会的发展贡献自己的力量。

第二，中等职业学校学生的劳动素养的独特之处在于既超越了普通高中的基础要求，也区别于大学生所需的专业深度，它根植于职业教育的特殊性，展现出鲜明的实践性、专业性、职业性和社会性特征。因此，中等职业学校的劳动教育体系需在普适性劳动素养培育的坚实基础上，进一步拓宽边界，深度融合企业实习、顶岗实训与专业学习各个环节，构建一个集教育性、专业性、职业性和社会性于一体的综合育人框架。具体而言，中等职业学校学生的劳动素养应全面覆盖并超越基本范畴，不仅包含激发劳动兴趣、培养劳动意识、深化劳动认知等共性要素，更需强调与职业紧密相关的专业素养。在劳动知识层面，学生需积极建构职业劳动认知体系，掌握产业前沿的劳动知识，并紧跟时代步伐，对新技术、新业态保持敏锐的洞察力与适应力；劳动情感和态度上，则侧重于培养对所学专业的深厚认同感、对职业道路的崇高情怀以及作为职业人的荣誉感，这些情感因素将成为学生持续进步的动力源泉；在劳动能力上，中等职业学校需尤为注重学生专业技能的锤炼、职业适应能力的增强以及职业创造能力的激发。通过真实的职业场景模拟与实战训育，学生得以在实践中不断提升自我，为未来的职业生涯奠定坚实基础。此外，劳动品质与精神的培育同样不容忽视，中等职业学校致力于塑造学生强烈的社会责任感，弘扬劳模精神与工匠精神，引导学生形成积极向上、精益求精的职业态度与价值观。

三、中等职业学校学生劳动素养评价的特殊性与必要性

如前文所述，中等职业学校学生的年龄一般在 14～17 岁，正值青年初期阶段，这个阶段是一个个体独立走向社会生活的前期准备时期。依据皮亚杰的认知发展理论，此年龄段正处于形式运算阶段，这一阶段的显著特征是能够超越具体实物的局限，深入理解并区分事物的形式与内容，展现出强大的抽象逻辑思维能力。此时期不仅是个体身心发展及价值观构建的关键阶段，也是培育学生树立正确劳动观念、理解劳动价值与意义的黄金时期。

2019 年，《国务院办公厅关于新时代推进普通高中育人方式改革的指导意见》中明确指出，要重视劳动教育、要完善综合素质评价，要强化劳动实践评价，要为学生适应社会生活，接受更高一级的教育和未来的职业发展打下坚实的基础，要培养学生适应终身发展以及社会发展所需要的正确价值观念、必备品格和关键能力。[1]《普通高中课程方案（2017 年版 2020 年修订）》中也指出，“普通高中的培养目标是进一步提升学生综合素质，着力发展核心素养，使学生具有理想信念和社会责任感，具有科学文化素养和终身学习能力，具有自主发展能力和沟通合作能力。”劳动教育具备树德、增智、强体、育美的综合育人价值，可促进学生的综合素质发展。[2]

因此，不论是心理学层面还是国家政策层面，对中等职业学校的学生开展劳动教育是极为必要的。劳动教育的核心是学生的劳动素养，而中等职业学校学生劳动素养评价指标体系既是学生劳动素养评价的结果显示，也是学校进行劳动素养评价的行动指南。有了行动指南，劳动素养如何培养便有了方向。

四、中等职业学校学生劳动素养评价取向

中等职业学校学生正处于青春期，也处于身心急剧变化与塑造的关键阶段，这一

[1] 中华人民共和国国务院办公厅，2019. 国务院办公厅关于新时代推进普通高中育人方式改革的指导意见 [J]. 人民教育（Z2）：10-13.

[2] 中华人民共和国国务院办公厅，2020. 中共中央 国务院关于全面加强新时代大中小学劳动教育的意见 [J]. 中华人民共和国国务院公报（10）：7-11.

时期的心理特征尤为复杂多变，他们极易受到外界环境的多重影响。生理上的快速发育与心理上的逐渐成熟交织在一起，带来了诸多挑战与机遇。鉴于这一特殊性，对中等职业学校学生的劳动素养评价标准开发时，必须全面而深入地考量那些影响其劳动素养发展的多维度因素。

明确新时代背景下中等职业学校学生劳动素养的核心价值表征，是精准培育社会迫切需求的技术技能人才不可或缺的前提与基石。第一，职业教育致力于培养的技术技能人才，其核心不仅在于掌握精湛的专业技能与扎实的业务能力，更在于塑造一种务实进取、坚韧不拔、追求卓越的工匠精神。理想的“职业人”应是集高素质与综合能力于一身，不仅能在所属领域深耕细作，更要怀揣热爱，致力于成为所在行业的佼佼者——“具有工匠精神的人”。这一转变过程，离不开学生在校园内外广泛参与的实践环节的锤炼。在实践活动中，学生们亲身体验劳动的价值与意义，深刻感悟到每一份努力背后所承载的社会责任与个人成长。劳动素养的培育，实质上是一场心灵的洗礼与品质的锻造，它激励学生树立起精益求精的工匠意识，激发他们追求更高远的人生理想，并在实践中磨砺出坚不可摧的意志品质，为学生日后成长为技艺精湛、品德高尚的“工匠人”奠定了坚实的思想根基与学识基础。第二，中等职业学校致力于培育的是集高素质与综合能力于一身的技术技能人才。作为未来社会的中坚力量，这些学生首先需锤炼出扎实的专业技能与过硬的本领，为顺利步入职场、成为杰出的“职业人”奠定坚实基础。在校期间，学生通过多样化的实习实训及实践活动，深入探索专业领域，广泛汲取生产劳动中的必备知识，不断提升自身的技术技能水平，力求在专业技能上精益求精。这些实践活动不仅是技能的磨砺场，更是创新思维与能力的孵化器。学生在实践中勇于创新，敢于尝试，将所学知识灵活运用于解决实际问题中，其创新意识和能力得到显著提升。同时，劳动过程与技能培育的深度融合，让学生在亲身体验中增强了对专业的自信与热爱，对职业未来有了更为清晰的认识与规划。

总而言之，中等职业学校学生劳动素养的测评体系构建与开发，始于深入洞悉学生的身心发展规律及其劳动素养的深刻内涵。在此基础上，系统地梳理影响中等职业学校学生劳动素养发展的多重因素，并紧密结合新时代对技术技能人才的需求，提炼出中等职业学校学生劳动素养的核心价值表征。此外，中等职业学校学生劳动素养评价体系构建紧密围绕“全面发展的人”这一核心理念，强调评价方式的多元化与包容性，旨在通过多维度、多层次的劳动素养评价体系的构建与测评，全面反映学生在劳动素养方面的成长与进步。

第二节　中等职业学校学生劳动素养评价指标体系设计理念

指标体系是一套用于对业绩进行评估的科学性、规范性、量化的系统标准。指标体系是指由一系列相关的指标组成的系统化框架，用于衡量和评估特定领域、相关组织的绩效、效益或发展情况。通常包括一组选择的关键指标，这些关键指标能够提供有关特定领域的定量或定性信息，能够有效帮助决策者了解和监测相关实践活动或过程的表现与改进方向。同时，指标体系的建立也需遵循相应的设计理念，推进指标体系建立走向科学性、客观性。中等职业学校学生劳动素养评价指标体系设计应遵循以下理念。

一、评价目的重估：强调诊断性与学习性相融合

学生劳动素养评价目的首先要处理好“诊断”和“学习”之间的功能，即在评价目的上要明确为什么进行劳动素养评价，重视学生劳动素养的养成。根据评价目的不同，常见的评价方法分为诊断性评价、形成性评价和终结性评价等，每一评价方法的所针对的时段、问题和效果有所区分。学习性评价是在形成性评价基础上演变发展而来的，它重点关注学生学习的全过程，致力于学生学业成就与教师教学质量的提高。里克（Rick Stiggins）提出学习性评价，即运用多种不同的评价方法为学生、老师和家长提供持续的学生在掌握知识和技能方面取得进步的证据。[1]学习性评价具有过程导向性、频繁且非正式性、灵活适应性等独有特征。其中，最为显著的特点在于强调关注学生认知发展的同时关注学生的学习动机。主要通过使学生亲历评价的每一环节、每个步骤，能够看到自己的进步与不足，并能够根据自己当前的水平及时调整，进而实现下一阶段的学习目标，从而真正成为自我的决策者，最终达到提升学生学习动机的目的。

诊断性评价关注现状，能够基本了解中等职业学校学生劳动素养现状水平。素养内化于心，外化于行，个体素养的高低不应只关注个体知识、能力水平的变化，更应关注其认知水平、思维水平、创新创造能力、行为习惯等，以应对当前学生存在社会适应能力不强、实践能力不足、科学精神、创造思维匮乏等问题。美国国家研究委员会（National Research Council）认为一个良好的评量系统应该要联结观察（observation）、诠释（interpretation）和认知（cognition）[2]，以形成评量三角（assessment

---

[1] STIGGINS RICK, 2015. From Formative Assessment to Assessment for Learning:A Path to Success in Standards-Based Schools[J].The Phi Delta Kappan，87（4):28-39.

[2] NATIONAL RESEARCH COUNCIL, 2011. Konwing what students know[M]. Washington, DC:National Academies Press.

triangle）。中等职业学校学生劳动素养的培育是一个相对漫长、复杂的教育过程。因此，需要通过评价的诊断、学习、激励、反馈等发挥作用。中等职业学校学生劳动素养先发挥诊断性功能，再基于诊断结果进行学习与改进，是中等职业学校学生劳动素养评价目的的首要特征，也是区别于传统评价更多地关注终结性评价作用，其评价的流程更加指向学生劳动素养的养成。学生劳动素养的评价始于对学生行为表现的观察记录，体现在学生的认知学习历程中，最终对学生的行为表现进行适当的诠释。因此，本研究强调中等职业学校学生劳动素养评价目的诊断性与学习性相融合的评价新理念，即将劳动素养评价融合进不同的学习与实践活动中，关注学习的过程，而不仅仅是结果，重视学生在学习中的实践获得、认知与体验，能够在评价反馈中进行自我激励，形成积极心态，进一步改进学习，最终是对自己的劳动素养所影响的学习与生活的变化承担更多的责任。

二、评价主体转移：学习者的主体地位得到彰显

劳动素养是指个体通过体力劳动和脑力劳动所形成的与劳动相关的品质修养和行为能力，[1]是学生成人成才的“软实力”。劳动素养培育是一个动态的、多维度、复杂的实践活动过程，是一个不断演进和重组认知与实践的过程。布朗芬布伦纳（Urie Bronfenbrenner）的生态系统理论主张，个体被镶嵌在一系列环境系统中，个体发展受系统间及系统与个体间的交互作用影响。[2]由此可知，在劳动素养培育过程中，学习者的主体劳动观念、劳动意识、劳动精神作为一种特殊的嵌入式“实践”，受到来自自身环境的交互作用影响，在劳动素养培育过程中起着主导性作用。因此，学生不仅是劳动素养培育的主体，也应成为劳动素养评价的主体，立足于“改进”和“发展”，充分发挥学生的自我评价和同伴评价能力，提高自我劳动反思与自我劳动管理能力。然而，在传统的评价体系中，由于标准是自行确定的，内容是教师掌握的，形式是学校设置的，在考核评价中，学习者始终处于弱势地位。评价主体和评价对象的悬殊地位导致了“教育评价的目的性追求被固化、教育的目标性价值被异化、教育改革的理念和实践被分化。”[3]因此，中等职业学校学生劳动素养评价应当强调学习者的主体地位，灵活参与到评价中来，逐步消解单一评价主体导致的部分权利“失控”等问题。

基于这一理念，中等职业学校学生劳动素养的评价应从主体价值取向出发，评价

---

[1] 纪德奎，陈璐瑶，2021. 劳动素养的内涵、结构体系及培养路径 [J]. 天津师范大学学报（基础教育版）(2)：16-20.

[2] 戴吉，夏璇，2023. 生态系统理论视域下高校家校共育模式研究 [J]. 科教导刊 (27)：137-139.

[3] 刘志军，徐彬，2019. 教育评价：应然性与实然性的博弈及超越 [J]. 教育研究，40 (05)：10-17.

理念从对学生评价到为学生评价转变，重视学生在劳动中的感受，强调学生对自我评价的内涵与功能的理解，提高对劳动素养评价的认识，由完全下意识或是潜意识地进行自我评价逐步转变为从本体角度有意识地、主动地审视并建构自我劳动素养价值的活动，使学习者评价主体地位渗透并嵌入于劳动素养评价的过程之中，充分发挥评价的诊断性、激励性、指导性功能，促使劳动素养培育意义与价值的生成。一方面，作为学习主体的学生要树立自我评价意识，对自己的劳动素养进行过程性评价，这不仅能够帮助学习主体对自我劳动素养有个清晰的认识，还能够强化学习主体对自身劳动认知活动过程、心理状态、情感态度、知识能力等方面的管理、监控与评价。比如，学生劳动素养评价记录可以采用“劳动素养培育档案”，记录学生劳动素养发展的图片、文本和影像资料，通过对影响自身成长的关键事件进行记录，经全班同学和教师审核表决通过，计入学生成长档案袋等。学习者主体有意识地对自身劳动素养进行及时的、有效的评价管理，不断进行自我反省、自我调整，提高自身的劳动素养，实现可持续性的劳动素养发展。另一方面，作为教师，要改变传统的单向指导与批判的行为，主动为学生创设有利于自我评价的机会与场合，引导学生用自己的方式表达与反思对自我劳动素养内容的理解和自我劳动成长的认识，充分调动学习者参与劳动素养评价的积极性，获得成功的体验。此外，教师还可以通过指导学生同伴互评，同伴互相检查劳动任务的完成情况、劳动问题的解决方式等，进行比较性、帮助性的借鉴学习。

三、评价内容变迁：指向综合素养的多元化评价

中等职业学校学生劳动素养显然不是某个单要素的表现，而是由多个要素合集构成的。劳动素养组成要素的多元化决定了劳动素养评价指标要素的多元化。对于中等职业学校学生劳动素养评价的指标要全面地概括与总结，不能够以偏概全，更不能着重突出某一个要素，而忽略其他要素的重要作用，从而导致中等职业学校学生劳动素养评价系统的失衡。劳动素养的根本旨趣与立脚点是为了促进学生全面而自由的发展。《大中小学劳动教育指导纲要（试行）》指出，新时代劳动素养包含多方面的内容，主要包括劳动观念、劳动能力、劳动习惯与品质、劳动精神等。从劳动素养概念的演变过程也可以发现，劳动素养概念的内涵是动态的、多元的，是在人们不停的劳动教育实践过程中定义和完善的。劳动素养评价内容从不同角度涵盖了学生发展整体的、综合的要求，其内容体系是关于学生全面发展内容的具体化和细化。因此，需要通过多元评价从多个方面对中等职业学校学生劳动素养进行全方位地、科学地评价，实现以素养测评促进中等职业学校学生劳动素养提升的目标。

中等职业学校学生劳动素养评价关注的是基于劳动情境中的素养的评价，关注劳

动情境与问题之间的关联，强调学生的“参与”与“实践”，强调学生在劳动情境中解决真实问题，是对学生整体性、系统性、复杂性的真实环境中处理问题的综合素养考查。恩格斯在《劳动在从猿到人的转变中的作用》中指出：“由于劳动，由于总是要去适应新的动作，由于这样所引起的肌肉、韧带以及经过更长的时间引起的骨骼的特殊发育遗传下来，人的手才达到这样高度的完善。”[1]中等职业学校学生劳动素养评价的主要目标也是解决劳动教育教学中的实际问题，关注学生对劳动的理解及其劳动行为，并养成良好的劳动习惯与品质。中等职业学校学生劳动素养评价强调不仅要关注学生的劳动知识、劳动技能的表现性评价，更要重视学生的劳动观念、劳动习惯与品质的养成，帮助学生更加清晰地认识自我，纠正学生好逸恶劳，劳动价值观扭曲的现象，以发挥劳动素养评价的激励与调适功能。因此，在学生职业素养评价指标体系建构的过程中，需要运用系统整合的思想，对所设计的指标进行整合，把握不同层次要求中的共性，找到各指标定位的政策、理念和目标内涵，从而保证评价内容和指标体系既多元化又与总评价目标、理念及教育要求保持一致。

四、评价方法改革：基于循证科学理念的证据评价

“证据”最初源于医学领域，指“用于支持结论的事实”，[2]“循证”（Evidence Based）最初在医学领域解释为“医疗决策要以证据为基础”[3]，主张审慎、恰当并明智地运用最佳证据进行治疗决策。[4]受此启发，“循证”这一研究范式随后受到了来自教育领域的广泛关注。剑桥大学学者戴维·哈格里夫斯（David H. Hargreaves）于 20 世纪 90 年代中后期首次提出“循证教学”（Evidence-Based Teaching）这一重要理念，为循证科学理念运用于教育领域奠定了坚实基础。不同领域对于循证有着不同的理解，但究其实质是指基于可得、可靠、可行证据的特殊实践活动。因此，循证评估即是“基于证据的评估”，其并不只是简单的收集、分析大量数据，而在于如何使用评估数据形成证据来回应问题、制定政策和做出决策。[5]随着人工智能、新兴科学技术、数字化等的高速发展，以及循证教育理念的逐步深入，促使中等职业学校学生劳动素养评价从传统的基于感知的评价向现代的基于证据的评价转变，由此催生循证劳动素养评价。

---

[1] 马克思，恩格斯，1995. 马克思恩格斯文集（第 4 卷）[M]. 中共中央马克思恩格斯列宁斯大林著作编译局，译. 北京：人民出版社.

[2] OXMAN A. D.LAVIS J N, LEWIN S, et al., 2009. Support Tools for Evidance-Informed Health Policymaking (STP)1:What Is Evidence-Informed Policymaking[J].Health Research Policy and systems, 7(Suppl1):S1.

[3] EDDY D.M, 1990. Practice Policie:Where do They Come from [J].Journal of the American Medical Association,263(09):1265-1275.

[4] 杨文登，2010. 循证实践：一种新的实践形态 [J]. 自然辩证法研究，26（4）106-110.

[5] 王松丽，李琼，2020. 师范类专业认证的循证评估：基于学习结果的视角 [J]. 教师教育研究，32（6）：8-13.

基于科学循证理念的证据评价是中等职业学校学生劳动素养评价的关键所在，是评价科学性、公正性、客观性、有效性的重要保障。

具体而言，中等职业学校学生劳动素养循证评价是通过多样化的测评结果相结合的测量方式获得数据与证据。中等职业学校学生劳动素养评价方法，通常采用直接测评与间接测评相结合的方式。直接测评指的是基于客观事实、真实劳动场景下，直接考查、实验、测量学生获得的劳动知识、劳动能力、劳动态度、劳动情感等，如测评量表、学生档案袋、考核表现评估等。间接测评指的是通过问卷调查、学生劳动报告等对其劳动素养结果进行评价。中等职业学校学生劳动素养毕竟十分复杂，有许多要素不可能被完全数量化评价，只能作模糊化评价处理，比如以劳动情感与态度量表的呈现形式，以情感层次进行分类，“非常喜欢、比较喜欢、喜欢、不太喜欢、不喜欢”五个类别进行判断劳动情感与态度。分数也可以用百分制，等级用优、良、合格、待合格四等。直接测评强调中等职业学校学生劳动素养评价的统一性、规范性、客观性，而间接测评则强调其文化性、多样性与主观性。由于间接测评有时是基于学生个体的、片面的感知，会与真实情况有出入，需要与直接测量数据相结合。因此，中等职业学校学生劳动素养应遵循直接测评与间接测评相统一的原则，不仅要关注劳动素养中显性可测量的素质，也不能忽略劳动素养的内在情感、品质、精神等的测量。研究者指出，不论是现场证据还是场外证据，证据的最终价值不在于证据本身，而在于证据的使用或者适用，即“因为（有）证据 a，所以（应当采用）行动 b。”[1]“要让教育学知识明显高于常识，成为一门可进行快速知识积累和进步的学科，就必须加强科学的实证研究”，以足够严谨的证据告诉实践者“怎么做可以更有效”。[2]采用循证劳动素养评价方式，可以基于不断更新的劳动素养数据对学生进行实时评估，生成评价结果，并及时更新动态，为深入了解中等职业学校学生劳动素养现状及劳动教育产出效能提供了依据。

第三节　中等职业学校学生劳动素养评价指标体系初步确立

一、研究设计

（一）方法简介

德尔菲（Delphi）法，又称“专家咨询法”，是美国兰德公司（Rand Corporation）

[1] 董洪亮，2021. 基于证据的教研转向——基本概念问题的初步讨论 [J]. 华东师范大学学报（教育科学版），39（5）：108-115.

[2] 柯政，2017. 教育科学知识的积累进步——兼谈美国教育实证研究战略 [J]. 华东师范大学学报（教育科学版），35（3）：37-46.

的奥拉夫赫尔默（OlafHelmer）和诺曼达尔奇（NormanDalkey）等在20世纪60年代开发的一款可以应用于任何领域的咨询决策技术。专家咨询法通过充分利用专家的既往经验，对基于文献综述而初构的指标进行剔选，从而使初构的指标体系得以修订、检验，以获得良好的内容效度。具体表现为，针对某一特定问题经过至少两轮的匿名式咨询、反复调查和反馈，一步步求同和修正，最终使得专家们的观点逐渐“聚敛”成一致、稳定的意见。它与其他研究方法相比具有以下优势：节约时间和费用；具备一定的科学性与实用性；有效避免出现某个个体主导讨论和决策的情况。大量研究表明，在缺乏数据和预期结果不确定性较高的情况下，德尔菲法是预见性研究中最实用的“质性研究”之一。尽管“质性研究”的方法有很多，但德尔菲法因为普适性强、应用领域广、所得结果的权威性高等优点而被国内许多教育学者所认同。

（二）实施步骤

传统德尔菲法先就特定主题拟定开放式问卷，广泛征集专家意见，时间长且效率不高，而修正式德尔菲法则以初步构建指标为基础制订问卷，提高调查效率。本研究以劳动素养初始评价指标为基础，研制试测问卷，首先在研究团队内部和4所中等职业学校一线教师中进行试测。经过讨论和修改后，进入第一轮调查，以纸质方式现场发给参加劳动教育课题研究的专家，汇总、整理、分析、修改后再次将征询问卷逐一发送给指定专家，于四轮征询后获得专家组一致同意。

德尔菲法运用的关键点在于专家的选择，专家所具有的理论知识与实践经验应与本研究相关且对本研究感兴趣，专家人数要求也需要视研究规模而定，一般认为10～30人可以保证研究的信度和效度。[1]基于上述规则，本研究初步遴选了20位专家。本研究将中等职业学校学生作为研究对象，将劳动素养评价指标体系建构作为研究内容，因此需要选择对职业教育研究领域、劳动教育研究领域比较熟悉且具有一定影响力的专家和学者，在评价指标体系建构中纳入他们的观点，以使指标体系较能符合学生实际需要出发，建立专家咨询小组。各领域的专家经过多年的深入探索和研究，具有丰富的知识背景与丰富经验，既可以全面地把握问题，又不失自己独到的见解，是重要且宝贵的智慧资源。在确定专家组名单之后，根据研究需要，以及专家咨询反馈情况，需要进行两轮及以上的专家咨询。基于上述原则，本研究进行了三轮专家咨询。考虑到专家咨询问卷的复杂性与可反馈性，本研究主要采用社交应用程序、电子邮件等通讯工具向专家发送电子版问卷。本研究中的专家咨询共进行三次，研究者依据“中等职业学校学生劳动素养评价指标体系初构框架”（《中等职业学校学生劳动素

[1] 威廉·威尔斯马，史蒂芬·G·于尔斯，2010. 教育研究方法导论[M]. 袁振国，译. 北京：教育科学出版社.

养评价指标体系（第一轮）》专家咨询表进行咨询。问卷扼要阐述研究目的、指标体系框架初稿内涵、填答方式等内容，问卷主体部分分别列出一、二、三级评价指标，请专家对项评价指标的适合程度做出评定，专家亦可在“修改意见”“增加意见”“删减意见”处填写自己对评价指标的意见或建议。该问卷呈现第一次专家意见咨询中全体成员对指标适合度选择的平均数、标准差、变异系数和专家在第一次咨询问卷中的选择及意见，提请专家再次做出判断并提供修订意见。第一次咨询量表回收后，研究者根据专家意见处理结果，对初始评价指标进行增删、修订，形成《中等职业学校学生劳动素养评价指标体系（第二轮）》专家咨询表。根据第二轮咨询意见表，又形成《中等职业学校学生劳动素养评价指标体系（第三轮）》专家咨询表。经过三轮专家咨询，根据咨询表数据统计结果显示，专家的咨询意见逐渐趋于一致，并得出中等职业学校学生劳动素养初始评价指标体系。

（三）问卷设计

研究中等职业学校学生劳动素养评价及其指标体系建构，首先要对劳动素养的概念及其构成进行梳理和解析。关于概念的部分，在本书导论部分的核心概念定义中已经对其进行了详细的阐述：劳动素养是需经过环境熏陶、教育培养以及人的自身历练与内化而形成的一种基本稳定的内在劳动品质。关于劳动素养的构成要素，结合本书第一章文献综述部分，在当前已有的研究中，有学者将劳动素养描述为是由劳动技能、劳动态度、劳动习惯三个相互联系的要素所组成。笔者在调研中发现：在劳动活动中，是否具备劳动观念与意识直接决定了学生会否进行劳动活动，部分被访的中等职业学校也都强调，当前学生的劳动观念与意识很薄弱，有的学生对劳动价值认知不深刻，绝大部分学生认为与德育、智育、体育、美育相比而言，劳动教育没有那么重要；学生劳动积极性低，绝大部分学生不会或不确定会经常主动帮父母做家务等。因此，笔者认为，劳动观念与意识应当作为一个重要的研究因素，与其他三个要素一起构成了中等职业学校学生劳动素养评价一级指标。

在前期预访谈、文献回顾、中等职业学校劳动教育相关政策文本分析的基础上，本研究设计了以专家基本信息、专家咨询表内容、专家咨询表反馈三个部分为主体的专家咨询问卷。专家基本信息包括性别、最高学历、职称、现单位工作年限、单位类型等。之所以设计这些基本信息，主要是保证专家的权威性与代表性。第一轮专家咨询表的内容来源主要包括文献资料、访谈资料、学校科研相关文本资料、政策文件、其他调查问卷等。基于此，本研究开发出三级指标打分表，按照合理性程度，将其分为五个等级：非常合理、比较合理、一般、比较不合理、非常不合理，分别赋值为 5、4、3、2、1，请专家在评分时选择相应数字。此外，还要求专家对指标提出分类、删除或修改建议等。专家咨询表主要设计了三个问题，专家对咨询内容的熟悉程度、专家选择指标合理性程度的判断依据和其他建议。在随后的第二轮、第三轮专家咨询中，由于已经掌握专家基本信息，所以在咨询问卷中不再呈现。但为了帮助专家了解前一轮专家咨询情况，在第二轮和第三轮专家咨询中都设计了详细的专家意见反馈。

（四）数据处理

中等职业学校学生劳动素养评价指标专家咨询问卷，主要包括专家基本信息、专家咨询内容表、专家咨询反馈表三个主体部分。因此，通过中等职业学校学生劳动素养评价指标专家咨询获取的数据主要包括定性数据与定量数据。一方面，定性数据除第一部分专家基本信息外，还指专家对于中等职业学校学生劳动素养评价指标的修改意见，包括指标的修改、分类、删除与增加等意见。因此，研究者本人要结合所有专家的修改意见，广泛阅读相关文献，加深对于改指标的理解，作出合适的修改。另一方面，定量数据主要包括专家积极系数、专家权威系数、肯德尔和谐系数、均值、标准差和变异系数。其中，专家积极系数指的是专家对于本研究的关心与合作的程度，由调查的回收率来说，一般认为有 70% 及以上的回收率，就可认定为专家积极系数比较高。专家权威系数指的是由专家判断系数和对咨询内容的熟悉程度所决定。具体计算公式为 $Cr=(Cs+Ca)/2$，其中，Cs 为专家对指标的熟悉程度，Ca 为专家对指标合理性程度的判断系数。Cs 表示专家对研究项目的熟悉程度，分为五个等级：非常熟悉、比较熟悉、一般、不熟悉、非常不熟悉，分别赋值为 1.0、0.8、0.6、0.4、0.2。Ca 表示对研究项目的判断依据，一般包括实践经验、理论分析、查阅文献、直觉判断四个方面的内容（表 3-1）。一般认为，$Cr>0.7$，表明咨询结果可靠，0.8 及以上则表示良好，并且 Cr 值越大，可靠程度越大。

表 3-1　专家对指标合理性程度的判断系数

项目程度	高	中	低
实践经验	0.5	0.4	0.3
理论分析	0.3	0.2	0.1
查阅文献	0.1	0.1	0.05
直觉判断	0.1	0.1	0.05
合计	1	0.8	0.5

本研究以 SPSS19 为分析处理工具，将“非常合理”“比较合理”“一般”“比较不合理”“非常不合理”分别赋值为 5、4、3、2、1，从平均值、标准差、变异系数三个

方面来判断各个维度的重要性。

平均值（Mean），一般是表示一组数据集中趋势的量数，它是反映数据集中趋势的一项指标。均值说明的是专家对各个维度的认可程度，如果一个维度的平均值越高，表示该维度越重要，反之，则越不重要。本研究将维度的重要程度划分为高、中等偏高、中等、中等偏低和低五个等级（表 3-2）。从该表可以看出，如果一个维度的平均值小于 3 分，则可以认为其重要性为中低或者低，将考虑予以删除。如果平均值大于等于 3 分，其重要性为中或者中高，将予以保留。

表 3-2　指标重要性判断标准（平均值）

合理程度	平均值	等级
非常合理	$M = 5$	高
比较合理	$4 \leqslant M < 5$	中等偏高
一般	$3 \leqslant M < 4$	中等
比较不合理	$2 \leqslant M < 3$	中等偏低
非常合理	$1 \leqslant M < 2$	低

标准差（Standard Deviation），是一项很重要的差异性指标，一般是反映组内个体间的离散程度，在本研究中反映专家意见的协调程度。如果标准差越小，数据分布的离散程度越小，相对集中，指标协调性较高。如果标准差越大，则说明数据分布的离散程度越大，较为分散，指标协调性较低。一般说来，如果某项维度的标准差大于 1，则说明专家在该项意见的离散程度较大，需要进一步咨询。如果某些维度的标准差小于 1，则说明专家在该项意见的离散程度较小，彼此间的一致性较高。❶

变异系数，又称“离散系数”（Coefficient of Variation），也是反映数据的离散程度，在单位和（或）平均数不同时，需采用标准差与平均数的比值（相对值）来比较，即变异系数。变异系数计算公式为：CV =（标准差 / 平均值）。一般来说，变量值平均水平高，其离散程度的测度值越大，反之越小。在本研究中，指标变异系数如果大于 0.25，则考虑删除。

二、专家纳入标准与咨询问卷参与情况

专家纳入标准是展开专家咨询问卷调查的前提与基础。本研究是在“CNKI 中国知网”数据库中，以“劳动素养”与“评价”、“劳动教育”与“职业院校”两组主题词分别进行文献检索，期刊来源设置为“核心期刊”和 CSSCI，检索年限为 2018—2021

❶ 威廉・威尔斯马，史蒂芬・G・于尔斯，2010. 教育研究方法导论[M]. 袁振国，译. 北京：教育科学出版社.

年，截止时间为 2021 年 2 月 1 日，分别检索到文献 14 篇和 64 篇，共计 78 篇。运用“Citespace5.8”软件对检索文献进行量化分析，并通过“author”功能对专家进行分析，在此基础上遴选专家，形成专家咨询库。通过分析该库中专家及其团队成员近 1 ~ 3 年的相关研究成果及研究动态，选取 9 位职业院校劳动教育与劳动素养研究领域专家组成专家组。除此之外，根据笔者前期参与的南京师范大学劳动教育课程体系建设项目组认识的专家库、对本研究感兴趣，且愿意支持与配合本研究，共遴选出 11 位劳动教育权威专家。共计 20 位专家参与此次德尔菲法中等职业学校学生劳动素养评价指标体系建构。

专家咨询问卷的参与情况，可以有效反映专家参与问卷咨询的积极性。问卷共采用纸质问卷与网络问卷两种形式发放给 20 位专家。表 3-3 呈现了每一轮参与专家的基本信息，主要包括性别、最高学历、职称、现单位工作年限、单位类型等。第一轮发放专家咨询问卷 20 份，回收有效问卷 17 份，问卷回收率为 85%，有效率为 100%；第二轮回收有效问卷 16 份，问卷回收率为 80%，有效率为 100%；第三轮回收有效问卷 17 份，问卷回收率为 85%，有效率为 100%。整体来看，专家参与问卷咨询的积极性较高。

表 3-3　三轮专家咨询参与情况

编号	性别	最高学历	职称	工作年限	单位类型	第一轮	第二轮	第三轮
Z1	男	博士研究生	正高	30 年以上	本科院校	参加	参加	参加
Z2	男	博士研究生	中级	1 ~ 10 年	本科院校	参加	参加	参加
Z3	男	博士研究生	正高	30 年以上	本科院校	参加	参加	参加
Z4	男	博士研究生	正高	1 ~ 10 年	高职院校	参加	参加	参加
Z5	男	博士研究生	中级	1 ~ 10 年	本科院校	未参加	参加	未参加
Z6	女	硕士研究生	副高	11 ~ 20 年	本科院校	参加	参加	参加
Z7	女	博士研究生	正高	20 ~ 30 年	科研院所	参加	参加	参加
Z8	男	博士研究生	正高	30 年以上	本科院校	参加	参加	参加
Z9	男	博士研究生	副高	11 ~ 20 年	本科院校	参加	未参加	参加
Z10	男	博士研究生	正高	30 年以上	本科院校	参加	未参加	参加
Z11	男	博士研究生	正高	11 ~ 20 年	本科院校	参加	参加	参加
Z12	男	博士研究生	副高	1 ~ 10 年	本科院校	参加	参加	参加
Z13	男	博士研究生	副高	11 ~ 20 年	本科院校	参加	未参加	未参加
Z14	男	博士研究生	正高	11 ~ 20 年	本科院校	参加	参加	参加
Z15	男	博士研究生	正高	30 年以上	本科院校	参加	参加	参加
Z16	男	博士研究生	副高	21 ~ 30 年	本科院校	参加	参加	参加
Z17	女	博士研究生	副高	11 ~ 20 年	本科院校	参加	参加	参加

续表

编号	性别	最高学历	职称	工作年限	单位类型	第一轮	第二轮	第三轮
Z18	男	博士研究生	正高	30 年以上	本科院所	未参加	参加	参加
Z19	男	博士研究生	中级	1 ~ 10 年	本科院校	参加	未参加	参加
Z20	男	博士研究生	正高	21 ~ 30 年	本科院校	未参加	参加	未参加

三、第一轮专家咨询问卷结果分析

（一）第一轮问卷基本情况

第一轮专家咨询问卷，“中等职业学校学生劳动素养评价指标体系”包含四项一级指标，分别为“劳动观念”“劳动知识与能力”和“劳动习惯与品质”“劳动情感与态度，每项一级指标下有 2 ~ 4 项二级指标，每项二级指标又分别包含 3 ~ 5 项三级指标。如表 3-4 所示，17 位专家的权威系数均在 0.6 以上。其中，14 位专家的权威系数在 0.8 以上，占总数的 82%，从而有效保证了专家咨询结果的权威性。

表 3-4　第一轮专家咨询中专家权威系数

编号	熟悉程度	判断系数	权威系数
Z1	1	1	1
Z2	0.8	0.85	0.83
Z3	0.8	1	0.9
Z4	0.8	0.9	0.85
Z6	0.8	0.75	0.78
Z7	0.6	0.65	0.63
Z8	0.8	0.9	0.85
Z9	0.8	0.9	0.85
Z10	0.8	0.9	0.85
Z11	0.8	0.95	0.88
Z12	0.8	0.9	0.85
Z13	1	0.9	0.95
Z14	0.8	0.95	0.88
Z15	0.8	0.95	0.88
Z16	0.8	0.9	0.85
Z17	0.8	0.9	0.85
Z19	0.8	0.75	0.78

（二）第一轮指标统计结果与意见分析

经过对第一轮专家咨询数据的统计，本研究得出关于均值、标准差与变异系数的第一轮咨询结果如表 3-5 所示。专家意见的集中度可用专家对评价指标适合度选择的平均数刻划。经统计，表 3-5 呈现了一级指标、二级指标和三级指标的专家咨询结果。一级指标、二级指标和三级指标的平均值均大于 4，属于中等偏高；从离散程度来看，各级指标的标准差在 0.06 ~ 0.84 之间，所有指标的标准差均小于 1，表明专家意见较为集中。由于平均值和标准差都是平均指标，有时这二者表示的结果可能不完全一致，这时就需要使用变异系数进行判断。所有指标的变异系数均在 0.25 以下，说明指标变异系数得到很大收敛，反映整个专家组对劳动素养指标评价协调程度较高。

同时，专家们也认为，有些指标内容须加以修改，依据专家意见，一级指标“劳动知识与能力”（需要修改与删除的指标以 * 号表示）合并使用，容易导致操作指标测评不清晰。

二级指标“劳动观念”下“劳动过程观”表述不合适，原因在于“劳动过程观”容易与“劳动习惯与品质”相混淆，应将其重新思考，指标内容有所删减。

三级指标“劳动价值观”下的”劳动荣辱观”“劳动平等观”“劳动幸福观”也需要修改，原因是绝大多数专家认为“荣辱观”“平等观”“幸福观”本质上属于“人生观”，而“价值观”应指的是“人们对什么是‘值得的’‘重要的’的判断”，而“劳动价值观”则指人们将劳动中哪些方面看作是“值得的”“重要的”，需要重新思考并作出调整。“劳动过程观”指标下的三级指标，应删减。“劳动成果观”指标下的三级指标——“崇尚自食其力”的引申义为自己不劳动却强迫占有他人劳动成果，应属于“不尊重他人劳动成果”的观念，将其修改为“保护劳动产权”更为贴近。“劳动习惯”指标下的三级指标“倡导劳动文明”中，“倡导”这个动作的主体不像是学生，更像是教育施动者，因此修改为“践行劳动环保”。此外，通过比较也可以发现“劳动过程观”“劳动平等观”“劳动幸福观”“体贴劳动过程”“崇尚自食其力”等删除的指标，变异系数为 0.18 ~ 0.19，更接近于 0.25，变异系数虽然处在合理区间，但相比较其他保留的指标，稍微偏高，也验证了专家意见。因此，专家对指标内容意见的集中度、离散度、协调度，对部分评价指标的处理结果见表 3-5。

表 3-5　中等职业学校学生劳动素养评价指标修订（第一轮专家咨询）

指标层次	指标内容	*M*	*SD*	变异系数	处理结果
一级指标	劳动观念	4.61	0.51	0.11	保留
一级指标	* 劳动知识与能力	4.44	0.69	0.16	修改后保留
一级指标	劳动习惯与品质	4.61	0.57	0.12	保留

续表

指标层次	指标内容	*M*	*SD*	变异系数	处理结果
一级指标	劳动情感与态度	4.52	0.52	0.12	保留
二级指标	劳动价值观	4.03	0.78	0.19	保留
二级指标	* 劳动过程观	4.01	0.77	0.19	删除
二级指标	劳动成果观	4.14	0.70	0.17	保留
二级指标	* 劳动工具使用	4.51	0.38	0.08	保留
二级指标	* 劳动问题解决	4.52	0.70	0.15	保留
二级指标	* 劳动创新创造	4.36	0.68	0.16	保留
二级指标	劳动行为习惯	4.89	0.68	0.14	保留
二级指标	劳动人格品质	4.46	0.70	0.16	保留
二级指标	劳动情感	4.41	0.71	0.16	保留
二级指标	劳动态度	4.28	0.62	0.14	保留
三级指标	* 劳动荣辱观	4.45	0.50	0.11	修改后保留
三级指标	* 劳动平等观	4.40	0.78	0.18	修改后保留
三级指标	* 劳动幸福观	4.51	0.84	0.19	修改后保留
三级指标	* 体贴劳动过程	4.01	0.75	0.19	删除
三级指标	* 体验劳动快乐	4.29	0.69	0.16	删除
三级指标	* 崇尚自食其力	4.01	0.78	0.19	修改后保留
三级指标	珍惜劳动成果	4.57	0.59	0.13	保留
三级指标	熟练使用日常生活劳动工具	4.18	0.51	0.12	保留
三级指标	规范使用简单生产劳动工具	4.13	0.69	0.17	保留
三级指标	精通专业领域内劳动工具	4.57	0.57	0.12	保留
三级指标	熟练劳动操作	4.46	0.78	0.17	保留
三级指标	设计劳动流程	4.40	0.70	0.16	保留
三级指标	胜任劳动岗位	4.73	0.69	0.15	保留
三级指标	探究技术原理	4.56	0.06	0.01	保留
三级指标	创造性解决问题	4.51	0.08	0.02	保留
三级指标	实现创意物化	4.68	0.82	0.18	保留
三级指标	遵守劳动法规	4.46	0.76	0.17	保留
三级指标	* 倡导劳动文明	4.62	0.78	0.17	修改后保留
三级指标	讲求诚信务实	4.52	0.47	0.10	保留
三级指标	注重团队合作	4.63	0.67	0.14	保留
三级指标	表明劳动意识	4.63	0.59	0.13	保留

续表

指标层次	指标内容	*M*	*SD*	变异系数	处理结果
三级指标	体会劳动艰辛	4.35	0.42	0.10	保留
三级指标	端正劳动态度	4.72	0.71	0.15	保留
三级指标	担负劳动责任	4.51	0.64	0.14	保留

四、第二轮专家咨询问卷结果分析

（一）第二轮问卷基本情况

通过上一轮的专家咨询，修改了部分内容。在第一轮修改的基础上，第二轮咨询主要采取专家问卷的形式，对本研究所拟定的中等职业学校学生劳动素养指标进行评判。面向专家咨询的问卷见附录 2。如表 3-6 所示，16 位专家的权威系数均在 0.6 以上。其中，14 位专家的权威系数在 0.8 以上，占总数的 88%，从而有效保证了专家咨询结果的权威性。

表 3-6　第二轮专家咨询中专家权威系数

编号	熟悉程度	判断系数	权威系数
Z1	1	1	1
Z2	0.8	1	0.9
Z3	0.8	1	0.9
Z4	0.8	0.9	0.85
Z5	0.8	0.9	0.85
Z6	0.8	0.75	0.78
Z7	0.8	0.9	0.85
Z8	0.8	0.85	0.83
Z11	0.6	0.85	0.73
Z12	0.8	0.95	0.88
Z14	0.8	0.9	0.85
Z15	1	0.9	0.95
Z16	0.8	0.95	0.88
Z17	0.8	0.95	0.88
Z18	0.6	0.9	0.85
Z20	0.8	1	0.9

（二）第二轮指标统计结果与意见分析

经过对第二轮专家咨询数据的统计，本研究得出关于均值、标准差与变异系数的第二轮咨询结果。表 3-7 呈现了一级指标、二级指标和三级指标的专家咨询结果，一级指标、二级指标、三级指标的均值、标准差和变异系数均在正常范围以内。尤其是变异系数在 0.19 及以上的指标只有两个，即“理解劳动内涵”“认识劳动价值”。大部分指标的变异系数在 0.15 以下，说明指标变异系数得到很大收敛。

同时，专家们也认为，有些指标内容须加以修改。依据专家意见，二级指标尽量简洁明了，意思单一，因此“劳动工具使用”改为“劳动工具”，“劳动问题解决”改为“劳动技能”，“劳动创新创造”改为“劳动创造”，“劳动行为习惯”改为“劳动习惯”，“劳动人格品质”改为“劳动品质”。

在“劳动价值观”下的三级指标“理解劳动内涵”“认识劳动价值”，专家认为与价值观念逻辑上存在问题，建议修改为“劳动荣辱”“劳动平等”“劳动幸福”等。专家对指标内容意见的集中度、离散度、协调度，对部分评价指标的处理结果见表 3-7。

表 3-7　中等职业学校学生劳动素养评价指标修订（第二轮专家咨询）

指标层次	指标内容	*M*	*SD*	变异系数	处理结果
一级指标	劳动观念	4.94	0.24	0.05	保留
一级指标	劳动能力	4.88	0.33	0.07	保留
一级指标	劳动习惯与品质	4.93	0.25	0.05	保留
一级指标	劳动情感与态度	4.91	0.37	0.08	保留
二级指标	劳动价值观	4.50	0.50	0.11	保留
二级指标	劳动成果观	4.38	0.60	0.14	保留
二级指标	* 劳动工具使用	4.44	0.61	0.14	修改后保留
二级指标	* 劳动问题解决	4.56	0.50	0.11	修改后保留
二级指标	* 劳动创新创造	4.69	0.46	0.10	修改后保留
二级指标	* 劳动行为习惯	4.44	0.61	0.14	修改后保留
二级指标	* 劳动人格品质	4.38	0.48	0.11	修改后保留
二级指标	劳动情感	4.79	0.41	0.09	保留
二级指标	劳动态度	4.81	0.39	0.08	保留
三级指标	* 理解劳动内涵	4.00	0.88	0.22	修改后保留
三级指标	* 认识劳动价值	4.18	0.86	0.21	修改后保留

续表

指标层次	指标内容	*M*	*SD*	变异系数	处理结果
三级指标	保护劳动产权	4.31	0.68	0.16	保留
三级指标	珍惜劳动成果	4.25	0.56	0.13	保留
三级指标	熟练使用日常生活劳动工具	4.75	0.56	0.12	保留
三级指标	规范使用简单生产劳动工具	4.38	0.60	0.14	保留
三级指标	精通专业领域内劳动工具	4.19	0.63	0.15	保留
三级指标	熟练劳动操作	3.95	0.59	0.15	保留
三级指标	设计劳动流程	4.72	0.56	0.12	保留
三级指标	胜任劳动岗位	4.65	0.57	0.12	保留
三级指标	探究技术原理	4.19	0.73	0.17	保留
三级指标	创造性解决问题	4.38	0.60	0.14	保留
三级指标	实现创意物化	4.34	0.61	0.14	保留
三级指标	遵守劳动法规	4.54	0.64	0.14	保留
三级指标	注意劳动安全	4.81	0.53	0.11	保留
三级指标	践行劳动环保	4.25	0.66	0.16	保留
三级指标	讲求诚信务实	4.25	0.66	0.16	保留
三级指标	注重团队合作	4.44	0.61	0.14	保留
三级指标	秉持勤俭节约	4.31	0.68	0.16	保留
三级指标	表明劳动意识	4.78	0.45	0.09	保留
三级指标	体会劳动艰辛	4.81	0.49	0.10	保留
三级指标	端正劳动态度	4.79	0.51	0.11	保留
三级指标	承担劳动责任	4.82	0.58	0.12	保留

五、第三轮专家咨询问卷结果分析

（一）第三轮问卷基本情况

通过前两轮的专家咨询，修改了部分内容。在第二轮修改的基础上，对本研究所拟定的第三轮中等职业学校学生劳动素养指标专家咨询问卷进行评判。如表 3-8 所示，17 位专家的权威系数均在 0.6 以上。其中，15 位专家的权威系数在 0.8 以上，占总数的 88%，从而有效保证了专家咨询结果的权威性。

表 3-8　第三轮专家咨询中专家权威系数

编号	熟悉程度	判断系数	权威系数
Z1	1	1	1
Z2	1	1	1
Z3	0.8	0.9	0.85
Z4	0.8	0.85	0.83
Z6	1	0.85	0.93
Z7	0.8	0.75	0.78
Z8	0.8	0.9	0.85
Z9	0.8	0.9	0.85
Z10	0.8	0.95	0.88
Z11	0.8	0.95	0.88
Z12	1	0.9	0.95
Z14	0.8	0.9	0.85
Z15	0.6	0.75	0.68
Z16	1	0.9	0.95
Z17	0.8	0.9	0.85
Z18	0.8	0.85	0.83
Z19	0.8	0.85	0.83

（二）第三轮指标统计结果与意见分析

诚然，经过第一轮、第二轮中等职业学校学生劳动素养专业咨询问卷的数据统计与指标修正，第三轮专业咨询问卷已经逐步成熟。表 3-9 分别呈现了一级指标、二级指标和三级指标的专家咨询结果。经统计，中等职业学校学生劳动素养所有指标的平均值都大于 4，且有 13 个指标大于 4.5，属于中等偏高；从离散度看，各级评价指标的标准差在 0.32 ~ 0.75 之间，所有评价指标的标准差均小于 1，表明专家意见比较集中。95% 的变异系数在 0.16 及以下，说明指标变异系数得到很好的收敛。

同时，有专家提出，为保持动宾结构统一，“劳动荣辱”“劳动平等”“劳动幸福”应修改为“感知劳动荣辱”“尊重劳动平等”“感受劳动幸福”，“胜任劳动岗位”修改为“了解劳动常识”（原因在于劳动技能是包含知识的技能，了解基本的劳动知识对于学生来说是必要的），“表明劳动意识”修改为“表明劳动意向”，”体会劳动艰辛”修改为“体贴劳动过程”。专家对评价指标意见的集中度、离散度、协调度，对部分评价指标的修改意见，以及依据专家意见所进行的修改情况如表 3-9 所示。

表 3-9 中等职业学校学生劳动素养评价指标修订（第三轮专家咨询）

指标层次	指标内容	*M*	*SD*	变异系数	处理结果
一级指标	劳动观念	4.88	0.32	0.07	保留
一级指标	劳动能力	4.59	0.49	0.11	保留
一级指标	劳动习惯与品质	4.76	0.55	0.11	保留
一级指标	劳动情感与态度	4.87	0.57	0.12	保留
二级指标	劳动价值观	4.41	0.6	0.14	保留
二级指标	劳动成果观	4.47	0.61	0.14	保留
二级指标	劳动工具	4.41	0.6	0.14	保留
二级指标	劳动技能	4.53	0.5	0.11	保留
二级指标	劳动创造	4.71	0.46	0.1	保留
二级指标	劳动习惯	4.29	0.67	0.15	保留
二级指标	劳动品质	4.24	0.55	0.13	保留
二级指标	劳动情感	4.24	0.55	0.13	保留
二级指标	劳动态度	4.65	0.48	0.10	保留
三级指标	* 劳动荣辱	4.76	0.42	0.09	修改后保留
三级指标	* 劳动平等	4.53	0.50	0.11	修改后保留
三级指标	* 劳动幸福	4.19	0.71	0.17	修改后保留
三级指标	保护劳动产权	4.29	0.67	0.15	保留
三级指标	珍惜劳动成果	4.29	0.75	0.17	保留
三级指标	熟练使用日常生活劳动工具	4.47	0.61	0.14	保留
三级指标	规范使用简单生产劳动工具	4.71	0.46	0.1	保留
三级指标	精通专业领域内劳动工具	4.59	0.49	0.11	保留
三级指标	熟练劳动操作	4.41	0.6	0.14	保留
三级指标	设计劳动流程	4.47	0.5	0.11	保留
三级指标	* 胜任劳动岗位	4.82	0.38	0.08	修改后保留
三级指标	探究技术原理	4.35	0.59	0.14	保留
三级指标	创造性解决问题	4.12	0.58	0.14	保留
三级指标	实现创意物化	4.41	0.49	0.11	保留
三级指标	遵守劳动法规	4.41	0.69	0.16	保留
三级指标	注意劳动安全	4.35	0.48	0.11	保留

续表

指标层次	指标内容	*M*	*SD*	变异系数	处理结果
三级指标	践行劳动环保	4.73	0.58	0.12	保留
三级指标	讲求诚信务实	4.53	0.61	0.13	保留
三级指标	注重团队合作	4.41	0.6	0.14	保留
三级指标	秉持勤俭节约	4.65	0.48	0.10	保留
三级指标	* 表明劳动意识	4.47	0.71	0.16	修改后保留
三级指标	* 体会劳动艰辛	4.56	0.62	0.14	修改后保留
三级指标	端正劳动态度	4.89	0.53	0.11	保留
三级指标	承担劳动责任	4.75	0.55	0.12	保留

六、评价初始指标体系生成

通过德尔菲法，在经过三轮专家咨询之后，本研究初步得出中等职业学校学生劳动素养评价的三级指标体系（表 3-10）。在该指标体系中，一级指标包括四个，分别为劳动观念、劳动能力、劳动习惯与品质、劳动情感与态度。二级指标包括九个，分别为劳动价值观、劳动成果观、劳动工具、劳动技能、劳动创造、劳动习惯、劳动品质、劳动情感、劳动态度。三级指标包括二十四个，分别为感知劳动荣辱、尊重劳动平等、感受劳动幸福、保护劳动产权、珍惜劳动成果、熟练使用日常生活劳动工具、规范使用简单生产劳动工具、精通专业领域内劳动工具、了解劳动常识、熟练劳动操作、设计劳动流程、探究技术原理、创造性解决问题、实现创意物化、遵守劳动法规、注意劳动安全、践行劳动环保、讲求诚信务实、注重团队合作、秉持勤俭节约、表明劳动意向、体贴劳动过程、端正劳动态度、承担劳动责任。

表 3-10　中等职业学校学生劳动素养评价指标体系（初始）

一级指标	二级指标	三级指标
U1 劳动观念	U11 劳动价值观	U111 感知劳动荣辱
		U112 尊重劳动平等
		U113 感受劳动幸福
	U12 劳动成果观	U121 保护劳动产权
		U122 珍惜劳动成果
U2 劳动能力	U21 劳动工具	U211 熟练使用日常生活劳动工具
		U212 规范使用简单生产劳动工具
		U223 精通专业领域内劳动工具

续表

一级指标	二级指标	三级指标
U2 劳动能力	U22 劳动技能	U221 了解劳动常识
		U222 熟练劳动操作
		U223 设计劳动流程
	U23 劳动创造	U231 探究技术原理
		U232 创造性解决问题
		U233 实现创意物化
U3 劳动习惯与品质	U31 劳动习惯	U311 遵守劳动法规
		U312 注意劳动安全
		U313 践行劳动环保
	U32 劳动品质	U321 讲求诚信务实
		U322 注重团队合作
		U323 秉持勤俭节约
U4 劳动情感与态度	U41 劳动情感	U411 表明劳动意向
		U412 体贴劳动过程
	U42 劳动态度	U421 端正劳动态度
		U422 承担劳动责任

第四节　中等职业学校学生劳动素养评价数据采集与指标体系修正

一、预测样本选择

本研究在江苏省南京市选取某中等职业学校发放 200 份试测样本，收回有效问卷 178 份，回收率为 89%。经审慎筛选后，获得有效样本 156 份，并对试测问卷数据进行项目分析，剔除不相关题项。由于不同学科、专业学生之间的差异性，不可能也没有必要设计一个通用的调查问卷。有鉴于此，考虑到中等职业学校学生发展阶段与样本采取便利性的特点，本研究对中等职业学校专业大类做了全面分析，最终选择以加工制造大类相关专业的学生进行劳动素养测量。

二、预测量表题项设计

劳动素养评价指标体系预测量表主要包括指导语、基本信息、选择题、开放题四个主体部分。指导语的主要目的是，告知被调查对象本研究的目的以及问卷填写说明等。基本信息主要包括性别、年级、家庭所在城市、专业类别、同辈家庭子女数、学校对劳动教育的重视程度、近两年内参加顶岗实习次数、近两年内参加技能比赛次数等。本研究采用李科特五级量表进行评分，非常不符合、比较不符合、一般、比较符合、非常符合分别被赋值为 1、2、3、4、5。接下来，本研究将主要就量表题项的开发做具体说明。

量表题项开发是一个系统工作，由于缺乏可以直接借鉴的量表，本研究倾向于自行开发中等职业学校学生劳动素养评价量表。量表开发的主要维度依据是，前期通过德尔菲法所初步设计出的评价指标体系。为了使量表的题项更加接近实际，也更容易被调查对象所理解。本研究访谈了四位高校劳动教育研究方向的专业教师、两位中等职业学校专业教师。此外，本研究收集了大量与中等职业学校学生劳动教育、劳动素养相关的政策文本、科研论文以及大量实证研究文献资料等，最终形成了中等职业学校学生劳动素养测评初始量表。

为了进一步保证初始题项效度，需要继续邀请专家对题项做进一步修订。基于上述原则，采用专家效度评定方法，进一步邀请了五位高校劳动教育研究方向的教师，对中等职业学校学生劳动素养评价量表初始题项进行反馈。经过反馈，在题项上进行调整，例如："我能够正确分清楚锄头、犁和耙子的功能"修改为"我能够正确使用锄头、铁锹、耙子"；"我能够正确使用伐木锯进行伐木"修改为"我能够正确使用螺丝刀来组装网购的书桌"；"我总是用干抹布擦拭电器"修改为"在插插头时，我习惯性确保手是擦干的"；等等。在建议之下，对中等职业学校学生劳动素养初始题项做了进一步调整，形成中等职业学校学生劳动素养预测的修订量表（表 3-11）。

表 3-11 中等职业学校学生劳动素养评价的题项表述（修订）

三级指标	题项表述
感知劳动荣辱	1. 我认为辛勤劳动的人是具有魅力的
	2. 我强烈排斥不劳而获的行为
	3. 我认为工作得好不如嫁（娶）得好
尊重劳动平等	4. 我认为普通劳动岗位的人也可以评选劳动模范
	5. 我眼中大街上的清洁工都是脏兮兮的
	6. 我认为劳动者是国家的主人，具有主人翁地位
保护劳动产权	7. 我坚决抵制购买盗版制品的行为
	8. 我能够做到不传播盗版制品
	9. 我能够做到文明上网，上绿色网站

续表

三级指标	题项表述
珍惜劳动成果	10. 我认为网红吃播后进行催吐是在浪费粮食
	11. 用餐时，我会做到“光盘”
	12. 物品损坏，无论价格高低，我首先会考虑是否可以修复
设计劳动流程	13. 我能够设计出不同主题的劳动活动方案
	14. 我能够设计出详细的劳动活动流程
	15. 我会设计劳动事故预防与处理方案
熟练劳动操作	16. 当衣服的纽扣掉了，我会缝制纽扣
	17. 我会烹饪 2~3 个拿手菜
	18. 当灯泡烧了，我会自己更换一个新的灯泡
探究技术原理	19. 在体力劳动的过程中也需要深入思考，探究劳动中蕴含的技术和原理
	20. 在实习实践活动中，我能明白劳动工具的工作原理
	21. 在完成劳动任务后反思其原理，有助于积累劳动知识
创造性解决问题	22. 看到新事物，我经常充满好奇心，愿意探索并尝试新技术
	23. 我经常在使用劳动工具感到不适时，想办法改良劳动工具
	24. 我经常在劳动中开动脑筋，开发新的劳动方法
实现创意物化	25. 我能够自己动手制作一些便于生活的小用品
	26. 我能够在实习实践中将自己有用的创意制作出成品
	27. 我能够将废弃材料改造成有用的物品
遵守劳动法规	28. 我会自觉遵守劳动纪律
	29. 我会自觉从事受到法律支持的、合法性的劳动
	30. 我会在劳动结束后应保持劳动用具规整
注意劳动安全	31. 在插插头时，我习惯性确保手是擦干的
	32. 在使用煤气后，我会将总闸关闭
	33. 在学校宿舍内，我会使用大功率电器
践行劳动环保	34. 我会参加维护卫生、保护劳动环境的志愿活动
	35. 在公园里散步的时候，我会踩踏草坪，乱摘鲜花
	36. 在校园里，看见散落的垃圾，我会自觉地捡起来丢进垃圾箱
讲求诚信务实	37. 我认为诚实守信是每一个劳动者都应具有的品质
	38. 我认为在劳动中弄虚作假是不道德的
	39. 我认为在做承诺时要慎重，对于自己做不到的事情，要诚实地回答

续表

三级指标	题项表述
注重团队合作	40. 我认为许多劳动任务的完成需要同伴之间的友好合作
	41. 周围同学遇到动手上的难题，我会主动提供帮助
	42. 参加公益劳动，我总是积极肯干，脏活累活总是抢在先
秉持勤俭节约	43. 在穿衣打扮上，我不会喜新厌旧，能穿的尽量穿
	44. 我吃饭会尽量吃多少盛多少
	45. 我会把水龙头尽量开小，用完随手关闭
表明劳动意向	46. 我在家里经常承担一些力所能及的家务
	47. 我在学校积极打扫班级的卫生
	48. 我会帮老师搬运一些东西
体贴劳动过程	49. 我能够体会父母做家务劳动的辛苦
	50. 我能够体会车间一线生产劳动者的辛苦
	51. 我能够体会农民种庄稼的辛苦
端正劳动态度	52. 在日常学习中，我能够做到刻苦耐劳
	53. 在组装书桌的过程中，我会拧好每一颗螺丝
	54. 我会总结自我的劳动成长与进步
承担劳动责任	55. 我会在家庭生活中尽量不向父母提过分的要求
	56. 我会在实习实践中把实现组织的目标当成是自己的目标
	57. 在实习实践中遇到问题时，我会主动担当

三、预测量表质量分析

在编制出中等职业学校学生劳动素养评价量表之后，本研究初步进行了量表预测，并搜集了相关数据。本研究对预测量表质量做了进一步的分析，主要包括量表的项目分析与因素分析。基于预测量表数据分析结果，能够起到后续对中等职业学校学生劳动素养评价指标进一步的修正作用。

（一）基本信息介绍

通过随机抽样方法，本研究以中等职业学校学生为调查对象，在江苏省南京市共发放了 200 份调查问卷。根据以下四条标准剔除了无效问卷：一是作答时间少于 380

秒或多于 5000 秒的草率或不及时问卷；二是作答中多个反向题存在相互矛盾的问卷；三是题项缺失较多的问卷。剔除无效问卷后最终，回收有效调查问卷 178 份，调查问卷有效回收率为 89%。问卷回收之后，本研究对所有问卷进行了筛选，将具有规律性作答、前后矛盾等特征的样本作无效样本处理，最终有效样本量为 156 份。样本基本信息如表 3-12 所示。

表 3-12　预测样本基本信息

题项	类别	频数	占比 /%
性别	男	99	63.46
	女	57	36.54
年级	一年级	45	28.85
	二年级	79	50.64
	三年级	32	20.51
专业大类	加工制造大类	63	40.38
	电子信息大类	49	31.41
	土木建筑大类	44	28.21
家庭所在城市	省会城市	81	51.92
	地级市	44	28.21
	县 / 县级市	31	19.87
是否独生子女	是	92	58.97
	否	64	41.03
父亲学历	硕博研究生	6	0.04
	大学本科	44	28.21
	大学专科	36	23.08
	普通高中	27	17.30
	中专 / 技校 / 职业高中	17	10.90
	初中及以下	26	16.67
母亲学历	硕博研究生	3	0.02
	大学本科	37	23.72
	大学专科	33	21.15
母亲学历	普通高中	35	22.44
	中专 / 技校 / 职业高中	19	12.18
	初中及以下	29	18.59

续表

题项	类别	频数	占比 /%
平均每天劳动时长	几乎不劳动	23	14.74
	15 分钟左右	46	29.49
	0.5 小时	52	33.33
	0.5～1 小时	27	17.31
	1～2 小时	8	0.05
	2 小时以上	0	0

（二）项目分析结果

项目分析的主要目的在于检验编制的量表或测验个别题项的适切或可靠程度，项目分析结果可作为个别题项筛选或修改的依据（表 3-13）。[1]本研究采用极端组法和 Pearson 相关分析法检测该量表项目的区分度。

所谓极端组法，就是先将所有题项得分进行加总，然后以前 27% 和后 27% 为界进行高低分组，再检测所有题目在高低分组上是否存在显著差异。如果不存在显著差异，题项则被视为不具有鉴别度，可以考虑删除。将 156 份有效问卷中的 76 个条目总分按升序排列，劳动观念总分选取≥ 60 分（前 27%）为高分组，≤ 49 分（后 27%）为低分组；劳动能力总分选取≥ 42 分（前 27%）为高分组，≤ 36 分（后 27%）为低分组；劳动习惯与品质总分选取≥ 82 分（前 27%）为高分组，≤ 70 分（后 27%）为低分组；劳动情感与态度总分选取≥ 57 分（前 27%）为高分组，≤ 47 分（后 27%）为低分组。

表 3-13　中等职业学校学生劳动素养评价量表项目分析

一级指标	题项	*CR*（≥ 3.00）	与总分相关（≥ 0.400）	题项	*CR*（≥ 3.00）	与总分相关（≥ 0.400）
劳动观念	GN1	3.629	0.410**	GN9	4.927	0.455**
	GN2	3.675	0.421**	GN10	4.412	0.497**
	GN3	3.722	0.475**	GN11	7.426	0.536**
	GN4	7.968	0.607**	GN12	9.259	0.622**
	GN5	7.832	0.597**	GN13	8.977	0.625**
	GN6	7.873	0.567**	GN14	8.053	0.587**
	GN7	9.113	0.594**	GN15	11.516	0.674**
	GN8	3.821	0.415**			

[1] 吴明隆，2018. 问卷统计分析实务——SPSS 操作与应用 [M]. 重庆：重庆大学出版社.

续表

一级指标	题项	*CR*（≥ 3.00）	与总分相关（≥ 0.400）	题项	*CR*（≥ 3.00）	与总分相关（≥ 0.400）
劳动能力	NL1	4.940	0.377**	NL15	4.095	0.562**
	NL2	5.392	0.490**	NL16	3.949	0.559**
	NL3	5.079	0.383**	NL17	4.680	0.463**
	NL4	4.302	0.302**	NL18	4.131	0.402**
	NL5	5.607	0.462**	NL19	6.560	0.537**
	NL6	5.945	0.477**	NL20	7.740	0.573**
	NL7	6.137	0.529**	NL21	6.744	0.519**
	NL8	5.209	0.303**	NL22	7.795	0.551**
	NL9	7.751	0.546**	NL23	7.444	0.432**
	NL10	7.410	0.523**	NL24	3.356	0.612**
	NL11	6.697	0.476**	NL25	4.581	0.413**
	NL12	5.638	0.407**	NL26	5.315	0.492**
	NL13	6.747	0.506**	NL27	6.412	0.591**
	NL14	3.142	0.477**			
劳动习惯与品质	XG1	7.714	0.464**	XG10	6.378	0.458**
	XG2	7.470	0.461**	XG11	4.355	0.418**
	XG3	8.220	0.446**	XG12	3.801	0.589**
	XG4	7.531	0.363**	XG13	3.291	0.537**
	XG5	8.104	0.511**	XG14	3.015	0.535**
	XG6	8.407	0.320**	XG15	4.111	0.322**
	XG7	7.158	0.523**	XG16	3.950	0.474**
	XG8	7.059	0.508**	XG17	4.916	0.481**
	XG9	7.278	0.509**	XG18	5.775	0.561**
劳动情感与态度	TD1	10.048	0.673**	TD9	6.706	0.493**
	TD2	8.527	0.640**	TD10	4.205	0.569**
	TD3	9.237	0.662**	TD11	3.831	0.506**
	TD4	9.589	0.689**	TD12	3.648	0.436**
	TD5	6.938	0.554**	TD13	3.078	0.460**
	TD6	6.375	0.540**	TD14	4.063	0.571**

续表

一级指标	题项	*CR*（≥ 3.00）	与总分相关（≥ 0.400）	题项	*CR*（≥ 3.00）	与总分相关（≥ 0.400）
劳动情感与态度	TD7	6.136	0.518**	TD15	4.342	0.479**
	TD8	4.620	0.409**	TD16	4.241	0.587**

通过项目分析可知，高分组和低分组在绝大部分条目得分比较差异有统计学意义（P<0.01），说明此项目具有较高的鉴别度。然而，在决断值和题项与总分相关两个指标上个别题项未达标，有其一未达标可考虑将之删除，由此，题项劳动能力维度（NL）可删除 NL1、NL3、NL4、NL8 共 4 个题项，劳动习惯与品质（XG）可删除 XG4、XG6、XG15。

（三）探索性因素分析结果

为检验量表的建构效度，应采取因素分析，旨在于众多变量中提取共同因素，以数量较少却关联更大的"构念"来代表原先更复杂的数据结构。[1] 样本数据是否适合做因素分析主要通过两个指标来判断。KMO 值和 Bartlett 球形检验的卡方值。一般来说，KMO 值越接近 1，表明越适合做因素分析，变量之间的偏相关性越强。根据学者 Kaiser（1974）观点，KMO 值小于 0.50 时不宜进行因素分析。Bartlett 球形检验的卡方值主要表明各个变量之间的独立性，如果卡方值显著，则表明适合做因素分析。如表 3-14 所示，劳动观念（GN）、劳动能力（NL）、劳动习惯与品质（XG）、劳动情感与态度（TD）四个子量表的 KMO 值均在 0.80 ~ 0.95 之间，达到良好水平，表示变量间具有共同因素存在，适合进行因素分析。同时，Bartlett 球形度检验结果近似卡方分布值均达显著水平（$P = 0.000 < 0.05$），接受净相关矩阵是单元矩阵的假设，代表总体的相关矩阵间有共同因素存在，表明适合对量表做因素分析。

表 3-14　中等职业学校学生劳动素养评价 KMO 和 Bartlett 检验

维度	KMO	Bartlett 球形度检验		
		近似卡方	df	Sig.
GN	0.809	1604.203	105	0.000
NL	0.876	2355.969	171	0.000
XG	0.903	1168.198	105	0.000
TD	0.752	1260.862	66	0.000

[1] 吴明隆，2018. 问卷统计分析实务——SPSS 操作与应用 [M]. 重庆：重庆大学出版社.

随后，本研究着手对156份问卷进行探索性因素分析。探索性因素分析是抽取共同因素的过程，根据共同因素负荷量大小决定该题项是否可以被纳入共同因素当中。首先，为了便于确定探索因子个数，本研究采用碎石图作为参考。碎石图是将每一主成分的特征值由高到低排序绘成一条坡线，愈向右边的特征值愈小，图中的横坐标是因素数目（题项变量数目）、纵坐标是特征值。陡坡图检验的判断标准则是取坡线突然剧升的因素，删除坡线平坦的因素，最终确定抽取因子数目还需结合因子抽取合理性而定。[1]其次，探索性因素分析常用方法为主成分分析，每一次增加或删除题项分析所得结果会不一样，通过不断尝试和优化最终得到理想且可解释的结构成分，也即因素（构面或因子）。保留的因素累计解释变异量若能达到60%以上，表示保留的因素相当理想，若能达到50%以上，保留因素也可以接受。以下分别呈现劳动观念（GN）、劳动能力（NL）、劳动习惯与品质（XG）、劳动情感与态度（TD）四个子量表探索因素分析结果：

1. 劳动观念（GN）探索因素分析

由图3-1可知，劳动观念层面（GN）大概可以抽取4或5个因子。之后坡度线甚为平缓，无特殊因素值得抽取。为得到合理因子，需保证每个因子包含题项变量至少在3个以上，且测量潜在特质类似，可以命名。

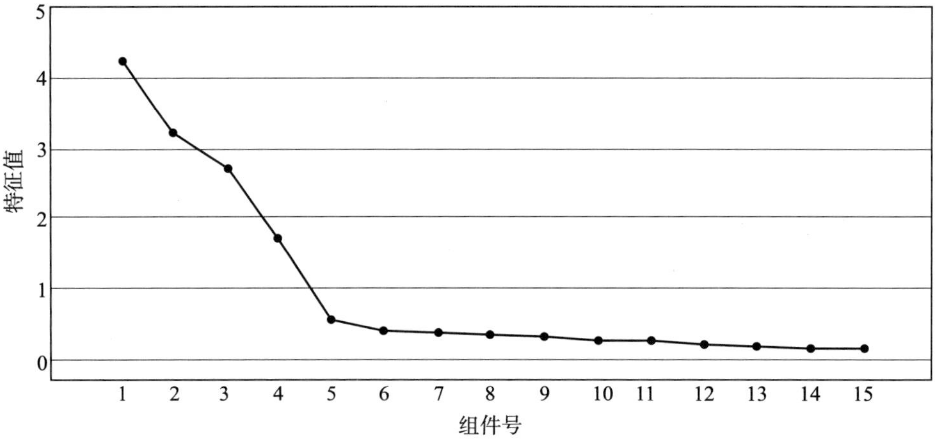

图3-1 劳动观念因素分析碎石图

劳动观念层面（GN）探索性因素分析得到15个题项构成的4个因子，4个因子特征值均大于1，累计解释变量达到79.217%，每个因子至少有3个题项，且归属各因子题项的因素负荷量均大于0.500以上，表示潜在变量可以有效反映各指标变量（表3-15）。在SPSS操作过程中选择“排除小系数绝对值小<0.5”的结果不予以显示，

[1] 吴明隆，2018. 问卷统计分析实务——SPSS操作与应用[M]. 重庆：重庆大学出版社.

因此题项 GN7、GN8、GN9 共 3 个题项无法归属于哪个因素，探索性因素分析应予以删除。结合题项内容归类，可将因素 1 概括为感知劳动荣辱，因素 2 尊重劳动平等，因素 3 概括为保护劳动产权，因素 4 概括为珍惜劳动成果。

表 3-15　劳动观念（GN）第一次探索性因素分析

题项	因素 1	因素 2	因素 3	因素 4
GN13	0.889			
GN15	0.880			
GN12	0.874			
GN14	0.850			
GN11	0.826			
GN5		0.926		
GN6		0.915		
GN4		0.909		
GN3			0.905	
GN2			0.874	
GN1			0.838	
GN10				0.830
GN13				0.766
GN15				0.660
GN12				0.512
特征值	4.242	3.214	2.7	1.728
解释变异量（%）	25.195	23.112	15.716	15.194
累计解释变异量（%）	25.195	48.307	64.023	79.217

2. 劳动能力（NL）探索因素分析

由图 3-2 可知，劳动能力层面（NL）大概可以抽取 5 或 6 个因子。之后坡度线甚为平缓，无特殊因素值得抽取。为得到合理因子，需保证每个因子包含题项变量至少在 3 个以上，且测量潜在特质类似，可以命名。

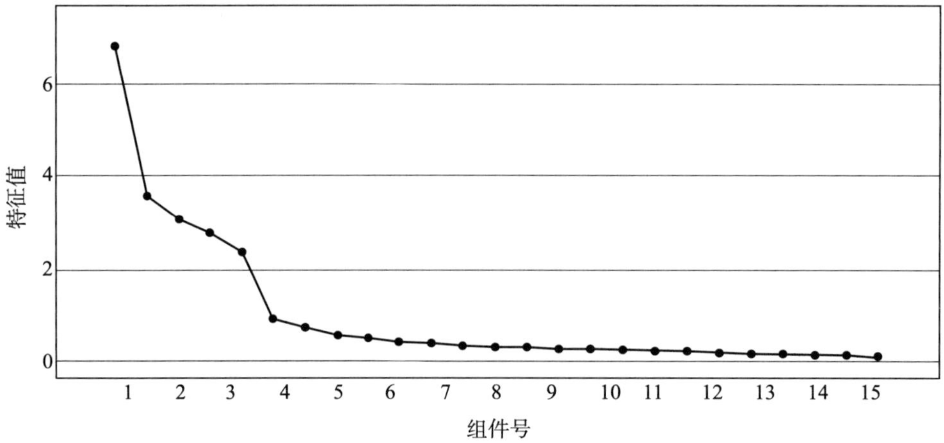

图 3-2　劳动能力因素分析碎石图

劳动能力层面（NL）探索性因素分析最终得到15个题项构成的4个因子，四个因子特征值均大于1，累计解释变量达到78.450%，每个因子至少有3个题项（表3-16）。在项目分析的基础上删除了NL2、NL5、NL6、NL10、NL11、NL12共6个题项。此外N7、N9归属于因素6，却没有构成3个题项，因此也应该删除。结合题项内容归类，可将因素1概括为设计劳动流程，因素2概括为掌握劳动操作，因素3概括为创造性解决问题，因素4概括为实现创意物化。

表 3-16　劳动能力（NL）第二次探索性因素分析

题项	因素 1	因素 2	因素 3	因素 4	因素 5	因素 6
NL13	0.919					
NL15	0.912					
NL14	0.903					
NL25		0.880				
NL27		0.858				
NL26		0.845				
NL18			0.916			
NL19			0.886			
NL17			0.846			
NL7						0.821
NL9						0.786
NL23				0.893		
NL24				0.892		

续表

题项	因素 1	因素 2	因素 3	因素 4	因素 5	因素 6
NL22				0.885		
NL20					0.886	
NL19					0.874	
NL21					0.868	
特征值	6.890	3.628	3.088	2.747	2.391	0.869
解释变异量（%）	17.758	15.343	14.935	13.535	12.895	3.984
累计解释变异（%）	17.758	33.101	48.036	61.571	74.466	78.450

3. 劳动习惯与品质（XG）探索因素分析

由图 3-3 可知，劳动习惯与品质层面（XG）大概可以抽取 3 或 4 个因子。之后坡度线甚为平缓，无特殊因素值得抽取。为得到合理因子，需保证每个因子包含题项变量至少在 3 个以上，且测量潜在特质类似，可以命名。

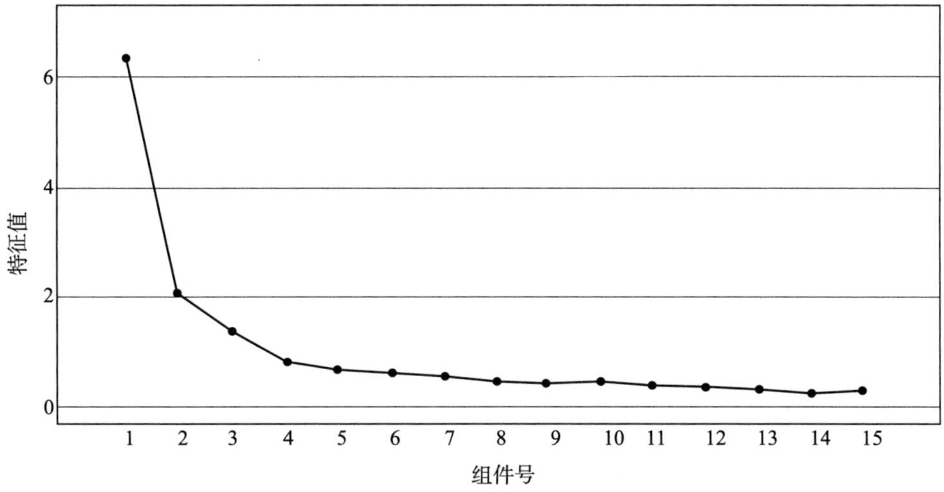

图 3-3　劳动习惯与品质因素分析碎石图

劳动习惯与品质层面（XG）探索性因素分析最终得到 15 个题项构成的 4 个因子，四个因子特征值均大于 1，累计解释变量达到 70.32%，每个因子至少有 3 个题项，且归属各因子题项的因素负荷量均满足因素负荷量大于 0.45 的选取标准（表 3-17）。结合题项内容归类，可将因素 1 概括为遵守劳动纪律，因素 2 概括为践行劳动环保，因素 3 概括为讲求诚信务实，因素 4 概括为注重团队合作。

表 3-17　劳动习惯与品质（XG）第二次探索因素分析

题项	因素 1	因素 2	因素 3	因素 4
XG18	0.872			
XG16	0.848			
XG17	0.821			
XG2		0.824		
XG1		0.797		
XG3		0.700		
XG7			0.830	
XG8			0.782	
XG10			0.761	
XG11				0.792
XG12				0.665
XG9				0.542
XG18	0.872			
XG16	0.848			
XG17	0.821			
特征值	6.341	2.018	1.373	0.816
解释变异量（%）	21.94	19.43	16.91	12.04
累计解释变异（%）	21.94	41.37	58.28	70.32

4. 劳动情感与态度（TD）探索因素分析

由图 3-4 可知，劳动情感与态度层面（TD）大概可以抽取 4 或 5 个因子。之后坡度线甚为平缓，无特殊因素值得抽取。为得到合理因子，需保证每个因子包含题项变量至少在 3 个以上，且测量潜在特质类似，可以命名。

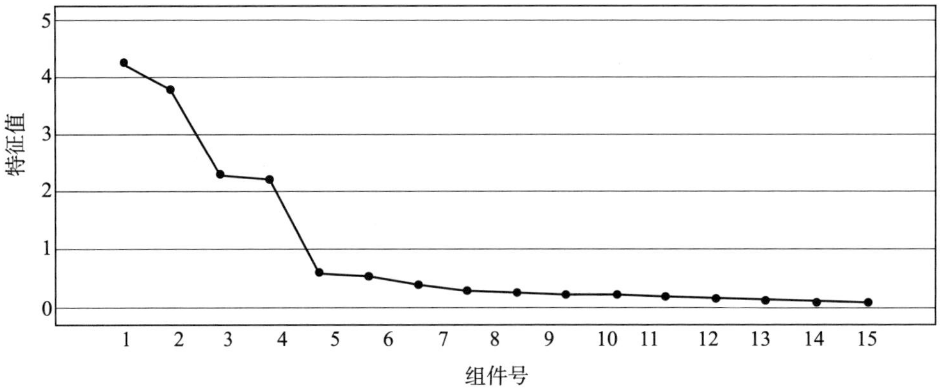

图 3-4　劳动情感与态度因素分析碎石图

劳动情感与态度层面（TD）探索性因素分析最终得到 12 个题项构成的 4 个因子，4 个因子特征值均大于 1，累计解释变量达到 83.731%，每个因子至少有 3 个题项，且归属各因子题项的因素负荷量均满足因素负荷量选取标准（大于 0.5）。如表 3-18 所示，劳动情感与态度维度都符合要求。结合题项内容归类，可将因素 1 概括为表明劳动意向，因素 2 概括为体贴劳动过程，因素 3 概括为端正劳动态度，因素 4 概括为承担劳动责任。

表 3-18　劳动情感与态度（TD）第一次探索因素分析

题项	因素 1	因素 2	因素 3	因素 4
TD10	0.935			
TD12	0.924			
TD11	0.916			
TD7		0.930		
TD9		0.913		
TD8		0.903		
TD2			0.936	
TD1			0.896	
TD3			0.895	
TD6				0.864
TD5				0.857
TD4				0.833
特征值	3.464	2.922	1.908	1.754
解释变异量（%）	22.592	21.285	21.170	18.684
累计解释变异量（%）	22.592	43.877	65.047	83.731

根据第一次因素分析结果显示，由于删除个别题项因素负荷量 < 0.5，无法归属于哪个因素，因而必须将其删除。当题项变量不同时候，因素结构会改变，因此需要再次执行第二次探索性因素分析。根据第二次探索性因素分析结果可知，删除后的 4 个量表中的题项萃取后保留的因素解释变异量均保持在 60% 以上，且主成分分析表示其建构效度良好，故予以保留。

（四）验证性因素分析结果

依据探索性因素分析结果，本研究对第二批施测样本数据（$n = 354$）进行验证性因素分析，检验中等职业学校学生劳动素养量表分为劳动观念（GN）、劳动能力（NL）、劳动习惯与品质（XG）、劳动情感与态度（TD）四个子量表的测量模型与数据拟合程度，如表 3-19 所示。

评测量表模型的适配程度指标有很多，通常包括卡方自由度比（χ^2/DF）、渐进残差均方和平方根（RMSEA）、调整后适配度指数（AGFI）、规准适配指数（NFI）、比较适配指数（CFI）等。卡方自由度比（χ^2/DF）是卡方值（χ^2）与自由度（DF）的比值，适配标准为 1～3。渐进残差均方和平方根（RMSEA），适配标准为 0.05～0.08，当 RMSEA＜0.05，表示适配非常好；调整后适配度指数（ACFI），适配标准为 0～1，越接近 1，表示模型适配越佳，一般当 AGFI ＞ 0.90 时，表示模型适配良好；规准适配指数（NFI）、比较适配指数（CFI），适配标准为 0～1，一般要求在 0.90 以上。本研究运用 AMOS21.0 对劳动素养四个子量表进行结构方程模型，采用极大似然法抽取样本的因素负荷量。结果显示，各种拟合指数均达到理想标准，说明模型对数据拟合良好，修订后的包含 51 个题项的中等职业学校学生劳动素养评价量表具有良好的结构效度（图 3-5～图 3-8）。

表 3-19　劳动观念、劳动能力、劳动习惯与品质、劳动情感与态度量表的验证性因素分析模型拟合指数

模型	χ^2/DF	RMSEA	AGFI	NFI	CFI
适配标准	<3	<0.08	>0.90	>0.90	>0.90
劳动观念	1.160	0.037	0.973	0.964	0.980
劳动能力	1.670	0.044	0.960	0.947	0.983
劳动习惯与品质	1.386	0.041	0.948	0.937	0.962
劳动情感与态度	1.949	0.052	0.938	0.955	0.977

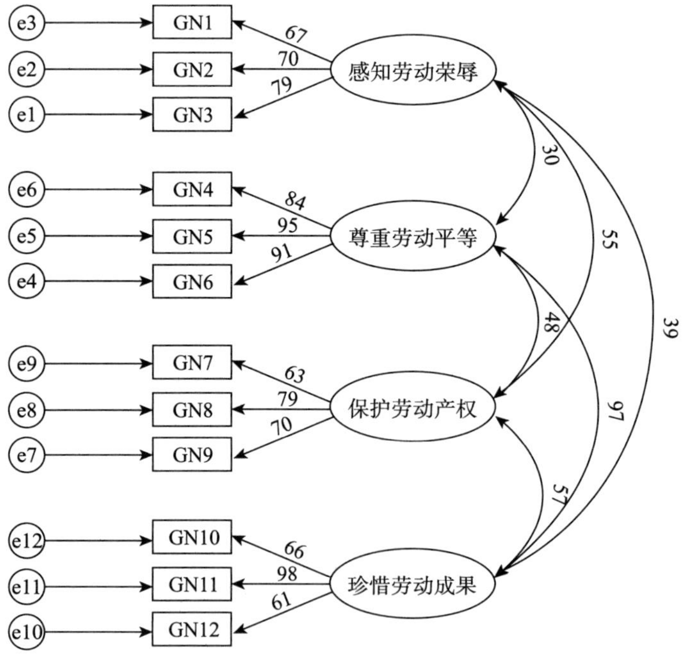

图 3-5　劳动观念验证性因素分析

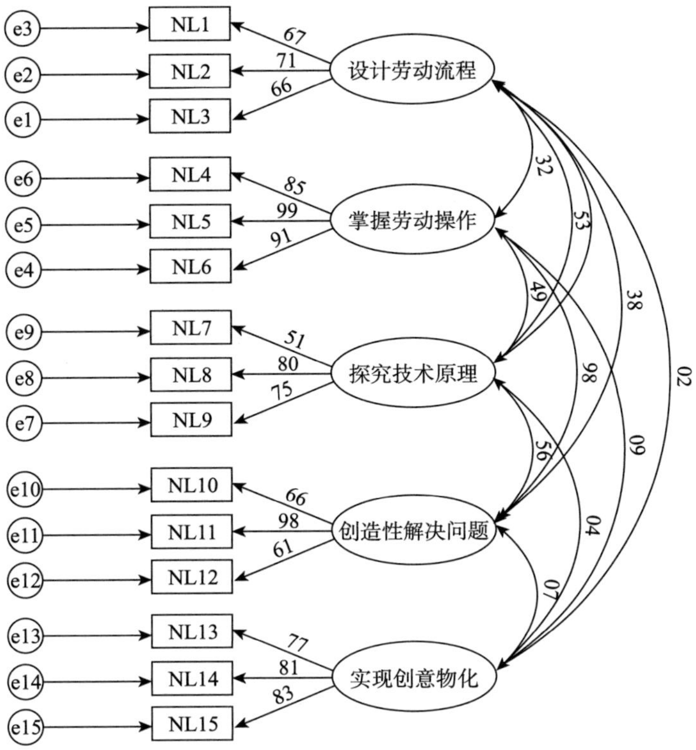

图 3-6　劳动能力验证性因素分析

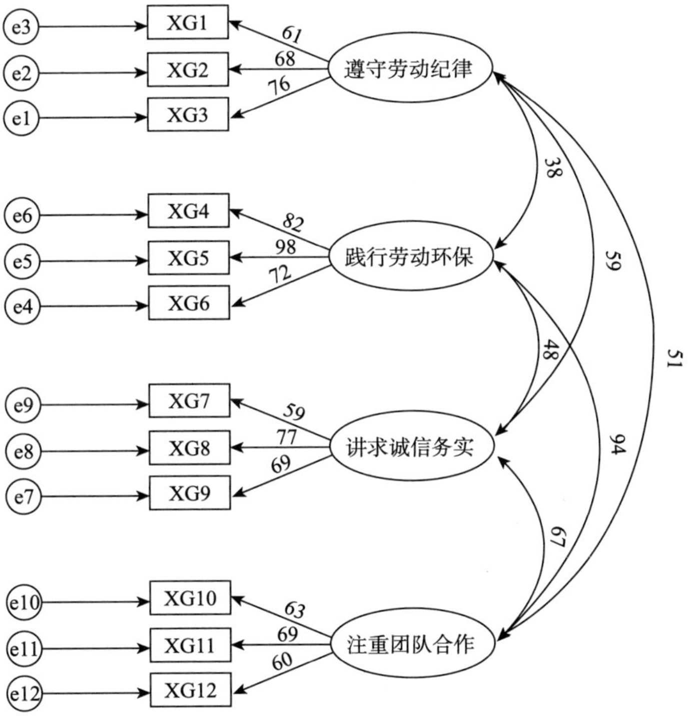

图 3-7　劳动习惯与品质验证性因素分析

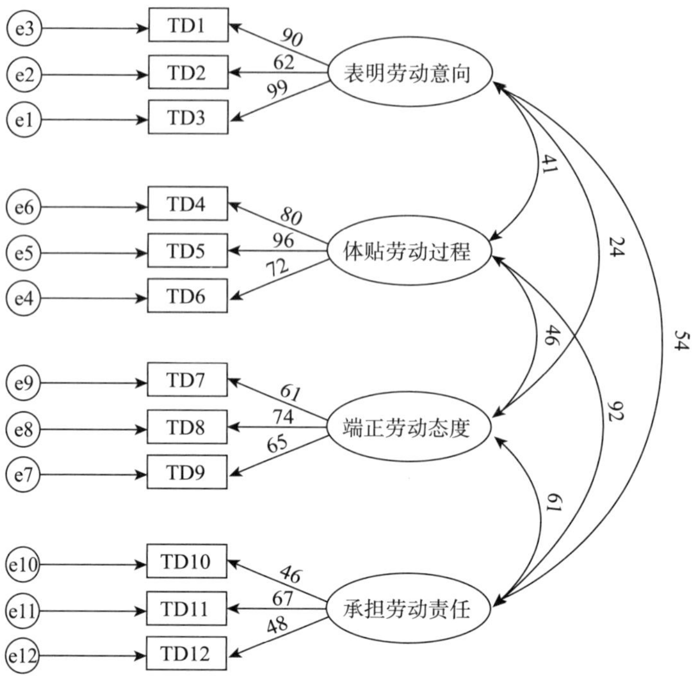

图 3-8　劳动情感与态度验证性因素分析

（五）信效度分析结果

效度是指测验或量表实际能测量出其所要测量的特性的程度。有内容效度、校标关联效度、建构效度三大类。本研究中从内容效度和建构效度上保证了量表所要测量的特性的效度良好。

首先，中等职业学校学生劳动素养评价的内容效度的测评采用德尔菲法。本研究中所用的测评工具是基于三轮专家咨询所修改、较正，保证了测评题项表述清晰、内容适切，能较好地反映所需测量的心理特质及行为倾向，确保了测评量表具有良好的内容效度，具体在第二节中已详细阐述。

其次，建构效度是指一个测验实际测到所要测量的理论结构和特质的程度。统计学上，检验建构效度最常用的方法是因素分析。前文的探索性因素分析是建立建构效度的详细过程，分析得到的参数均在评判标准值范围内，表明研制的劳动观念（GN）、劳动能力（NL）、劳动习惯与品质（XG）、劳动情感与态度（TD）四个子量表具有良好的建构效度，验证性因素分析通过模型拟合程度检验验证了四个子量表建构效度的适切性与真实性，确保了测评量表具有良好的建构效度。

信度代表量表的一致性或者稳定性，有外在信度和内在信度两大类，外在信度通常指不同时间测量时量表一致性的程度。在社会科学领域中，多采用 Cronbach's Alpha

系数（α 系数），即内部一致性系数，来进行检验。一般 α 系数在 0.8 以上表示量表信度甚佳。[1] 根据调查结果显示，中等职业学校学生劳动素养总量表及四个子量表的信度指标 α 系数均在 0.7 以上，说明四个子量表及总量表信度较好。具体如表 3-20 所示。

表 3-20　可靠性统计（α 系数）

项目	Cronbach's α 系数	项数
劳动观念	0.740	12
劳动能力	0.827	15
劳动习惯与品质	0.854	12
劳动情感与态度	0.734	12
劳动素养（总）	0.917	51

四、评价初始指标体系修正

根据项目分析、探索性因素分析、验证性因素分析、信效度分析结果，本研究对中等职业学校学生劳动素养评价初始指标结构做了进一步修正。如表 3-21 所示，修正后的指标体系包括：四个一级指标，即劳动观念、劳动能力、劳动习惯与品质、劳动情感与态度；八个二级指标，即劳动价值观、劳动成果观、劳动技能、劳动创造、劳动习惯、劳动品质、劳动情感、劳动态度；十七个三级指标，即感知劳动荣辱、尊重劳动平等、保护劳动产权、珍惜劳动成果、设计劳动流程、掌握劳动操作、探究技术原理、创造性解决问题、实现创意物化、遵守劳动纪律、践行劳动环保、讲求诚信务实、注重团队合作、表明劳动意向、体贴劳动过程、端正劳动态度、承担劳动责任。

表 3-21　中等职业学校学生劳动素养评价指标体系（修正后）

一级指标	二级指标	三级指标
U1 劳动观念	U11 劳动价值观	U111 感知劳动荣辱
		U112 尊重劳动平等
	U12 劳动成果观	U121 保护劳动产权
		U122 珍惜劳动成果
U2 劳动能力	U21 劳动技能	U211 设计劳动流程
		U212 掌握劳动操作

[1] 吴明隆，2018. 问卷统计分析实务——SPSS 操作与应用 [M]. 重庆：重庆大学出版社.

续表

一级指标	二级指标	三级指标
U2 劳动能力	U22 劳动创造	U221 探究技术原理
		U222 创造性解决问题
		U223 实现创意物化
U3 劳动习惯与品质	U31 劳动习惯	U311 遵守劳动纪律
		U312 践行劳动环保
	U32 劳动品质	U321 讲求诚信务实
		U322 注重团队合作
U4 劳动情感与态度	U41 劳动情感	U411 表明劳动意向
		U412 体贴劳动过程
	U42 劳动态度	U421 端正劳动态度
		U422 承担劳动责任

本章小结

本章重点探讨了中等职业学校学生劳动素养评价标准的开发理念以及指标体系。介绍了中等职业学校学生劳动素养评价标准的理念基础，提出了评估目的要实现诊断性与学习性评估的融合，激发学习个体劳动素养提升的能动性；评估主体要实现向学习者的转移，促进学习个体自主学习与改进；评估内容要实现多元化维度的拓展，以确保评估体系的全面性与科学性；评价方法要遵循循证科学理念的依据，强调评价指标的公正性与客观性。在方法论层面，本章详细分析了德尔菲法在指标体系构建中的应用，包括专家的选择、咨询过程的设计以及数据处理等循序步骤，清晰展示了如何通过专家共识逐步形成科学的评价指标。通过上述理念与方法的融合，旨在构建一套既能反映中等职业学校学生劳动素养现状，又能促进其持续发展的合理性、科学性的评价体系。

第四章　中等职业学校学生劳动素养评价指标权重确定

本章根据专家们对各级各类指标的排序，运用矩阵对偶法，确定各项指标在指标体系中所占的比重。随后，对中等职业学校学生劳动素养评价指标体系的内容进行解释说明，以增强对中等职业学校学生劳动素养评价指标体系的认知。

第一节　中等职业学校学生劳动素养评价指标权重确定：方法与原则

一、中等职业学校学生劳动素养评价指标权重确定方法

权重是评价指标体系的一个非常重要的构成部分，因此对中等职业学校学生劳动素养评价指标权重的确定对于该指标体系至关重要。指标的权重就是指根据每个指标的重要性，对每个指标在该指标体系中的重要性程度进行量化的数值。[1]较为常见的权重指标确定方法有层次分析法、对偶比较法、专家评定法、定量统计法、结构方程模型法等。本研究所采用的是层次分析法来计算中等职业学校学生劳动素养评价指标的权重。该方法是以系统理论为根本依据，应用复杂目标系统的综合评价，再作出分析。具体通过深入分析复杂决策问题的根源、影响因子以及各个因素之间的关系，再利用部分定量指标使决策更加客观，从而为多目标、高标准或无规律的复杂决策问题作出决策过程中提供便利，同时使得评价指标确定更为科学化。

采用层次分析法分析中等职业学校学生劳动素养评价指标较为客观性与科学性。主要因为在对中等职业学校学生劳动素养评价过程中，其指标体系包含了定性和定量指标，具有多重目标指向性，因此组成了一个多层次的评价体系，对于这种多层次、多指标的中等职业学校学生劳动素养评价体系来说，层次分析法作为一种多层次、多指标的分析方法具有一定的优势，能够得到较为客观和科学的指标权重。

[1] 吴钢，2008. 现代教育评价教程 [M]. 北京：北京大学出版社.

二、中等职业学校学生劳动素养评价指标权重确定遵循原则

指标权重是体现指标体系内部各个指标在评价系统中的地位和作用的重要程度的重要工具，直接关系到中等职业学校学生劳动素养评价结果的客观性、真实性和可靠性。因此，在确定各指标权重过程中，应遵循以下两个原则。

（一）客观性原则

权重确定需尽量减少主观偏见的影响。因为权重的设定往往反映了评价者的价值观、优先级以及对不同因素重要性的看法。为了平衡主观判断，增加客观性，可以采取比较科学合理的权重确定方法。在中等职业学校学生劳动素养的评价体系中，权重的设定往往受到评价者个人经验、价值取向和优先考虑点的影响。为增强客观性，可以采用多元化的权重确定方法，如德尔菲法、层次分析法（AHP）或主成分分析等量化手段，诸如此类方法能够有效集合领域专家意见，通过数学模型计算得出较为客观的权重分配方案，从而减少个人偏好的影响，提升评价体系的科学性。

（二）适用性原则

权重的设定还需具备现实适用性。在不同情境下，同一指标的作用可能发生变化，这意味着权重需要适时调整。例如，在经济快速发展、产业结构升级的背景下，劳动能力指标的权重可能需要增加，以适应市场对技能型人才的需求；而在强调素质教育的时代，劳动情感与态度的权重则可能相应提升，以促进培养学生全面发展。因此，权重的确定应当考虑社会经济环境的动态变化和教育目标的动态更新，保持评价体系的灵活性和适应性。

第二节　中等职业学校学生劳动素养评价指标权重确定与等级评估

通过德尔菲法与问卷调查法的使用，本研究已经建构出中等职业学校学生劳动素养评价指标框架。至此，基本明确了中等职业学校学生劳动素养评价评价指标的内容。但是，各个指标对于评价中等职业学校学生劳动素养具有不同的重要性，为了准确反映其重要程度，还需要结合专家意见对各级评价指标赋予不同权重系数，并做进一步的等级评估。

一、层次分析法及其在本研究中的应用

（一）方法简介

层次分析法（Analytic Hierarchy Process，AHP）是由美国匹茨堡大学著名运筹学

家萨蒂（Saaty T.L.）教授于20世纪70年代提出来的一种由定性分析和定量分析相结合的系统分析方法。主要方法和原理是，把一个复杂的问题按属性的逻辑关系进行逐层分解，形成一个多层次结构模型加以分析。层次分析法是评价决策中常用的一种系统化、层次化的科学决策方法。其最大的特点是，将复杂的问题简单化，主要通过使用一定标度把人的主观判断进行客观量化，将定性问题进行定量分析的一种简单而又实用的多准则评价决策方法。对于那些一般的技术手段无法处理的不能定量测度的问题，层次分析方法提供了一条建立测度并进行决策的有效途径。评价指标的构建及专家的问卷打分具有一定的主观性，而层次分析法可以将相对主观性的意见进行客观化、数据化的转换。根据评价指标的权重计算出综合评价指数，依其大小来确定对象的优劣等级，实现对评价对象的总体评价。

（二）实施步骤

层次分析法首先将所要进行的决策问题置于一个大系统中，这个系统中存在互相影响的多种因素，要将这些问题层次化，形成一个多层的分析结构模型。之后运用数学方法与定性分析相结合，通过层层排序，根据各方案计算出的权重，来辅助决策。层次分析法确定权重的具体步骤如下：

第一步，建立层次结构模型。在确立指标权重之前，需要构建一个多层次的结构模型。上层元素可以支配下层元素，下层元素可以为上层元素提供解释空间。一般而言，包括顶层目标、中间层规则和底层元素三个层次。其中，顶层目标也被称为目标层，通常只有一个，即评价所要达成的目标或者结果；中间层规则是实现顶层目标的中间环节，可以根据研究需要做进一步分解，如准则层、子准则层；底层元素也被称为指标层，是实现评价目标可供选择的各种具体评价指标。

第二步，构建两两比较判断矩阵。以A表示目标，u_{ij}（i，j=1，2，…，n）表示因素。u_{ij}表示u_i对u_j的相对重要性数值。并由u_{ij}组成A-U判断矩阵P。

$$P=\begin{bmatrix} U_{11} & U_{12} & \cdots & U_{1n} \\ U_{21} & U_{22} & \cdots & U_{2n} \\ \vdots & \vdots & & \vdots \\ U_{n1} & U_{n2} & \cdots & U_{nn} \end{bmatrix}$$

判断矩阵元素值可以反映专家对各指标相对重要性程度的认识，一般可用1～9及其倒数的标度法来表示（表4-1）。

表4-1　各级标度含义

标度	各级标度含义
1	i比j同样重要

续表

标度	各级标度含义
3	i 比 j 稍微重要
5	i 比 j 比较重要
7	i 比 j 非常重要
9	i 比 j 绝对重要
1/3	i 比 j 稍微不重要
1/5	i 比 j 比较不重要
1/7	i 比 j 非常不重要
1/9	i 比 j 绝对不重要
2，4，6，8，1/2，1/4，1/6，1/8	重要程度介于 1 ~ 3，3 ~ 5，5 ~ 7，7 ~ 9..... 之间

第三步，计算重要性排序。根据判断矩阵，求出其最大特征根 $\lambda_{\max}$ 所对应的特征向量 W。方程如下：

$$P_W = \lambda_{\max} \cdot W$$

所求特征向量 W 经归一化，即为各评价因素的重要性排序，也就是权重分配。

第四步，进行一致性研究。以上得到的权重分配是否合理，还需要对判断矩阵进行一致性检验。检验使用公式：

$$CR = \frac{CI}{RI}$$

式中，CR 为判断矩阵的随机一致性比率，CI 为判断矩阵的一致性指标，它由下式给出：

$$CI = \frac{\lambda_{\max} - n}{n - 1}$$

RI 为判断矩阵的平均随机一致性指标，1 ~ 9 阶判断矩阵的 RI 值参见表 4-2。

表 4-2　矩阵阶数 *n* 与随机一致性指标 *RI* 对照表

n	1	2	3	4	5	6	7	8	9
RI	0	0	0.52	0.89	1.12	1.26	1.36	1.41	1.46

当判断矩阵 P 的 $CR < 0.1$ 时或 $\lambda_{\max} = n$，$CI = 0$ 时，认为 P 具有满意的一致性，否则需调整 P 中的元素以使其具有满意的一致性。

第五步，确定指标权重。利用 CR 求得专家的相对权重，计算公式为：

$$P_k = \frac{1}{1 + aC_R^k}\ (a > 0, \mathrm{k} = 1, 2, 3 \ldots \mathrm{m})$$

式中 a 是调节参数，当 a 的取值过大或过小时，专家权重难以衡量，此时 a 可以确定为 10。[1] 将专家相对权重归一化处理，则有：

$$P_k^{\#}=\frac{P_k}{\sum_{k=1}^{m}P_k}$$

在求得每一位专家的权重$P_k^{\#}$和单个维度的权重W_i^k后，进而可以确定多位专家的相对权重：

$$W_i^k=\sum_{k=1}^{m}W_i^k P_k^{\#}$$

而后，对W_i^k进行归一化处理，得到多位专家的指标权重：

$$W_k^{\#}=\frac{W}{\sum_{k=1}^{m}W_k}$$

二、基于层次分析法的评价指标权重确定

在本研究中，主要借助层次分析软件进行中等职业学校学生劳动素养评价指标权重的确定。在专家选择上，本研究从前文通过德尔菲法专家咨询所建立的专家库中遴选了 5 位有丰富中等职业学校学生劳动素养评价经验的专家，并在征求专家同意的基础上，向其发放了中等职业学校学生劳动素养综合评价调查表。

（一）层次结构模型搭建

在本研究中，层次结构模型搭建的主要依据是前文提及的三级指标体系。详细的层次结构模型如图 4-1 所示。

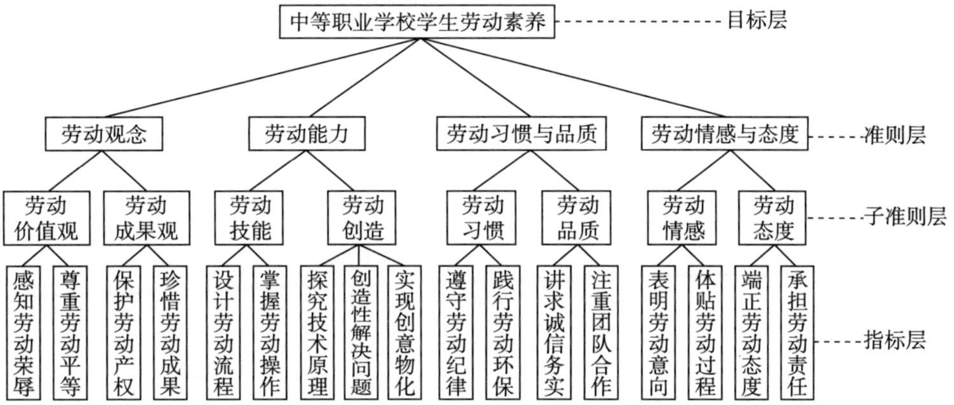

图 4-1　中等职业学校学生劳动素养评价指标层次结构模型

（二）两两比较判断矩阵构建

根据中等职业学校学生劳动素养评价指标体系层次结构模型，判断矩阵包括 1 个

[1] 熊小刚，2011. 国家科技奖励制度运行绩效评价研究 [D]. 武汉：华中科技大学.

一阶矩阵，4 个二阶矩阵，以及 8 个三阶矩阵。具体见表 4-3 ~ 表 4-15 所示：

表 4-3　一级评价指标一阶矩阵

	劳动观念	劳动能力	劳动习惯与品质	劳动情感与态度
劳动观念	1			
劳动能力		1		
劳动习惯与品质			1	
劳动情感与态度				1

表 4-4　劳动观念二阶矩阵

	劳动价值观	劳动成果观
劳动价值观	1	
劳动成果观		1

表 4-5　劳动能力二阶矩阵

	劳动技能	劳动创造
劳动技能	1	
劳动创造		1

表 4-6　劳动习惯与品质二阶矩阵

	劳动习惯	劳动品质
劳动习惯	1	
劳动品质		1

表 4-7　劳动情感与态度二阶矩阵

	劳动情感	劳动态度
劳动情感	1	
劳动态度		1

表 4-8　劳动价值观三阶矩阵

	感知劳动荣辱	尊重劳动平等
感知劳动荣辱	1	
尊重劳动平等		1

表 4-9　劳动成果观三阶矩阵

	保护劳动产权	珍惜劳动成果
保护劳动产权	1	
珍惜劳动成果		1

表 4-10　劳动技能三阶矩阵

	设计劳动流程	掌握劳动操作
设计劳动流程	1	
掌握劳动操作		1

表 4-11　劳动创造三阶矩阵

	探究技术原理	创造性解决问题	实现创意物化
探究技术原理	1		
创造性解决问题		1	
实现创意物化			1

表 4-12　劳动习惯三阶矩阵

	遵守劳动法规	践行劳动环保
遵守劳动法规	1	
践行劳动环保		1

表 4-13　劳动品质三阶矩阵

	讲求诚信务实	注重团队合作
讲求诚信务实	1	
注重团队合作		1

表 4-14　劳动情感三阶矩阵

	表明劳动意向	体贴劳动过程
表明劳动意向	1	
体贴劳动过程		1

表 4-15　劳动态度三阶矩阵

	端正劳动态度	承担劳动责任
端正劳动态度	1	
承担劳动责任		1

（三）重要性排序与一致性检验

以专家 A 对矩阵的判断结果为例。专家 A 一阶矩阵判断结果为，劳动观念权重系数 0.3645、劳动能力权重系数 0.1197、劳动习惯与品质权重系数 0.2810、劳动情感与态度权重系数 0.2348；一致性检验结果为 λ_{max}=4.1707、CR=0.0639、CI=0.0569，表明通过一致性检验。

专家 A 劳动观念二阶矩阵判断结果为，劳动价值观权重系数 0.75，劳动成果观权重系数 0.25；一致性检验结果为 λ_{max}=2、CR=0、CI=0，表明通过一致性检验。专家 A 劳动能力二阶矩阵判断结果为，劳动技能权重系数 0.3333，劳动创造权重系数 0.6667；一致性检验结果为 λ_{max}=2、CR=0、CI=0，表明通过一致性检验。专家 A 劳动习惯与品质二阶矩阵判断结果为，劳动习惯权重系数 03333，劳动品质权重系数 0.6667；一致性检验结果为 λ_{max}=2、CR=0、CI=0，表明通过一致性检验。专家 A 劳动情感与态度二阶矩阵判断结果为，劳动情感权重系数 0.3333，劳动态度权重系数 0.6667；一致性检验结果为 λ_{max}=2、CR=0、CI=0，表明通过一致性检验。

专家 A 劳动价值观三阶矩阵判断结果为，感知劳动荣辱权重系数 0.6667，尊重劳动平等权重系数 0.3333；一致性检验结果为 λ_{max}=2、CR=0、CI=0，表明通过一致性检验。专家 A 劳动成果观三阶矩阵判断结果为保护劳动产权权重系数 0.6667、珍惜劳动成果权重系数 0.3333；一致性检验结果为 λ_{max}=2、CR=0、CI=0，表明通过一致性检验。专家 A 劳动技能三阶矩阵判断结果为设计劳动集成权重系数 0.8333、掌握劳动操作权重系数 0.1667；一致性检验结果为 λ_{max}=2、CR=0、CI=0，表明通过一致性检验。专家 A 劳动创造三阶矩阵判断结果为探究技术原理权重系数 0.6250、创造性解决问题权重系数 0.2385、实现创意物化权重系数 0.1365；一致性检验结果为 λ_{max}=3.0183、CR=0.0176、CI=0.52，表明通过一致性检验。专家 A 劳动品质三阶矩阵判断结果为，讲求诚信务实权重系数 0.6667，注重团队合作权重系数 0.3333；一致性检验结果为 λ_{max}=2、CR=0、CI=0，表明通过一致性检验。专家 A 劳动习惯三阶矩阵判断结果为，遵守劳动纪律权重系数 0.8333，践行劳动环保权重系数 0.1667；一致性检验结果为 λ_{max}=2、CR=0、CI=0，表明通过一致性检验。专家 A 劳动情感三阶矩阵判断结果为，表明劳动意向权重系数 0.6667，体贴劳动过程权重系数 0.3333；一致性检验结果为 λ_{max}=2、CR=0、CI=0，表明通过一致性检验。专家 A 劳动态度三阶矩阵判断结果为，端正劳动态度权重系数 0.6667，承担劳动责任权重系数 0.3333；一致性检验结果为 λ_{max}=2、CR=0、CI=0，表明通过一致性检验。需要说明的是，专家 A 除劳动创造三阶矩阵一致性检验结果不同外，其他矩阵均相同，原因在于，其他矩阵都是只有两个指标相互之间的比较，所以其可能出现最大特征值只能为 2，因此会出现 CR、CI 同时为 0 的情况。

（四）指标体系权重确定

通过上述计算方法与步骤，可以得到所有专家指标的相对权重，而后通过归一化处理，最终，本研究确定了整个中等职业学校学生劳动素养评价指标体系的权重系数，如表 4-16 所示。

其中，一级指标权重系数由大到小分别是劳动观念（0.3680）> 劳动习惯与品质（0.3010）> 劳动情感与态度（0.2173）> 劳动能力（0.1137）；二级指标权重系数由大到小分别是劳动价值观（0.7800）> 劳动习惯（0.6641）> 劳动态度（0.6393）> 劳动技能（0.5042）> 劳动创造（0.4958）> 劳动情感（0.3607）> 劳动品质（0.3359）> 劳动成果观（0.2200）；三级指标权重系数由大到小分别是感知劳动荣辱（0.1995）> 遵守劳动纪律（0.1455）> 端正劳动态度（0.0897）> 尊重劳动平等（0.0876）> 讲求诚信务实（0.0558）> 表明劳动意向（0.0499）> 承担劳动责任（0.0493）> 践行劳动环保（0.0453）= 注重团队合作（0.0453）> 珍惜劳动成果（0.0405）= 保护劳动产权（0.0405）> 设计劳动流程（0.0393）> 探究技术原理（0.0298）> 体贴劳动过程（0.0285）> 掌握劳动操作（0.0181）> 实现创意物化（0.0141）> 创造性解决问题（0.0125）。

表 4-16　中等职业学校学生劳动素养评价指标体系权重系数

一级指标	权重系数	二级指标	权重系数	三级指标	权重系数
劳动观念	0.3680	劳动价值观	0.7800	感知劳动荣辱	0.1995
				尊重劳动平等	0.0876
		劳动成果观	0.2200	保护劳动产权	0.0405
				珍惜劳动成果	0.0405
劳动能力	0.1137	劳动技能	0.5042	设计劳动流程	0.0393
				掌握劳动操作	0.0181
		劳动创造	0.4958	探究技术原理	0.0298
				创造性解决问题	0.0125
				实现创意物化	0.0141
劳动习惯与品质	0.3010	劳动习惯	0.6641	遵守劳动纪律	0.1455
				践行劳动环保	0.0453
		劳动品质	0.3359	讲求诚信务实	0.0558
				注重团队合作	0.0453
劳动情感与态度	0.2173	劳动情感	0.3607	表明劳动意向	0.0499
				体贴劳动过程	0.0285
		劳动态度	0.6393	端正劳动态度	0.0897
				承担劳动责任	0.0493

三、劳动素养评价指标的等级评估

通过劳动素养评价指标权重，能够计算出加权之后的中等职业学校学生劳动素养各级指标，但是中等职业学校学生劳动素养各级指标究竟如何，仍然有待做进一步的等级评估。具体而言，中等职业学校学生劳动素养评价指标量表主要采用李科特五级评分机制收集原始数据，而后将原始得分乘以相应的权重系数，求得其真实得分。结合李科特五级评分以及专家咨询小组建议，中等职业学校学生劳动素养评价指标结果等级拟通过加权后的真实得分与应得分之间的比值来最终确定。计算公式如下文所示：

$$X_i = \frac{\sum_{i=1}^{n} W_i P_i}{\sum_{i=1}^{n} 5P_i}$$

因此，中等职业学校学生劳动素养评价指标的等级评估如表 4-17 所示：

表 4-17　中等职业学校学生劳动素养评价指标的等级评估

等级	百分比 /%	等级	百分比 /%
第Ⅰ级	$X \geqslant 80$	第Ⅳ级	$20 \leqslant X<40$
第Ⅱ级	$60 \leqslant X<80$	第Ⅴ级	$X<20$
第Ⅲ级	$40 \leqslant X<60$		

其中，第Ⅰ级代表中等职业学校学生劳动素养评价指标的最高等级，第Ⅴ级代表中等职业学校学生劳动素养评价指标的最低等级。如果评估结果为第Ⅰ级，表明中等职业学校学生劳动素养某一评价指标水平比较高；如果评估结果为第Ⅱ级，表明中等职业学校学生劳动素养某一评价指标水平为中等；如果评估结果为第Ⅲ级，表明中等职业学校学生劳动素养某一评价指标水平为中等偏下；如果评估结果为第Ⅳ级，表明中等职业学校学生劳动素养某一评价指标水平较低；如果评估结果为第Ⅴ级，表明中等职业学校学生几乎不具备某一劳动素养。

第三节　中等职业学校学生劳动素养评价指标体系的内容解释

本研究在考虑了众多主客观因素、通过三轮德尔菲法、项目分析、探索性因素分析、验证性因素分析等修改与调整，最终形成了中等职业学校学生劳动素养评价指标体系框架。本研究框架体系内容主要涉及以下几个方面。

一、劳动观念

劳动观念指的是学生在劳动实践活动过程中所形成的对劳动的基本认知与想法，

是学生劳动价值观、劳动成果观的集中表达，也是劳动素养在认知、情感、价值观层面的主要体现。从“劳工神圣”到“劳动光荣”，劳动观念承载了时代的精神风向和价值坐标。1918年11月16日，蔡元培在庆祝第一次世界大战胜利的民众大会上指出：“此后的世界，全是劳工的世界！”“我说的劳工，不但是金工、木工等等，凡是用自己的劳力作成有益他人的事业，不管他用的是体力、是脑力，都是劳工。所以农是种植的工，商是转运的工，学校职员、著述家、发明家，是教育的工，我们都是劳工。我们要自己认识劳工的价值。劳工神圣！”[1]“劳工神圣”口号的提出，第一次真正使“劳动”进入了中国人的社会公共生活视野，不少知识分子和底层劳动群众开始用“劳动”的眼光来重新审视自己的社会作用，并以“劳动”为核心建立起自身的身份认同。[2]党的十八大以来，习近平总书记在诸多场合多次论及劳动观念。2014年4月30日，习近平总书记在乌鲁木齐接见劳动模范和先进工作者、先进人物代表时就提出“弘扬劳动精神”的劳动观念。2018年9月10日，习近平总书记在全国教育大会上强调培养学生“懂得劳动最光荣、劳动最崇高、劳动最伟大、劳动最美丽”的劳动观念。习近平总书记关于劳动观念的一系列论述，深刻阐明了新时代劳动价值、劳动关系等重大理论和实践问题，其内涵丰富、思想深邃。2020年11月24日，习近平总书记在全国劳动模范和先进工作者表彰大会上的讲话中提出“弘扬劳动最光荣、劳动最崇高、劳动最伟大、劳动最美丽”的劳动观念。《大中小学劳动教育指导纲要（试行）》中更是明确提出：“要使学生树立正确的劳动观念，培育积极的劳动精神。”劳动观念是学生劳动素养体系的重心，是消除因家庭淡化劳动教育所形成的“宅男”“宅女”“啃老族”和“佛系青年”等现象的良药。[3]劳动观念的培养是学生自我价值实现的隐形铺路石，是个体内涵式发展的重要内容，能够为学生全面发展提供坚固的保障。

（一）劳动价值观

价值观是指人们之于事物的认知和态度以及人们在实践过程中的思维和取向，进而直接影响了个体对于事物价值的正确审视及合理预判。劳动价值观则可理解为个体对于劳动的认知态度会直接决定劳动者对于劳动实践活动的价值判断和价值选择。故劳动价值观是进行劳动教育实践活动的前提要素，在劳动观念素养中占据首要地位。劳动价值观具有引导学生充分认识劳动对于国家繁荣、社会进步和个人全面发展的价值，能够增强学生对于劳动教育的认同感与自豪感。与此同时，培养学生正确的劳动价值观不仅是对个体内在自由发展的实然期盼，同时折射出对国家教

---

[1] 蔡元培，1918. 劳工神圣——在北京天安门举行庆祝协约国胜利大会上的演说词[J]. 北京大学日刊第260号.

[2] 付长珍，2018. 启蒙伦理场域中的劳动观念变迁 [J]. 文史哲（1）：135-142.

[3] 徐长发，2018. 新时代劳动教育再发展的逻辑 [J]. 教育研究，39（11）：12-17.

育改革的应然诉求。然而，面对当前良莠不齐的西方多元化社会思潮不断腐蚀着学生的劳动价值观，如在学生中出现了不想劳动、不会劳动、不珍惜劳动成果的现象，诸如此类的现象衍生出的拜金主义、功利主义等常常侵蚀着学生个体对劳动的主观诉求。因此，新时代劳动观念教育要强化对劳动价值观的认同，引导学生树立正确的劳动价值观。

本研究将劳动价值观细化为中等职业学校学生在日常生活、专业学习、社会实践中所具的感知劳动荣辱、尊重劳动平等的劳动价值取向。其中，感知劳动荣辱主要考查学生进行各类劳动的意愿，是否能够领会与践行“以热爱劳动为荣、以好逸恶劳为耻”，如是否自觉打扫校园卫生与寝室卫生，是否能够进行社区劳动。还考查了学生是否能够正确认识劳动创造人、劳动创造财富、劳动创造美好生活的道理，是否能够理解劳动之于个人与社会发展的意义。尊重劳动平等，具体来讲，是能够理解“三百六十行，行行出状元”，尊重劳动与劳动者。从劳动的无差别特性来看，劳动本身是平等的，这也解释了人类平等的本源性问题。在社会主义社会，无论是体力劳动还是脑力劳动，无论是正规劳动还是非正规劳动，其本质是平等的，都是对劳动创造价值的肯定。❶当前，鄙夷体力劳动与体力劳动者的态度应当引起学校重视，学校劳动教育应基于尊重劳动平等的价值观引导学生尊重每一位普通的劳动者，认识到劳动没有贵贱之分，只有分工不同，使学生能够消除对不同劳动形式与质量的偏见。

（二）劳动成果观

劳动成果观指的是学生通过劳动实践活动对于劳动成果的分配、转化、运用等的观念与看法，激发学生通过丰富多彩的、鲜艳夺目的累累劳动果实，感受到劳动的自豪感、荣誉感和自尊感。苏霍姆林斯基指出，“我们认为劳动的崇高道德意义还在于，一个人能在劳动的物质成果中体现他的智慧、技艺、对事业的无私热爱和把自己的经营传授给同志的志愿。我们力求使学生能够在自己的劳动中体验到、感受到自己的荣誉、自尊，能为自己的成果而自豪。”❷新时代下个体形成正确的劳动成果观对于维护社会公平正义与社会秩序和谐稳定、保障自我合法权益等方面起到重要作用。学校劳动教育通过培养学生劳动成果观，使学生树立市场经济道德，形成人人坚持等价交换，敢对欺诈行为进行谴责，尊重他人和自己的劳动成果，坚持公平交易等观念。

本研究将劳动成果观分为保护劳动产权与珍惜劳动成果。在保护劳动产权方面，将劳动产权分为知识产权与非知识产权。知识产权，是指著作权、专利权、商

---

❶ 任强，2021. 劳动幸福的教育意蕴及其实现 [J]. 教育理论与实践，41（04）：8-12.

❷ 苏霍姆林斯基，1983. 帕夫雷什中学 [M]. 赵玮，等，译. 北京：教育科学出版社.

标权、商业秘密专有权等人们对自己创造性的智力劳动成果所享有的民事权利。[1]知识的创造过程就是人类进行劳动的过程，知识生产上凝结了大量的物化劳动，因此保护知识产权对于劳动成果观念教育同等重要。中等职业学校劳动教育中保护劳动产权有利于鼓励学生创新，促进社会进步与经济发展。本研究主要侧重于考查学生是否能够自觉保护他人与自我的劳动产权，是否能够在双方公平竞争、公平联系、公平促进、平衡的状态下占有他人和自我的劳动产权。珍惜劳动成果，就是要求学生树立艰苦奋斗、勤俭节约的中华民族传统美德。主要考查学生：是否领会与践行"一粥一饭，当思来处不易；半丝半缕，恒念物力维艰"，是否能够从家庭与学校食堂做起，争做"光盘行动"的践行者；外出用餐，文明用餐，拒绝铺张浪费，拒绝"舌尖上的浪费"等。

二、劳动能力

马克思在《资本论》第一卷中对劳动能力或劳动力的经典定义："我们把劳动力或劳动能力，理解为人的身体即活的人体中存在的、每当生产某种使用价值时就运用的体力和智力的总和。"[2]劳动能力是在对劳动工具的认识与使用中，逐渐熟悉劳动过程并通过不断往复锻炼、摸索与总结以形成和发展起来的具有可塑性、创造性、实践性及实用性的能力，是关于个体劳动知识、劳动技能、劳动思维、劳动创新等多项内容的综合表现，是保障学生顺利完成劳动任务、解决劳动问题的能力，同时也是学生劳动观念、劳动习惯与品质、劳动情感与态度等素养形成的坚定基础。《大中小学劳动教育指导纲要（试行）》中着重指出："学生应具有必备的劳动能力。"因此，应强化中等职业学校学生的劳动能力，使学生掌握日常生活和社会发展所需要的劳动知识与经验，劳动技能、劳动创新创造等素养。

（一）劳动技能

《教育大辞典》认为，技能是指"主体在已有认识经验的基础上，经练习形成的执行某种任务的活动方式"。[3]故而技能又可被理解为是练习与经验的产物，既包括体力作业，又包含认知成分，是劳动者指向一定预期成果的能力。劳动技能是指运用一定知识和经验顺利完成某种劳动任务的活动方式与稳定的技术性能力等，[4]是学生将劳

[1] 中国法制出版社，2018. 知识产权法（第五版）[M]. 北京：中国法制出版社.
[2] 马克思，恩格斯，2001. 马克思恩格斯选集（第44卷）[M]. 中共中央马克思恩格斯列宁斯大林著作编译局，译. 北京：人民出版社.
[3] 顾明远，1998. 教育大辞典（增订合编本）[Z]. 上海：上海教育出版社.
[4] 教育大词典编纂委员会，1990. 教育大词典（第1卷）[M]. 上海：上海教育出版社.

动观念彰显于劳动实践，将所学的劳动理论知识转化为劳动实践行为的中介要素。因此，学校劳动教育需要对学生进行劳动技能的培养，尤其是对学生的劳动工具使用、劳动问题创新与劳动思维创新等劳动技能的培养。

本研究将劳动技能分为设计劳动流程与掌握劳动操作。技术技能人才从劳动内容与方式上来说，既可能有所侧重，如侧重于心智技能层面技术的设计与管理以及问题整体解决方案的提出与评估或侧重于行为技能层面技术的实施操作和方案的具体实现等，也可能是两者融合，并行不悖的复合型人才。[1] 如图 4-2 所示，在设计劳动流程层面，具体到中等职业学校，定位于培养专业的设计型操作人才（象限Ⅲ，如园艺、理发、美工、手工艺等职业），而不是劳动密集型产业以重复性劳动和低认知技能为主（象限Ⅰ）和以传授易被取代的认知技能为主（象限Ⅱ）为主。[2] 一般要求学生能够熟练相应劳动的技术及其组成，理解劳动的基本原理，熟练掌握劳动流程的设计等技能。在掌握劳动操作层面，主要表现为学生能够掌握满足日常生活和社会发展所需要的劳动知识与经验，包括日常生活中的必备劳动操作能力，使用常用的劳动工具与设备等，解决实际问题。

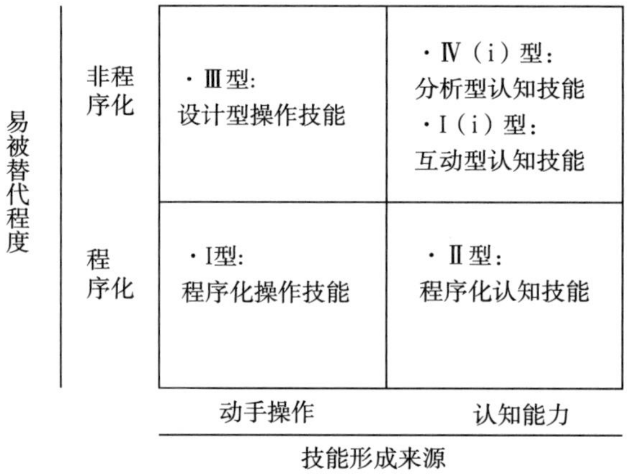

图 4-2　劳动技能的二维分类图

（二）劳动创造

人类劳动有简单与负责、体力与脑力、重复与创造的区分。劳动创造指的是学生通过劳动知识与技能的学习，在劳动实践活动中所形成的劳动思维创新、劳动知识创造等能力的高阶表现。劳动创造作为隐性劳动能力，着重“强调劳动行为的创造性、

[1] 顾建军，2020. 高素质技术技能人才培养的现代意蕴与职业教育调适 [J]. 国家教育行政学院学报（5）：20-26.
[2] 杨子舟，荀关玉，2019. 技能何以形成：类型探讨与模式分析 [J]. 清华大学教育研究，40（5）：49-60.

劳动成果的创造性以及劳动知识的创造性，体现了劳动的转化度、整合度、超越度、发掘度。”[1]苏霍姆林斯基也指出，创新性劳动是实现个体发展的关键，个人实现教养、思想、道德的丰富，只有“在劳动素养、劳动创造素养上达到较高阶段时，才能做到。”[2]并要求在劳动和劳动教育过程中，必须重视“引导学生进入现实世界。学生年龄越大，他的科学基础知识越深，把越来越复杂的技术手段引入劳动过程就越显得重要，这样，我们就能做到使学生养成从机器技术的可能性的观点来看体力劳动的习惯。”[2]在大众创业、万众创新的时代背景下，中等职业学校学生在劳动实践的基础上进行力所能及的劳动创新创造，对促进个体创造性发展及建设创新型国家有着十分重要的作用。劳动创新创造的培养、劳动技能的掌握完善了中等职业学校学生知识结构体系，提升了劳动能力，为劳动习惯与品质的形成奠定坚实的基础。

本研究将劳动创造分为探究技术原理、创造性解决问题与实现创意物化。无论是从技术与技能的理论诠释还是从技术应用与技能操作的历史性实践来看，技术与技能都有着紧密的关系。从广义上讲，技能是具身的技术，技术蕴含着丰富的技能。[3]探究技术原理，在评价要点上，是要求学生在学习和借鉴他人丰富的劳动与技术经验的基础上，勇于尝试新技术、探索新技术，灵活运用科学原理、专业知识和现代技术，能够在劳动任务过程中发现存在的问题，并能够根据现实情况不断优化和改进处理办法。创造性和问题解决是一个硬币的两面，作为一个完整的独立概念，共同促进个人认同、学业成就、未来职业成就和社会参与。[4]创造性解决问题，主要是考查学生通过劳动知识与经验的积累，能够创造性地解决劳动问题，在劳动实践过程中具有新的发明与发现的能力，如劳动工具的改造、劳动步骤的优化等。这样，就把一项本来可能是相当单调相当繁重的一般劳动，变成了充满智力活动内容的创造性劳动。正如苏霍姆林斯基所说：“我们力求使学生能在简单的农业劳动中不断找出应有机器装备、电能及化学的新的可能性……不是以加重体力负担为代价而是靠运用科学知识从土地上获得过几公担粮食的情况下，才有可能培养他热爱农业劳动，引导他进行创造性劳动。”[2]实现创意物化，考查学生在日常生活、专业学习、社会实践等领域内进行的劳动创意物化的行为。苏霍姆林斯基辩证地阐明了劳动创意物化能力促进了劳动思维的发展，“凡在劳动过程中能使构思得以实现和发展的那种（手工）劳动，都能促使智力品质中这样一些品质的发展，如思维的批判力、灵活性、广度和活跃性，以及对判断和结论作出

[1] 羌毅，姜乐军，2021. 新时代我国职业院校劳动素养评价 [J]. 教育与职业（4）：55-59.

[2] 苏霍姆林斯基，1983. 帕夫雷什中学 [M]. 赵玮，等，译. 北京：教育科学出版社.

[3] 吴国盛，2009. 技术哲学讲演录 [M]. 北京：中国人民大学出版社.

[4] BARBOT, B., &HEUSER, B, 2017. Chapter5-creativity and Identity Formation in Adolescence: a Developmental Perspective[M]. Creative Self.

批判性检验的能力。”[1]其中：生活劳动创意物化主要指学生在日常劳动工具的改进和创造；生产劳动创意物化指学生在自身专业领域内的发明与创造，如研发设计产品成功申请专利、投入生产生活中使用等。

三、劳动习惯与品质

《中共中央 国务院关于全面加强新时代大中小学劳动教育的意见》与《大中小学劳动教育指导纲要（试行）》中明确阐述，要“培养学生正确劳动价值观和良好劳动品质”，“形成良好劳动习惯”。劳动习惯与品质是指学生通过经常性实践活动而内化形成稳定的行为倾向和积极的人格特征，不仅是衡量学生劳动素养发展水平的关键指标，也是保障学生坚持不懈参与劳动实践活动的重要条件。

（一）劳动习惯

在我国古代典籍中，习惯称之为“习贯”，意为习于旧贯，习于故常。表达出因长期生活而形成的习惯性行为。《现代汉语词典》对“习惯”作如下解释：“一是常常接触某种新的情况而逐渐适应；二是在长时期里逐渐养成的、一时不容易改变的行为、倾向或社会风尚。”[2]在英文中“habit”译为“习惯”，指的是个人行为中基于或出于本能而行事的一种心理定势。[3]不同学科如人类学、经济学、心理学、社会学、教育学、劳动学等都从不同维度审视习惯与习惯理论，阐明习惯无疑与生活和劳作中的物质和生活现实相联系，并植根于其中。[4]学生劳动习惯的养成，是一个长时期的、动态的发展过程，同时也是一个以达到“笃行”并固化为目的的过程，侧重于学生心理上对劳动需求动机从认同到内化、从他律到自律、从被动接受到主动承担等的转变。加强学生养劳动习惯的培养，也是一种促进学生如学习习惯、行为习惯等养成，逐步实现全面发展与个性发展的和谐统一的方式之一，是中等职业学校人才培育的重要内容之一。

本研究将劳动习惯分为遵守劳动纪律与践行劳动环保。劳动纪律一般是指企业为了保障劳动秩序等目的而制定的规章制度。由于中等职业学校学生是一个相对特殊的学生群体，生源素质参差不齐，因此对于基本的劳动纪律的遵守需要更加关注与强调。此外，中等职业学校学生实习实训中由于学生没有完全熟悉设备操作、没有形成良好的劳动习惯而容易引发安全事故，给学校、企业和自身都带来了巨大的损失。遵

[1] 苏霍姆林斯基，1983．帕夫雷什中学 [M]．赵玮，等，译．北京：教育科学出版社．

[2] 中国社会科学院语言研究所词典编辑室，2022．现代汉语词典 [M]．北京：商务印书馆．

[3] 韦森，2000．习俗的本质与发生机制探源 [J]．中国社会科学（5）：39-50．

[4] 爱德华·汤普森，2020．共有的习惯 [M]．沈汉，等，译．上海：上海人民出版社．

守劳动纪律，主要评价点在于是否遵守学校、企业、班级、宿舍的各项规章制度、是否遵守企业设备操作流程等方面，以此帮助他们养成良好的劳动习惯，及时规避一些可防范的安全风险。劳动环保，是改善学生学习与居住环境，实现生态学习与宜居目标的重要环节，也是建设环保型社会的重要措施。践行劳动环保，主要评价点在于对学生在学校、企业、班级、宿舍劳动过程中是否节约劳动资源与劳动材料，以及劳动结束后是否整理现场等习惯。

（二）劳动品质

"品质"实际上属于德性伦理学范畴，也叫做"品德""德性"。在《伦理学大辞典》中，品质是指"从个人的行为整体中表现出的比较稳定的、一贯的道德特点和倾向，是一定社会的道德原则和规范在个人思想、行为中的体现。❶亚里士多德说："德性则由于先做一个一个的简单行为，而后形成的，这和技艺的获得一样。当我们学过一种技艺时，我们愿意去做这种技艺，于是去做。就由于这样去做，而学成了一种技艺。我们由于从事建筑而变成建筑师，由于奏竖琴而变成了竖琴演奏者。同样，由于实行公正，而变为公正的人，由于实行节制和勇敢，而变为节制的、勇敢的人。"❷"品质"或"德性"对于人的生存具有重大的作用与意义，即一种人格塑造作用。苏霍姆林斯基指出，劳动乐趣的源泉和劳动中丰富的精神生活在于，年轻的劳动者之间要有深厚的人道关系，要把为他人、为人民创造幸福快乐当作劳动创造的首要原则，也是生活的高尚品德。❸劳动品质则是指劳动习惯上表现出的积极的品格特征。可以说劳动品质是劳动习惯上进一步的积极强化。❹具体落实到中等职业学校学生劳动素养培养的过程中，最重要的价值在于养成个体良好的劳动品质，而这些也都是未来劳动岗位所需的重要素养。劳动素养的培育不是定向的就业准备教育，它不能仅仅关注劳动知识的习得、劳动技能的培训，更多的是培养学生劳动习惯与品质。有了这些广义的人格品质基础，才能开启更好的劳动岗位，才能胜任未来任一项劳动任务。

本研究将劳动品质分为讲求诚信务实与注重团队合作。诚实守信，是公民必备的劳动品质，是立人之根本。"诚"是内心追求，是个人品格的内在价值评价；"信"是外在追求，是个人品格的外在价值认定。❺讲求劳动诚实，在评价点上，就是要引导学生能够在学习上避免作业抄袭、论文剽窃、考试作弊等；在毕业就业时，避免自荐材料造

❶ 朱贻庭，2003．伦理学大词典 [M]．上海：上海辞书出版社．
❷ 周辅成，1964．西方伦理学选辑 [M]．北京：商务印书馆．
❸ 苏霍姆林斯基，1983．帕夫雷什中学 [M]．赵玮，等，译．北京：教育科学出版社．
❹ 陈玉梅，2024．普通高中学生劳动素养评价指标体系研究 [D]．赣州：赣南师范大学．
❺ 蒋笃君，2013．创新大学生诚信教育的探索 [J]．郑州大学学报（哲学社会科学版），46（04）：27-29．

假，随意签约毁约、就业变更、撕毁合同等；在劳动中做到诚实守信、严谨规范、不偷工减料、不虚报瞒报等，能够实事求是，认真完成劳动任务。注重团队合作，在评价点上，就是要加强不同学生群体的交流，能够在一个团队内部，让不同类型、不同层次的学生从各自的角度贡献劳动智慧，由此共享劳动成果，共同进步，共同建设团队文化，进而提高中等职业学校学生的劳动沟通意识、沟通技巧及团队合作能力。

四、劳动情感与态度

劳动情感与态度是指建立在正确的劳动观念的基础上，经过长期的劳动实践而形成稳定的劳动情感、劳动认知与劳动行为倾向等内容的总称。对劳动产生热爱的情感和兴趣，不仅是培养学生积极、自觉地投身劳动的思想基础，也是提高和增强学生积极劳动的义务感、责任感的思想基础。苏霍姆林斯基强调劳动态度在学校教育中的重要地位，指出学校教育的最重要任务，是培养学生的公民精神、劳动态度以及思想和道德、审美态度。[1]学生的劳动素养不仅受到劳动观念、劳动能力、劳动习惯与品质的影响，同时受到劳动情感态度的影响，良好的情感态度可有效预测学生的劳动素养。正如如果我们选择了最能为人类福利而劳动的职业，那么重担就不能把我们压倒，因为这是为大家献身；那时我们所感到的就不是可怜的、有限的、自私的乐趣，我们的幸福将属于千百万人，我们的事业将默默地、但是永恒发挥作用地存在下去。[2]此外，具有良好的劳动情感与态度也能够促进学生学习兴趣、学习态度、人生态度以及个人价值与社会价值的统一。

（一）劳动情感

朱小蔓先生认为，情感主要包括：“人的情绪基调、情绪表达方式、情趣爱好、情感体验性质与水平、价值倾向、乃至于人格特征、精神情操等。”情感的发展对于人的全面和谐发展具有基础性作用。“情感对于人的发展而言是一种基膜性的质料，它与生俱来，不断发展成为支持德、智、体、美诸方面素质发展的基础性、内质性材料。”[3]苏霍姆林斯基明确指出：“要培养为社会福利而劳动的人的劳动意愿，光有熟练技能和技巧、光有劳动习惯是不够的，这里，摆在首位的是人为何而劳动的思想。在这种场合具有决定性意义的是，跟人如何理解自己的劳动在社会生活中的作用相关的那些情感

[1] 苏霍姆林斯基，1983. 帕夫雷什中学 [M]. 赵玮，等，译. 北京：教育科学出版社.

[2] 马克思，恩格斯，1982. 马克思恩格斯选集（第40卷）[M]. 中共中央马克思恩格斯列宁斯大林著作编译局，译，北京：人民出版社.

[3] 朱小蔓，2019. 情感教育论纲（第二版）[M]. 南京：南京师范大学出版社.

和感受。”[1]劳动情感，有热爱、中性和厌恶之分。热爱劳动指的是个体对于劳动价值的主体认同，成为推动个体进行劳动实践活动的内在动力。因此，中等职业学校应当坚持以育情怀、树信心的方法，向学生传播积极的劳动态度，化解学生的劳动情感认同问题。

本研究将劳动情感分为表明劳动意向与体贴劳动过程。表明劳动意向，即要引导学生热爱劳动，一方面是引导学生在情感态度上感受到劳动的神圣感、道德感、幸福感与自豪感，另一方面还要引导学生在劳动实践中形成对劳动主体、劳动对象、劳动过程与劳动成功的亲近感，激发劳动热情和劳动意志。列夫・托尔斯泰说过：“幸福存在于生活之中，而生活存在于劳动之中。”体贴劳动过程，即要求学生能够通过辛勤劳动、诚实劳动、创造性劳动体会到普通劳动者的辛苦与不易，体会到劳动过程的复杂与精细，但是依然愿意在平凡的岗位做出不平凡的成绩，切身体会“一分耕耘，一分收获”，有了辛勤劳动，才会有收获劳动成功时的喜悦。

（二）劳动态度

“态度（Attitude）”，来自于拉丁语“Aptus”，意为适合性（Adaptendness）或适当性（Fitness）。[2]Triandis 认为，“态度是个体的一种状态，这种状态预示着个人会对一个物体、个体或者观点做出一种赞许性的或者不赞许性的反应。”[3]关于态度的理解为“行为倾向”具有显著特征的是理性行为理论（The Theories Reasoned Action，TRA 理论，如图 4-3 所示），个体的行为意向受行为态度和主观规范两个因素的影响。态度是由个人对行为所持的结果信念及他对这些结果的评价决定的。主观规范指个体所感知到的社会压力对某一行为的支持或反对。[4]不管是从事体力劳动还是脑力劳动，崇尚劳动、尊重劳动、敬业奉献都是中华民族的传统美德。因此，中等职业学校应当积极引导学生养成热爱劳动、服务社会的劳动态度。

本研究将劳动态度分为端正劳动态度与承担劳动责任。部分中等职业学校学生劳动意识淡薄，认为埋头苦干、辛勤劳动是愚蠢的行为，逐渐养成了逃避劳动的心理；有的学生劳动取向功利化，只关注劳动成果导向，将劳动视为“评优评先”的工具，一旦得不到应有的回报，立马逃避劳动。因此，在评价要点上，要引导中等职业学校将端正劳动态度作为劳动情感与态度素养的重要组成部分，推动学生形成内在劳动认

---

[1] 苏霍姆林斯基，1983. 帕夫雷什中学 [M]. 赵玮，等，译. 北京：教育科学出版社.

[2] PETTY, R.E, OSTROM, T.M.&BROCK, T.C, 1981. Historical foundations of the congnitive response approach to attitudes and persuasion[J]. In R.E.Petty, T.M. Ostrom, &T.C.Brock（Eds）, Cognitive response in persuasion:5-29.

[3] TRIANDIS, H.C., 1991. Attitude and attitude change. In Encyclopaedia of Human Biology[M]. San Diego, CA:Academic Press.

[4] 魏晓东，2019. 国外科学态度测评研究进展与启示 [J]. 外国中小学教育（11）：20-28.

同感。主动承担劳动责任是学生对劳动事故及事件发展积极处理的态度的重要表现。劳动教育具有典型的实践性和教育性的表现。在评价要点上，要积极引导学生主动承担劳动，愿意亲身经历劳动过程，不怕累、不怕苦、不怕脏，主动维护宿舍、教室、实验室的卫生情况；引导学生在突发劳动事故、实习事故时，能够做到不逃避困难，勇敢面对并积极处理劳动后果。

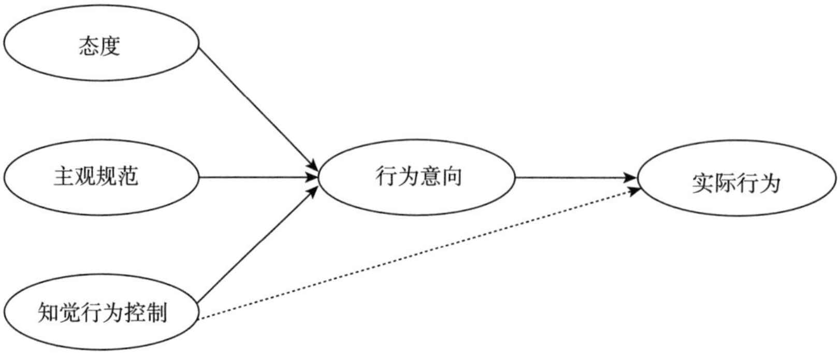

图 4-3　理性行为理论（TRA 理论）示意

第四节　中等职业学校学生劳动素养评价的实践逻辑、实践指向和实践意义

一、中等职业学校学生劳动素养评价体系的实践逻辑

马克思指出，全部社会生活在本质上是实践的。[1]抛开对教育评价特性的细致规定，理论界可以达成共识的是，评价是人类的一种实践活动，属于人类教育实践活动的组成部分。[2]中等职业学校学生劳动素养评价的实践逻辑作为中等职业学校劳动教育实践活动实施成效的具体体现，与落实立德树人的根本任务、学校与社会紧密相连。

（一）目标契合：新时代立德树人的时代目标

劳动教育评价的核心价值在于其作为促进个体成长为具备高尚品德之人的过程中的核心驱动力与终极指向。[3]教育的根基在于人的发展，而劳动教育作为塑造人的重要

---

[1] 王锐生，1990．“全部社会生活在本质上是实践的”——兼论实践是唯物史观的首先和基本的观点 [J]．教学与研究（2）：21-25.

[2] 何子纯，2024．综合实践活动课程实施的困境及其超越——基于具身认知的视角 [J]．教师教育学报，11（02）：48-55.

[3] 陈含笑，徐洁，2020．中小学劳动教育评价的意义、困境与对策 [J]．教师教育论坛（12）：12-15.

实践环节，其评价体系则是一种独特的人类活动形式，它不仅仅是评估的手段，更是通过亲身体验与实践，深化并升华劳动价值观的过程，深刻体现了以人为本的理念。在这一评价体系中，人不仅是评价的主体，更是评价活动的核心场域与终极目标。中等职业学校学生劳动素养评价致力于弘扬求真、向善、崇美的道德情操，鼓励个体在劳动教育的实践中，以身践行，通过劳动感悟道理，最终实现品德修养的提升与人格的完善。立德成人，即是通过培育良好的品德，使个体能够自信、自豪地立足于社会，成为对社会有贡献、有价值的人。[1]这一本体价值的根源在于，德性是界定人类本质的关键要素，个体的成长与成熟，离不开道德品质的支撑与引导。[2]只有具备了高尚的德性，人才能在复杂多变的世界中保持自我，实现个人价值与社会价值的和谐统一。因此，劳动教育评价的本质，就是引导个体在劳动实践中不断探索、领悟，从而明确自身德性追求，实现内在精神世界的丰富与人生境界的升华。

首先，中等职业学校学生劳动素养评价指向立德成人的评价目的。“人，……都自在地作为目的而实存着。在他的一切行为中，不论对于自己还是对其他有理性的东西，任何时候都必须被当作目的。[3]“人是目的”这一理念，构成了社会活动的基石与终极追求，同样，它也深刻指引着劳动素养评价这一教育活动的发展轨迹，确保其在以人为核心的价值框架内运行。中等职业学校学生劳动素养评价，不仅是对职业教育效果的价值评估，更是一场深刻的人文探索，它聚焦于人的全面发展，倡导通过劳动实践来实现真善美的融合——以劳育德，培养道德品质；以劳增智，激发智慧潜能；以劳强体，锻炼强健体魄；以劳识美，提升审美境界。这一系列过程，旨在以劳动为媒介，促进个体成长为德智体美全面发展的整全之人。中等职业学校学生劳动素养评价所肩负的重大使命，在于不断探索和揭示职业教育如何有效塑造具有高尚德性的个体，其核心在于深刻理解和把握劳动教育与立德成人之间的内在联系与互动机制。超越了简单的价值判断范畴，蕴含了深刻的哲学意蕴与教育智慧，是一种对人性深刻洞察与积极引导的教化行为。在中等职业学校学生劳动素养评价中，劳动精神、劳动价值观及劳动技能等要素被赋予了生命的意义，它们不再仅仅是外在的知识或技能，而是内化为个体的深刻体悟与自觉行为，促使人的天性在教育的滋养下得以更加茁壮地成长。中等职业学校学生劳动素养评价体系为个体提供了生命自觉与发展的强大动力源泉，鼓励每个人在劳动实践中不断自我超越，实现生命的全面绽放。因此，中等职业学校学生劳动素养评价本质上是一种注重身体力行、强调亲身体验的成人之道。它蕴含的人性力量，推动评价活动始终指向德性的发展，将立德成人视为其不可动摇的

---

[1] 季瑞丰，2023. 弗洛姆人本主义德育思想研究 [D]. 长春：吉林大学.

[2] 闫旭蕾，2022. 教育的道德构成要素及其价值取向 [J]. 教育研究与实验，(04)：1-10.

[3] 康德，1986. 道德形而上学原理 [M]. 苗力田，译 . 上海：上海 人民出版社.

本体根基。由此可见，中等职业学校劳动素养评价不仅促进了个体品德的完善，更为社会的和谐与进步奠定了坚实的基础。

其次，中等职业学校学生劳动素养评价践行立德成人的评价过程。中等职业学校学生劳动素养评价实践着立德成人的核心价值理念。这一过程并非静态的终结性评判，而是动态的、与劳动教育过程紧密相连的价值共创之旅。从时间维度审视，中等职业学校学生劳动素养评价贯穿中等职业学校劳动教育活动的始终，它是个体在劳动实践中不断积累生命体验、为未来蓄力并自觉发展的过程。这一过程复杂而丰富，既是个体探索、选择、奋斗与成长的生命轨迹，也是知识与经验持续累积与升华的学习之路。在此过程中，教师与各方利益相关者通过积极的行为介入，引导学生在劳动中深刻体会主观与客观的交融，直观感受自身潜能与主体力量的释放。从空间维度拓展，中等职业学校学生劳动素养评价促进了学校、企业、社会、家庭四大场域的和谐共生与协同作用。鉴于中等职业学校劳动教育的具身认知特性，其评价必须根植于身体感知的实践之中，追求真实、在场的体验，以实现生命的完整与丰满。学校是学生劳动素养评价的主战场，但家庭、社会与企业作为个体成长不可或缺的环境，其提供的劳动体验与生命感悟同样宝贵。随着信息技术的深度融合，中等职业学校学生劳动素养评价得以跨越单一学校空间的限制，采用更加灵活多样的评价方式和技术手段，将学生从传统的空间束缚中解放出来，全方位、立体化地设计劳动教育经历，从而滋养并塑造学生的生命品格。

最后，劳动教育评价追求立德成人的评价结果。“诗意地栖居”，这一海德格尔笔下描绘的理想生存境界，不仅是对心灵世界的丰盈追求，更是对生命智慧、德性与美的全面颂扬。[1]它恰如中等职业学校学生劳动素养评价所致力于达成的个体成长愿景，即通过教育评价的力量，促进个体在劳动实践中逐步构筑起一种充满诗意与德性的生活方式。这一理想结果的实现，并非自然天成，而是根植于个体积极主动的实践与探索之中。正如海德格尔所言，“存在”的本质在于其“生成”的过程，[2]中等职业学校学生劳动素养评价的价值，便在于它动态地“生成”了评价的结果，这一过程不仅是对当前状态的评估，更是对个体未来发展的筹谋与引领。它超越了简单的评价行为，成为了一种面向未来的教育力量，指向立德成人的长远目标。此外，中等职业学校学生劳动素养评价，作为一种深具意义的赋予与创造活动，其核心在于唤醒个体生命的自觉性，引导其在认识与实践劳动的过程中，不断建构自我完整性。在此过程中，不仅让个体在劳动实践活动中获得了鲜活的体验与丰富的内涵，更激发了他们对自我认知的深刻反省，从而构建起实践性智慧，实现真善美德性的全面提升。其中蕴含的伦理

---

[1] 陈静，2021. 新时代劳动教育评价的三重逻辑 [J]. 中国考试（12）：10-18.

[2] 怀特海，2003. 过程与实在 [M]. 杨富斌，译. 北京：中国城市出版社.

性与正当性，正是对立德成人本质深刻理解的体现。故中等职业学校学生劳动素养评价，以其独特的方式，践行着对立德成人理想的追求与践行，让每一个个体都能在劳动的光辉中，找到属于自己的诗意栖居之地。

（二）功能耦合：深度赋能社会与学校发展

杜威指出，评价通常发生在亟须解决难题或突破困境，或依靠改进现有条件来缓和冲突的地方。[1]开展中等职业学校学生劳动素养评价的必要性不仅根植于促进中等职业学校劳动教育本体价值的实现——即培养学生的劳动观念、劳动精神、劳动习惯和劳动技能等，使之成为全面发展的人，还深刻体现在其工具价值的发挥上，这是其存在正当性与合理性的另一重要支柱。

首先是完善中等职业学校劳动教育功能。应然的教育，本质上是一种激发个体生命自觉意识的过程，它旨在唤醒内在潜能，促使人全面而自由地发展。[2]相应地，理想的评价机制则是推动并优化学校教育功能的强大助力。具体到中等职业学校劳动教育，其评价体系的工具性价值显著，体现在对劳动教育各个环节产生的积极效应上。故中等职业学校学生劳动素养评价体系的核心目的在于强化学校教育在传授知识、企业场域中的技能知识、职业技能及社会服务等方面的综合效能。简而言之，中等职业学校学生劳动素养评价在多个维度发挥着积极作用：它能够有效引导中等职业学校学生的学习参与度，确保中等职业学校教育目标的顺利达成；同时，它助力中等职业学校课程体系的优化与教学方法的创新，为教育教学改革注入活力；此外，中等职业学校学生劳动素养评价还作为个体发展及就业的重要参考，促进了教育公平与质量的双重提升。尤为关键的是，中等职业学校学生劳动素养评价的实践性特质，极大地激发了职业学校自我革新的潜力。中等职业学校在此框架下，能够深入挖掘并拓展改革创新的空间，确保在职业教育实践中既保持行动力的强劲，又不失创造力的灵动。它激励着中等职业学校不断审视并改进其教育教学实践，从而更加高效、全面地履行劳动教育的神圣使命。

其次是间接促进社会发展。马克思主义理论深刻揭示了价值取向与价值观念的社会实践根源，它们无不深深植根于特定的社会历史背景之中。[3]同样地，建构主义方法论也强调评价是一个充满社会政治色彩的合作构建过程。[4]作为社会实践的直接产物，中等职业学校学生劳动素养评价自然被打上了鲜明的时代烙印，承载了丰富的社会属性。

---

[1] 杜威，2007．评价理论 [M]．冯平，余泽娜，译．上海：上海译文出版社．

[2] 唐海燕，2024．文化制度伦理建构：一种推进共同富裕的范式审思 [J/OL]．广西大学学报（哲学社会科学版）（04）：1-9．

[3] 占亚剑，2024．中国式现代化：历史脉动、理论意蕴与价值隐喻 [J]．清远职业技术学院学报，17（04）：12-22．

[4] 彭红卫，蒋京川，2004．对建构主义学习理论及其教育意义的反思 [J]．教育探索（05）：52-54．

从马克思主义关于“劳动创造了人本身”及“劳动创造了人类社会”的论断，到习近平新时代中国特色社会主义思想对劳动及劳动教育价值的当代深刻阐述，均凸显了劳动及劳动教育在推动社会发展中的核心价值。随着人工智能、数字化时代的到来，新型劳动形态愈发成为驱动社会进步的重要力量，这进一步凸显了提升中等职业学校学生劳动素养在社会主义建设事业中的战略地位。让中等职业学校培养的技术技能人才热爱劳动、掌握劳动技能，是新时代赋予职业教育的崇高使命。此外，中等职业学校学生劳动素养评价通过其价值导向与结果驱动的功能，积极弘扬劳动精神，倡导“以辛勤劳动为荣、好逸恶劳为耻”的价值观念，致力于培养具备高度劳动热情、扎实劳动技能及创新劳动能力的未来人才。这一过程不仅促进了中等职业学校学生个体劳动素养的全面提升，更为社会的持续发展提供了坚实的人才支撑和必要条件。因此，中等职业学校学生劳动素养评价与社会发展之间的关系，虽非直接显现，但其影响却是深远而持久的，即通过塑造新时代的劳动者，为社会的全面进步与繁荣奠定了坚实的基础。

二、中等职业学校学生劳动素养评价体系的实践指向

劳动素养不仅是新时代背景下党的立德树人育人方针的具体要求，也是学生核心素养框架体系中的关键成分，而明确劳动素养的科学内涵与结构，是有效促进劳动素养培育的首要问题。[1]构建中等职业学校学生劳动素养评价体系对于确保劳动教育的实施质量和效果至关重要，它不仅能够对中等职业学校的劳动教育状况进行即时、全面且科学的评估，还能在推动教育改进和优化的过程中发挥关键作用，具有深远的理论与实践价值。然而，当我们将这一评价体系付诸实践时，必须着眼于三个核心维度——专有性、贯通性、全域性，以确保评价体系的有效性和适用性。

（一）专有性：聚焦中等职业学校学生劳动教育特色性评价

中等职业学校学生劳动素养评价应紧紧围绕“培养精益求精的大国工匠、能工巧匠”，构建具有劳动教育鲜明特色和中等职业学校办学特点的评价机制。专有性指的是评价体系必须充分考虑到中等职业学校的特殊性质和劳动教育的独特要求。这意味着评价标准和方法应紧密贴合中等职业学校的教育目标和行业需求，反映“大国工匠”培养所需的精益求精的精神和技术技能的高标准。通过设计具有针对性的评价指标，如专业技能熟练度、创新实践能力、职业道德素养等，来准确衡量学生在劳动教育中的成长和成就。

---

[1] 王泉泉，刘霞，陈子循，等，2021. 核心素养视域下劳动素养的内涵与结构 [J]. 北京师范大学学报（社会科学版）(02)：37-42.

一是评价体系需综合化，实现全面育人要求。构建综合化的评价体系，满足全面育人的要求，是中等职业学校在新时代背景下开展教育评价的必然选择。立德树人，作为教育的根本任务，不仅是培养学生的知识技能，更在于塑造其健全的人格、高尚的品德和积极的社会责任感。中等职业学校在进行教育评价时，必须超越传统的甄别和选拔模式，转而聚焦于劳动精神、劳模精神、工匠精神以及创新精神的培养，这是职业教育的灵魂所在，也是确保学生未来职业生涯成功的关键。建立健全的劳动教育评价体系，首先要求中等职业学校从评价标准着手，将劳动精神的内涵深度融入评价指标之中。这不仅包括对专业技能的考核，更涵盖了劳动态度、创新思维、团队协作和职业伦理等非技术性素质的评价。评价标准应当明确，能够量化和质性地反映学生在劳动过程中的表现，确保每一名学生都能在评价中找到自己的位置，感受到成长和进步。评价方式的选择同样至关重要。传统的笔试和成绩排名已不足以全面反映学生的劳动素养。中等职业学校应积极探索多元化的评价方式，如项目评估、同行评审、自我反思、实践操作考核等，甚至可以引入企业参与评价，以行业标准检验学生的技能水平和职业适应性。这种方式不仅能提供更为客观、全面的评价结果，还能激发学生的学习动力，促进其主动学习和自我提升。评价目标的设定也应体现全面育人的理念。中等职业学校应将劳动意识、劳动观念和劳动习惯的培养作为评价的核心目标之一，通过持续的教育评价，引导学生形成正确的劳动价值观，培养他们对劳动的尊重和热爱。同时，评价体系应激励学生在掌握劳动技能的基础上，不断提高自身的职业素养，包括职业道德、团队精神、沟通能力、创新意识等，以促进学生的全面发展，使其成为具有高度社会责任感和职业精神的复合型人才。

二是评价标准需特色化，显现职业教育特征。评价标准的特色化，是彰显职业教育独特魅力与价值的关键所在。这一理念的实施，不仅能够精准地反映职业教育学段的特点，还能确保劳动教育目标与行业需求的高度契合，为学生的职业生涯铺垫坚实的基础。围绕职业教育学段特性，评价标准的建立需兼顾不同阶段的教育目标，从学生入学至毕业的全过程，构建一套多层次、宽领域的评价体系，重点考查学生的实践技能、实际工作能力以及对职业的认同感和荣誉感，以此促进学生全面发展，培养其成为行业所需的应用型人才。在设计评价指标时，中等职业学校应紧密结合学科专业特性，将专业技能的掌握与实践能力的培养置于首位。这意味着评价标准不仅要检验学生对理论知识的掌握程度，更重要的是评估其将知识转化为实践成果的能力，包括实验操作、项目管理、技术创新等方面。同时，评价体系还需关注学生的职业情感与态度，通过考查其对职业的热情、责任感以及团队协作精神，确保学生不仅具备过硬的专业技能，还拥有良好的职业素养。创新劳动教育评价标准，意味着中等职业学校需与时俱进，紧密跟踪行业发展趋势，将评价标准与社会需求、行业标准相衔接。具体而言，可以将学生专业就业对口率、就业单位满意度、毕业生的社会认可度作为重要评价指标，以此衡量中等职业学校劳动教育的质量与成效。对口率反映了学校教育与行业需求的匹配程度，高对口率意味着学生毕业后能够迅速适应工作岗位；就业单位满意度则直接关联到毕业生的实际工作表现，是检验学校教育质量的重要依据；社会认可度则更广泛地反映了毕业生在行业内外的声誉，是评价学校品牌影响力和教育成果的重要指标。此外，中等职业学校应积极引入第三方评价机制，如行业协会、企业雇主的参与，通过外部评价获取更为客观、全面的反馈，以此不断完善评价标准，提升教育质量。同时，鼓励学生参与自我评价和同伴评价，促进其自我反思与成长，增强评价体系的互动性和实效性。

三是评价机制需科学化。评价机制的科学化，是中等职业学校学生劳动素养评价体系现代化与精细化的集中体现，它不仅关乎教育公平，更直接关系到人才的社会属性与未来职业竞争力的塑造。为此，中等职业学校在构建评价机制时，必须兼顾量化评价与质性评价的互补优势，以及结果性评价和过程性评价的统一，确保评价的全面性、科学性与客观性。首先，量化评价与质性评价的结合是评价机制科学化的重要标志。量化评价侧重于将学生在劳动教育中的“劳动知识”“劳动习惯”等可量化的具体性数据进行精确测量，如通过考试、竞赛、项目完成情况等，实现劳动教育成果的横向与纵向比较，为评价结果提供坚实的数据支持，确保其科学性和客观性。同时，质性评价则关注于那些难以直接量化的评价指标，如“劳动情感”“劳动精神”等，通过观察、访谈、自我反思、同伴评价等手段，深入挖掘学生内心世界的变化与成长轨迹，确保评价结果的完整性和深度，反映出学生在劳动教育中获得的非物质收益。其次，结果性评价与过程性评价的统一，是评价机制科学化不可或缺的一环。中等职业学校需将过程性评价贯穿于学生整个学习周期，根据学生在不同发展阶段的特点，制订相应的评价细则与具体内容。比如：在基础教育阶段，侧重于劳动意识与基本技能的培养；在专业教育阶段，则更关注实践操作能力与创新思维的提升。同时，建立完善的结果反馈机制，定期收集并分析学生在校内外实习实训的劳动表现，考核其努力程度和进步幅度，确保评价的动态性与灵活性。通过及时的反馈，学生能够清晰地认识到自己的长处与不足，教师也能据此调整教学策略，实现个性化指导，从而全面、客观地反映劳动教育的实际效果，突出中等职业学校学生作为社会人才的属性与价值。

（二）贯通性：搭建中等职业学校学生劳动教育全过程评价

为有效提升中等职业学校学生的劳动素养，构建一个科学、合理、全面的劳动教育评价体系显得尤为重要。不仅需要关注评价过程，确保评价的连续性和衔接性，还应遵循递进性原则，系统而渐进地评估学生从入学到毕业的劳动素养发展。此外，在具体评价实践中，还需坚持整体递进性原则，确保每个环节紧密相连，形成一个完整、连贯的评价链条。同时，评价所采取的方式应遵循适度性原则，合理运用知识型与应用型相结合的评价方法，确保评价结果既能反映学生的劳动投入，也能体现劳动成果的质量和个人成长的体验。

第一，关注评价过程，遵循衔接性原则。关注评价过程并遵循衔接性原则，是中等职业学校确保学生劳动教育成效的关键步骤。这一原则要求学校将评价视为一个连续的过程，而非孤立的事件，通过细致入微的过程管理，实现对学生劳动教育经历的全面追踪与科学评价。首先，学校应当设计一系列的工具与记录表格，如学期劳动任务清单、校内外劳动实践过程记录表、学生劳动成长档案等，用于系统地记录学生在校期间参与的每一次劳动教育活动。这些工具不仅应覆盖专业课程、实践操作、技能训练等学术领域，还应延伸至课外实践、志愿服务、企业实习等学习场合，确保评价覆盖学生劳动教育的全貌。学期劳动任务清单应明确列出每个学期学生需完成的劳动教育任务，包括理论学习、技能实践、团队合作项目等，以及预期的学习成果和评价标准，为学生提供清晰的指导和目标。校内外劳动实践过程记录表则用于详细记录学生在各类劳动实践中的具体表现，包括参与度、贡献度、技能掌握情况等，以便于教师和学生本人回顾与反思。学生劳动成长档案则是一种长期的、个人化的学习记录，它记录了学生从入学到毕业期间劳动素养的成长历程，包括个人反思、教师评价、同辈反馈、企业实习鉴定等，是学生个人发展史的宝贵资料。在评价过程中，学校、专业教师、实践教师应协同工作，对学生的日常专业课、实践课、技能课进行全面评价。这种集中评价不应仅限于最终成果的检查，更应注重过程中的学习态度、合作精神、创新思维等非认知技能的培养。教师们需密切关注学生在劳动过程中的表现，特别是劳动观念的形成、劳动精神的培育、劳动习惯的养成以及劳动品质的树立情况，通过实时记录与分析，为学生提供具体、建设性的反馈，帮助其发现自身的优势与不足，促进个人成长。此外，评价过程还应鼓励学生进行自我评价与同伴评价，促进学生之间的相互学习与反思，增强评价的透明度与公平性。通过定期的师生会议、学习小组讨论等形式，让学生有机会分享自己的劳动经验，听取他人的意见，从而在集体智慧的碰撞中获得新的启示与动力。

第二，关注评价主体，遵循递进性原则。这是中等职业学校学生劳动素养评价体系构建的核心理念。这一原则旨在通过系统而渐进的方式，全面评估学生从入学到毕业的劳动素养发展，确保教育目标与社会需求的紧密对接。首先是新生劳动素养的基线测量。对新生进行劳动素养的初步评价，是整个评价体系的起点。这一阶段，学校重点关注学生在劳动技能掌握、劳动观念与劳动习惯习得方面的基础水平，通过问卷调查、技能测试、个人访谈等方法，收集学生的基本信息，评估他们的劳动素养现状。初评结果为后续教育活动的规划提供了宝贵的参考，帮助教师理解学生的需求和兴趣，从而设计出更符合学生实际情况的课程和活动，促进个性化教学。其次是阶段性评价。通过对学段节点上的持续追踪，随着学生在不同学段的学习进展，评价指标也随之调整，形成了一个动态的评价链条。在低年级，评价重点可能放在劳动基础知识的掌握和劳动兴趣的培养上；到了中年级，评价转向劳动技能的深化和职业劳动理念的初步形成；在高年级，评价则要更加注重劳动品质的塑造、劳动反思能力的提升以及劳动情感的成熟。这一系列的阶段性评价，不仅关注学生在特定学段的劳动素养表现，还考查其成长轨迹，为教师提供了调整教学策略的依据，确保教育内容与学生的发展阶段相匹配。最后是终评，意在对毕业生劳动素养的全面检验。毕业生的终评是整个评价体系的高潮，它不仅总结了学生在校期间的劳动素养发展，还预示着他们即将步入社会的准备程度。这一阶段的评价，特别注重与企业评价的对接，包括实习单位的总结性评价和用人单位的岗位适应性评价。通过实习单位的反馈，学校能够了解学生在真实工作环境中的表现，包括专业技能、团队合作、解决问题的能力等。用人单位的评价则直接反映了毕业生的就业竞争力，帮助学校评估其教育成果是否满足行业需求。终评的目的是确保毕业生具备高水平的劳动素养，为他们从校园过渡到职场搭建坚实的桥梁，实现职业人才供给与技能市场需求的有效平衡。

第三，坚持整体递进性原则的贯彻。这意味着评价体系的构建是一个从宏观到微观、从一般到具体的逐步深化过程。从新生初评的基线测量，到学段节点上的持续追踪，再到毕业生终评的全面检验，每一个环节都紧密相连，共同构成了一个完整、连贯的评价链条。这种递进性不仅体现了对学生劳动素养发展的全程关注，也确保了评价体系能够及时反映教育目标与社会需求的变化，为中等职业学校提供了一个灵活调整教育策略的机制，从而更好地服务于学生的成长和社会的发展。通过这一原则的实施，中等职业学校能够培养出既具备深厚专业技能，又拥有高度劳动素养的复合型人才，为国家经济社会的持续繁荣贡献力量

第四，关注评价方式，遵循适度性原则。采用知识型与应用型相结合的适度评价方式。知识型评价侧重于学生对劳动理论知识的掌握，如劳动法律法规、安全卫生知识、行业标准等，通过闭卷考试、在线测验等形式，检验学生对基础知识的理解和记忆。而应用型评价则更关注学生将理论知识转化为实践操作的能力，包括技能操作考核、项目实施、实习报告等，旨在评估学生在真实或模拟工作环境中的表现。结合这两种评价方式，中等职业学校能够全面了解学生在理论与实践两个层面上的劳动素养水平，为后续的教学与指导提供依据。

第五，坚持“量”与“质”相结合的适度评价方式。“量”指的是劳动的频率、时长和强度，而“质”则涉及劳动成果的质量、劳动过程的体验以及劳动对个人成长

的影响。单纯“量”的评价容易忽视劳动的内在价值和学生的个人感受，而过分强调“质”可能会导致评价标准过于主观。因此，中等职业学校在评价学生劳动素养时，应采取“量”与“质”相结合的适度评价方式，既考查学生的劳动投入，也关注劳动成果的质量和学生的劳动体验。结合劳动成果的展示与评估，形成一个全面而深入的评价体系，确保评价结果能够真实反映劳动教育的实际效果。

三、中等职业学校学生劳动素养评价体系的实践意义

就系统论视角而言，功能既是事物存在的意义表征，也是系统内各要素的组织形式在运作状态下所发挥的作用。也就是说，事物的系统结构决定了其功能的发挥，那么评价体系的功能在本质上便是由实践活动规律决定的。

（一）导向功能

所谓导向功能就是指评价对实际教育活动有定向引导作用，能引导评价对象向预定目标前进。在中等职业学校的学生劳动素养评价中，这一功能尤为重要，尤其是在当今社会对劳动技能需求日益多样化与复杂化的背景下。随着科技革新和社会变迁，劳动市场的技能需求不断演变，教育活动极易受到外界干扰而偏离初衷，此时，评价的导向作用便显得尤为关键。首先，导向功能在中等职业学校的劳动教育中体现为明确的价值取向引领。教育及其评价不仅是知识与技能传授的过程，更承载着深层的社会与政治意义。在社会主义核心价值观的框架下，劳动教育评价肩负着培养中等职业学校学生正确的劳动观念、道德品质和公民意识的重任。它确保教育活动与国家发展目标、社会主流价值观保持一致，引导学生形成积极向上、尊重劳动、勇于创新的价值取向。因此，评价标准和内容的设计必须将国家和社会的需求置于首位，确保教育活动的方向正确无误。其次，评价指标体系的构建本身就是一种强有力的导向工具。通过设定一系列量化和质性指标，评价体系明确了劳动教育应达到的具体目标，为教育者和学习者提供了清晰的行动指南。这些指标涵盖了劳动技能、职业态度、团队合作、创新思维等多个维度，每个指标的权重反映了其在整体教育目标中的重要性。教育者会根据这些指标调整教学策略，优先强化权重较高的技能，而学生也会据此调整学习重点，确保自身发展与社会需求相匹配。

（二）判断功能

评价作为教育过程中的核心环节，本质上是对教育成果的一种价值审视，它旨在评估教育活动与学习者需求之间的契合度以及教育目标达成的实际效果。在中等职业学校的劳动教育领域，学生劳动素养评价机制尤为重要，因为它直接关联到培养学生

的劳动技能、职业道德及工作态度，不仅关乎个人发展，也影响着国家和社会的整体进步。同时，劳动教育效果的取得与教育者的工作息息相关，对中等职业学校劳动教育效果的判断也是判断院校领导、教师、管理等工作人员业绩的重要标准。此外，中等职业学校劳动教育一些评价指标指向学生的素质变化，评价的过程也能判断学生认知认同践行方面的变化。

（三）诊断功能

中等职业学校学生劳动素养的评价具备一种重要的诊断功能，能清晰反映劳动教育实践中可能存在的各种问题及其根源，为针对性的改进措施指明方向。这一功能的核心在于，它能够系统地辨识出劳动教育中哪些环节表现优异，值得进一步强化和改进，同时也能够精准定位那些有待改善的领域，探究其背后的原因，并提出具体的优化策略。具体而言，诊断功能是指：中等职业学校学生劳动素养评价能够发现劳动教育工作哪些地方见长，需要加以巩固和发扬；哪些地方不足，存在不足的原因是什么，进一步改进的措施是什么。例如通过建构科学合理的指标体系，获取关于影响中等职业学校劳动教育活动实际效果的各种因素，发现教育活动或被评对象欠缺或偏离劳动素养目标和方案的方面，发现中等职业学校劳动教育领导机制、工作机制是否正常运转，中等职业学校负责劳动教育的教师素质和能力存在哪些不足，教育内容安排是否科学，汇集成评价信息反馈给领导部门，这就为上级教育行政部门和高校的管理者提供了大量的真实材料，从而为正确决策和有效管理提供客观的依据和参考。

（四）激励功能

激励功能是指合理有效地运用价值观教育评价，能够激发评价对象的内在动力，调动其潜能，提高工作的积极性与创造性等。“在教育评价实践中，评价对象都渴望了解自己工作和学习成果被认可的程度，这是人类普遍存在的一种心理现象。这种心理现象决定了教育评价必然具有使人积极向上的激励功能。”[1]此外，中等职业学校学生劳动素养评价是对学校劳动教育的各项领域的工作状况与精神面貌的评判，能够及时了解和把握高校领导、管理者、教师及学生的状态，并将评价结果及时反馈给高校领导、管理者、教师和学生。合理的、适时的、及时的评价，有利于公平竞争，能调动多方面的积极性。当中等职业学校学生劳动素养评价产生了令教育者较为满意的评价结果时，中等职业学校劳动教育工作者的努力得到社会、组织与他人的承认，就能够最大程度地激发他们的主动性与工作热情。当中等职业学校

---

[1] 涂艳国，2007. 教育评价 [M]，北京：高等教育出版社.

学生劳动素养评价产生了令学生满意的评价结果时，就会激励学生强化已有的良好状态，继续主动接受劳动教育，自觉加强自我教育，养成良好的行为习惯，使他们会更加投入劳动实践，形成尊重劳动、热爱劳动的内在动力。同时，正面的劳动体验和成就感也会促使学生自发地追求更高的劳动素养，进而形成一种良性循环。

（五）反馈调节功能

反馈调节功能是指“评价者将有目的地、系统地采集的有关评价对象的信息及其意义、传递给评价对象、按预先设定的目标，调节教育活动，使之尽快地达到目标要求。”[1]中等职业学校学生劳动素养评价的反馈调控功能体现在：对“施教传道”（即教育过程）的调整，主要是及时准确地总结经验，发现问题，提出解决问题的措施和方法，从而及时、准确地加以调整；中等职业学校劳动教育领导机构和工作部门有效地进行价值观教育管理；对“受教修养”（即学习者行为）的调整，学生通过直接参与劳动素养评价，知道什么行为应该发扬，什么行为应该抑制从而自觉地控制各自的行为，使劳动教育成为一个可控、有序的优化工作系统。此外，中等职业学校学生劳动素养评价体系的反馈与改进机制是确保教育质量持续提升的关键。评价体系生成的数据不仅帮助教师了解劳动教育成效，也为学校管理层提供了优化课程设置和教学方法的参考，不断提升教学质量，促进学生全面发展。

（六）预测功能

预测功能是指为决策系统提供必要的未来信息，对教育对象将来的情况发展做出某种估计。[2]评价或评估，特别是自觉的、有意识的评价或评估，总是包含着对一定价值关系及可能后果的预见、推断。[3]中等职业学校学生劳动素养的评价，其预测功能的核心在于，它能够洞察劳动教育的发展轨迹以及它与个体成长、社会进步之间的互动关系。这一功能的实现，要求评价体系不仅仅局限于现状的审视，更要具备“超前性”，即在理解劳动教育内在规律的基础上，预见到教育投资在未来的回报，包括对学生能力塑造、就业市场适应性以及社会贡献度等方面的长远影响。强调预测功能在中等职业学校劳动教育评价中的重要性，意味着评价结果将成为教育决策的重要依据，为教育规划与实施提供前瞻性的指导。例如，通过对行业趋势的分析和学生兴趣的调查，预测哪些劳动技能在未来几年内将变得尤为关键，从而指导课程设计与资源分配，确保教育内容与市场需求紧密对接。这不仅有助于提升教育的时效性和针对性，

---

[1] 涂艳国，2007．教育评价 [M]．北京：高等教育出版社．

[2] 秦尚海，2003．高校德育评估 [D]．武汉：武汉大学．

[3] 郭金龙，2023．新时代职业院校劳育督导评估研究 [J]．宁波职业技术学院学报，27（05）：60-64+70．

还能增强学生的职业竞争力，促进其顺利融入职场。

本章小结

首先，阐述了评价指标权重确定应遵循的原则，旨在保障权重确定的客观性与准确性。在方法层面，研究采用了层次分析法，最后得出的指标权重显示，劳动观念的权重最高，其次是劳动习惯与品质、劳动情感与态度，劳动能力的权重最低。在二级指标中，劳动价值观的权重最大，而劳动成果观的权重最小。进一步地，本章通过三轮德尔菲法、项目分析、探索性因素分析、验证性因素分析等修改与调整，最终形成了中等职业学校学生劳动素养评价指标体系框架，并对其内容进行了详细解释，为中等职业学校学生劳动素养评价指标体系的框架的最终构建提供了理论依据和实证支持。其次，为遵循理论与实践相结合的原则，本章又进一步探讨了该评价指标体系运用于实践中的逻辑指向，即需突出专有性，聚焦中等职业学校学生劳动教育特色性评价以及保证贯通性，搭建中等职业学校学生劳动教育全过程评价，旨在为具体实践奠定优良基础。最后，本章阐述了中等职业学校学生劳动素养评价指标体系兼具的导向功能、判断功能、诊断功能、激励功能、反馈调节功能及预测功能等重要作用。

第五章　中等职业学校学生劳动素养的现状调查

借助前期编制的劳动素养评价量表，本章通过中等职业学校学生劳动素养评价问卷发放、回收与分析，得到关于中等职业学校学生劳动素养的测评结果。对于所收集到的数据，本研究将结合中等职业学校学生劳动素养指标体系权重系数和等级评估，对中等职业学校学生劳动素养的各级指标进行评价，并结合控制变量做进一步的差异检验。

第一节　中等职业学校学生劳动素养测评设计

为系统了解中等职业学校学生劳动素养，需要对现状调研进行科学的设计。本小节将对中等职业学校学生劳动素养测评目的、工具与对象进行详细说明。

一、测评目标

本次调查研究旨在通过收集相关数据，对中等职业学校学生劳动素养做出客观评价。主要测评目标有两个：一是测量当前阶段中等职业学校学生劳动素养各指标层次水平，并对其水平做出评价；二是考查中等职业学校学生劳动素养在个体层面、家庭层面、学校组织层面是否存在显著差异、交互效应等。

二、测评工具

本阶段调研所采用的工具是前期开发的调查问卷，主要包括两大部分：一部分是调研对象的背景信息，另一部分则是中等职业学校学生劳动素养评价量表。测评量表采用预测量表的题项，依旧采用李科特五级评分法，从“非常不符合”到“非常符合”分别给予 1～5 分的评定。一般而言，总量表的信度系数最好在 0.8 以上，如果在 0.7～0.8 之间也是可以接受的范围；分量表的信度系数最好在 0.7 以上，其中

0.6～0.7 是可以接受的范围，0.5 为最低标准。如表 5-1 所示，中等职业学校学生劳动素养现状调查的总量表 Cronbach's α 为 0.944，劳动观念 Cronbach's α 为 0.932，劳动能力 Cronbach's α 为 0.856，劳动习惯与品质 Cronbach's α 为 0.768，劳动情感与态度 Cronbach's α 为 0.811，表明中等职业学校学生劳动素养测量模型信度水平较高。

表 5-1　中等职业学校学生劳动素养一级指标信度分析

各级指标	题目数 / 个	信度（Cronbach's α）
劳动观念	12	0.932
劳动能力	15	0.856
劳动习惯与品质	12	0.768
劳动情感与态度	12	0.811
劳动素养（总）	51	0.944

三、测评对象

本次调查按随机分层抽样的方法，由于实际条件限制、时间精力有限，笔者选取了经由熟人介绍的四所中等职业学校的学生进行现场测试调查，分别是江苏省、湖北省的 2 个省会城市（南京市、武汉市）和 2 个非省会城市（南通市、孝感市），探究我国中等职业学校学生的劳动素养现状。4 个城市共发放问卷 628 份，有效回收问卷 560 份，有效回收率为 89.17%。其中，南京市有效问卷 150 份，南通市有效问卷 138 份，武汉市有效问卷 144 份，孝感市有效问卷 128 份。此外，问卷明显规律性作答特征的问卷也被记为无效问卷。本次调研对象的基本信息如图 5-1 所示。

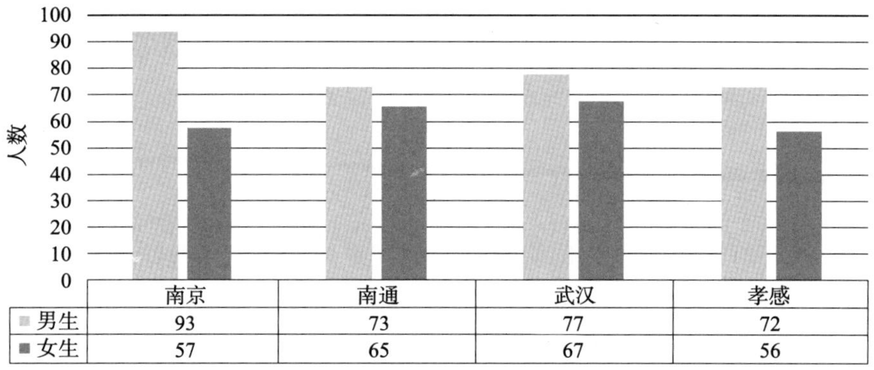

	南京	南通	武汉	孝感
男生	93	73	77	72
女生	57	65	67	56

图 5-1　中等职业学校学生劳动素养调查各区域人数分布

第二节　中等职业学校学生劳动素养总体状况分析

在对相关数据进行描述性统计之后，本研究将结合前期开发的中等职业学校学生劳动素养评价三级指标体系权重以及评估等级，分别对劳动观念、劳动能力、劳动习惯与品质、劳动情感与态度进行评估。

一、基本信息结果分析

基本信息是问卷构成部分之一，主要为后续差异性分析、相关性分析做准备，旨在探究不同背景或情况下学生劳动素养的差异，试图分析导致中等职业学校学生劳动素养存在差异的因素。此次调查问卷中包含的基本信息主要涵盖了个人、家庭、学校三个层面的情况，被纳入到第二次试测问卷中，以便探究各题项设置的适切性，通过试测删除若干题项，最终确定个人情况描述 6 个题项、家庭情况描述 6 个题项、学校情况描述 4 个题项，各题项作答情况统计如下：

（一）个人情况描述分析

从个人统计情况看，有效样本中男女比例相当，以中等职业学校一年级、二年级学生为主。如表 5-2 所示，家庭所在地城市占比 31.07%，农村占比 35.71%，比例大体相当，县城人数较少。专业大类以加工制造大类与电子信息大类为主，分别占总体的 31.25% 和 30.71%。中等职业学校学生平均每天家务劳动时长大多集中 2 小时以上，占比为 49.82%，但是平均每天家务劳动时长在 15 分钟以内，近乎不劳动的学生占比为 30.36%。对于未来想要从事的工作，有 107 个学生选择了教师，占比 19.11%，排名首位。公务员、工程师、IT 技术员、短视频自媒体紧随其后。其中短视频自媒体属于新业态，占比 11.96%。

表 5-2　个人情况描述性统计（$N=560$）

题项	类别	频数	占比 /%
性别	男	315	56.25
	女	245	43.75
年级	一年级	218	38.93
	二年级	207	36.96
	三年级	135	24.11
家庭所在地	城市	174	31.07
	县城	81	14.46

续表

题项	类别	频数	占比 /%
家庭所在地	乡镇	105	18.75
	农村	200	35.71
专业大类	加工制造大类	175	31.25
	电子信息大类	172	30.71
	土木建筑大类	114	20.36
	交通运输大类	99	17.68
平均每天家务劳动时长	$t \geqslant 2$	279	49.82
	$1\ \mathrm{h} \leqslant t < 2\ \mathrm{h}$	71	12.68
	$0.5\ \mathrm{h} \leqslant t < 1\ \mathrm{h}$	28	5.00
	$0.25\ \mathrm{h} \leqslant t < 0.5\ \mathrm{h}$	12	2.14
	$t < 0.25\ \mathrm{h}$	170	30.36
未来想要从事的工作（排名前五）	教师	107	19.11
	公务员	89	15.89
	工程师	81	14.46
	IT 技术员	73	13.04
	短视频自媒体	67	11.96

（二）家庭情况描述分析

家庭情况主要选取了 6 个题项进行描述，如表 5-3 所示。家庭中同辈家庭子女数有 2 个的占比最高，为 65.54%，其次是独生子女占比为 18.21%。根据调查显示，父母学历普遍不高，其中初中及以下。普通高中的占比较高。父亲劳动态度不太乐意占比最高，为 67.86%，比较乐意的仅占比 4.64%。母亲劳动态度比较乐意与一般共占比 41.97%，与不太乐意的劳动态度大体相当，表明在家庭中母亲更为热爱劳动。父母对待孩子劳动的态度，反映学生家庭劳动氛围的状况，能够鼓励学生做家务，并给予适当指导的占比高达 90.36%，在一定程度上说明父母对待孩子劳动的态度比较积极，能够有意识地培养孩子的劳动素养。

表 5-3　家庭情况描述性统计（$N = 560$）

题项	类别	频数	占比 /%
同辈家庭子女数	1（独生子女）	102	18.21
	2	367	65.54

续表

题项	类别	频数	占比 /%
同辈家庭子女数	3	79	14.11
	≥ 4	12	2.14
父亲学历	研究生及以上	6	1.07
	大学本科	22	3.93
	大学专科	18	3.21
	普通高中	115	20.54
	中专 / 技校 / 职业高中	70	12.50
	初中及以下	329	58.75
母亲学历	研究生及以上	6	1.07
	大学本科	18	3.21
	大学专科	23	4.11
	普通高中	95	16.96
	中专 / 技校 / 职业高中	58	10.36
	初中及以下	360	64.29
父亲劳动态度	比较乐意	26	4.64
	一般	154	27.50
	不太乐意	380	67.86
母亲劳动态度	比较乐意	59	10.54
	一般	176	31.43
	不太乐意	325	58.04
当你做家务时，父母态度	鼓励承担家务劳动	506	90.36
	只需要自我劳动	37	6.61
	只需要好好学习	17	3.04

（三）学校情况描述分析

从表 5-4 可以看出，学校对于劳动教育的重视程度，比较重视与一般重视共占比 61.97%，说明目前中等职业学校对于劳动教育较为重视。学生近两年内参加顶岗实习

6 个月及以上的仅占比 12.14%，说明顶岗实习实训时长较短，76.07% 的学生暂未参加过学校安排的顶岗实习活动。近两年内参加劳动技能比赛超过 3 次的学生占比仅为 27.5%，其中绝大部分学生近两年来从未参加过技能比赛，占比为 70.89%，说明学生参加技能比赛呈现两极分化。

表 5-4　学校情况描述性统计（$N = 560$）

题项	类别	频数	占比 /%
学校所在地	南京	150	26.79
	南通	138	24.64
	武汉	144	25.71
	孝感	128	22.86
劳动教育重视程度	比较重视	212	37.86
	一般	135	24.11
	不太重视	213	38.04
近两年内参加顶岗实习活动时长	$t \geqslant 6$ 个月	68	12.14
	3 个月 $\leqslant t <$ 6 个月	62	11.07
	1 个月 $\leqslant t <$ 3 个月	4	0.71
	$t \leqslant 0$	426	76.07
近两年内参加技能比赛次数	6 次以上	71	12.68
	4 ~ 6 次	83	14.82
	1 ~ 3 次	9	1.61
	0 次	397	70.89

二、整体水平结果分析

本研究首先对中等职业学校学生劳动素养整体水平和劳动观念、劳动能力、劳动习惯与品质、劳动情感与态度进行了描述性统计。从表 5-5 可以看出，就均值而言，中等职业学校学生劳动观念（$M = 4.04$，$SD = 0.54$）、劳动能力（$M = 3.98$，$SD = 0.48$）、劳动习惯与品质（$M = 3.93$，$SD = 0.48$）和劳动情感与态度（$M = 3.97$，$SD = 0.43$），除了劳动观念在 4 分以上，其他一级指标都在 4 分以下。

表 5-5　中等职业学校学生劳动素养一级指标描述性统计（$N = 560$）

各级指标	平均值（M）	标准差（SD）
劳动观念	4.04	0.54
劳动能力	3.98	0.48
劳动习惯与品质	3.93	0.48
劳动情感与态度	3.97	0.43

在结合权重系数基础上，从劳动观念维度来看，加权后实际得分 9994.88，加权后应得总分 14159.41，真实得分率为 70.59%，达到了评估结果等级的第Ⅱ级；从劳动能力维度来看，加权后实际得分 3037.88，加权后应得总分 4303.07，真实得分率为 70.60%，达到了评估结果等级的第Ⅱ级。从劳动习惯与品质维度来看，加权后实际得分 6741.65，加权后应得总分 11250.67，真实得分率为 59.92%，达到了评估等级的第 III 级。从劳动情感与态度维度来看，加权后实际得分 4753.61，加权后应得总分 8098.39，真实得分率为 58.76%，达到了评估等级的第 III 级。这表明，中等职业学校学生劳动素养整体处于中等偏下水平。

三、各级指标结果分析

（一）劳动观念测评结果分析

本研究首先对中等职业学校学生劳动观念进行了描述性统计。从表 5-6 可以看出，就均值而言，二级指标劳动价值观（$M = 3.91$，$SD = 0.47$）要低于劳动成果观（$M = 4.00$，$SD = 0.59$），且总体呈现中等偏上水平；三级指标尊重劳动平等（$M = 4.13$，SD = 0.54）、保护劳动产权（$M = 4.05$，$SD = 0.61$）要高于感受劳动荣辱（$M = 4.03$，$SD = 0.56$）、珍惜劳动成果（$M = 3.96$，$SD = 0.65$）。

表 5-6　劳动观念描述性统计（$N = 560$）

各级指标	平均值（M）	标准差（SD）
劳动价值观	3.91	0.47
感受劳动荣辱	4.03	0.56
尊重劳动平等	4.13	0.54
劳动成果观	4.00	0.59
保护劳动产权	4.05	0.61
珍惜劳动成果	3.96	0.65

在结合权重系数的基础上，本研究对劳动观念真实情况做了进一步评估。从劳动价值观来看，加权后实际得分 6032.65，加权后应得总分 7879.36，真实得分率为 76.56%，达到了评估结果等级的第Ⅱ级；从劳动成果观来看，加权后实际得分 1616.56，加权后应得总分 2222.38，真实得分率为 72.74%，达到了评估结果等级的第Ⅱ级。这表明，中等职业学校学生在劳动观念方面整体处于中等水平。

（二）劳动能力测评结果分析

本研究对中等职业学校学生劳动能力进行了描述性统计。从表 5-7 可以看出，就均值而言，二级指标劳动技能（$M = 3.98$，$SD = 0.51$）略高于劳动创造（$M = 3.97$，$SD = 0.55$），且总体呈现中等偏上；三级指标设计劳动流程（$M = 4.02$，$SD = 0.60$）、探究技术原理（$M = 4.01$，$SD = 0.58$）高于掌握劳动操作（$M = 3.94$，$SD = 0.59$）、创造性解决问题（$M = 3.90$，$SD = 0.68$）和实现创意物化（$M = 3.99$，$SD = 0.60$）。

表 5-7　劳动能力描述性统计（$N = 560$）

各级指标	平均值（M）	标准差（SD）
劳动技能	3.98	0.51
设计劳动流程	4.02	0.60
掌握劳动操作	3.94	0.59
劳动创造	3.97	0.55
探究技术原理	4.01	0.58
创造性解决问题	3.90	0.68
实现创意物化	3.99	0.60

在结合权重系数的基础上，本研究对中等职业学校学生劳动能力真实情况做了进一步评估。从劳动技能来看，加权后实际得分 1059.66，加权后应得总分 1573.66，真实得分率为 67.33%，达到了评估结果等级的第Ⅱ级；从劳动创造来看，加权后实际得分 905.85，加权后应得总分 1547.45，真实得分率为 58.54%，达到了评估结果等级的第 III 级。这表明，中等职业学校学生在劳动能力方面整体处于中等偏下水平。

（三）劳动习惯与品质测评结果分析

本研究对中等职业学校学生劳动习惯与品质维度进行了描述性统计。从表 5-8 可以看出，就均值而言，二级指标劳动习惯（$M = 3.95$，$SD = 0.50$）要高于劳动品质（$M = 3.90$，$SD = 0.52$），且总体呈现中等水平；三级指标践行劳动环保（$M = 4.06$，$SD = 0.60$）、注重团队合作（$M = 4.13$，$SD = 0.61$）要高于遵守劳动纪律（$M = 3.84$，$SD = 0.59$）和讲求诚信务实（$M=3.67$，$SD=0.60$）。

表 5-8　劳动习惯与品质描述性统计（$N=560$）

各级指标	平均值（M）	标准差（SD）
劳动习惯	3.95	0.50
遵守劳动纪律	3.84	0.59
践行劳动环保	4.06	0.60
劳动品质	3.90	0.52
讲求诚信务实	3.67	0.60
注重团队合作	4.13	0.61

在结合权重系数的基础上，本研究对劳动习惯与品质真实情况做了进一步评估。从劳动习惯来看，加权后实际得分 4161.92，加权后应得总分 5485.35，真实得分率为 75.87%，达到了评估结果等级的第Ⅱ级；从劳动品质来看，加权后实际得分 2195.90，加权后应得总分 2774.48，真实得分率为 79.15%，达到了评估结果等级的第Ⅱ级。这表明，中等职业学校学生在劳动习惯与品质方面整体处于中等水平。

（四）劳动情感与态度测评结果分析

本研究对中等职业学校学生劳动素养中的劳动情感与态度维度进行了描述性统计。从表 5-9 可以看出，就均值而言，二级指标劳动情感（$M=4.12$，$SD=0.59$）要高于劳动态度（$M=3.70$，$SD=0.45$），且总体呈现中等水平；三级指标表明劳动意向（$M=4.13$，$SD=0.62$）、体贴劳动过程（$M=4.12$，$SD=0.61$）要高于端正劳动态度（$M=3.65$，$SD=0.60$）和承担劳动责任（$M=3.76$，$SD=0.55$）。

表 5-9　劳动情感与态度描述性统计（$N=560$）

各级指标	平均值（M）	标准差（SD）
劳动情感	4.12	0.59
表明劳动意向	4.13	0.62
体贴劳动过程	4.12	0.61
劳动态度	3.70	0.45
端正劳动态度	3.65	0.60
承担劳动责任	3.76	0.55

在结合权重系数的基础上，本研究对劳动情感与态度真实情况做了进一步评

估。从劳动情感来看，加权后实际得分 1010.94，加权后应得总分 1829.46，真实得分率为 55.26%，达到了评估结果等级的第 III 级；从劳动态度来看，加权后实际得分 2870.86，加权后应得总分 3814.40，真实得分率为 75.27%，达到了评估结果等级的第Ⅱ级。这表明，中等职业学校学生在劳动情感与态度方面整体处于中等偏下水平。

第三节　中等职业学校学生劳动素养差异性分析

前期预调研发现，学生个体特征差异的存在，有可能是影响中等职业学校学生劳动素养的重要因素。接下来，本研究将结合中等职业学校学生个体特征，分别从劳动观念、劳动能力、劳动习惯与品质、劳动情感与态度方面进行单因素方差分析。

一、基于学生个体特征层面的中等职业学校学生劳动素养差异性分析

（一）性别对中等职业学校学生劳动素养影响的差异性分析

根据中等职业学校学生男女性别不同，分为两组群体。如表 5-10 所示，就劳动观念、劳动能力、劳动习惯与品质、劳动情感与态度四个因变量而言，整体检验的 F 值分别为 0.512（$P<0.001$）、0.099（$P<0.001$）、0.005（$P<0.001$）、1.287（$P<0.001$）均达到极其显著水平，因此需要拒绝虚无假设，接受对立假设，表示不同性别的学生在劳动观念、劳动能力、劳动习惯与品质、劳动情感与态度间均有显著差异存在。

表 5-10　性别对劳动素养一级指标影响的差异性分析

一级指标	性别	均值（M）	标准差（SD）	F	P
劳动观念	男	3.97	0.58	0.512	0.000***
	女	4.14	0.46		
劳动能力	男	3.89	0.49	0.099	0.000***
	女	4.08	0.44		
劳动习惯与品质	男	3.84	0.48	0.005	0.000***
	女	4.04	0.44		
劳动情感与态度	男	3.85	0.50	1.287	0.000***
	女	4.00	0.41		

注：$^*P<0.05$，$^{**}P<0.01$，$^{***}P<0.001$。

如表5-11所示，除了承担劳动责任没有显著差异，其余各级指标均存在显著差异。

表 5-11　性别对劳动素养各级指标影响的差异性分析

各级指标	性别	*M*	*SD*	*F*	*P*
LDJZG	男	4.00	0.58	0.266	0.000***
	女	4.18	0.44		
GZRR	男	3.95	0.61	1.717	0.000***
	女	4.14	0.46		
ZZPD	男	4.06	0.59	0.168	0.000***
	女	4.23	0.46		
LDCGG	男	3.94	0.62	0.780	0.002**
	女	4.09	0.54		
BHCQ	男	3.98	0.64	0.533	0.003**
	女	4.13	0.54		
ZXCG	男	3.90	0.68	1.206	0.004**
	女	4.05	0.62		
LDJN	男	3.89	0.52	0.184	0.000***
	女	4.10	0.48		
SJLC	男	3.93	0.63	1.631	0.000***
	女	4.13	0.55		
ZWCZ	男	3.86	0.62	3.352	0.000***
	女	4.06	0.54		
LDCZ	男	3.90	0.58	0.975	0.000***
	女	4.07	0.50		
TJYL	男	3.91	0.61	0.677	0.000***
	女	4.14	0.52		
CZJJ	男	3.84	0.70	2.719	0.009**
	女	3.99	0.65		
CYWH	男	3.92	0.63	0.540	0.001***
	女	4.08	0.54		
LDXG	男	3.87	0.50	0.310	0.000***
	女	4.05	0.48		

续表

各级指标	性别	*M*	*SD*	*F*	*P*
ZSJL	男	3.73	0.58	0.891	0.000***
	女	3.99	0.57		
JXHB	男	4.02	0.64	0.067	0.039*
	女	4.12	0.55		
LDPZ	男	3.81	0.52	0.099	0.000***
	女	4.02	0.51		
CXWS	男	3.55	0.55	6.256	0.000***
	女	3.83	0.63		
TDHZ	男	4.07	0.66	0.010	0.002**
	女	4.22	0.53		
LDQG	男	4.05	0.63	0.063	0.000***
	女	4.22	0.51		
LDYX	男	4.06	0.67	0.136	0.004**
	女	4.21	0.53		
TTGC	男	4.04	0.65	0.603	0.000***
	女	4.24	0.54		
LDTD	男	3.65	0.46	1.217	0.001***
	女	3.78	0.42		
DZTD	男	3.54	0.58	1.894	0.000***
	女	3.78	0.60		
CDZR	男	3.75	0.58	2.771	0.674
	女	3.77	0.51		

注：*$P<0.05$，**$P<0.01$，***$P<0.001$。LDJZG=劳动价值观，GZRR=感知劳动荣辱，ZZPD=尊重劳动平等，LDCGG=劳动成果观，BHCQ=保护劳动产权，ZXCG=珍惜劳动成果，LDJN=劳动技能，SJLC=设计劳动流程，ZWCZ=掌握劳动操作，LDCZ=劳动创造，TJYL=探究技术原理，CZJJ=创造性解决问题，CYWH=实现创意物化，LDXG=劳动习惯，ZSJL=遵守劳动纪律，JXHB=践行劳动环保，LDPZ=劳动品质，CXWS=讲求诚信务实，TDHZ=注重团队合作，LDQG=劳动情感，LDYX=表明劳动意向，TTGC=体贴劳动过程，LDTD=劳动态度，DZTD=端正劳动态度，CDZR=承担劳动责任。

（二）平均每天家务劳动时长对中等职业学校学生劳动素养影响的差异性分析

将中等职业学校学生平均每天家务劳动时长分为：$t \geqslant 2$、$1\ \mathrm{h} \leqslant t < 2\ \mathrm{h}$、$0.5\ \mathrm{h} \leqslant t < 1$

h、0.25 h ≤ t < 0.5 h、t < 0.25 h。如表 5-12 所示，从 F 值结果来看，不同劳动时长的学生在劳动观念（$F = 5.244$，$P < 0.001$）上、劳动能力（$F = 7.001$，$P < 0.001$）上、劳动情感与态度（$F = 2.981$，$P < 0.05$）上存在显著差异，在劳动习惯与品质维度上差异不明显。通过 LSD 法做进一步的事后分析，以每一组为“参照组”分别与各组进行平均数的差异比较，结果表明，劳动素养四个一级评价指标都存在 2 h 及以上组群体显著高于 0.25 h 以内组群体，说明平均每天家务劳动时长在 2 h 以上的学生的劳动观念、劳动能力、劳动习惯与品质、劳动情感与态度都高于平均每天家务劳动时长在 0.25 h 以内（15 分钟以内）的学生。

表 5-12　平均每天家务劳动时长对劳动素养一级指标影响的差异性分析

一级指标	平均每天家务劳动时长	均值（M）	标准差（SD）	F	P	事后比较
劳动观念	$t \geq 2$	4.14	0.54	5.244	0.000***	2 h 及以上 >0.25 h 以内， 2 h 及以上 >0.5 ~ 1 h
	1 h ≤ t < 2 h	4.01	0.57			
	0.5 h ≤ t < 1 h	3.93	0.29			
	0.25 h ≤ t < 0.5 h	4.13	0.59			
	t < 0.25 h	3.91	0.51			
劳动能力	$t \geq 2$	4.06	0.45	7.001	0.000***	2 h 及以上 > 0.25 h 以内 1 ~ 2 h > 0.25 h 以内 0.5 h 以内 > 0.25 h 以内
	1 h ≤ t < 2 h	4.00	0.56			
	0.5 h ≤ t < 1 h	3.88	0.25			
	0.25 h ≤ t < 0.5 h	4.13	0.36			
	t < 0.25 h	3.83	0.50			
劳动习惯与品质	$t \geq 2$	3.98	0.46	1.997	0.094	2 h 及以上 > 0.25 h 以内
	1 h ≤ t < 2 h	3.94	0.54			
	0.5 h ≤ t < 1 h	3.89	0.32			
	0.25 h ≤ t < 0.5 h	3.83	0.54			
	t < 0.25 h	3.85	0.49			
劳动情感与态度	$t \geq 2$	3.98	0.44	2.981	0.019*	2 h 及以上 >0.25 h 以内
	1 h ≤ t < 2 h	3.89	0.52			
	0.5 h ≤ t < 1 h	3.83	0.33			
	0.25 h ≤ t < 0.5 h	3.94	0.55			
	t < 0.25 h	3.83	0.50			

注：*P<0.05，**P<0.01，***P<0.001。

为了进一步寻找可能存在的原因，本研究继续对不同性别组群体所负荷的平均每天家务劳动时长做了交叉比较分析，结果如表 5-13 所示。就进行 0.25 h 以内平均每天家务劳动时长的比例而言，男生群组占到 34.9%，女生群组占到 24.5%。可见，中等职业学校男生群组平均每天家务劳动时长明显短于女生群组。

表 5-13　不同性别学生平均每天家务劳动时长比较分析

平均每天家务劳动时长	男		女		总计	
	N	占比 /%	*N*	占比 /%	*N*	占比 /%
$t \geqslant 2$	152	48.3	127	51.8	279	49.8
$1\ h \leqslant t < 2\ h$	39	12.4	32	13.1	71	12.7
$0.5\ h \leqslant t < 1\ h$	10	3.2	18	7.3	28	5.0
$0.25\ h \leqslant t < 0.5\ h$	4	1.3	8	3.3	12	2.1
$t < 0.25\ h$	110	34.9	60	24.5	170	30.4

本研究结合性别与平均每天家务劳动时长做了进一步的百分比同质性检验。从表 5-14 可知，卡方值为 12.704，自由度为 4，渐进显著性（双侧）*P* 值为 0.013，达到 0.05 显著水平。这表明，不同性别在平均每天家务劳动时长上至少有一个类别次数百分比间有显著差异。

表 5-14　“性别 & 平均每天家务劳动时长”卡方检验

	值	df	*P*
Pearson 卡方	12.704a	4	0.013*
似然比	12.764	4	0.012*
线性和线性组合	3.156	1	0.076
有效观察值个数	560	—	—

注：$^*P < 0.05$，$^{**}P < 0.01$，$^{***}P < 0.001$。

（三）家庭所在地对中等职业学校学生劳动素养影响的差异性分析

根据家庭所在地的不同，可以将调研对象分为城市、县城、乡镇、农村四组群体。如表 5-15 所示，从 *F* 值结果看，不同家庭所在地的学生在劳动观念（$F = 4.936$，$P < 0.01$）、劳动能力（$F = 4.960$，$P < 0.01$）、劳动习惯与品质（$F = 3.670$，$P < 0.05$）、劳动情感与态度（$F = 2.824$，$P < 0.05$）上均存在显著差异。通过 LSD 法做进一步的事后分析，以每一组为“参照组”分别与各组进行平均数的差异比较，结果表明，就中等职业学校学生劳动观念、劳动能力、劳动习惯与品质、劳动情感与态度维度而言，均

具有乡镇组群体、农村组群体高于城市组群体的差异性；就劳动观念而言，还具有农村组群体高于县城组群体的差异；就劳动情感与态度而言，还具有乡镇组群体高于农村组群体、农村组群体高于县城组群体的差异性。

表 5-15　不同家庭所在地对劳动素养一级指标影响的差异性分析

各级指标	家庭所在地	均值（*M*）	标准差（*SD*）	*F*	*P*	事后比较
劳动观念	城市	3.94	0.63	4.936	0.002**	乡镇 > 城市 农村 > 城市 农村 > 县城
	县城	3.98	0.47			
	乡镇	4.13	0.46			
	农村	4.11	0.49			
劳动能力	城市	4.04	0.54	4.960	0.002**	乡镇 > 城市 农村 > 城市
	县城	3.88	0.51			
	乡镇	3.93	0.44			
	农村	4.06	0.41			
劳动习惯与品质	城市	3.85	0.53	3.670	0.012*	乡镇 > 城市 农村 > 城市
	县城	3.86	0.42			
	乡镇	4.04	0.5			
	农村	3.98	0.48			
劳动情感与态度	城市	3.93	0.48	2.824	0.038*	乡镇 > 城市 农村 > 城市 乡镇 > 农村 农村 > 县城
	县城	3.86	0.53			
	乡镇	4.00	0.42			
	农村	3.98	0.47			

注：$^{*}P < 0.05$，$^{**}P < 0.01$，$^{***}P < 0.001$。

如表5-16所示，从F值结果来看，不同家庭所在地的学生在劳动价值观（$F = 3.828$，$P = 0.01$）、劳动成果观（$F = 5.228$，$P = 0.001$）、劳动技能（$F = 5.084$，$P < 0.01$）、劳动创造（$F = 4.089$，$P < 0.01$）、劳动习惯（$F = 5.130$，$P < 0.01$）、劳动情感（$F = 3.769$，$P < 0.05$）等均存在显著差异。通过事后分析，结果表明，就劳动素养价值观、感知劳动荣辱、尊重劳动平等等多个指标存在家庭所在地在农村群体显著高于家庭所在地在城市群体。

表 5-16　不同家庭所在地对劳动素养各级指标影响的差异性分析

各级指标	家庭所在地	*M*	*SD*	*F*	*P*	事后比较
LDJZG	城市	3.99	0.64	3.828	0.010**	农村 > 城市 乡镇 > 城市
	县城	4.02	0.46			
	乡镇	4.14	0.46			
	农村	4.15	0.48			
GZRR	城市	3.94	0.67	3.043	0.028*	农村 > 城市
	县城	3.99	0.46			
	乡镇	4.08	0.50			
	农村	4.11	0.5			
ZZPD	城市	4.05	0.64	3.119	0.026*	农村 > 城市 乡镇 > 城市
	县城	4.07	0.49			
	乡镇	4.20	0.48			
	农村	4.20	0.49			
LDCGG	城市	3.89	0.66	5.228	0.001***	
	县城	3.93	0.56			
	乡镇	4.12	0.50			
	农村	4.08	0.57			
BHCQ	城市	3.93	0.68	3.709	0.012*	
	县城	4.01	0.59			
	乡镇	4.11	0.52			
	农村	4.12	0.57			
ZXCG	城市	3.84	0.72	5.950	0.001***	农村 > 县城 农村 > 城市 乡镇 > 县城 乡镇 > 城市
	县城	3.85	0.62			
	乡镇	4.13	0.57			
	农村	4.03	0.63			
LDJN	城市	3.86	0.52	5.084	0.002**	农村 > 城市 乡镇 > 城市 县城 > 城市
	县城	4.01	0.50			
	乡镇	4.06	0.43			
	农村	4.04	0.54			

续表

各级指标	家庭所在地	*M*	*SD*	*F*	*P*	事后比较
SJLC	城市	3.87	0.65	5.325	0.001***	农村 > 城市 乡镇 > 城市 县城 > 城市
	县城	4.11	0.56			
	乡镇	4.08	0.49			
	农村	4.09	0.61			
ZWCZ	城市	3.85	0.64	2.800	0.039*	农村 > 城市 乡镇 > 城市
	县城	3.92	0.58			
	乡镇	4.03	0.49			
	农村	3.99	0.60			
LDCZ	城市	3.89	0.59	4.089	0.007**	农村 > 县城 农村 > 城市 乡镇 > 县城 乡镇 > 城市
	县城	3.88	0.49			
	乡镇	4.06	0.48			
	农村	4.04	0.56			
TJYL	城市	3.91	0.61	3.011	0.030*	农村 > 城市 乡镇 > 城市
	县城	3.98	0.48			
	乡镇	4.09	0.56			
	农村	4.07	0.60			
CZJJ	城市	3.85	0.72	2.395	0.067	农村 > 县城 乡镇 > 县城
	县城	3.78	0.60			
	乡镇	4.00	0.59			
	农村	3.96	0.72			
CYWH	城市	3.90	0.65	4.507	0.004**	农村 > 县城 农村 > 城市 乡镇 > 县城 乡镇 > 城市
	县城	3.89	0.59			
	乡镇	4.07	0.49			
	农村	4.08	0.59			
LDXG	城市	3.86	0.56	5.130	0.002**	农村 > 县城 农村 > 城市 乡镇 > 县城
	县城	3.88	0.45			
	乡镇	4.07	0.43			
	农村	4.00	0.48			

续表

各级指标	家庭所在地	*M*	*SD*	*F*	*P*	事后比较
ZSJL	城市	3.72	0.62	5.358	0.001***	农村＞县城 农村＞城市 乡镇＞县城
	县城	3.79	0.53			
	乡镇	3.97	0.55			
	农村	3.91	0.59			
JXHB	城市	4.00	0.69	2.314	0.075	乡镇＞县城 乡镇＞城市
	县城	3.98	0.51			
	乡镇	4.16	0.50			
	农村	4.10	0.59			
LDPZ	城市	3.85	0.57	1.999	0.113	农村＞城市
	县城	3.84	0.50			
	乡镇	3.93	0.49			
	农村	3.96	0.51			
CXWS	城市	3.63	0.61	0.651	0.583	n.s.
	县城	3.65	0.61			
	乡镇	3.70	0.59			
	农村	3.70	0.59			
TDHZ	城市	4.07	0.69	2.853	0.037*	农村＞县城 农村＞城市
	县城	4.03	0.55			
	乡镇	4.17	0.52			
	农村	4.22	0.59			
LDQG	城市	4.05	0.70	3.769	0.011*	农村＞县城 农村＞城市 乡镇＞县城 乡镇＞城市
	县城	4.00	0.47			
	乡镇	4.22	0.48			
	农村	4.19	0.57			
LDYX	城市	4.06	0.73	2.335	0.073	农村＞县城
	县城	4.02	0.47			
	乡镇	4.19	0.54			
	农村	4.19	0.59			

续表

各级指标	家庭所在地	*M*	*SD*	*F*	*P*	事后比较
TTGC	城市	4.04	0.70	4.876	0.002*	农村 > 县城 农村 > 城市 乡镇 > 县城 乡镇 > 城市
	县城	3.98	0.54			
	乡镇	4.25	0.47			
	农村	4.19	0.60			
LDTD	城市	3.68	0.45	0.957	0.413	n.s.
	县城	3.66	0.42			
	乡镇	3.74	0.45			
	农村	3.73	0.46			
DZTD	城市	3.62	0.62	0.295	0.829	
	县城	3.63	0.59			
	乡镇	3.65	0.59			
	农村	3.68	0.59			
CDZR	城市	3.73	0.55	1.251	0.290	
	县城	3.69	0.46			
	乡镇	3.82	0.54			
	农村	3.79	0.58			

注：*P < 0.05，**P < 0.01，***P < 0.001。LDJZG = 劳动价值观，GZRR = 感知劳动荣辱，ZZPD = 尊重劳动平等，LDCGG = 劳动成果观，BHCQ = 保护劳动产权，ZXCG = 珍惜劳动成果，LDJN = 劳动技能，SJLC = 设计劳动流程，ZWCZ = 掌握劳动操作，LDCZ = 劳动创造，TJYL = 探究技术原理，CZJJ = 创造性解决问题，CYWH = 实现创意物化，LDXG = 劳动习惯，ZSJL= 遵守劳动纪律，JXHB= 践行劳动环保，LDPZ= 劳动品质，CXWS = 讲求诚信务实，TDHZ = 注重团队合作，LDQG= 劳动情感，LDYX = 表明劳动意向，TTGC= 体贴劳动过程，LDTD = 劳动态度，DZTD = 端正劳动态度，CDZR= 承担劳动责任。

此外，本研究继续对不同家庭所在地组群体所负荷的平均每天家务劳动时长进行了交叉比较分析，结果如表 5-17 所示。在平均每天家务劳动时长在 0.25 h 以内的学生中，城市组群体占 38.8%，县城组群体占 12.9%，乡镇组群体占 15.3%，农村组群体占 32.9%。可见，与其他家庭所在地群体相比，城市组群体所进行到平均每天家务劳动时长明显更短。

表 5-17　不同家庭所在地平均每天家务劳动时长比较分析

平均每天家务劳动时长	城市		县城		乡镇		农村		总计	
	N	占比 /%	N	占比 /%	N	占比 /%	N	占比 /%	N	占比 /%
$t \geqslant 2$	69	24.7	46	16.5	64	22.9	100	35.8	279	49.8
$1\text{ h} \leqslant t < 2\text{ h}$	24	33.8	11	15.5	7	9.9	29	40.8	71	12.7
$0.5\text{ h} \leqslant t < 1\text{ h}$	13	46.4	1	3.6	5	17.9	9	32.1	28	5.0
$0.25\text{ h} \leqslant t < 0.5\text{ h}$	24	16.7	1	8.3	3	25.0	6	50.0	12	2.1
$t < 0.25\text{ h}$	66	38.8	22	12.9	26	15.3	56	32.9	170	30.36

本研究结合家庭所在地与平均每天家务劳动时长做了进一步的百分比同质性检验。从表 5-18 可知，卡方值为 22.343，自由度为 12，P 值为 0.034，达到 0.05 显著水平。这表明，不同家庭所在地在平均每天家务劳动时长上至少有一个类别次数百分比间有显著差异。

表 5-18　“家庭所在地 & 平均每天家务劳动时长”卡方检验

	值	df	P
Pearson 卡方	22.343a	12	0.034*
似然比	23.707	12	0.022*
线性和线性组合	4.417	1	0.036*
有效观察值个数	560	—	—

注：*P < 0.05，**P < 0.01，***P < 0.001。

（四）专业大类对中等职业学校学生劳动素养影响的差异性分析

根据中等职业学校学生专业大类的不同，可以将调研对象分为加工制造大类、电子信息大类、土木建筑大类、交通运输大类四组群体，如表 5-19 所示。从 F 值结果来看，不同专业大类的学生在劳动观念（$F=26.716$，$P<0.001$）、劳动能力（$F=28.169$，$P<0.001$）、劳动习惯与品质（$F=37.141$，$P<0.001$）、劳动情感与态度（$F=32.760$，$P<0.001$）上存在极其显著差异。通过 LSD 法做进一步的事后分析，以每一组为“参照组”分别与各组进行平均数的差异比较，结果表明，就中等职业学校学生劳动观念、劳动能力、劳动情感与态度、劳动习惯与品质，均显示加工制造大类组群体显著高于电子信息大类组群体，电子信息大类组群体显著高于土木建筑大类组群体，土木建筑大类组群体显著高于交通运输大类组群体。

表 5-19　不同专业大类对劳动素养一级指标影响的差异性分析

各级指标	专业大类	均值（M）	标准差（SD）	F	P	事后比较
劳动观念	加工制造大类	4.26	0.62	26.716	0.000***	加工制造大类＞电子信息大类＞土木建筑大类＞交通运输大类
	电子信息大类	4.10	0.53			
	土木建筑大类	3.82	0.31			
	交通运输大类	3.80	0.40			
劳动能力	加工制造大类	4.19	0.54	28.169	0.000***	
	电子信息大类	4.01	0.52			
	土木建筑大类	3.78	0.27			
	交通运输大类	3.76	0.27			
劳动习惯与品质	加工制造大类	4.13	0.49	37.141	0.000***	
	电子信息大类	4.02	0.49			
	土木建筑大类	3.70	0.35			
	交通运输大类	3.68	0.29			
劳动情感与态度	加工制造大类	4.11	0.52	32.760	0.000***	
	电子信息大类	4.00	0.49			
	土木建筑大类	3.69	0.31			
	交通运输大类	3.69	0.25			

注：$*P<0.05$，$**P<0.01$，$***P<0.001$。

如表 5-20 所示，不同专业大类的中等职业学校学生在劳动价值观、劳动成果观、劳动技能、劳动创造、劳动习惯、劳动情感、劳动态度的 F 值分别为 30.813、18.857、26.689、20.069、29.933、27.799、23.951，P 值为 <0.001，均存在显著差异。通过 LSD 法进行事后分析，以每一组为“参照组”分别与各组进行平均数的差异比较。结果表明，在劳动价值观、劳动成果观、劳动技能、劳动创造、劳动习惯、劳动品质、劳动情感、劳动态度及所有三级指标上也存在加工制造大类组群体显著高于电子信息大类、土木建筑大类、交通运输大类组群体。

表 5-20　不同专业大类对劳动素养各级指标影响的差异性分析

各级指标	专业大类	M	SD	F	P	事后比较
LDJZG	加工制造大类	4.31	0.61	30.813	0.000***	加工制造大类＞电子信息大类＞土木建筑大类＞交通运输大类
	电子信息大类	4.14	0.52			
	土木建筑大类	3.84	0.30			
	交通运输大类	3.83	0.38			

续表

各级指标	专业大类	*M*	*SD*	*F*	*P*	事后比较
GZRR	加工制造大类	4.24	0.64	21.694	0.000***	加工制造大类>电子信息大类>土木建筑大类>交通运输大类
	电子信息大类	4.10	0.57			
	土木建筑大类	3.81	0.34			
	交通运输大类	3.81	0.43			
ZZPD	加工制造大类	4.39	0.62	37.092	0.000***	
	电子信息大类	4.20	0.52			
	土木建筑大类	3.88	0.30			
	交通运输大类	3.86	0.38			
LDCGG	加工制造大类	4.21	0.68	18.857	0.000***	
	电子信息大类	4.06	0.60			
	土木建筑大类	3.81	0.36			
	交通运输大类	3.76	0.48			
BHCQ	加工制造大类	4.26	0.69	17.332	0.000***	
	电子信息大类	4.09	0.65			
	土木建筑大类	3.85	0.34			
	交通运输大类	3.82	0.45			
ZXCG	加工制造大类	4.16	0.74	15.823	0.000***	
	电子信息大类	4.04	0.64			
	土木建筑大类	3.77	0.46			
	交通运输大类	3.70	0.56			
LDJN	加工制造大类	4.18	0.56	26.689	0.000***	
	电子信息大类	4.05	0.56			
	土木建筑大类	3.78	0.29			
	交通运输大类	3.74	0.31			
SJLC	加工制造大类	4.24	0.67	25.036	0.000***	
	电子信息大类	4.12	0.64			
	土木建筑大类	3.78	0.37			
	交通运输大类	3.74	0.41			
ZWCZ	加工制造大类	4.13	0.68	13.605	0.000***	
	电子信息大类	3.99	0.67			
	土木建筑大类	3.78	0.35			
	交通运输大类	3.74	0.35			

续表

各级指标	专业大类	*M*	*SD*	*F*	*P*	事后比较
LDCZ	加工制造大类	4.19	0.64	20.069	0.000***	加工制造大类 > 电子信息大类 > 土木建筑大类 > 交通运输大类
	电子信息大类	3.98	0.60			
	土木建筑大类	3.79	0.32			
	交通运输大类	3.77	0.31			
TJYL	加工制造大类	4.21	0.72	14.230	0.000***	
	电子信息大类	4.02	0.62			
	土木建筑大类	3.84	0.29			
	交通运输大类	3.83	0.31			
CZJJ	加工制造大类	4.14	0.76	11.803	0.000***	
	电子信息大类	3.88	0.79			
	土木建筑大类	3.72	0.44			
	交通运输大类	3.75	0.42			
CYWH	加工制造大类	4.23	0.66	20.028	0.000***	
	电子信息大类	4.02	0.64			
	土木建筑大类	3.80	0.39			
	交通运输大类	3.75	0.42			
LDXG	加工制造大类	4.15	0.52	29.933	0.000***	
	电子信息大类	4.03	0.52			
	土木建筑大类	3.73	0.37			
	交通运输大类	3.71	0.35			
ZSJL	加工制造大类	4.02	0.62	18.684	0.000***	
	电子信息大类	3.93	0.61			
	土木建筑大类	3.62	0.49			
	交通运输大类	3.62	0.44			
JXHB	加工制造大类	4.28	0.67	21.740	0.000***	
	电子信息大类	4.13	0.61			
	土木建筑大类	3.85	0.43			
	交通运输大类	3.80	0.46			
LDPZ	加工制造大类	4.11	0.57	32.428	0.000***	
	电子信息大类	4.01	0.54			
	土木建筑大类	3.66	0.37			
	交通运输大类	3.64	0.33			

续表

各级指标	专业大类	*M*	*SD*	*F*	*P*	事后比较
CXWS	加工制造大类	3.85	0.62	19.272	0.000***	加工制造大类＞电子信息大类＞土木建筑大类＞交通运输大类
	电子信息大类	3.78	0.62			
	土木建筑大类	3.48	0.47			
	交通运输大类	3.39	0.50			
TDHZ	加工制造大类	4.37	0.69	29.066	0.000***	
	电子信息大类	4.24	0.61			
	土木建筑大类	3.83	0.45			
	交通运输大类	3.89	0.30			
LDQG	加工制造大类	4.36	0.67	27.799	0.000***	
	电子信息大类	4.21	0.61			
	土木建筑大类	3.87	0.38			
	交通运输大类	3.87	0.33			
LDYX	加工制造大类	4.35	0.69	23.787	0.000***	
	电子信息大类	4.21	0.65			
	土木建筑大类	3.87	0.41			
	交通运输大类	3.87	0.38			
TTGC	加工制造大类	4.37	0.69	26.386	0.000***	
	电子信息大类	4.21	0.62			
	土木建筑大类	3.86	0.42			
	交通运输大类	3.86	0.37			
LDTD	加工制造大类	3.86	0.48	23.951	0.000***	
	电子信息大类	3.79	0.48			
	土木建筑大类	3.51	0.34			
	交通运输大类	3.51	0.29			
DZTD	加工制造大类	3.82	0.63	18.816	0.000***	
	电子信息大类	3.76	0.62			
	土木建筑大类	3.42	0.48			
	交通运输大类	3.42	0.47			
CDZR	加工制造大类	3.90	0.64	10.087	0.000***	
	电子信息大类	3.81	0.57			

续表

各级指标	专业大类	*M*	*SD*	*F*	*P*	事后比较
CDZR	土木建筑大类	3.61	0.41	10.087	0.000***	加工制造大类 > 电子信息大类 > 土木建筑大类 > 交通运输大类
	交通运输大类	3.61	0.38			

注：$^{*}P < 0.05$，$^{**}P < 0.01$，$^{***}P < 0.001$。LDJZG = 劳动价值观，GZRR = 感知劳动荣辱，ZZPD = 尊重劳动平等，LDCGG = 劳动成果观，BHCQ = 保护劳动产权，ZXCG = 珍惜劳动成果，LDJN = 劳动技能，SJLC = 设计劳动流程，ZWCZ = 掌握劳动操作，LDCZ = 劳动创造，TJYL = 探究技术原理，CZJJ = 创造性解决问题，CYWH = 实现创意物化，LDXG = 劳动习惯，ZSJL= 遵守劳动纪律，JXHB = 践行劳动环保，LDPZ = 劳动品质，CXWS = 讲求诚信务实，TDHZ = 注重团队合作，LDQG = 劳动情感，LDYX = 表明劳动意向，TTGC = 体贴劳动过程，LDTD = 劳动态度，DZTD = 端正劳动态度，CDZR = 承担劳动责任。

二、基于家庭层面的中等职业学校学生劳动素养差异性分析

（一）同辈家庭子女数对中等职业学校学生劳动素养影响的差异性分析

将同辈家庭子女数分为 1（独生子女）、2、3、≥ 4。如表 5-21 所示，就劳动观念、劳动能力、劳动习惯与品质、劳动情感与态度四个因变量而言，整体检验的 F 值分别为 9.373（$P < 0.001$）、5.860（$P = 0.001$）、3.440（$P < 0.05$）、5.050（$P < 0.01$）均达到显著水平，因此需要拒绝虚无假设，接受对立假设，表示是否是独生子女的中等职业学校学生在劳动观念、劳动能力、劳动习惯与品质、劳动情感与态度间均有显著差异存在。通过 LSD 法做进一步的事后分析，以每一组为“参照组”分别与各组进行平均数的差异比较，结果表明，劳动素养四个一级评价指标都存在同辈家庭子女数 4 个及以上组群体显著高于 3 个组群体、2 个组群体、1 个（独生子女）组群体。

表 5-21　同辈家庭子女数对劳动素养一级指标影响的差异性分析

水平层次	同辈家庭子女数	*M*	*SD*	*F*	*P*	事后比较
劳动观念	1	3.83	0.70	9.373	0.000***	4 个及以上 > 3 > 2 > 1
	2	4.07	0.49			
	3	4.14	0.41			
	≥ 4	4.47	0.46			
劳动能力	1	3.84	0.58	5.860	0.001***	
	2	3.99	0.46			
	3	4.03	0.35			
	≥ 4	4.37	0.55			

续表

水平层次	同辈家庭子女数	*M*	*SD*	*F*	*P*	事后比较
劳动习惯与品质	1	3.82	0.52	3.440	0.017*	4 个及以上 > 3 > 2 > 1
	2	3.94	0.48			
	3	3.96	0.35			
	≥ 4	4.21	0.39			
劳动情感与态度	1	3.78	0.56	5.050	0.002**	
	2	3.93	0.46			
	3	3.96	0.36			
	≥ 4	4.24	0.40			

注：$^*P < 0.05$，$^{**}P < 0.01$，$^{***}P < 0.001$。

如表 5-22 所示，同辈家庭子女数不同的中等职业学校学生在劳动价值观、劳动成果观、劳动技能、劳动创造、劳动习惯、劳动品质、劳动情感、劳动态度的 F 值分别为 7.372、9.590、2.419、6.595、5.161、1.591、5.678、2.783，其中除劳动技能、劳动品质以外 P 值全都达到显著水平。通过 LSD 法进行事后分析，以每一组为“参照组”分别与各组进行平均数的差异比较。结果表明，劳动价值观、劳动成果观、劳动创造、劳动习惯、劳动情感、劳动态度存在同辈家庭子女数 4 个及以上组群体显著高于 3 个组群体、2 个组群体、独生子女组群体。

表 5-22　同辈家庭子女数对劳动素养各级指标影响的差异性分析

各级指标	同辈家庭子女数	*M*	*SD*	*F*	*P*	事后比较
LDJZG	1	3.89	0.69	7.372	0.000***	4 个及以上 >3>2>1
	2	4.10	0.49			
	3	4.16	0.41			
	≥ 4	4.47	0.46			
GZRR	1	3.86	0.72	6.409	0.000***	
	2	4.05	0.52			
	3	4.14	0.42			
	≥ 4	4.42	0.47			
ZZPD	1	3.95	0.70	6.568	0.000***	
	2	4.16	0.50			
	3	4.19	0.43			
	≥ 4	4.50	0.49			

续表

各级指标	同辈家庭子女数	*M*	*SD*	*F*	*P*	事后比较
LDCGG	1	3.77	0.77	9.590	0.000***	4 个及以上 >3>2>1
	2	4.03	0.55			
	3	4.12	0.44			
	⩾ 4	4.47	0.45			
BHCQ	1	3.83	0.78	7.097	0.000***	
	2	4.07	0.57			
	3	4.14	0.45			
	⩾ 4	4.44	0.50			
ZXCG	1	3.71	0.85	9.811	0.000***	
	2	3.99	0.61			
	3	4.11	0.46			
	⩾ 4	4.50	0.46			
LDJN	1	3.90	0.59	2.419	0.065	4 个及以上 >1
	2	3.99	0.50			
	3	4.02	0.40			
	⩾ 4	4.28	0.60			
SJLC	1	3.95	0.65	1.634	0.18	
	2	4.03	0.61			
	3	4.01	0.51			
	⩾ 4	4.33	0.59			
ZWCZ	1	3.85	0.70	2.245	0.082	
	2	3.94	0.59			
	3	4.03	0.42			
	⩾ 4	4.22	0.64			
LDCZ	1	3.81	0.68	6.595	0.000***	4 个及以上 >3>2>1
	2	3.99	0.52			
	3	4.05	0.40			
	⩾ 4	4.43	0.60			
TJYL	1	3.90	0.69	5.104	0.002**	
	2	4.01	0.57			
	3	4.07	0.41			
	⩾ 4	4.56	0.50			

续表

各级指标	同辈家庭子女数	*M*	*SD*	*F*	*P*	事后比较
CZJJ	1	3.77	0.78	3.246	0.022*	4 个及以上 >3>2>1
	2	3.90	0.67			
	3	4.02	0.52			
	≥ 4	4.28	0.74			
CYWH	1	3.75	0.75	8.501	0.000***	
	2	4.04	0.56			
	3	4.05	0.44			
	≥ 4	4.40	0.61			
LDXG	1	3.80	0.55	5.161	0.002**	
	2	3.97	0.50			
	3	4.00	0.36			
	≥ 4	4.25	0.37			
ZSJL	1	3.76	0.58	1.224	0.3	n.s.
	2	3.86	0.61			
	3	3.83	0.48			
	≥ 4	4.03	0.56			
JXHB	1	3.84	0.72	7.84	0.000***	4 个及以上 >3>2>1
	2	4.09	0.59			
	3	4.17	0.40			
	≥ 4	4.47	0.44			
LDPZ	1	3.84	0.56	1.591	0.19	n.s.
	2	3.91	0.54			
	3	3.91	0.37			
	≥ 4	4.17	0.43			
CXWS	1	3.66	0.58	0.372	0.773	
	2	3.67	0.63			
	3	3.64	0.49			
	≥ 4	3.83	0.61			
TDHZ	1	4.01	0.72	3.039	0.029*	4 个及以上 >3>2>1
	2	4.15	0.61			
	3	4.18	0.39			
	≥ 4	4.50	0.46			

续表

各级指标	同辈家庭子女数	*M*	*SD*	*F*	*P*	事后比较
LDQG	1	3.93	0.72	5.678	0.001***	4 个及以上 >3>2>1
	2	4.15	0.57			
	3	4.19	0.41			
	≥ 4	4.47	0.52			
LDYX	1	3.92	0.77	5.359	0.001***	
	2	4.16	0.59			
	3	4.19	0.45			
	≥ 4	4.44	0.57			
TTGC	1	3.94	0.73	5.03	0.002**	
	2	4.15	0.61			
	3	4.19	0.40			
	≥ 4	4.50	0.48			
LDTD	1	3.63	0.52	2.783	0.04*	
	2	3.71	0.44			
	3	3.74	0.38			
	≥ 4	4.00	0.34			
DZTD	1	3.61	0.61	0.39	0.006**	
	2	3.65	0.60			
	3	3.65	0.57			
	≥ 4	3.81	0.52			
CDZR	1	3.65	0.62	4.459	0.004**	
	2	3.76	0.53			
	3	3.84	0.46			
	≥ 4	4.19	0.70			

注：$^*P<0.05$，$^{**}P<0.01$，$^{***}P<0.001$。LDJZG = 劳动价值观，GZRR= 感知劳动荣辱，ZZPD = 尊重劳动平等，LDCGG = 劳动成果观，BHCQ = 保护劳动产权，ZXCG = 珍惜劳动成果，LDJN = 劳动技能，SJLC = 设计劳动流程，ZWCZ = 掌握劳动操作，LDCZ = 劳动创造，TJYL = 探究技术原理，CZJJ = 创造性解决问题，CYWH = 实现创意物化，LDXG = 劳动习惯，ZSJL = 遵守劳动纪律，JXHB = 践行劳动环保，LDPZ = 劳动品质，CXWS = 讲求诚信务实，TDHZ = 注重团队合作，LDQG = 劳动情感，LDYX = 表明劳动意向，TTGC = 体贴劳动过程，LDTD = 劳动态度，DZTD = 端正劳动态度，CDZR = 承担劳动责任。

（二）父亲劳动态度对中等职业学校学生劳动素养影响的差异性分析

本研究将父亲劳动态度分为比较乐意、一般、不太乐意三组群体进行分析。如

表 5-23 所示，就劳动观念、劳动能力、劳动习惯与品质、劳动情感与态度四个因变量而言，整体检验的 F 值分别为 7.844（$P < 0.001$）、7.252（$P = 0.001$）、4.590（$P < 0.05$）、4.392（$P < 0.05$）均达到显著水平。因此需要拒绝虚无假设，接受对立假设，表示父亲劳动态度不同的中等职业学校学生在劳动观念、劳动能力、劳动习惯与品质、劳动情感与态度间均有显著差异存在。通过 LSD 法做进一步的事后分析，以每一组为“参照组”分别与各组进行平均数的差异比较，结果表明，劳动素养四个一级指标都存在父亲比较乐意组群体显著高于一般组群体、比较不乐意组群体。

表 5-23　父亲劳动态度对劳动素养一级指标影响的差异性分析

各级指标	父亲劳动态度	*M*	*SD*	*F*	*P*	事后比较
劳动观念	比较乐意	4.44	0.50	7.844	0.000***	比较乐意 > 一般 > 不太乐意
	一般	4.03	0.57			
	不太乐意	4.02	0.52			
劳动能力	比较乐意	4.32	0.54	7.252	0.001**	
	一般	3.96	0.51			
	不太乐意	3.96	0.46			
劳动习惯与品质	比较乐意	4.19	0.51	4.590	0.011*	
	一般	3.89	0.48			
	不太乐意	3.93	0.47			
劳动情感与态度	比较乐意	4.18	0.51	4.392	0.013*	
	一般	3.90	0.50			
	不太乐意	3.90	0.45			

注：$^{*}P < 0.05$，$^{**}P < 0.01$，$^{***}P < 0.001$。

以劳动价值观、劳动成果观、劳动技能、劳动创造、劳动习惯、劳动品质、劳动情感、劳动态度及所有的三级指标行单因素方差分析，考查父亲劳动态度影响中等职业学校学生在这些方面的具体表现。如表 5-24 所示，从 F 值结果来看，父亲劳动态度在劳动价值观维度（$F = 5.865$，$P < 0.01$）、劳动成果观（$F = 8.370$，$P < 0.001$）、劳动技能（$F = 4.352$，$P < 0.05$）、劳动创造（$F = 7.977$，$P < 0.001$）、劳动习惯（$F = 4.374$，$P < 0.05$）、劳动情感（$F = 3.507$，$P < 0.05$）等均存在显著差异。通过 LSD 法进行事后分析，以每一组为“参照组”分别与各组进行平均数的差异比较。结果表明，就劳动素养价值观、感知劳动荣辱、尊重劳动平等等多个指标存在父亲比较乐意组群体显著高于一般组群体，比较乐意组群体显著高于不太乐意组群体。

表 5-24　父亲劳动态度对劳动素养各级指标影响的差异性分析

各级指标	父亲劳动态度	*M*	*SD*	*F*	*P*	事后比较
LDJZG	比较乐意	4.42	0.49	5.865	0.003**	比较乐意 > 一般 比较乐意 > 不太乐意
	一般	4.08	0.57			
	不太乐意	4.06	0.51			
GZRR	比较乐意	4.40	0.52	5.933	0.003**	
	一般	4.01	0.61			
	不太乐意	4.02	0.53			
ZZPD	比较乐意	4.45	0.49	4.923	0.008**	
	一般	4.14	0.57			
	不太乐意	4.11	0.53			
LDCGG	比较乐意	4.46	0.51	8.370	0.000***	
	一般	3.99	0.60			
	不太乐意	3.98	0.58			
BHCQ	比较乐意	4.49	0.54	7.449	0.001***	
	一般	4.04	0.61			
	不太乐意	4.02	0.60			
ZXCG	比较乐意	4.44	0.54	7.289	0.001***	
	一般	3.95	0.65			
	不太乐意	3.94	0.65			
LDJN	比较乐意	4.24	0.56	4.352	0.013*	
	一般	3.92	0.51			
	不太乐意	3.99	0.51			
SJLC	比较乐意	4.17	0.60	1.272	0.281	n.s.
	一般	3.97	0.61			
	不太乐意	4.03	0.60			
ZWCZ	比较乐意	4.31	0.63	6.125	0.002**	比较乐意 > 一般 比较乐意 > 不太乐意
	一般	3.87	0.63			
	不太乐意	3.95	0.57			
LDCZ	比较乐意	4.38	0.56	7.977	0.000***	
	一般	3.98	0.60			
	不太乐意	3.94	0.52			

续表

各级指标	父亲劳动态度	*M*	*SD*	*F*	*P*	事后比较
TJYL	比较乐意	4.42	0.55	7.318	0.001***	比较乐意 > 一般 比较乐意 > 不太乐意
	一般	4.02	0.67			
	不太乐意	3.98	0.53			
CZJJ	比较乐意	4.35	0.65	6.539	0.002**	
	一般	3.94	0.70			
	不太乐意	3.86	0.67			
CYWH	比较乐意	4.36	0.57	5.076	0.007**	
	一般	3.98	0.61			
	不太乐意	3.97	0.59			
LDXG	比较乐意	4.22	0.50	4.374	0.013*	
	一般	3.91	0.50			
	不太乐意	3.95	0.50			
ZSJL	比较乐意	3.97	0.65	1.894	0.151	n.s.
	一般	3.77	0.59			
	不太乐意	3.86	0.58			
JXHB	比较乐意	4.46	0.57	6.136	0.002**	比较乐意 > 一般 比较乐意 > 不太乐意
	一般	4.04	0.59			
	不太乐意	4.04	0.60			
LDPZ	比较乐意	4.16	0.54	3.571	0.029*	
	一般	3.86	0.54			
	不太乐意	3.90	0.51			
CXWS	比较乐意	3.87	0.64	1.534	0.216	n.s.
	一般	3.66	0.58			
	不太乐意	3.66	0.60			
TDHZ	比较乐意	4.45	0.57	4.427	0.012*	比较乐意 > 一般 比较乐意 > 不太乐意
	一般	4.07	0.65			
	不太乐意	4.14	0.59			
LDQG	比较乐意	4.42	0.57	3.507	0.031*	
	一般	4.09	0.61			
	不太乐意	4.12	0.58			

续表

各级指标	父亲劳动态度	*M*	*SD*	*F*	*P*	事后比较
LDYX	比较乐意	4.42	0.59	3.229	0.040*	比较乐意 > 一般 比较乐意 > 不太乐意
	一般	4.10	0.63			
	不太乐意	4.11	0.61			
TTGC	比较乐意	4.41	0.57	3.225	0.040*	
	一般	4.08	0.64			
	不太乐意	4.12	0.60			
LDTD	比较乐意	3.94	0.48	3.851	0.022*	
	一般	3.70	0.47			
	不太乐意	3.69	0.44			
DZTD	比较乐意	3.85	0.69	1.580	0.027*	
	一般	3.65	0.60			
	不太乐意	3.63	0.59			
CDZR	比较乐意	4.04	0.58	3.505	0.031*	
	一般	3.75	0.59			
	不太乐意	3.75	0.52			

注：*P<0.05，**P<0.01，***P<0.001。LDJZG = 劳动价值观，GZRR = 感知劳动荣辱，ZZPD = 尊重劳动平等，LDCGG = 劳动成果观，BHCQ = 保护劳动产权，ZXCG = 珍惜劳动成果，LDJN = 劳动技能，SJLC = 设计劳动流程，ZWCZ = 掌握劳动操作，LDCZ = 劳动创造，TJYL = 探究技术原理，CZJJ = 创造性解决问题，CYWH = 实现创意物化，LDXG = 劳动习惯，ZSJL = 遵守劳动纪律，JXHB = 践行劳动环保，LDPZ = 劳动品质，CXWS = 讲求诚信务实，TDHZ = 注重团队合作，LDQG = 劳动情感，LDYX = 表明劳动意向，TTGC = 体贴劳动过程，LDTD = 劳动态度，DZTD = 端正劳动态度，CDZR = 承担劳动责任。

（三）母亲劳动态度对中等职业学校学生劳动素养影响的差异性分析

本研究将母亲劳动态度同样分为比较乐意、一般、不太乐意三组群体进行分析。如表 5-25 所示，就劳动观念、劳动能力、劳动习惯与品质、劳动情感与态度四个因变量而言，整体检验的F值分别为4.727（$P < 0.01$）、3.398（$P < 0.05$）、5.018（$P < 0.01$）、8.054（$P < 0.001$）均达到显著水平。因此需要拒绝虚无假设，接受对立假设，表示母亲劳动态度不同的中等职业学校学生在劳动观念、劳动能力、劳动习惯与品质、劳动情感与态度间均有显著差异存在。通过事后 LSD 法分析，结果表明，劳动素养一级指标存在母亲比较乐意组群体显著高于一般组群体、不乐意组群体。

表 5-25　母亲劳动态度对劳动素养一级指标影响的差异性分析

一级指标	母亲劳动态度	*M*	*SD*	*F*	*P*	事后比较
劳动观念	比较乐意	4.24	0.54	4.727	0.009**	比较乐意 > 一般 > 不太乐意
	一般	4.05	0.48			
	不太乐意	4.00	0.56			
劳动能力	比较乐意	4.11	0.50	3.398	0.034*	
	一般	3.99	0.45			
	不太乐意	3.94	0.49			
劳动习惯与品质	比较乐意	4.11	0.51	5.018	0.007**	
	一般	3.91	0.43			
	不太乐意	3.90	0.49			
劳动情感与态度	比较乐意	4.14	0.48	8.054	0.000***	
	一般	3.88	0.44			
	不太乐意	3.89	0.48			

注：$*P < 0.05$，$**P < 0.01$，$***P < 0.001$。

如表 5-26 所示，从 F 值结果来看，母亲劳动态度在劳动价值观维度（$F = 4.293$，$P < 0.05$）、劳动成果观（$F = 4.297$，$P < 0.05$）、劳动创造（$F = 6.936$，$P = 0.001$）、劳动习惯（$F = 4.187$，$P < 0.05$）、劳动情感（$F = 6.065$，$P < 0.01$）劳动态度（$F = 7.588$，$P = 0.001$）等均存在显著差异。母亲劳动态度在劳动技能、设计劳动流程、掌握劳动操作维度没有相关性。通过 LSD 法进行事后分析，以每一组为“参照组”分别与各组进行平均数的差异比较。结果表明，就劳动素养价值观、感知劳动荣辱、尊重劳动平等等多个指标存在母亲比较乐意组群体显著高于一般组群体、不太乐意组群体。

表 5-26　母亲劳动态度对劳动素养各级指标影响的差异性分析

各级指标	母亲劳动态度	*M*	*SD*	*F*	*P*	事后比较
LDJZG	比较乐意	4.26	0.54	4.293	0.014*	比较乐意 > 一般 比较乐意 > 不太乐意
	一般	4.08	0.47			
	不太乐意	4.04	0.56			
GZRR	比较乐意	4.19	0.56	2.716	0.067	
	一般	4.02	0.49			
	不太乐意	4.01	0.59			

续表

各级指标	母亲劳动态度	*M*	*SD*	*F*	*P*	事后比较
ZZPD	比较乐意	4.33	0.55	5.078	0.007*	比较乐意 > 一般 比较乐意 > 不太乐意
	一般	4.14	0.48			
	不太乐意	4.09	0.57			
LDCGG	比较乐意	4.21	0.58	4.297	0.014*	
	一般	4.01	0.52			
	不太乐意	3.97	0.62			
BHCQ	比较乐意	4.21	0.67	2.748	0.065	
	一般	4.05	0.56			
	不太乐意	4.01	0.61			
ZXCG	比较乐意	4.20	0.56	4.910	0.008**	
	一般	3.97	0.56			
	不太乐意	3.92	0.71			
LDJN	比较乐意	4.02	0.55	0.385	0.681	n.s.
	一般	3.96	0.48			
	不太乐意	3.99	0.52			
SJLC	比较乐意	4.01	0.63	0.438	0.646	
	一般	3.99	0.59			
	不太乐意	4.04	0.61			
ZWCZ	比较乐意	4.03	0.68	0.671	0.512	
	一般	3.93	0.56			
	不太乐意	3.94	0.60			
LDCZ	比较乐意	4.18	0.53	6.936	0.001***	比较乐意 > 一般 比较乐意 > 不太乐意
	一般	4.02	0.52			
	不太乐意	3.91	0.56			
TJYL	比较乐意	4.22	0.63	6.373	0.002**	
	一般	4.05	0.55			
	不太乐意	3.95	0.58			
CZJJ	比较乐意	4.06	0.73	6.649	0.001***	
	一般	4.01	0.59			
	不太乐意	3.82	0.71			

续表

各级指标	母亲劳动态度	*M*	*SD*	*F*	*P*	事后比较
CYWH	比较乐意	4.22	0.48	5.262	0.005**	比较乐意 > 一般 比较乐意 > 不太乐意
	一般	4.00	0.56			
	不太乐意	3.95	0.63			
LDXG	比较乐意	4.13	0.56	4.187	0.016*	
	一般	3.92	0.46			
	不太乐意	3.94	0.50			
ZSJL	比较乐意	3.93	0.67	1.864	0.156	
	一般	3.78	0.56			
	不太乐意	3.86	0.59			
JXHB	比较乐意	4.33	0.62	6.906	0.001***	
	一般	4.06	0.54			
	不太乐意	4.01	0.62			
LDPZ	比较乐意	4.10	0.52	4.678	0.010**	
	一般	3.90	0.48			
	不太乐意	3.87	0.55			
CXWS	比较乐意	3.81	0.63	1.970	0.140	
	一般	3.68	0.55			
	不太乐意	3.64	0.62			
TDHZ	比较乐意	4.38	0.56	5.683	0.004**	
	一般	4.11	0.55			
	不太乐意	4.10	0.64			
LDQG	比较乐意	4.37	0.52	6.065	0.002**	
	一般	4.11	0.53			
	不太乐意	4.09	0.62			
LDYX	比较乐意	4.40	0.54	6.680	0.001**	
	一般	4.12	0.57			
	不太乐意	4.08	0.64			
TTGC	比较乐意	4.35	0.56	4.545	0.011*	
	一般	4.10	0.56			
	不太乐意	4.10	0.64			

续表

各级指标	母亲劳动态度	*M*	*SD*	*F*	*P*	事后比较
LDTD	比较乐意	3.92	0.53	7.588	0.001***	
	一般	3.66	0.42			
	不太乐意	3.69	0.44			
DZTD	比较乐意	3.81	0.66	2.877	0.050*	
	一般	3.59	0.58			比较乐意＞一般 比较乐意＞不太乐意
	不太乐意	3.65	0.59			
CDZR	比较乐意	4.02	0.64	7.644	0.001***	
	一般	3.73	0.52			
	不太乐意	3.73	0.53			

注：$^*P<0.05$，$^{**}P<0.01$，$^{***}P<0.001$。LDJZG＝劳动价值观，GZRR ＝感知劳动荣辱，ZZPD＝尊重劳动平等，LDCGG＝劳动成果观，BHCQ＝保护劳动产权，ZXCG＝珍惜劳动成果，LDJN＝劳动技能，SJLC＝设计劳动流程，ZWCZ＝掌握劳动操作，LDCZ＝劳动创造，TJYL= 探究技术原理，CZJJ＝创造性解决问题，CYWH＝实现创意物化，LDXG＝劳动习惯，ZSJL＝遵守劳动纪律，JXHB＝践行劳动环保，LDPZ＝劳动品质，CXWS＝讲求诚信务实，TDHZ＝注重团队合作，LDQG＝劳动情感，LDYX＝表明劳动意向，TTGC＝体贴劳动过程，LDTD＝劳动态度，DZTD＝端正劳动态度，CDZR＝承担劳动责任。

（四）父母对待子女劳动的态度对中等职业学校学生劳动素养影响的差异性分析

如表 5-27 所示，就劳动观念、劳动能力、劳动习惯与品质、劳动情感与态度四个因变量而言，整体检验的 F 值分别为 5.058（$P<0.01$）、4.184（$P<0.05$）、7.212（$P=0.001$）、7.921（$P<0.001$）均达到显著水平，因此需要拒绝虚无假设，接受对立假设，表示父母对待子女劳动态度不同的中等职业学校学生在劳动观念、劳动能力、劳动习惯与品质、劳动情感与态度间均有显著差异存在。通过 LSD 法进行事后分析，以每一组为“参照组”分别与各组进行平均数的差异比较，结果表明，劳动素养四个一级指标都存在鼓励承担家务劳动组群体显著高于只需要自我劳动组群体、只需要好好学习组群体。

表 5-27　父母对待子女劳动的态度对劳动素养一级指标影响的差异性分析

一级指标	父母对待子女劳动的态度	*M*	*SD*	*F*	*P*	事后比较
劳动观念	鼓励承担家务劳动	4.06	0.49	5.058	0.007**	鼓励承担家务劳动＞ 只需要自我劳动＞ 只需要好好学习
	只需要自我劳动	3.78	0.73			
	只需要好好学习	3.96	0.98			

续表

一级指标	父母对待子女劳动的态度	*M*	*SD*	*F*	*P*	事后比较
劳动能力	鼓励承担家务劳动	3.99	0.46	4.184	0.016*	鼓励承担家务劳动 > 只需要自我劳动 > 只需要好好学习
	只需要自我劳动	3.76	0.62			
	只需要好好学习	3.93	0.74			
劳动习惯与品质	鼓励承担家务劳动	3.95	0.46	7.212	0.001***	
	只需要自我劳动	3.65	0.64			
	只需要好好学习	3.85	0.42			
劳动情感与态度	鼓励承担家务劳动	3.93	0.44	7.921	0.000***	
	只需要自我劳动	3.62	0.67			
	只需要好好学习	3.96	0.60			

注：$^{*}P<0.05$，$^{**}P<0.01$，$^{***}P<0.001$。

以劳动价值观、劳动成果观、劳动技能、劳动创造、劳动习惯、劳动品质、劳动情感、劳动态度及所有的三级指标进行单因素方差分析，考查父母对待子女劳动的态度对中等职业学校学生在这些方面影响的具体表现。如表 5-28 所示，从 F 值结果来看，父母对待子女劳动的态度在劳动价值观（$F=3.929$，$P<0.05$）、劳动成果观（$F=5.776$，$P<0.01$）、劳动技能（$F=3.670$，$P<0.05$）、劳动创造（$F=3.568$，$P<0.05$）、劳动习惯（$F=6.432$，$P<0.01$）、劳动情感（$F=8.406$，$P<0.001$）、劳动态度（$F=4.321$，$P<0.05$）等均存在显著差异。通过 LSD 事后分析，就劳动素养价值观、感知劳动荣辱、尊重劳动平等等多个指标存在鼓励承担家务劳动组群体显著高于只需要自我劳动组群体。

表 5-28　父母对待子女劳动的态度对劳动素养各级指标影响的差异性分析

水平层次	父母对待子女劳动的态度	*M*	*SD*	*F*	*P*	事后比较
LDJZG	鼓励承担家务劳动	4.10	0.49	3.929	0.020*	鼓励承担家务劳动 > 只需要自我劳动
	只需要自我劳动	3.84	0.76			
	只需要好好学习	4.10	0.97			
GZRR	鼓励承担家务劳动	3.77	0.79	4.555	0.011*	
	只需要自我劳动	4.06	0.97			
	只需要好好学习	4.05	0.52			

续表

水平层次	父母对待子女劳动的态度	*M*	*SD*	*F*	*P*	事后比较
ZZPD	鼓励承担家务劳动	4.15	0.50	2.211	0.111	鼓励承担家务劳动 > 只需要自我劳动
	只需要自我劳动	3.95	0.74			
	只需要好好学习	4.15	0.99			
LDCGG	鼓励承担家务劳动	4.03	0.55	5.776	0.003**	
	只需要自我劳动	3.72	0.75			
	只需要好好学习	3.81	1.07			
BHCQ	鼓励承担家务劳动	4.07	0.57	3.498	0.031*	
	只需要自我劳动	3.84	0.75			
	只需要好好学习	3.84	1.11			
ZXCG	鼓励承担家务劳动	4.00	0.61	7.013	0.001***	
	只需要自我劳动	3.60	0.87			
	只需要好好学习	3.78	1.10			
LDJN	鼓励承担家务劳动	4.00	0.49	3.670	0.026*	
	只需要自我劳动	3.79	0.60			
	只需要好好学习	3.83	0.77			
SJLC	鼓励承担家务劳动	4.04	0.59	2.776	0.063*	
	只需要自我劳动	3.80	0.70			
	只需要好好学习	3.96	0.82			
ZWCZ	鼓励承担家务劳动	3.96	0.57	3.035	0.049*	n.s.
	只需要自我劳动	3.78	0.73			
	只需要好好学习	3.71	0.93			
LDCZ	鼓励承担家务劳动	3.99	0.52	3.568	0.029*	鼓励承担家务劳动 > 只需要自我劳动
	只需要自我劳动	3.74	0.71			
	只需要好好学习	3.99	0.79			
TJYL	鼓励承担家务劳动	4.02	0.55	2.699	0.068	
	只需要自我劳动	3.80	0.75			
	只需要好好学习	4.10	0.86			
CZJJ	鼓励承担家务劳动	3.92	0.66	1.434	0.239	n.s.
	只需要自我劳动	3.72	0.76			
	只需要好好学习	3.92	0.98			

续表

水平层次	父母对待子女劳动的态度	*M*	*SD*	*F*	*P*	事后比较
CYWH	鼓励承担家务劳动	4.02	0.56	5.182	0.006**	鼓励承担家务劳动>只需要自我劳动
	只需要自我劳动	3.70	0.80			
	只需要好好学习	3.93	0.92			
LDXG	鼓励承担家务劳动	3.98	0.48	6.432	0.002**	
	只需要自我劳动	3.70	0.66			
	只需要好好学习	3.77	0.54			
ZSJL	鼓励承担家务劳动	3.87	0.58	3.851	0.022*	
	只需要自我劳动	3.66	0.68			
	只需要好好学习	3.59	0.51			
JXHB	鼓励承担家务劳动	4.09	0.57	5.836	0.003**	
	只需要自我劳动	3.75	0.81			
	只需要好好学习	3.96	0.82			
LDPZ	鼓励承担家务劳动	3.92	0.51	6.767	0.001***	鼓励承担家务劳动>只需要自我劳动 鼓励承担家务劳动>只需要好好学习
	只需要自我劳动	3.60	0.66			
	只需要好好学习	3.93	0.43			
CXWS	鼓励承担家务劳动	3.68	0.60	1.345	0.021*	
	只需要自我劳动	3.52	0.66			
	只需要好好学习	3.61	0.41			
TDHZ	鼓励承担家务劳动	4.16	0.57	11.920	0.000***	
	只需要自我劳动	3.68	0.86			
	只需要好好学习	4.25	0.64			
LDQG	鼓励承担家务劳动	4.15	0.55	8.406	0.000***	
	只需要自我劳动	3.75	0.83			
	只需要好好学习	4.19	0.73			
LDYX	鼓励承担家务劳动	4.15	0.58	7.608	0.001***	
	只需要自我劳动	3.75	0.85			
	只需要好好学习	4.12	0.88			
TTGC	鼓励承担家务劳动	4.15	0.58	7.937	0.000***	
	只需要自我劳动	3.75	0.86			
	只需要好好学习	4.25	0.64			

续表

水平层次	父母对待子女劳动的态度	*M*	*SD*	*F*	*P*	事后比较
LDTD	鼓励承担家务劳动	3.72	0.43	4.321	0.014*	鼓励承担家务劳动 > 只需要自我劳动 鼓励承担家务劳动 > 只需要好好学习
	只需要自我劳动	3.50	0.59			
	只需要好好学习	3.74	0.51			
DZTD	鼓励承担家务劳动	3.66	0.59	1.991	0.038*	
	只需要自我劳动	3.49	0.68			
	只需要好好学习	3.51	0.71			
CDZR	鼓励承担家务劳动	3.77	0.52	5.411	0.005**	
	只需要自我劳动	3.50	0.71			
	只需要好好学习	3.96	0.72			

注：*$P < 0.05$，**$P < 0.01$，***$P < 0.001$。LDJZG = 劳动价值观，GZRR = 感知劳动荣辱，ZZPD = 尊重劳动平等，LDCGG= 劳动成果观，BHCQ = 保护劳动产权，ZXCG = 珍惜劳动成果，LDJN = 劳动技能，SJLC = 设计劳动流程，ZWCZ = 掌握劳动操作，LDCZ = 劳动创造，TJYL = 探究技术原理，CZJJ = 创造性解决问题，CYWH = 实现创意物化，LDXG = 劳动习惯，ZSJL = 遵守劳动纪律，JXHB = 践行劳动环保，LDPZ = 劳动品质，CXWS = 讲求诚信务实，TDHZ = 注重团队合作，LDQG = 劳动情感，LDYX = 表明劳动意向，TTGC = 体贴劳动过程，LDTD = 劳动态度，DZTD = 端正劳动态度，CDZR = 承担劳动责任。

为了进一步寻找可能存在的原因，本研究继续对同辈家庭子女数组群体所负荷的父母对待子女劳动的态度做了交叉比较分析，结果如表 5-29 所示。就独生子女组群体的比例而言，鼓励承担家务劳动的占 83.33%，只需要自我劳动的占 7.84%，只需要好好学习的占 8.82%；就同辈家庭子女 2 个组群体的比例而言，鼓励承担家务劳动的占 91.55%，只需要自我劳动的占 7.08%，只需要好好学习的仅占 1.36%。可见，与独生子女组群体相比，中等职业学校学生有同辈家庭子女 2 个组群、同辈家庭子女 3 个组群、同辈家庭子女 4 个及以上组群体父母对待子女劳动态度鼓励承担家务劳动负荷明显更高。

表 5-29　“同辈家庭子女数 & 父母对待子女劳动的态度”比较分析

父母对待子女劳动的态度	1		2		3		≥ 4	
	N	占比 /%	*N*	占比 /%	*N*	占比 /%	*N*	占比 /%
鼓励承担家务劳动	85	83.33	336	91.55	73	92.4	12	100.0
只需要自我劳动	8	7.84	26	7.08	3	3.8	0	0
只需要好好学习	9	8.82	5	1.36	3	3.8	0	0

本研究结合同辈家庭子女数与父母对子女劳动的态度做了进一步的百分比同质性检验。从表 5-30 可知，卡方值为 18.030，自由度为 6，P 值为 0.006，达到 0.01 显著水平。这表明，同辈家庭子女数在父母对孩子劳动的态度上至少有一个类别次数百分比间有显著差异。

表 5-30 “同辈家庭子女数 & 父母对子女劳动的态度”卡方检验

	值	df	*P*
Pearson 卡方	18.030a	6	0.006**
似然比	16.370	6	0.012**
线性和线性组合	7.459	1	0.006**
有效观察值个数	560	—	—

注：$^*P < 0.05$，$^{**}P < 0.01$，$^{***}P < 0.001$。

三、基于学校组织层面的中等职业学校学生劳动素养影响的差异性分析

（一）学校所在地对中等职业学校学生劳动素养影响的差异性分析

根据调研对象学校所在地，分为南京市、南通市、武汉市、孝感市。如表 5-31 所示，就劳动观念、劳动能力、劳动习惯与品质、劳动情感与态度而言，整体检验的 F 值分别为 5.231（$P = 0.001$）、6.489（$P < 0.001$）、5.921（$P = 0.001$）、6.855（$P < 0.001$）达到极其显著水平，因此需要拒绝虚无假设，接受对立假设，表示学校所在地对中等职业学校学生在劳动观念、劳动能力、劳动习惯与品质、劳动情感与态度间存在显著差异。通过 LSD 法做进一步的事后分析，以每一组为“参照组”分别与各组进行平均数的差异比较，结果表明，劳动能力、劳动习惯与品质、劳动情感与态度都存在省会城市南京组群体显著高于非省会城市南通组群体、省会城市武汉组群体显著高于非省会城市孝感组群体、非省会城市南通组群体显著高于非省会城市孝感组群体。尤其需要注意的是在劳动观念方面，省会城市南京组群体高于非省会城市孝感组群体。

表 5-31 学校所在地对劳动素养一级指标差影响的异性分析

一级指标	学校所在地	*M*	*SD*	*F*	*P*	事后比较
劳动观念	南京	4.13	0.52	5.231	0.001***	南京 > 南通 武汉 > 孝感 南京 > 孝感
	南通	4.00	0.69			
	武汉	4.11	0.54			
	孝感	3.91	0.27			

续表

一级指标	学校所在地	*M*	*SD*	*F*	*P*	事后比较
劳动能力	南京	4.06	0.53	6.489	0.000***	南京 > 南通 武汉 > 孝感 南通 > 孝感
	南通	3.97	0.55			
	武汉	4.03	0.50			
	孝感	3.83	0.21			
劳动习惯与品质	南京	3.96	0.49	5.921	0.001***	
	南通	3.96	0.55			
	武汉	4.00	0.49			
	孝感	3.78	0.28			
劳动情感与态度	南京	3.97	0.48	6.855	0.000***	
	南通	3.92	0.56			
	武汉	3.99	0.49			
	孝感	3.76	0.25			

注：$^*P<0.05$，$^{**}P<0.01$，$^{***}P<0.001$。

如表 5-32 所示，学校不同所在地的中等职业学校学生在劳动价值观、劳动成果观、劳动技能、劳动创造、劳动习惯、劳动品质、劳动情感、劳动态度的 *F* 值分别 5.458、4.541、6.286、5.155、4.268、5.977、5.166、6.505，其中 *P* 值全都达到显著水平。通过 LSD 法进行事后分析，以每一组为“参照组”分别与各组进行平均数的差异比较。结果表明，劳动价值观、劳动创造、劳动习惯存在省会城市南京组群体显著高于非省会城市孝感组群体，省会城市武汉组群体显著高于非省会城市孝感组群体，非省会城市南通组群体显著高于非省会城市孝感组群体；劳动成果观、劳动技能、劳动品质、劳动情感、劳动态度存在省会城市南京组群体显著高于非省会城市南通组群体，省会城市南京组群体显著高于非省会城市孝感组群体，省会城市武汉组群体显著高于非省会城市南通组群体，省会城市武汉组群体显著高于非省会孝感组群体。

表 5-32　学校所在地对劳动素养各级指标影响的差异性分析

各级指标	学校所在地	*M*	*SD*	*F*	*P*	事后比较
LDJZG	南京	4.15	0.51	5.458	0.001***	南京 > 孝感 武汉 > 孝感 南通 > 孝感
	南通	4.06	0.70			
	武汉	4.16	0.53			
	孝感	3.93	0.26			

续表

各级指标	学校所在地	*M*	*SD*	*F*	*P*	事后比较
GZRR	南京	4.12	0.53	5.004	0.002**	南京 > 南通 南京 > 孝感 武汉 > 南通 武汉 > 孝感
	南通	3.97	0.71			
	武汉	4.12	0.57			
	孝感	3.91	0.31			
ZZPD	南京	4.19	0.52	6.467	0.000***	
	南通	4.16	0.72			
	武汉	4.21	0.53			
	孝感	3.95	0.25			
LDCGG	南京	4.11	0.56	4.541	0.004**	
	南通	3.94	0.75			
	武汉	4.06	0.60			
	孝感	3.89	0.35			
BHCQ	南京	4.14	0.56	3.196	0.023*	武汉 > 孝感 南京 > 孝感
	南通	4.02	0.79			
	武汉	4.08	0.62			
	孝感	3.92	0.33			
ZXCG	南京	4.09	0.59	5.376	0.001***	南京 > 南通 南京 > 孝感 武汉 > 南通 武汉 > 孝感
	南通	3.85	0.84			
	武汉	4.04	0.66			
	孝感	3.85	0.42			
LDJN	南京	4.04	0.56	6.286	0.000***	
	南通	3.98	0.57			
	武汉	4.07	0.55			
	孝感	3.83	0.25			
SJLC	南京	4.07	0.60	5.66	0.001***	
	南通	4.03	0.72			
	武汉	4.12	0.65			
	孝感	3.84	0.33			

续表

各级指标	学校所在地	*M*	*SD*	*F*	*P*	事后比较
ZWCZ	南京	4.00	0.63	3.606	0.013*	南京 > 孝感 武汉 > 孝感 南通 > 孝感
	南通	3.93	0.65			
	武汉	4.02	0.66			
	孝感	3.81	0.33			
LDCZ	南京	4.08	0.57	5.155	0.002**	
	南通	3.96	0.66			
	武汉	3.99	0.58			
	孝感	3.83	0.27			
TJYL	南京	4.11	0.58	4.3	0.005**	
	南通	3.99	0.71			
	武汉	4.06	0.62			
	孝感	3.87	0.28			
CZJJ	南京	4.04	0.67	3.706	0.012*	
	南通	3.87	0.80			
	武汉	3.91	0.73			
	孝感	3.77	0.43			
CYWH	南京	4.10	0.58	3.777	0.011*	
	南通	3.99	0.73			
	武汉	4.02	0.66			
	孝感	3.86	0.31			
LDXG	南京	3.99	0.50	4.268	0.005**	
	南通	3.97	0.59			
	武汉	4.01	0.53			
	孝感	3.82	0.31			
ZSJL	南京	3.83	0.60	4.201	0.006**	
	南通	3.92	0.64			
	武汉	3.92	0.61			
	孝感	3.70	0.45			
JXHB	南京	4.15	0.57	3.442	0.017*	
	南通	4.03	0.76			
	武汉	4.11	0.65			
	孝感	3.94	0.32			

续表

各级指标	学校所在地	*M*	*SD*	*F*	*P*	事后比较
LDPZ	南京	3.93	0.54	5.977	0.001***	南京＞南通 南京＞孝感 武汉＞南通 武汉＞孝感
	南通	3.94	0.63			
	武汉	3.98	0.52			
	孝感	3.74	0.32			
CXWS	南京	3.66	0.61	4.026	0.008**	
	南通	3.74	0.66			
	武汉	3.75	0.61			
	孝感	3.53	0.47			
TDHZ	南京	4.21	0.61	5.773	0.001***	
	南通	4.15	0.78			
	武汉	4.21	0.59			
	孝感	3.95	0.32			
LDQG	南京	4.20	0.57	5.166	0.002**	
	南通	4.12	0.75			
	武汉	4.19	0.61			
	孝感	3.96	0.27			
LDYX	南京	4.24	0.56	4.852	0.002**	
	南通	4.12	0.81			
	武汉	4.16	0.66			
	孝感	3.96	0.27			
TTGC	南京	4.17	0.63	5.189	0.002**	
	南通	4.13	0.76			
	武汉	4.23	0.61			
	孝感	3.95	0.33			
LDTD	南京	3.73	0.46	6.505	0.000***	
	南通	3.72	0.49			
	武汉	3.79	0.47			
	孝感	3.56	0.33			
DZTD	南京	3.60	0.61	4.278	0.005**	
	南通	3.70	0.63			
	武汉	3.76	0.62			
	孝感	3.52	0.50			

续表

各级指标	学校所在地	*M*	*SD*	*F*	*P*	事后比较
CDZR	南京	3.86	0.56	6.215	0.000***	南京 > 南通 南京 > 孝感 武汉 > 南通 武汉 > 孝感
	南通	3.74	0.60			
	武汉	3.82	0.56			
	孝感	3.60	0.40			

注：$^*P < 0.05$，$^{**}P < 0.01$，$^{***}P < 0.001$。LDJZG = 劳动价值观，GZRR = 感知劳动荣辱，ZZPD = 尊重劳动平等，LDCGG = 劳动成果观，BHCQ = 保护劳动产权，ZXCG = 珍惜劳动成果，LDJN = 劳动技能，SJLC = 设计劳动流程，ZWCZ = 掌握劳动操作，LDCZ = 劳动创造，TJYL = 探究技术原理，CZJJ = 创造性解决问题，CYWH = 实现创意物化，LDXG = 劳动习惯，ZSJL = 遵守劳动纪律，JXHB = 践行劳动环保，LDPZ = 劳动品质，CXWS = 讲求诚信务实，TDHZ = 注重团队合作，LDQG = 劳动情感，LDYX = 表明劳动意向，TTGC = 体贴劳动过程，LDTD = 劳动态度，DZTD = 端正劳动态度，CDZR = 承担劳动责任。

（二）学校对劳动教育的重视程度对学生劳动素养影响的差异性分析

将学校对劳动教育的重视程度分为比较重视、一般、不太重视。如表 5-33 所示，就劳动习惯与品质、劳动情感与态度两个因变量而言，整体检验的 F 值分别为 5.684（$P < 0.01$）、5.044（$P < 0.01$）达到显著水平，因此需要拒绝虚无假设，接受对立假设，表示学校对劳动教育的重视程度对学生在“劳动习惯与品质”“劳动情感与态度”间有显著差异存在。通过 LSD 法做进一步的事后分析，以每一组为“参照组”分别与各组进行平均数的差异比较，结果表明，劳动习惯与品质、劳动情感与态度都存在学校对劳动教育比较重视群组显著高于学校对劳动教育不太重视群组。此外，劳动观念、劳动能力整体检验的 F 值分别为 1.273（$P = 0.281$）、0.792（$P = 0.453$），没有表现出显著差异，表明劳动观念与劳动能力是受多方面因素影响、长期、缓慢形成的过程，学校对劳动教育重视程度暂时还没有得到良好的劳动观念与劳动能力方面的结果。

表 5-33　学校对劳动教育的重视程度对劳动素养一级指标影响的差异性分析

维度	重视程度	*M*	*SD*	*F*	*P*	事后比较
劳动观念	比较重视	4.03	0.65	1.273	0.281	n.s.
	一般	4.10	0.50			
	不太重视	4.01	0.42			
劳动能力	比较重视	3.98	0.55	0.792	0.453	
	一般	4.01	0.49			
	不太重视	3.95	0.40			

续表

维度	重视程度	*M*	*SD*	*F*	*P*	事后比较
劳动习惯与品质	比较重视	3.94	0.54	5.684	0.004**	比较重视 > 不太重视
	一般	4.03	0.48			
	不太重视	3.85	0.38			
劳动情感与态度	比较重视	3.93	0.54	5.044	0.007**	
	一般	4.00	0.47			
	不太重视	3.84	0.37			

注：$^*P<0.05$，$^{**}P<0.01$，$^{***}P<0.001$。

如表 5-34 所示，学校对劳动教育的重视程度不同的中等职业学校学生在劳动价值观、劳动成果观、劳动技能、劳动创造、劳动习惯、劳动品质、劳动情感、劳动态度的 F 值分别 2.108、0.696、2.923、0.174、2.713、7.690、3.564、5.093，其中劳动品质、劳动情感、劳动态度 P 值达到显著水平。通过 LSD 法进行事后分析，以每一组为"参照组"分别与各组进行平均数的差异比较，结果表明，劳动价值观、劳动技能、劳动习惯、劳动品质、劳动情感、劳动态度存在学校对劳动教育比较重视组群体显著高于学校对劳动教育不太重视组群体；劳动品质还存在学校对劳动教育一般重视组群体显著高于学校对劳动教育不太重视组群体。

表 5-34　学校对劳动教育的重视程度对劳动素养各级指标影响的差异性分析

各级指标	重视程度	*M*	*SD*	*F*	*P*	事后比较
LDJZG	比较重视	4.08	0.65	2.108	0.122	比较重视 > 不太重视
	一般	4.15	0.49			
	不太重视	4.03	0.41			
GZRR	比较重视	4.01	0.67	2.031	0.132	n.s.
	一般	4.12	0.51			
	不太重视	4.00	0.46			
ZZPD	比较重视	4.17	0.67	3.117	0.045*	比较重视 > 不太重视 一般 > 不太重视
	一般	4.19	0.51			
	不太重视	4.06	0.40			
LDCGG	比较重视	3.98	0.70	0.696	0.499*	n.s.
	一般	4.06	0.57			
	不太重视	3.99	0.47			

续表

各级指标	重视程度	*M*	*SD*	*F*	*P*	事后比较
BHCQ	比较重视	4.05	0.73	0.432	0.649	n.s.
	一般	4.08	0.60			
	不太重视	4.02	0.45			
ZXCG	比较重视	3.92	0.77	1.098	0.334*	
	一般	4.03	0.63			
	不太重视	3.96	0.53			
LDJN	比较重视	3.97	0.58	2.923	0.055	比较重视 > 不太重视
	一般	4.07	0.54			
	不太重视	3.94	0.41			
SJLC	比较重视	4.02	0.71	4.544	0.011*	
	一般	4.15	0.61			
	不太重视	3.95	0.45			
ZWCZ	比较重视	3.93	0.65	0.649	0.523	n.s.
	一般	4.00	0.68			
	不太重视	3.92	0.47			
LDCZ	比较重视	3.99	0.65	0.174	0.841	
	一般	3.97	0.55			
	不太重视	3.95	0.43			
TJYL	比较重视	4.02	0.69	0.167	0.846	
	一般	4.02	0.60			
	不太重视	3.99	0.44			
CZJJ	比较重视	3.89	0.79	0.193	0.825	
	一般	3.88	0.72			
	不太重视	3.93	0.53			
CYWH	比较重视	4.02	0.71	0.579	0.561	
	一般	4.00	0.60			
	不太重视	3.96	0.47			
LDXG	比较重视	3.95	0.57	2.713	0.067	比较重视 > 不太重视
	一般	4.03	0.52			
	不太重视	3.90	0.39			

续表

各级指标	重视程度	*M*	*SD*	*F*	*P*	事后比较
ZSJL	比较重视	3.86	0.66	3.186	0.042*	比较重视 > 不太重视
	一般	3.93	0.61			
	不太重视	3.77	0.48			
JXHB	比较重视	4.05	0.71	1.078	0.341	n.s.
	一般	4.13	0.61			
	不太重视	4.03	0.46			
LDPZ	比较重视	3.93	0.61	7.690	0.001***	比较重视 > 不太重视 一般 > 不太重视
	一般	4.02	0.50			
	不太重视	3.80	0.42			
CXWS	比较重视	3.69	0.65	6.193	0.002**	比较重视 > 不太重视
	一般	3.80	0.59			
	不太重视	3.57	0.53			
TDHZ	比较重视	4.16	0.74	5.372	0.005**	
	一般	4.25	0.56			
	不太重视	4.04	0.46			
LDQG	比较重视	4.15	0.71	3.564	0.029*	
	一般	4.21	0.58			
	不太重视	4.05	0.42			
LDYX	比较重视	4.16	0.75	3.254	0.039*	
	一般	4.20	0.63			
	不太重视	4.04	0.43			
TTGC	比较重视	4.14	0.74	3.368	0.035*	
	一般	4.22	0.60			
	不太重视	4.05	0.45			
LDTD	比较重视	3.71	0.48	5.093	0.006**	
	一般	3.80	0.45			
	不太重视	3.64	0.40			
DZTD	比较重视	3.65	0.62	5.869	0.003**	
	一般	3.78	0.61			
	不太重视	3.56	0.55			

续表

各级指标	重视程度	M	SD	F	P	事后比较
CDZR	比较重视	3.76	0.59	1.144	0.319	n.s.
	一般	3.82	0.54			
	不太重视	3.73	0.51			

注：$^*P<0.05$，$^{**}P<0.01$，$^{***}P<0.001$。LDJZG = 劳动价值观，GZRR = 感知劳动荣辱，ZZPD = 尊重劳动平等，LDCGG = 劳动成果观，BHCQ = 保护劳动产权，ZXCG = 珍惜劳动成果，LDJN = 劳动技能，SJLC = 设计劳动流程，ZWCZ = 掌握劳动操作，LDCZ = 劳动创造，TJYL = 探究技术原理，CZJJ = 创造性解决问题，CYWH = 实现创意物化，LDXG = 劳动习惯，ZSJL = 遵守劳动纪律，JXHB = 践行劳动环保，LDPZ = 劳动品质，CXWS = 讲求诚信务实，TDHZ = 注重团队合作，LDQG = 劳动情感，LDYX = 表明劳动意向，TTGC = 体贴劳动过程，LDTD = 劳动态度，DZTD = 端正劳动态度，CDZR = 承担劳动责任。

（三）近两年参加顶岗实习时长对中等职业学校学生劳动素养影响的差异性分析

将中等职业学校学生近两年内参加顶岗实习时长分为 $t \geqslant 6$ 个、3 个月 $\leqslant t < 6$ 个月、1 个月 $\leqslant t < 3$ 个月、$t \leqslant 0$。如表 5-35 所示，就劳动观念、劳动能力、劳动情感与态度三个因变量而言，整体检验的 F 值分别为 3.224（$P<0.05$）、4.316（$P<0.01$）、2.982（$P<0.05$）达到显著水平，因此需要拒绝虚无假设，接受对立假设。顶岗实习时长对中等职业学校学生在“劳动习惯与品质”在近两年内参加顶岗实习活动时长上没有表现出显著差异，表明劳动习惯与品质是在复杂条件下养成的，顶岗实习活动时长暂时还没有得到体现。通过 LSD 法做进一步的事后分析，以每一组为“参照组”分别与各组进行平均数的差异比较，结果表明，中等职业学校学生劳动观念、劳动能力、劳动习惯与品质、劳动情感与态度存在参加顶岗实习活动时长在 6 个月及以上的群组显著高于 0 次群组。

表 5-35　近两年内参加顶岗实习时长对劳动素养一级指标影响的差异性分析

一级指标	顶岗实习时长	M	SD	F	P	事后比较
劳动观念	$t \geqslant 6$ 个月	4.22	0.57	3.224	0.022*	6 个月及以上 >0
	3 个月 $\leqslant t < 6$ 个月	4.08	0.53			
	1 个月 $\leqslant t < 3$ 个月	3.96	0.50			
	$t \leqslant 0$	4.01	0.53			
劳动能力	$t \geqslant 6$ 个月	4.15	0.58	4.316	0.005**	
	3 个月 $\leqslant t < 6$ 个月	4.03	0.51			
	1 个月 $\leqslant t < 3$ 个月	3.68	0.60			
	$t \leqslant 0$	3.94	0.45			

续表

一级指标	顶岗实习时长	*M*	*SD*	*F*	*P*	事后比较
劳动习惯与品质	$t \geq 6$ 个月	4.06	0.50	1.947	0.121	6 个月及以上 >0
	3 个月 $\leq t <$ 6 个月	3.88	0.53			
	1 个月 $\leq t <$ 3 个月	3.88	0.68			
	$t \leq 0$	3.91	0.46			
劳动情感与态度	$t \geq 6$ 个月	4.07	0.48	2.982	0.031*	
	3 个月 $\leq t <$ 6 个月	3.91	0.49			
	1 个月 $\leq t <$ 3 个月	3.73	0.83			
	$t \leq 0$	3.89	0.46			

注：$^{*}P < 0.05$，$^{**}P < 0.01$，$^{***}P < 0.001$。

如表 5-36 所示，不同顶岗实习时长的中等职业学校学生在劳动价值观、劳动成果观、劳动技能、劳动创造、劳动习惯、劳动品质、劳动情感、劳动态度的 *F* 值分别 2.400、3.459、1.877、4.812、1.626、1.754、3.677、1.274，其中劳动成果观、劳动创造、劳动情感的 *P* 值达到显著水平。通过 LSD 法进行事后分析，以每一组为“参照组”分别与各组进行平均数的差异比较，结果表明，劳动价值观、劳动成果观、劳动创造、劳动习惯维度存在 6 个月及以上群组显著高于 0 次群组；劳动品质、劳动情感维度存在在 6 个月及以上群组显著高于 0 次群组、在 6 个月及以上群组显著高于 3～5 个月群组。

表 5-36　近两年内参加顶岗实习时长对劳动素养各级指标影响的差异性分析

各级指标	顶岗实习时长	*M*	*SD*	*F*	*P*	事后比较
LDJZG	$t \geq 6$ 个月	4.23	0.56	2.400	0.067	6 个月及以上 >0 次
	3 个月 $\leq t <$ 6 个月	4.11	0.52			
	1 个月 $\leq t <$ 3 个月	4.00	0.49			
	$t \leq 0$	4.05	0.53			
GZRR	$t \geq 6$ 个月	4.20	0.58	3.102	0.026*	
	3 个月 $\leq t <$ 6 个月	4.09	0.53			
	1 个月 $\leq t <$ 3 个月	3.75	0.50			
	$t \leq 0$	4.00	0.56			
ZZPD	$t \geq 6$ 个月	4.28	0.55	1.945	0.121	
	3 个月 $\leq t <$ 6 个月	4.14	0.55			
	1 个月 $\leq t <$ 3 个月	4.19	0.55			
	$t \leq 0$	4.11	0.54			

续表

各级指标	顶岗实习时长	*M*	*SD*	*F*	*P*	事后比较
LDCGG	$t \geqslant 6$ 个月	4.21	0.59	3.459	0.016*	6 个月及以上 >0 次
	3 个月 $\leqslant t < 6$ 个月	4.06	0.59			
	1 个月 $\leqslant t < 3$ 个月	3.92	0.52			
	$t \leqslant 0$	3.97	0.59			
BHCQ	$t \geqslant 6$ 个月	4.23	0.60	2.537	0.056	
	3 个月 $\leqslant t < 6$ 个月	4.08	0.58			
	1 个月 $\leqslant t < 3$ 个月	4.08	0.83			
	$t \leqslant 0$	4.01	0.61			
ZXCG	$t \geqslant 6$ 个月	4.19	0.62	3.674	0.012*	
	3 个月 $\leqslant t < 6$ 个月	4.03	0.63			
	1 个月 $\leqslant t < 3$ 个月	3.75	0.32			
	$t \leqslant 0$	3.92	0.66			
LDJN	$t \geqslant 6$ 个月	4.09	0.59	1.877	0.132	n.s.
	3 个月 $\leqslant t < 6$ 个月	4.03	0.57			
	1 个月 $\leqslant t < 3$ 个月	3.71	0.71			
	$t \leqslant 0$	3.96	0.48			
SJLC	$t \geqslant 6$ 个月	4.12	0.64	1.077	0.358	
	3 个月 $\leqslant t < 6$ 个月	4.07	0.63			
	1 个月 $\leqslant t < 3$ 个月	3.83	0.43			
	$t \leqslant 0$	4.00	0.60			
ZWCZ	$t \geqslant 6$ 个月	4.06	0.66	1.729	0.160	
	3 个月 $\leqslant t < 6$ 个月	4.00	0.62			
	1 个月 $\leqslant t < 3$ 个月	3.58	1.13			
	$t \leqslant 0$	3.92	0.57			
LDCZ	$t \geqslant 6$ 个月	4.18	0.62	4.812	0.003**	6 个月及以上 >0
	3 个月 $\leqslant t < 6$ 个月	4.03	0.56			
	1 个月 $\leqslant t < 3$ 个月	3.67	0.65			
	$t \leqslant 0$	3.93	0.53			
TJYL	$t \geqslant 6$ 个月	4.20	0.64	4.171	0.006**	
	3 个月 $\leqslant t < 6$ 个月	4.08	0.55			
	1 个月 $\leqslant t < 3$ 个月	3.50	0.64			
	$t \leqslant 0$	3.98	0.57			

续表

各级指标	顶岗实习时长	*M*	*SD*	*F*	*P*	事后比较
CZJJ	t ≥ 6 个月	4.14	0.71	3.806	0.010**	6 个月及以上 >0
	3 个月 ≤ t < 6 个月	3.98	0.71			
	1 个月 ≤ t < 3 个月	3.67	0.61			
	t ≤ 0	3.86	0.67			
CYWH	t ≥ 6 个月	4.21	0.60	3.696	0.012*	
	3 个月 ≤ t < 6 个月	4.02	0.59			
	1 个月 ≤ t < 3 个月	3.75	0.89			
	t ≤ 0	3.96	0.59			
LDXG	t ≥ 6 个月	4.08	0.53	1.626	0.182	
	3 个月 ≤ t < 6 个月	3.92	0.51			
	1 个月 ≤ t < 3 个月	3.88	0.50			
	t ≤ 0	3.94	0.49			
ZSJL	t ≥ 6 个月	3.89	0.66	0.554	0.646	n.s.
	3 个月 ≤ t < 6 个月	3.76	0.60			
	1 个月 ≤ t < 3 个月	3.75	0.32			
	t ≤ 0	3.85	0.57			
JXHB	t ≥ 6 个月	4.26	0.56	3.129	0.025*	6 个月及以上 >0 6 个月及以上 >3 ~ 5 个月
	3 个月 ≤ t < 6 个月	4.08	0.62			
	1 个月 ≤ t < 3 个月	4.00	0.72			
	t ≤ 0	4.03	0.60			
LDPZ	t ≥ 6 个月	4.03	0.53	1.754	0.155	
	3 个月 ≤ t < 6 个月	3.85	0.58			
	1 个月 ≤ t < 3 个月	3.88	0.96			
	t ≤ 0	3.89	0.51			
CXWS	t ≥ 6 个月	3.72	0.65	0.607	0.610	
	3 个月 ≤ t < 6 个月	3.58	0.61			
	1 个月 ≤ t < 3 个月	3.67	0.98			
	t ≤ 0	3.68	0.59			
TDHZ	t ≥ 6 个月	4.35	0.56	3.380	0.018*	
	3 个月 ≤ t < 6 个月	4.11	0.67			
	1 个月 ≤ t < 3 个月	4.08	1.03			
	t ≤ 0	4.10	0.60			

续表

各级指标	顶岗实习时长	*M*	*SD*	*F*	*P*	事后比较
LDQG	$t \geqslant 6$ 个月	4.34	0.59	3.667	0.012*	6 个月及以上 >0 6 个月及以上 >3 ~ 5 个月
	3 个月 $\leqslant t <$ 6 个月	4.13	0.58			
	1 个月 $\leqslant t <$ 3 个月	3.88	0.95			
	$t \leqslant 0$	4.09	0.58			
LDYX	$t \geqslant 6$ 个月	4.36	0.56	4.707	0.003**	
	3 个月 $\leqslant t <$ 6 个月	4.19	0.57			
	1 个月 $\leqslant t <$ 3 个月	3.83	1.04			
	$t \leqslant 0$	4.08	0.62			
TTGC	$t \geqslant 6$ 个月	4.31	0.64	2.503	0.058	
	3 个月 $\leqslant t <$ 6 个月	4.08	0.66			
	1 个月 $\leqslant t <$ 3 个月	3.92	0.88			
	$t \leqslant 0$	4.10	0.60			
LDTD	$t \geqslant 6$ 个月	3.80	0.45	1.274	0.282	n.s.
	3 个月 $\leqslant t <$ 6 个月	3.68	0.50			
	1 个月 $\leqslant t <$ 3 个月	3.58	0.73			
	$t \leqslant 0$	3.69	0.44			
DZTD	$t \geqslant 6$ 个月	3.61	0.63	0.558	0.643	
	3 个月 $\leqslant t <$ 6 个月	3.59	0.64			
	1 个月 $\leqslant t <$ 3 个月	3.42	0.79			
	$t \leqslant 0$	3.66	0.59			
CDZR	$t \geqslant 6$ 个月	3.99	0.56	4.726	0.003**	6 个月及以上 >0 6 个月及以上 >3 ~ 5 个月
	3 个月 $\leqslant t <$ 6 个月	3.77	0.60			
	1 个月 $\leqslant t <$ 3 个月	3.75	0.74			
	$t \leqslant 0$	3.72	0.53			

注：$^*P < 0.05$，$^{**}P < 0.01$，$^{***}P < 0.001$。LDJZG = 劳动价值观，GZRR = 感知劳动荣辱，ZZPD = 尊重劳动平等，LDCGG = 劳动成果观，BHCQ = 保护劳动产权，ZXCG = 珍惜劳动成果，LDJN = 劳动技能，SJLC = 设计劳动流程，ZWCZ = 掌握劳动操作，LDCZ = 劳动创造，TJYL = 探究技术原理，CZJJ= 创造性解决问题，CYWH = 实现创意物化，LDXG = 劳动习惯，ZSJL = 遵守劳动纪律，JXHB = 践行劳动环保，LDPZ = 劳动品质，CXWS = 讲求诚信务实，TDHZ = 注重团队合作，LDQG = 劳动情感，LDYX = 表明劳动意向，TTGC = 体贴劳动过程，LDTD = 劳动态度，DZTD = 端正劳动态度，CDZR = 承担劳动责任。

为了进一步了解探寻近两年内参加顶岗实习时长对中等职业学校学生劳动素养的影响，本研究继续对劳动教育重视程度群体所负荷的参加顶岗实习时长做了交叉比较分析。结果如表 5-37 所示，就参加顶岗实习活动时长 6 个月及以上的群组而言，学校对劳动教育重视程度比较重视群组占 17.45%，一般群组占 7.41%，不太重视群组占 9.86%。可见，中等职业学校对劳动教育比较重视群组的参加顶岗实习时长明显高于对劳动教育一般重视群组和对劳动教育不太重视群组。

表 5-37 “学校对劳动教育重视程度 & 近两年内学生参加顶岗实习时长”对劳动素养影响的比较分析

参加顶岗实习时长	比较重视		一般		不太重视	
	N	占比 /%	*N*	占比 /%	*N*	占比 /%
$t \geq 6$ 个月	37	17.45	10	7.41	21	9.86
3 个月 $\leq t < 6$ 个月	29	13.68	10	7.41	23	10.80
1 个月 $\leq t < 3$ 个月	0	0	2	1.48	2	0.94
$t \leq 0$	146	68.87	113	83.70	167	78.40

从表 5-38 可知，卡方值为 16.694，自由度为 6，P 值为 0.010，达到 0.01 显著水平。这表明，学校对于劳动教育的重视程度在学生参加顶岗实习时长上至少有一个类别次数百分比间有显著差异。

表 5-38 “学校对劳动教育重视程度 & 近两年内学生参加顶岗实习时长”卡方检验

	值	df	*P*
Pearson 卡方	16.694a	6	0.010**
似然比	17.947	6	0.006**
线性和线性组合	6.768	1	0.009**
有效观察值个数	560	—	—

注：$^*P < 0.05$，$^{**}P < 0.01$，$^{***}P < 0.001$。

（四）近两年参加技能比赛次数对中等职业学校学生劳动素养影响的差异性分析

如表 5-39 所示，就劳动观念、劳动能力两个因变量而言，F 值分别为 2.737（$P < 0.05$）、2.832（$P < 0.05$）达到显著水平，因此需要拒绝虚无假设，接受对立假设。参加技能比赛在中等职业学校学生劳动习惯与品质、劳动情感与态度维度的素养表现水平没有明显差异。通过 LSD 法做进一步的事后分析，以每一组为“参照组”分别与各组进行平均数的差异比较，结果表明，劳动观念、劳动能力中存在参加技能比赛次数在 6 次以上群组显著高于 0 次群组。

表 5-39　近两年内参加技能比赛次数对劳动素养一级指标影响的差异性分析

一级指标	参加技能比赛次数	*M*	*SD*	*F*	*P*	事后比较
劳动观念	6 次以上	4.16	0.55	2.737	0.043*	6 次以上 >0 次
	4 ~ 6 次	4.13	0.44			
	1 ~ 3 次	4.13	0.38			
	0 次	4.00	0.55			
劳动能力	6 次以上	4.09	0.53	2.832	0.038*	
	4 ~ 6 次	4.05	0.44			
	1 ~ 3 次	3.90	0.26			
	0 次	3.94	0.48			
劳动习惯与品质	6 次以上	3.96	0.53	1.534	0.205	n.s.
	4 ~ 6 次	4.01	0.45			
	1 ~ 3 次	4.06	0.29			
	0 次	3.90	0.47			
劳动情感与态度	6 次以上	3.98	0.47	1.762	0.153	n.s.
	4 ~ 6 次	3.99	0.41			
	1 ~ 3 次	4.03	0.35			
	0 次	3.89	0.48			

注：$^{*}P < 0.05$，$^{**}P < 0.01$，$^{***}P < 0.001$。

如表 5-40 所示，参加技能比赛不同次数的中等职业学校学生在劳动价值观、劳动成果观、劳动技能、劳动创造、劳动习惯、劳动品质、劳动情感、劳动态度的 F 值分别为 2.503、2.511、2.799、2.074、1.838、1.316、1.556、1.658，其中劳动技能的 P 值达到显著水平。通过 LSD 法进行事后分析，以每一组为“参照组”分别与各组进行平均数的差异比较。结果表明，劳动价值观、劳动成果观、劳动技能、劳动创造、劳动品质存在参加技能比赛 6 次及以上组群体显著高于 0 次组群体。

表 5-40　近两年内参加技能比赛次数对劳动素养各级指标影响的差异性分析

各级指标	参加技能比赛次数	*M*	*SD*	*F*	*P*	事后比较
LDJZG	6 次以上	4.19	0.56	2.503	0.058	6 次以上 >0 次
	4 ~ 6 次	4.16	0.45			
	1 ~ 3 次	4.20	0.33			
	0 次	4.04	0.55			

续表

各级指标	参加技能比赛次数	*M*	*SD*	*F*	*P*	事后比较
GZRR	6 次以上	4.14	0.60	1.932	0.123	6 次以上 >0 次
	4 ~ 6 次	4.10	0.48			
	1 ~ 3 次	4.15	0.34			
	0 次	4.00	0.57			
ZZPD	6 次以上	4.22	0.54	2.12	0.097	n.s.
	4 ~ 6 次	4.22	0.48			
	1 ~ 3 次	4.25	0.40			
	0 次	4.10	0.56			
LDCGG	6 次以上	4.14	0.58	2.511	0.058	6 次以上 >0 次
	4 ~ 6 次	4.09	0.51			
	1 ~ 3 次	4.06	0.45			
	0 次	3.96	0.61			
BHCQ	6 次以上	4.19	0.57	2.574	0.053	
	4 ~ 6 次	4.13	0.53			
	1 ~ 3 次	4.11	0.41			
	0 次	4.00	0.63			
ZXCG	6 次以上	4.08	0.64	1.92	0.125	n.s.
	4 ~ 6 次	4.06	0.54			
	1 ~ 3 次	4.00	0.50			
	0 次	3.92	0.68			
LDJN	6 次以上	4.11	0.57	2.799	0.039*	6 次以上 >0 次
	4 ~ 6 次	4.06	0.49			
	1 ~ 3 次	3.98	0.23			
	0 次	3.94	0.50			
SJLC	6 次以上	4.10	0.69	0.919	0.432	n.s.
	4 ~ 6 次	4.08	0.57			
	1 ~ 3 次	4.04	0.20			
	0 次	4.00	0.60			

续表

各级指标	参加技能比赛次数	*M*	*SD*	*F*	*P*	事后比较
ZWCZ	6 次以上	4.11	0.58	3.641	0.013*	6 次以上 >0 次 4 ~ 6 次 >0 次
	4 ~ 6 次	4.05	0.52			
	1 ~ 3 次	3.93	0.36			
	0 次	3.89	0.61			
LDCZ	6 次以上	4.08	0.60	2.074	0.103	6 次以上 >0 次
	4 ~ 6 次	4.05	0.50			
	1 ~ 3 次	3.84	0.33			
	0 次	3.94	0.55			
TJYL	6 次以上	4.10	0.65	3.598	0.013*	
	4 ~ 6 次	4.16	0.45			
	1 ~ 3 次	3.81	0.24			
	0 次	3.97	0.59			
CZJJ	6 次以上	4.01	0.72	1.839	0.139	n.s.
	4 ~ 6 次	4.01	0.62			
	1 ~ 3 次	3.74	0.68			
	0 次	3.87	0.69			
CYWH	6 次以上	4.11	0.63	1.162	0.324	
	4 ~ 6 次	4.01	0.56			
	1 ~ 3 次	4.00	0.33			
	0 次	3.97	0.60			
LDXG	6 次以上	4.00	0.54	1.838	0.139	
	4 ~ 6 次	4.02	0.47			
	1 ~ 3 次	4.20	0.39			
	0 次	3.92	0.50			
ZSJL	6 次以上	3.78	0.69	1.794	0.147	
	4 ~ 6 次	3.93	0.57			
	1 ~ 3 次	4.15	0.41			
	0 次	3.83	0.57			

续表

各级指标	参加技能比赛次数	*M*	*SD*	*F*	*P*	事后比较
JXHB	6 次以上	4.22	0.58	2.742	0.043*	6 次以上 >0 次
	4～6 次	4.10	0.53			
	1～3 次	4.26	0.40			
	0 次	4.02	0.62			
LDPZ	6 次以上	3.92	0.57	1.316	0.268	
	4～6 次	4.00	0.51			
	1～3 次	3.91	0.35			
	0 次	3.88	0.52			
CXWS	6 次以上	3.62	0.65	1.487	0.217	n.s.
	4～6 次	3.79	0.62			
	1～3 次	3.52	0.41			
	0 次	3.66	0.59			
TDHZ	6 次以上	4.22	0.66	1.673	0.172	
	4～6 次	4.22	0.53			
	1～3 次	4.30	0.45			
	0 次	4.10	0.61			
LDQG	6 次以上	4.22	0.58	1.556	0.199	
	4～6 次	4.18	0.51			
	1～3 次	4.30	0.43			
	0 次	4.09	0.60			
LDYX	6 次以上	4.26	0.55	2.695	0.045*	6 次以上 >0 次
	4～6 次	4.18	0.53			
	1～3 次	4.41	0.49			
	0 次	4.08	0.64			
TTGC	6 次以上	4.18	0.67	0.63	0.596	
	4～6 次	4.18	0.55			
	1～3 次	4.19	0.53			
	0 次	4.10	0.62			

续表

各级指标	参加技能比赛次数	*M*	*SD*	*F*	*P*	事后比较
LDTD	6 次以上	3.73	0.43	1.658	0.175	n.s.
	4～6 次	3.80	0.40			
	1～3 次	3.76	0.36			
	0 次	3.68	0.46			
DZTD	6 次以上	3.57	0.61	2.068	0.103	6 次以上 >0 次
	4～6 次	3.79	0.62			
	1～3 次	3.56	0.58			
	0 次	3.63	0.59			
CDZR	6 次以上	3.90	0.52	2.63	0.049*	
	4～6 次	3.80	0.53			
	1～3 次	3.96	0.26			
	0 次	3.72	0.56			

注：$^*P < 0.05$，$^{**}P < 0.01$，$^{***}P < 0.001$。LDJZG = 劳动价值观，GZRR = 感知劳动荣辱，ZZPD = 尊重劳动平等，LDCGG = 劳动成果观，BHCQ = 保护劳动产权，ZXCG = 珍惜劳动成果，LDJN = 劳动技能，SJLC = 设计劳动流程，ZWCZ = 掌握劳动操作，LDCZ = 劳动创造，TJYL = 探究技术原理，CZJJ = 创造性解决问题，CYWH = 实现创意物化，LDXG = 劳动习惯，ZSJL = 遵守劳动纪律，JXHB = 践行劳动环保，LDPZ = 劳动品质，CXWS = 讲求诚信务实，TDHZ = 注重团队合作，LDQG = 劳动情感，LDYX = 表明劳动意向，TTGC = 体贴劳动过程，LDTD = 劳动态度，DZTD = 端正劳动态度，CDZR = 承担劳动责任。

为了进一步了解探寻近两年内参加技能比赛次数对中等职业学校学生劳动素养的影响，本研究继续对学校所在地群体所负荷的参加技能比赛次数做了交叉比较分析。结果如表 5-41 所示，就参加技能比赛在 6 次以上的群组而言，南京组群体占比为 46.50%，武汉组群体占比为 21.10%，南通组群体占比为 16.90%，孝感组群体占比为 15.50%。可见，省会城市南京组群体与武汉组群体显著高于非省会城市南通组群体与孝感组群体。

表 5-41　“学校所在地 & 近两年内参加技能比赛次数”对劳动素养影响的比较分析

参加技能比赛次数	南京		南通		武汉		孝感	
	N	占比 /%	*N*	占比 /%	*N*	占比 /%	*N*	占比 /%
$t \geqslant 6$ 次	33	46.50	12	16.90	15	21.10	11	15.50
4 次 $\leqslant t < 6$ 次	33	55.60	15	18.10	19	22.90	16	19.30
1 次 $\leqslant t < 3$ 次	5	55.60	1	11.10	2	22.20	1	11.10
$t \leqslant 0$ 次	79	19.90	113	28.50	95	23.90	110	27.70

本研究结合学校所在地与近两年内学生参加技能比赛次数做了进一步的百分比同质性检验。从表 5-42 可知，卡方值为 36.551，自由度为 9，P 值为 0.000，达到 0.001 显著水平。这表明，学校所在地在近两年内学生参加技能比赛次数上至少有一个类别次数百分比间有显著差异。

表 5-42 “学校所在地 & 学生参加技能比赛次数”卡方检验

	值	df	P
Pearson 卡方	36.551	9	0.000***
似然比	35.124	9	0.000***
线性和线性组合	24.402	1	0.000***
有效观察值个数	560	—	—

注：$^{*}P<0.05$，$^{**}P<0.01$，$^{***}P<0.001$。

四、基于个体、家庭、学校组织层面两两交互特征差异性分析

双因素多水平试验方差分析与单因素多水平试验方差分析的基本思想是一致的，不同之处在于各因素对试验指标起作用，而且各因素的不同水平搭配也对试验指标起作用，即各因素间存在众多的交互作用。在前文中，由于本研究已经系统做了单因素方差分析，本小节将主要关注个体、家庭、学校三个层面有交互效应的双因素方差分析。

（一）“家庭所在地 & 父亲劳动态度”双因素方差分析

为了验证中等职业学校学生家庭所在地和父亲劳动态度是否会产生交互效应，本研究以中等职业学校学生家庭所在地、父亲劳动态度为自变量，以劳动素养一级、二级评价指标层次为因变量，进行双因素方差分析。

结果如表 5-43 所示，经过主体间效应检验，“家庭所在地 & 父亲劳动态度”在劳动观念、劳动成果观、劳动能力、劳动创造、劳动习惯与品质、劳动习惯方面存在极其显著差异；在劳动价值观、劳动技能、劳动品质、劳动情感与态度、劳动情感、劳动态度方面存在显著差异。

表 5-43 “家庭所在地 & 父亲劳动态度”主体间效应检验

因变量	III 型平方和	df	均方	F	P
LDGN	10.169	11	0.924	3.359	0.000***
LDJZG	8.298	11	0.754	2.744	0.002**
LDCGG	12.629	11	1.148	3.433	0.000***
LDNL	8.096	11	0.736	3.321	0.000***

续表

因变量	III 型平方和	df	均方	*F*	*P*
LDJN	7.369	11	0.670	2.644	0.003**
LDCZ	10.059	11	0.914	3.147	0.000***
LDXP	7.024	11	0.639	2.935	0.001***
LDXG	7.975	11	0.725	3.028	0.001***
LDPZ	6.716	11	0.611	2.273	0.010**
LDQT	5.648	11	0.513	2.388	0.007**
LDQG	7.968	11	0.724	2.147	0.016*
LDTD	4.175	11	0.380	1.896	0.037*

注：$^*P<0.05$，$^{**}P<0.01$，$^{***}P<0.001$。LDGN＝劳动观念，LDJZG＝劳动价值观，LDCGG＝劳动成果观，LDNL＝劳动能力，LDJN＝劳动技能，LDCZ＝劳动创造，LDXP＝劳动习惯与品质，LDXG＝劳动习惯，LDPZ=劳动品质，LDQT＝劳动情感与态度，LDQG＝劳动情感，LDTD＝劳动态度。

以劳动观念为例，如表 5-44 所示，以家庭所在地为控制变量，考查父亲劳动态度对劳动观念可能带来的影响。研究发现“农村 & 父亲比较乐意劳动”组群体极其显著高于“农村 & 父亲劳动态度一般”组群体、“农村 & 父亲不太乐意劳动”组群体。

由此可见，家庭所在地与父亲劳动态度两个因素之间具有较为明显的交互效应，尤其是家庭所在地位于农村的群组与父亲劳动态度相关性极其显著。总体而言，家庭所在地位于农村且父亲劳动态度较积极的中等职业学校学生，会表现出较高的劳动素养。但同样需要关注的是，家庭所在城市位于城市组群体、县城组群体、乡镇组群体与父亲劳动态度成对比较表现不明显。其可能原因是，目前位于乡镇及以上的城市家庭劳动教育不太突出，父亲劳动态度没有对子女劳动素养呈现积极的相关性。

表 5-44 “家庭所在地 & 父亲劳动态度”成对比较（以家庭所在地为控制变量）

家庭所在地	父亲劳动态度（*I*）	父亲劳动态度（*J*）	平均值差值（*I-J*）	标准误差	*P*
城市	比较乐意	一般	13.702	7.596	0.215
		不太乐意	11.030	7.443	0.417
	一般	比较乐意	−13.702	7.596	0.215
		不太乐意	−2.672	3.397	1.000
	不太乐意	比较乐意	−11.030	7.443	0.417
		一般	2.672	3.397	1.000

续表

家庭所在地	父亲劳动态度（*I*）	父亲劳动态度（*J*）	平均值差值（*I-J*）	标准误差	*P*
县城	比较乐意	一般	4.779	10.745	1.000
		不太乐意	11.533	9.971	0.744
	一般	比较乐意	−4.779	10.745	1.000
		不太乐意	6.754	5.663	0.701
	不太乐意	比较乐意	−11.533	9.971	0.744
		一般	-6.754	5.663	0.701
乡镇	比较乐意	一般	14.778	9.649	0.379
		不太乐意	14.694	9.084	0.319
	一般	比较乐意	−14.778	9.649	0.379
		不太乐意	-0.083	4.824	1.000
	不太乐意	比较乐意	−14.694	9.084	0.319
		一般	0.083	4.824	1.000
农村	比较乐意	一般	33.524*	9.330	0.001***
		不太乐意	35.789*	8.898	0.000***
	一般	比较乐意	−33.524*	9.330	0.001***
		不太乐意	2.266	3.727	1.000
	不太乐意	比较乐意	−35.789*	8.898	0.000***
		一般	−2.266	3.727	1.000

注：$^{*}P < 0.05$，$^{**}P < 0.01$，$^{***}P < 0.001$。

（二）“同辈家庭子女数 & 平均每天家务劳动时长”双因素方差分析

为了验证同辈家庭子女数和平均每天家务劳动时长是否会产生交互效应，本研究以同辈家庭子女数、平均每天家务劳动时长为自变量，以劳动素养一级、二级评价指标层次为因变量，进行双因素方差分析，结果如表 5-45 所示。经过主体间效应检验，“同辈家庭子女数 & 平均每天家务劳动时长”在劳动观念、劳动价值观、劳动成果观、劳动能力、劳动创造、劳动情感与态度、劳动情感方面存在极其显著差异；在劳动技能、劳动习惯与品质、劳动习惯、劳动态度方面存在显著差异；在劳动品质方面不存在显著差异。

表 5-45 “同辈家庭子女数 & 平均每天家务劳动时长”主体间效应检验

因变量	III 型平方和	df	均方	*F*	*P*
LDGN	15.925	18	0.885	3.299	0.000***
LDJZG	13.365	18	0.743	2.760	0.000***
LDCGG	20.244	18	1.125	3.464	0.000***
LDNL	14.443	18	0.802	3.771	0.000***
LDJN	9.600	18	0.533	2.112	0.005**
LDCZ	19.802	18	1.100	3.982	0.000***
LDXP	7.228	18	0.402	1.825	0.020*
LDXG	8.072	18	0.448	1.851	0.018*
LDPZ	7.824	18	0.435	1.609	0.053
LDQT	9.683	18	0.538	2.557	0.000***
LDQG	14.509	18	0.806	2.445	0.001***
LDTD	7.405	18	0.411	2.091	0.005**

注：$^{*}P < 0.05$，$^{**}P < 0.01$，$^{***}P < 0.001$。LDGN = 劳动观念，LDJZG = 劳动价值观，LDCGG = 劳动成果观，LDNL = 劳动能力，LDJN = 劳动技能，LDCZ = 劳动创造，LDXP = 劳动习惯与品质，LDXG = 劳动习惯，LDPZ = 劳动品质，LDQT = 劳动情感与态度，LDQG = 劳动情感，LDTD = 劳动态度。

为了进一步验证其具体差异，本研究对“同辈家庭子女 & 平均每天家务劳动时长”做了成对比较分析。以劳动观念为例，如表 5-46 所示，将同辈家庭子女数作为控制变量，考查平均每天家务劳动时长对劳动观念可能带来的影响。因同辈家庭子女数为 4 个及以上的样本量较少，故不做交叉分析，主要观测同辈家庭子女数为 1、2、3，三者之间与平均每天家务劳动时长的交叉分析。研究发现“同辈家庭子女数 1 个 & 平均每天家务劳动时长 2 h 以上”群组显著高于“同辈家庭子女数 1 个 & 平均每天家务劳动时长 0.25 h 以内”群组；“同辈家庭子女数 1 个 & 平均每天家务劳动时长 1 ~ 2 h”群组显著高于“同辈家庭子女数 1 个 & 平均每天家务劳动时长 0.25 h 以内”群组；“同辈家庭子女 2 个 & 平均每天家务劳动时长 2 h 以上”群组显著高于“同辈家庭子女 2 个 & 平均每天家务劳动时长 0.25 h 以内”；“同辈家庭子女 2 个 & 平均每天家务劳动时长 1 ~ 2 h”群组显著高于“同辈家庭子女 2 个 & 平均每天家务劳动时长 0.25 h 以内”；“同辈家庭子女 3 个 & 平均每天家务劳动时长 2 h 以上”群组显著高于“同辈家庭子女 3 个 & 平均每天家务劳动时长 0.25 h 以内”。

由此可见，同辈家庭子女数与平均每天家务劳动时长两个因素之间具有较为明显的交互效应。总体而言，同辈家庭子女多且家务劳动时长在 2 h 以上组群体，会表现出较高的劳动素养。但同样需要关注的是，同辈家庭子女数 1 个组群体平均每天家务劳动时长在 2 h 以上的学生，虽然数量较少，但也表现出较高的劳动素养。

表 5-46 “同辈家庭子女数 & 平均每天家务劳动时长”成对比较（以同辈家庭子女数为控制变量）

同辈家庭子女数	平均每天家务劳动时长（*I*）	平均每天家务劳动时长（*J*）	平均值差值（*I-J*）	标准误差	*P*
1	$t \geqslant 2$	$t < 0.25$ h	18.066*	4.880	0.042*
		0.25 h $\leqslant t <$ 0.5 h	12.205	12.650	1.000
		0.5 h $\leqslant t <$ 1 h	1.205	9.259	1.000
		1 h $\leqslant t <$ 2 h	16.483	6.016	0.064
	1 h $\leqslant t <$ 2 h	$t < 0.25$ h	1.583*	6.095	0.019*
		0.25 h $\leqslant t <$ 0.5 h	−4.278	13.166	1.000
		0.5 h $\leqslant t <$ 1 h	−15.278	9.953	1.000
		$t \geqslant 2$	−16.483	6.016	0.064
	0.5 h $\leqslant t <$ 1 h	$t < 0.25$ h	16.861	9.310	0.707
		0.25 h $\leqslant t <$ 0.5 h	11.000	14.929	1.000
		1 h $\leqslant t <$ 2 h	15.278	9.953	1.000
		$t \geqslant 2$	−1.205	9.259	1.000
	0.25 h $\leqslant t <$ 0.5 h	$t < 0.25$ h	5.861	12.687	1.000
		0.5 h $\leqslant t <$ 1 h	−11.000	14.929	1.000
		1 h $\leqslant t <$ 2 h	4.278	13.166	1.000
		$t \geqslant 2$	−12.205	12.650	1.000
	$t < 0.25$ h	0.25 h $\leqslant t <$ 0.5 h	−5.861	12.687	1.000
		0.5 h $\leqslant t <$ 1 h	−16.861	9.310	0.707
		1 h $\leqslant t <$ 2 h	−1.583	6.095	0.019*
		$t \geqslant 2$	−18.066*	4.880	0.042*
2	$t \geqslant 2$	$t < 0.25$ h	6.016*	2.509	0.008**
		0.25 h $\leqslant t <$ 0.5 h	0.018	7.622	1.000
		0.5 h $\leqslant t <$ 1 h	10.449	5.210	0.454
		1 h $\leqslant t <$ 2 h	−5.132	3.678	1.000
	1 h $\leqslant t <$ 2 h	$t < 0.25$ h	11.148*	3.880	0.042*
		0.25 h $\leqslant t <$ 0.5 h	5.150	8.177	1.000
		0.5 h $\leqslant t <$ 1 h	15.581	5.992	0.096
		$t \geqslant 2$	5.132	3.678	1.000

续表

同辈家庭子女数	平均每天家务劳动时长（I）	平均每天家务劳动时长（J）	平均值差值（I-J）	标准误差	P
2	$0.5\ h \leqslant t < 1\ h$	$t < 0.25\ h$	−4.433	5.355	1.000
		$0.25\ h \leqslant t < 0.5\ h$	−10.431	8.971	1.000
		$1\ h \leqslant t < 2\ h$	−15.581	5.992	0.096
		$t \geqslant 2$	−10.449	5.210	0.454
	$0.25\ h \leqslant t < 0.5\ h$	$t < 0.25\ h$	5.998	7.722	1.000
		$0.5\ h \leqslant t < 1\ h$	10.431	8.971	1.000
		$1\ h \leqslant t < 2\ h$	−5.150	8.177	1.000
		$t \geqslant 2$	−0.018	7.622	1.000
	$t < 0.25\ h$	$0.25\ h \leqslant t < 0.5\ h$	−5.998	7.722	1.000
		$0.5\ h \leqslant t < 1\ h$	4.433	5.355	1.000
		$1\ h \leqslant t < 2\ h$	−11.148*	3.880	0.042*
		$t \geqslant 2$	−6.016*	2.509	0.008**
3	$t \geqslant 2$	$t < 0.25\ h$	5.772*	13.116	0.001***
		$0.25\ h \leqslant t < 0.5\ h$	−33.955	21.351	1.000
		$0.5\ h \leqslant t < 1\ h$	0.379	12.598	1.000
		$1\ h \leqslant t < 2\ h$	11.545	6.876	0.937
	$1\ h \leqslant t < 2\ h$	$t < 0.25\ h$	−5.395	7.785	1.000
		$0.25\ h \leqslant t < 0.5\ h$	−45.500	21.975	0.389
		$0.5\ h \leqslant t < 1\ h$	−11.167	13.628	1.000
		$t \geqslant 2$	−11.545	6.876	0.937
	$0.5\ h \leqslant t < 1\ h$	$t < 0.25\ h$	−6.151	5.796	1.000
		$0.25\ h \leqslant t < 0.5\ h$	−34.333	24.379	1.000
		$1\ h \leqslant t < 2\ h$	11.167	13.628	1.000
		$t \geqslant 2$	−0.379	12.598	1.000
	$0.25\ h \leqslant t < 0.5\ h$	$t < 0.25\ h$	40.105	21.661	0.646
		$0.5\ h \leqslant t < 1\ h$	34.333	24.379	1.000
		$1\ h \leqslant t < 2\ h$	45.500	21.975	0.389
		$t \geqslant 2$	33.955	21.351	1.000

续表

同辈家庭子女数	平均每天家务劳动时长（*I*）	平均每天家务劳动时长（*J*）	平均值差值（*I-J*）	标准误差	*P*
3	$t<0.25$ h	0.25 h ≤ t < 0.5 h	−40.105	21.661	0.646
		0.5 h ≤ t < 1 h	−6.151	5.796	1.000
		1 h ≤ t < 2 h	5.395	7.785	1.000
		t ≥ 2	−5.772*	13.116	0.031*

注：*$P<0.05$，**$P<0.01$，***$P<0.001$。

（三）"学校所在地 & 父母对待子女劳动的态度"双因素方差分析

为了验证学校所在地和父母对待子女劳动的态度是否会产生交互效应，本研究以学校所在地、父母对待子女劳动的态度为自变量，以劳动素养评价一级、二级指标层次为因变量，进行双因素方差分析，结果如表 5-47 所示。经过主体间效应检验，"学校所在地 & 父母对待子女劳动的态度"在劳动观念、劳动价值观、劳动成果观、劳动能力、劳动技能、劳动习惯与品质、劳动习惯、劳动品质、劳动情感与态度、劳动情感、劳动态度存在极其显著差异；在劳动创造方面存在显著差异。

表 5-47 "学校所在地 & 父母对待子女劳动的态度"主体间效应检验

因变量	III 型平方和	df	均方	*F*	*P*
LDGN	10.741	11	0.976	3.561	0.000***
LDJZG	8.861	11	0.806	2.942	0.001***
LDCGG	14.017	11	1.274	3.84	0.000***
LDNL	8.059	11	0.733	3.304	0.000***
LDJN	9.526	11	0.866	3.472	0.000***
LDCZ	8.233	11	0.748	2.547	0.004**
LDXP	9.071	11	0.825	3.856	0.000***
LDXG	8.528	11	0.775	3.252	0.000***
LDPZ	10.837	11	0.985	3.772	0.000***
LDQT	9.636	11	0.876	4.217	0.000***
LDQG	14.003	11	1.273	3.9	0.000***
LDTD	6.582	11	0.598	3.057	0.001***

注：*$P<0.05$，**$P<0.01$，***$P<0.001$。LDGN＝劳动观念，LDJZG＝劳动价值观，LDCGG＝劳动成果观，LDNL＝劳动能力，LDJN＝劳动技能，LDCZ＝劳动创造，LDXP＝劳动习惯与品质，LDXG= 劳动习惯，LDPZ＝劳动品质，LDQT＝劳动情感与态度，LDQG＝劳动情感，LDTD= 劳动态度。

为了进一步验证其具体差异，本研究对“学校所在地 & 父母对待子女劳动的态度”做了成对比较分析。如表 5-48 所示，将父母对待子女劳动的态度作为控制变量，考查学校所在地对劳动素养可能带来的影响。研究发现“父母鼓励家务劳动 & 学校所在地为南京”组群体显著高于“父母鼓励家务劳动 & 学校所在地为南通”组群体；“父母鼓励家务劳动 & 学校所在地为南京”组群体显著高于“父母鼓励家务劳动 & 学校所在地为孝感”组群体；“父母鼓励家务劳动 & 学校所在地为南通”组群体显著高于“父母鼓励家务劳动 & 学校所在地为孝感”组群体；“父母鼓励家务劳动 & 学校所在地为武汉”组群体显著高于“父母鼓励家务劳动 & 学校所在地为南通”组群体；“父母鼓励家务劳动 & 学校所在地为武汉”组群体显著高于“父母鼓励家务劳动 & 学校所在地为孝感”组群体。

由此可见，学校所在地与父母对待子女劳动的态度两个因素之间具有较为明显的交互效应。总体而言，父母鼓励子女进行家务劳动且学校所在地为省会城市南京、武汉会表现出较高的劳动素养。

表 5-48　“学校所在地 & 父母对待子女劳动的态度”成对比较（以父母对待子女劳动的态度为控制变量）

父母对待子女劳动的态度	学校所在地（*I*）	学校所在地（*J*）	平均值差值（*I-J*）	标准误差	*P*
鼓励家务劳动	南京	南通	1.654	2.672	0.041*
		武汉	0.042	2.604	1
		孝感	11.934	2.636	0.000***
	南通	南京	−1.654	2.672	0.041*
		武汉	−1.612	2.71	0.019*
		孝感	10.281*	2.741	0.001***
	武汉	南京	−0.042	2.604	1
		南通	1.612	2.71	0.019*
		孝感	11.893*	2.675	0.000***
	孝感	南京	−11.934*	2.636	0.000***
		南通	−10.281*	2.741	0.001***
		武汉	−11.893*	2.675	0.000***
只需要自我劳动	南京	南通	8.056	9.359	1
		武汉	−4.111	9.203	1
		孝感	−4.111	14.15	1

续表

父母对待子女劳动的态度	学校所在地（*I*）	学校所在地（*J*）	平均值差值（*I-J*）	标准误差	*P*
只需要自我劳动	南通	南京	−8.056	9.359	1
		武汉	−12.167	8.497	0.916
		孝感	−12.167	13.7	1
	武汉	南京	4.111	9.203	1
		南通	12.167	8.497	0.916
		孝感	−8.881	13.594	1
	孝感	南京	4.111	14.15	1
		南通	12.167	13.7	1
		武汉	8.881	13.594	1
只需要好好学习	南京	南通	20	12.754	0.705
		武汉	−7.5	18.381	1
		孝感	10	18.381	1
只需要自我劳动	南通	南京	−20	12.754	0.705
		武汉	−27.5	16.592	0.588
		孝感	−10	16.592	1
	武汉	南京	7.5	18.381	1
		南通	27.5	16.592	0.588
		孝感	17.5	21.224	1
	孝感	南京	−10	18.381	1
		南通	10	16.592	1
		武汉	−17.5	21.224	1

注：$^{*}P < 0.05$，$^{**}P < 0.01$，$^{***}P < 0.001$。

（四）“学校对劳动教育重视程度 & 父母对待子女劳动的态度”双因素方差分析

为了验证学校对劳动教育重视程度和父母对待子女劳动的态度是否存在交互效应，本研究以学校对劳动教育的重视程度、父母对待子女劳动的态度为自变量，以劳动素养评价一级、二级指标层次为因变量，进行双因素方差分析，结果如表 5-49 所示。经过主体间效应检验，“学校对劳动教育的重视程度 & 父母对待子女劳动的态度”

在劳动习惯与品质、劳动品质、劳动情感与态度、劳动情感方面存在极其显著差异；在劳动观念、劳动价值观、劳动成果观、劳动能力、劳动技能、劳动创造、劳动习惯、劳动态度方面存在显著差异。

表 5-49　“学校对劳动教育的重视程度 & 父母对待子女劳动的态度”主体间效应检验

因变量	III 型平方和	df	均方	*F*	*P*
LDGN	5.318	8	0.665	2.353	0.017*
LDJZG	4.473	8	0.559	1.994	0.045*
LDCGG	7.038	8	0.880	2.567	0.009**
LDNL	4.125	8	0.516	2.265	0.022*
LDJN	5.421	8	0.678	2.652	0.007**
LDCZ	4.226	8	0.528	1.764	0.082**
LDXP	7.389	8	0.924	4.281	0.000***
LDXG	5.713	8	0.714	2.948	0.003**
LDPZ	10.498	8	1.312	5.041	0.000***
LDQT	7.548	8	0.943	4.484	0.000***
LDQG	11.271	8	1.409	4.275	0.000***
LDTD	4.861	8	0.608	3.072	0.002**

注：*$P < 0.05$，**$P < 0.01$，***$P < 0.001$。LDGN = 劳动观念，LDJZG = 劳动价值观，LDCGG = 劳动成果观，LDNL = 劳动能力，LDJN = 劳动技能，LDCZ = 劳动创造，LDXP = 劳动习惯与品质，LDXG = 劳动习惯，LDPZ = 劳动品质，LDQT = 劳动情感与态度，LDQG = 劳动情感，LDTD = 劳动态度。

为了进一步验证其具体差异，本研究对“学校对劳动教育的重视程度 & 父母对待子女劳动的态度”做了成对比较分析。如表 5-50 所示，将学校对劳动教育重视程度作为控制变量，考查父母对待子女劳动的态度对劳动素养可能带来的影响。研究发现“学校对劳动教育比较重视 & 鼓励家务劳动”组群体显著高于“学校对劳动教育比较重视 & 只需要好好学习”组群体；“学校对劳动教育比较重视 & 只需要自我劳动”组群体显著高于“学校对劳动教育比较重视 & 只需要好好学习”组群体。

由此可见，学校对劳动教育重视程度与父母对待子女劳动的态度两个因素之间具有较为明显的交互效应。总体而言，学校比较重视劳动教育且父母鼓励子女进行家务劳动与自我劳动，会表现出较高的劳动素养。

表 5-50 “学校对劳动教育重视程度 & 父母对待子女劳动态度”成对比较

（以学校对劳动教育重视程度为控制变量）

学校对劳动教育重视程度	父母对待子女劳动的态度（*I*）	父母对待子女劳动的态度（*J*）	平均值差值（*I-J*）	标准误差	*P*
比较重视	鼓励家务劳动	只需要自我劳动	9.611	8.018	0.693
		只需要好好学习	11.683	6.412	0.000***
	只需要自我劳动	鼓励家务劳动	-9.611	8.018	0.693
		只需要好好学习	21.294*	5.316	0.004**
	只需要好好学习	鼓励家务劳动	−11.683*	6.412	0.000***
		只需要自我劳动	−21.294*	5.316	0.004**
一般	鼓励家务劳动	只需要自我劳动	20.900	16.665	0.631
		只需要好好学习	12.248	15.336	1.000
	只需要自我劳动	鼓励家务劳动	−20.900	16.665	0.631
		只需要好好学习	8.652	7.075	0.666
	只需要好好学习	鼓励家务劳动	−12.248	15.336	1.000
		只需要自我劳动	−8.652	7.075	0.666
不太重视	鼓励家务劳动	只需要自我劳动	24.778	14.343	0.254
		只需要好好学习	15.104	12.514	0.684
	只需要自我劳动	鼓励家务劳动	−24.778	14.343	0.254
		只需要好好学习	−9.673	7.330	0.563
	只需要好好学习	鼓励家务劳动	−15.104	12.514	0.684
		只需要自我劳动	9.673	7.330	0.563

注：$*P<0.05$，$**P<0.01$，$***P<0.001$。

第四节　研究发现与讨论

结合调研数据，本研究对中等职业学校学生劳动素养进行了评估，分别在学生个体层面、家庭层面、学校组织层面做了单因素方差分析，也对个人层面、家庭层面与学校组织层面的部分控制变量做了双因素方差分析。接下来对研究发现与结论进行阐述。

一、中等职业学校学生劳动素养水平存在提升空间

通过对四座城市中等职业学校学生的调研发现，当前中等职业学校学生劳动素养不高。基于前期开发的中等职业学校学生劳动素养评价三级指标体系权重以及等级评估标准，本研究分别对中等职业学校学生劳动劳动观念、劳动能力、劳动习惯与品质、劳动情感与态度做出相应的等级评估。

（一）中等职业学校学生的劳动观念水平分析

从劳动观念维度来看，加权后实际得分 9994.88，加权后应得总分 14159.41，真实得分率为 70.59%，达到了评估结果等级的第Ⅱ级。从二级指标劳动价值观来看，加权后实际得分 6032.65，加权后应得总分 7879.36，真实得分率为 76.56%，达到了评估结果等级的第Ⅱ级；从二级指标劳动成果观来看，加权后实际得分 1616.56，加权后应得总分 2222.38，真实得分率为 72.74%，达到了评估结果等级的第Ⅱ级。

1. “感知劳动荣辱”主要指的是个体对于劳动的荣誉感和耻辱感的认知与态度，它强调的是个人对劳动价值的内在认同，以及在社会生活中通过劳动获得的尊严感和自尊心。该指标加权后实际得分 4218.59，加权后应得总分 5476.35，真实得分率 77.03%，达到评估成果等级的第Ⅱ级。说明劳动荣辱观念未被学生完全理解与接纳，尤其是某些学生的观点是“并不排斥不劳而获的行为”。

2. “尊重劳动平等”主要指个体在劳动实践中，对于不同劳动类型和劳动者所持有的平等观念和态度。该指标加权后实际得分 1844.79，加权后应得总分 2404.65，真实得分率 76.72%，达到评估成果等级的第Ⅱ级。说明有部分学生对待社会底层的清洁工、建筑工、保安、外卖员、出租车司机等职业的眼光不同，不能够做到一视同仁、平等对待不同职业的劳动者。

3. “保护劳动产权”主要指维护和保障劳动者对自己创造的物质和精神成果的权益，确保劳动成果不被非法侵犯。该指标加权后实际得分 780.28，加权后应得总分 1111.74，真实得分率 70.19%，达到评估成果等级的第Ⅱ级。说明学生对待自我与他人的劳动产权意识、观念不到位，尤其是不能够抵制购买盗版行为、传播盗版制品等，学生的劳动产权意识有待加强。

4. “珍惜劳动成果”主要指个人在劳动实践活动中，对通过劳动获得的物质和精神成果持有尊重、爱护和节约的态度。该指标加权后实际得分 449.48，加权后应得总分 1111.74，真实得分率 40.43%，达到评估成果等级的第 III 级。学生在用餐时，不能够做到“光盘”、物品损害并不会首先想到修复、对网红吃播后进行催吐不认为是在浪费粮食等，可见，学生“珍惜劳动成果”观念有待加强。

（二）中等职业学校学生的劳动能力水平分析

从劳动能力维度来看，加权后实际得分 3037.88，加权后应得总分 4303.07，真实得分率为 70.60%，达到了评估结果等级的第Ⅱ级。从劳动技能维度来看，加权后实际得分 1059.66，加权后应得总分 1573.66，真实得分率为 67.33%，达到了评估结果等级的第Ⅱ级；从劳动创造来看，加权后实际得分 905.85，加权后应得总分 1547.45，真实得分率为 58.54%，达到了评估结果等级的第 III 级。

1. “设计劳动流程”主要是指个体在劳动实践活动中，能够根据具体劳动任务和环境要求，制订出合理、高效的劳动步骤和工作计划的能力。该指标加权后实际得分 759.67，加权后应得总分 1078.80，真实得分率 70.42%，达到评估成果等级的第Ⅱ级。表明学生没有能够做到熟练相应劳动的技术及其组成，理解劳动的基本原理，熟练掌握劳动流程的设计等技能。

2. “掌握劳动操作”主要指个体在劳动过程中，运用已有的知识、经验和技能，熟练地完成特定劳动任务的能力。该指标加权后实际得分 390.48，加权后应得总分 496.85，真实得分率 78.60%，达到评估成果等级的第Ⅱ级。表明学生还没有充分掌握日常生活和实习实践中所需的劳动知识与经验、必备劳动操作能力、正确使用劳动工具与设备等。

3. “探究技术原理”主要指个体在劳动过程中，能够深入理解并应用技术背后的科学原理和专业知识，对技术问题进行分析、推理和解决的能力。该指标加权后实际得分 415.78，加权后应得总分 818.02，真实得分率 50.83%，达到评估成果等级的第 III 级。这就意味着部分学生没有能够做到勇于尝试新技术、探索新技术，灵活运用科学原理、专业知识和现代技术，不能够在劳动任务过程中发现存在的问题，并能够根据现实情况不断优化和改进处理办法等。

4. “创造性解决问题”主要指个体在面对复杂问题时，能够突破常规思路，运用创新思维和方法，寻找新颖、有效的解决方案的能力。该指标加权后实际得分 200.34，加权后应得总分 343.13，真实得分率 50.83%，达到评估成果等级的第 III 级。这就意味着仅有少部分学生能够创造性地解决劳动问题，在劳动实践过程中具有新的发明与发现的能力，如劳动工具的改造、劳动步骤的优化等。

5. “实现创意物化”主要指个体将创新思维和创意转化为具体、可触摸的实物或实体形式的能力。该指标加权后实际得分 240.54，加权后应得总分 387.05，真实得分率 50.83%，达到评估成果等级的第 III 级。这就说明部分学生无法做到将日常劳动工具进行改进和创造；无法在自身专业领域内进行发明与创造，如研发设计产品成功申请专利、投入生产生活中使用等。

（三）中等职业学校学生的劳动习惯与品质分析

从劳动习惯与品质维度来看，加权后实际得分 6741.65，加权后应得总分 11250.67，真实得分率为 59.92%，达到了评估等级的第 III 级。在结合权重系数的基础上，本研究对劳动习惯与品质维度真实情况做了进一步评估。从劳动习惯来看，加权后实际得分 4161.92，加权后应得总分 5485.35，真实得分率为 75.87%，达到了评估结果等级的第Ⅱ级；从劳动品质来看，加权后实际得分 2195.90，加权后应得总分 2774.48，真实得分率为 79.15%，达到了评估结果等级的第Ⅱ级。

1.“遵守劳动纪律”加权后实际得分 2952.33，加权后应得总分 3994.03，真实得分率 73.92%，达到评估成果等级的第Ⅱ级。中等职业学校学生是一个相对特殊的学生群体，生源素质参差不齐，部分学生没有遵守学校、企业、班级、宿舍的各项规章制度，没有遵守企业设备操作流程等，没能及时规避一些可防范的安全风险。

2.“践行劳动环保”加权后实际得分 724.02，加权后应得总分 1243.50，真实得分率 58.22%，达到评估成果等级的第 III 级。这就说明部分学生没有养成在学校、企业、班级、宿舍劳动过程中节约劳动资源与劳动材料，以及劳动结束后进行整理现场等习惯。

3.“讲求诚信务实”加权后实际得分 1220.59，加权后应得总分 1531.73，真实得分率 79.69%，达到评估成果等级的第Ⅱ级。这说明部分学生在学习上没有避免作业抄袭、论文剽窃、考试作弊等，在劳动中没有做到诚实守信、严谨规范、不偷工减料、不虚报瞒报等。

4.“注重团队合作”加权后实际得分 700.88，加权后应得总分 1243.50，真实得分率 56.36%，达到评估成果等级的第 III 级，在一定程度上说明学生还没有具备劳动沟通意识、沟通技巧及团队合作能力。

（四）中等职业学校学生的劳动情感与态度水平分析

从劳动情感与态度维度来看，加权后实际得分 4753.61，加权后应得总分 8098.39，真实得分率为 58.76%，达到了评估等级的第 III 级。

在结合权重系数的基础上，本研究对劳动情感与态度维度真实情况做了进一步评估。从劳动情感来看，加权后实际得分 1010.94，加权后应得总分 1829.46，真实得分率为 55.26%，达到了评估结果等级的第 III 级；从劳动态度来看，加权后实际得分 2870.86，加权后应得总分 3814.40，真实得分率为 75.27%，达到了评估结果等级的第Ⅱ级。

1.“表明劳动意向”加权后实际得分 1051.26，加权后应得总分 1369.77，真实得分率 76.75%，达到评估成果等级的第Ⅱ级，这说明在一定程度上，学生在情感态度上没有感受到劳动的神圣感、道德感、幸福感与自豪感，在劳动过程中没有形成劳动亲近感。

2.“体贴劳动过程”加权后实际得分 410.82，加权后应得总分 782.34，真实得分率 52.51%，达到评估成果等级的第 III 级；这就意味着部分学生并没有通过劳动体会到普通劳动者的辛苦与不易，体会到劳动过程的复杂与精细等。

3.“端正劳动态度”加权后实际得分 1242.22，加权后应得总分 2462.30，真实得分率 50.45%，达到评估成果等级的第 III 级，表明部分学生劳动意识淡薄，逐渐养成了逃避劳动的心理，甚至有的学生只关注劳动成果，一旦得不到应有的回报，立即逃避劳动。

4.“承担劳动责任”加权后实际得分 710.85，加权后应得总分 1353.30，真实得分率 52.53%，达到评估成果等级的第 III 级，表明学生在家庭日常生活、学校实习实践活动中，没有做到不怕累、不怕苦、不怕脏，主动维护宿舍、教室、实验室卫生，缺乏劳动忧患意识、劳动责任意识。

二、中等职业学校学生劳动素养在个体、家庭、学校组织层面存在差异

本研究通过独立样本 T 检验、单因素方差分析、双因素方差分析等，对学生劳动素养的具体影响机制进行了全面探索。研究发现，劳动素养在学生个体层面、家庭层面、学校组织层面的因素都是影响学生劳动素养的重要因素，具体差异如表 5-51、表 5-52、表 5-53 所示。

（一）中等职业学校学生个人基本属性对劳动素养的影响

1. 性别不同，学生的劳动素养存在显著差异。总体而言，女生的劳动素养要高于男生的劳动素养。尤其表现在劳动观念、劳动能力、劳动情感与态度、劳动习惯与品质等维度上的认识。

2. 家庭所在地不同，学生的劳动素养存在显著差异。就学生劳动观念、劳动能力、劳动习惯与品质、劳动情感与态度维度而言，均具有乡镇组群体、农村组群体高于城市组群体的差异性；就劳动观念而言，还具有农村组群体高于县城组群体的差异；就劳动情感与态度而言，还具有乡镇组群体高于农村组群体、农村组群体高于县城组群体的差异性。

3. 专业大类不同，学生的劳动素养存在显著差异。具体表现是加工制造大类组群体显著高于电子信息大类、土木建筑大类、交通运输大类组群体。

4. 平均每天家务劳动时长不同，学生的劳动素养存在显著差异。在一级指标的差异主要体现在劳动观念、劳动能力、劳动情感与态度。

表 5-51　基于学生个体特征层面的劳动素养差异性分析结果汇总

各级指标	性别	家庭所在地	专业大类	平均每天家务劳动时长
劳动观念	极其显著	显著	极其显著	极其显著
劳动能力	极其显著	显著	极其显著	极其显著
劳动习惯与品质	极其显著	显著	极其显著	不显著
劳动情感与态度	极其显著	显著	极其显著	显著
劳动价值观	极其显著	显著	极其显著	显著
感知劳动荣辱	极其显著	显著	极其显著	显著
尊重劳动平等	极其显著	显著	极其显著	显著
劳动成果观	显著	极其显著	极其显著	极其显著
保护劳动产权	显著	显著	极其显著	极其显著
珍惜劳动成果	显著	极其显著	极其显著	显著
劳动技能	极其显著	显著	极其显著	显著
设计劳动流程	极其显著	极其显著	极其显著	不显著
掌握劳动操作	极其显著	显著	极其显著	极其显著
劳动创造	极其显著	显著	极其显著	极其显著
探究技术原理	极其显著	显著	极其显著	极其显著
创造性解决问题	显著	不显著	极其显著	极其显著
实现创意物化	极其显著	显著	极其显著	极其显著
劳动习惯	极其显著	显著	极其显著	不显著
遵守劳动纪律	极其显著	极其显著	极其显著	不显著
践行劳动环保	显著	不显著	极其显著	显著
劳动品质	极其显著	不显著	极其显著	不显著
讲求诚信务实	极其显著	不显著	极其显著	不显著
注重团队合作	显著	显著	极其显著	不显著
劳动情感	极其显著	显著	极其显著	显著
表明劳动意向	显著	不显著	极其显著	不显著
体贴劳动过程	极其显著	显著	极其显著	显著
劳动态度	极其显著	不显著	极其显著	不显著
端正劳动态度	极其显著	不显著	极其显著	不显著
承担劳动责任	不显著	不显著	极其显著	显著

（二）中等职业学校学生不同家庭因素对劳动素养的影响

1. 同辈家庭子女数不同，中等职业学校学生劳动素养存在显著差异。同辈家庭子女 4 个及以上、3 个、2 个、独生子女，前者依次高于后者。独生子女组群体劳动素养相对最低。

2. 父母劳动态度的不同，中等职业学校学生劳动素养存在显著差异。良好的家庭劳动氛围有助于学生养成积极的劳动观念、劳动能力、劳动习惯与品质、劳动情感与态度，反之，则可能使学生不太关注自身的劳动素养，甚至是厌恶劳动。

3. 父母对待子女劳动的态度不同，中等职业学校学生劳动素养存在显著差异。鼓励家务劳动、只需要自我劳动、只需要好好学习，前者依次高于后者。与独生子女组群体相比较，同辈家庭子女 2 个、3 个、4 个及以上群体父母对待子女劳动态度鼓励承担家务劳动负荷明显更高。

表 5-52　基于家庭层面的劳动素养差异性分析结果汇总

各级指标	同辈家庭子女数	父亲劳动态度	母亲劳动态度	父母对待子女劳动的态度
劳动观念	极其显著	极其显著	显著	显著
劳动能力	极其显著	极其显著	显著	显著
劳动习惯与品质	显著	显著	显著	极其显著
劳动情感与态度	显著	显著	极其显著	极其显著
劳动价值观	极其显著	显著	显著	显著
感知劳动荣辱	极其显著	显著	不显著	显著
尊重劳动平等	极其显著	显著	显著	不显著
劳动成果观	极其显著	极其显著	显著	显著
保护劳动产权	极其显著	极其显著	不显著	显著
珍惜劳动成果	极其显著	极其显著	显著	极其显著
劳动技能	不显著	显著	不显著	显著
设计劳动流程	不显著	不显著	不显著	不显著
掌握劳动操作	不显著	显著	不显著	显著
劳动创造	极其显著	极其显著	极其显著	显著
探究技术原理	显著	极其显著	显著	不显著
创造性解决问题	显著	显著	极其显著	不显著
实现创意物化	极其显著	显著	显著	显著

续表

各级指标	同辈家庭子女数	父亲劳动态度	母亲劳动态度	父母对待子女劳动的态度
劳动习惯	显著	显著	显著	显著
遵守劳动纪律	不显著	不显著	不显著	显著
践行劳动环保	极其显著	显著	极其显著	显著
劳动品质	不显著	显著	显著	极其显著
讲求诚信务实	不显著	不显著	不显著	显著
注重团队合作	显著	显著	显著	极其显著
劳动情感	极其显著	显著	显著	极其显著
表明劳动意向	极其显著	显著	极其显著	极其显著
体贴劳动过程	显著	显著	显著	极其显著
劳动态度	显著	显著	极其显著	显著
端正劳动态度	显著	显著	显著	显著
承担劳动责任	显著	显著	极其显著	显著

（三）中等职业学校学生不同学校因素对劳动素养的影响

1. 不同学校所在地不同，中等职业学校学生的劳动素养存在显著差异。在劳动观念与劳动能力方面，均值大小排序依次是南京、武汉、南通、孝感；在劳动习惯与品质、劳动情感与态度方面，均值大小排序依次是武汉、南京、南通、孝感。从单因素方差分析结果来看，劳动能力、劳动习惯与品质、劳动情感与态度都存在省会城市显著高于非省会城市。可以看出，省会学校资源条件好，学生劳动素养相对非省会城市的劳动素养要高。

2. 对劳动教育重视程度不同，中等职业学校学生劳动素养存在显著差异。在一级指标中劳动习惯与品质、劳动情感与态度存在比较重视组群体显著高于比较不重视组群体。劳动观念、劳动能力没有表现出差异，表明劳动观念与劳动能力是个在多方面因素与环境下、长期、缓慢形成的过程，学校对劳动教育重视程度暂时还没有得到良好的劳动观念与劳动能力方面的结果。

3. 近两年参加顶岗实习时长不同，中等职业学校学生劳动素养存在显著差异。一级指标劳动观念、劳动能力、劳动情感与态度存在显著差异，参加顶岗实习活动时长在 6 个月及以上的群组显著高于 0 次群组；在劳动习惯与品质没有表现出差异，表明劳动习惯与品质是在复杂条件下养成的，顶岗实习活动时长暂时还没有得到体现。

4. 近两年参加技能比赛次数不同，中等职业学校学生劳动素养存在显著差异。一级指标劳动观念、劳动能力存在显著差异，大小依次是 4～6 次、6 次以上、1～3 次、0 次；在劳动习惯与品质、劳动情感与态度不存在显著差异。这说明，技能比赛对学生劳动素养有重要的影响，包括劳动观念、劳动创造能力、劳动习惯、劳动情感、劳动态度等方面。

表 5-53　基于学校组织层面的劳动素养差异性分析结果汇总

各级指标	学校所在地	学校对劳动教育重视程度	近两年参加顶岗实习时长	近两年参加技能比赛次数
劳动观念	极其显著	不显著	显著	显著
劳动能力	极其显著	不显著	显著	显著
劳动习惯与品质	极其显著	显著	不显著	不显著
劳动情感与态度	极其显著	显著	显著	不显著
劳动价值观	极其显著	不显著	不显著	不显著
感知劳动荣辱	显著	不显著	显著	不显著
尊重劳动平等	极其显著	显著	不显著	不显著
劳动成果观	显著	不显著	显著	不显著
保护劳动产权	显著	不显著	不显著	不显著
珍惜劳动成果	极其显著	不显著	显著	不显著
劳动技能	极其显著	不显著	不显著	显著
设计劳动流程	极其显著	显著	不显著	不显著
掌握劳动操作	显著	不显著	不显著	显著
劳动创造	显著	不显著	显著	不显著
探究技术原理	显著	不显著	显著	显著
创造性解决问题	显著	不显著	显著	不显著
实现创意物化	显著	不显著	显著	不显著
劳动习惯	显著	不显著	不显著	不显著
遵守劳动记录	显著	显著	不显著	不显著
践行劳动环保	显著	不显著	显著	显著
劳动品质	极其显著	极其显著	不显著	不显著
讲求诚信务实	显著	显著	不显著	不显著
注重团队合作	极其显著	显著	显著	不显著
劳动情感	显著	显著	显著	不显著
表明劳动意向	显著	显著	显著	显著

续表

各级指标	学校所在地	学校对劳动教育重视程度	近两年参加顶岗实习时长	近两年参加技能比赛次数
体贴劳动过程	显著	显著	不显著	不显著
劳动态度	极其显著	显著	不显著	不显著
端正劳动态度	显著	显著	不显著	不显著
承担劳动责任	极其显著	不显著	显著	显著

三、中等职业学校学生劳动素养在个体、家庭与学校组织层面存在交互效应

在结合双因素方差分析结果的基础上，本研究发现，中等职业学校学生劳动素养在个体、家庭与学校组织层面存在交互效应。

（一）家庭所在地为农村且父亲比较乐意劳动的学生劳动素养较高

经过主体间效应检验，“家庭所在地 & 父亲劳动态度”在一级指标劳动观念、劳动能力、劳动习惯与品质方面存在极其显著差异；劳动情感与态度方面存在显著差异。

为了进一步验证其具体差异，本研究对“家庭所在地 & 父亲劳动态度”进行了成对比较分析。以劳动观念为例，将家庭所在城市作为控制变量，考查父亲劳动态度对劳动观念可能带来的影响时，研究发现，“农村 & 父亲比较乐意劳动”组群体显著高于“农村 & 父亲劳动态度一般”组群体、“农村 & 父亲不太乐意劳动”组群体。

由此可见，家庭所在地与父亲劳动态度两个因素之间具有较为明显的交互效应。总体而言，家庭所在地位于农村且父亲劳动态度较积极的中等职业学校学生，会表现出较高的劳动素养。但同样需要关注的是，家庭所在地位于城市组群体、县城组群体、乡镇组群体与父亲劳动态度成对比较表现不明显。

（二）同辈家庭子女数较多且平均每天家务劳动时间较长的学生劳动素养较高

经过主体间效应检验，“同辈家庭子女数 & 平均每天家务劳动时长”在一级指标劳动观念、劳动能力、劳动情感与态度方面存在极其显著差异；在劳动习惯与品质方面存在显著差异。

为了进一步验证其具体差异，本研究对“同辈家庭子女数 & 平均每天家务劳动时长”做了比较分析。以同辈家庭子女数作为控制变量，考查平均每天家务劳动时长对劳动素养可能带来的影响时，研究发现“独生子女 & 平均每天家务劳动时长 2 h 以上”群组显著高于“独生子女 & 平均每天家务劳动时长 0.25 h 以内”群组；“独生子女 &

平均每天家务劳动时长 1 ~ 2 h”群组显著高于“独生子女 & 平均每天家务劳动时长 0.25 h以内”群组；“同辈家庭子女 2 个 & 平均每天家务劳动时长 2 h 以上”群组显著高于“同辈家庭子女 2 个 & 平均每天家务劳动时长 0.25 h 以内”；“同辈家庭子女 2 个 & 平均每天家务劳动时长 1 ~ 2 h”群组显著高于“同辈家庭子女 2 个 & 平均每天家务劳动时长 0.25 h以内”；“同辈家庭子女 3 个 & 平均每天家务劳动时长 2 h 以上”群组显著高于“同辈家庭子女 3 个 & 平均每天家务劳动时长 0.25 h 以内”。

由此可见，同辈家庭子女数与平均每天家务劳动时长两个因素之间具有较为明显的交互效应。总体而言，同辈家庭子女数多且家务劳动时长在 2 h 以上组群体，会表现出较高的劳动素养。但同样需要关注的是，独生子女组群体平均每天家务劳动时长在 2 h 以上的学生，虽然数量较少，但却表现出较高的劳动素养。

（三）学校所在地为省会城市且父母鼓励家务劳动的学生劳动素养较高

经过主体间效应检验，“学校所在地 & 父母对待子女劳动的态度”在一级指标劳动观念、劳动能力、劳动习惯与品质、劳动情感与态度存在极其显著差异。

为了进一步验证其具体差异，本研究对“家庭所在 & 父母对待子女劳动的态度”做了比较分析。以父母对待子女劳动的态度作为控制变量，考查学校所在地对劳动素养可能带来的影响时，研究发现“父母鼓励家务劳动 & 学校所在地为南京”组群体显著高于“父母鼓励家务劳动 & 学校所在地为南通”组群体；“父母鼓励家务劳动 & 学校所在地为南京”组群体显著高于“父母鼓励家务劳动 & 学校所在地为孝感”组群体；“父母鼓励家务劳动 & 学校所在地为南通”组群体显著高于“父母鼓励家务劳动 & 学校所在地为孝感”组群体；“父母鼓励家务劳动 & 学校所在地为武汉”组群体显著高于“父母鼓励家务劳动 & 学校所在地为南通”组群体；“父母鼓励家务劳动 & 学校所在地为武汉”组群体显著高于“父母鼓励家务劳动 & 学校所在地为孝感”组群体。

由此可见，学校所在地与父母对待子女劳动态度两个因素之间具有较为明显的交互效应。总体而言，父母鼓励子女进行家务劳动且学校所在地为省会城市南京、武汉会表现出较高的劳动素养。但同样需要关注的是，“父母鼓励家务劳动 & 学校所在地为南通”组群体，也表现出较高的劳动素养。

（四）学校对劳动教育比较重视且父母鼓励家务劳动的学生劳动素养较高

经过主体间效应检验，“学校对劳动教育重视程度 & 父母对待子女劳动的态度”在劳动习惯与品质、劳动品质、劳动情感与态度、劳动情感方面存在极其显著差异；在劳动观念、劳动价值观、劳动成果观、劳动能力、劳动技能、劳动创造、劳动习惯、劳动态度方面存在显著差异。

为了进一步验证其具体差异，本研究对“学校对劳动教育重视程度 & 父母对待子女劳动态度”做了比较分析。以学校对劳动教育重视程度作为控制变量，考查父母对待子女劳动态度对劳动素养可能带来的影响时，研究发现“学校对劳动教育比较重视 & 鼓励家务劳动”组群体显著高于“学校对劳动教育比较重视 & 只需要好好学习”组群体；“学校对劳动教育比较重视 & 只需要自我劳动”组群体显著高于“学校对劳动教育比较重视 & 只需要好好学习”组群体。

由此可见，学校对劳动教育重视程度与父母对待子女劳动的态度两个因素之间具有较为明显的交互效应。总体而言，学校比较重视劳动教育且父母鼓励子女进行家务劳动与自我劳动，会表现出较高的劳动素养。

本章小结

本章主要围绕中等职业学校学生劳动素养的现状进行了分析，旨在揭示当前中等职业学校学生劳动素养的具体水平与提升方向。研究主要采用了前期编制的劳动素养评价量表对中等职业学校学生进行劳动素养的全面评估，调查了江苏省和湖北省的四个城市，有效回收问卷560份，数据收集与分析展示了中等职业学校学生在劳动观念、劳动能力、劳动习惯与品质、劳动情感与态度等方面的实际情况。首先，对中等职业学校学生劳动素养测评进行了系统设计，明确测评目标是对当前中等职业学校学生劳动素养各指标的水平进行测量及评价，并考查劳动素养在个体、家庭、学校等层面是否存在显著差异及交互效应。其次，根据所得数据对劳动素养指标进行了描述性分析，并对个人、家庭、学校这三个层面进行了差异性分析。最后，结合调研数据及差异性分析结果得出三点结论：一是学生的劳动素养水平有待提高，二是学生劳动素养在个体、家庭、学校组织层面均存在差异，三是学生劳动素养在个体、家庭与学校组织层面存在交互效应，为后续的研究奠定了基础。

第六章　中等职业学校
学生劳动素养的影响因素分析

从抽样调查的结果来看，中等职业学校学生劳动素养现状不太令人满意。大部分中等职业学校的劳动素养培育还处于泛化、窄化、异化的状态比较明显。然而，对于中等职业学校学生劳动素养培育为何会偏离其定位仍然缺乏有说服力的解释。因此，为了探究中等职业学校学生劳动素养培育的可能影响因素，本章根据量化的结果再次进行研究设计，并遴选出学生、教师、管理者三种不同类型的群体进行深入的访谈研究，最后从文化困惑、技术附魅、制度空位及资源壁垒等视角出发，探索中等职业学校学生劳动素养发展的影响因素。

第一节　研究设计

研究设计是案例研究的行动指南，分析框架则是案例研究的灵魂所在。因此，在开展正式的案例研究之前，有必要阐明本阶段的研究设计与分析框架，从而为后续研究提供必要的基础。

一、研究问题界定

我国当下中职教育对学生劳动素养发展的忽视，亟需研究者的关注。现在教育的功能更多是发展操作性技术技能，而不是培养综合的劳动素养。这样的教学现状必然需要引起研究者的关注并积极做出相应的应对措施。本研究通过结合实践案例具体呈现其实际的状态并分析其实践效果。具体围绕以下三个研究问题展开：

问题一：中等职业学校学生劳动素养整体不高的影响因素有哪些?

问题一为本阶段的核心研究问题，欲建构中等职业学校学生劳动素养的培育措施与保障机制，自然要聚焦于劳动素养发展水平的影响因素进行分析。

问题二：指向中等职业学校学生劳动素养培育的实践层面如何操作?

通过实践案例的分析，呈现指向劳动素养培育的劳动教育环境建设的实践操作。通过劳动教育环境的设计、实践模式的展开具体描述，详细地呈现其实际状态。

问题三：指向中等职业学校学生劳动素养培育的实践效果怎么样？

基于访谈数据，笔者分别对案例学校的学生、教师、管理者进行访谈，根据访谈数据的分析呈现其实践效果。并进一步探究中等职业学校学生劳动素养为何会在学生个体层面表现出差异？为何会在学校组织层面表现出差异？为何会在个体与组织层面存在交互效应？

二、研究方法确定

本研究既有质性的研究也有量化的研究。所谓的量化抑或是质性本身就不是二元对立的存在，彼此可以相互补充，相互转化。[1]研究者要根据研究的需要，适当地选择研究方法。本研究在此章将主要采用访谈法与案例研究法。将中等职业学校学生劳动素养研究置于真实教学情境中开展是恰当的，也是必要的。此外，在前文笔者已经通过量化研究方法，对中等职业学校学生劳动素养整体不高的测评结果做出了回答，但对于制约中等职业学校学生劳动素养发展的关键因素并未从量化研究中得到解决，因此，这便需要通过案例研究法进行重点考查。

三、研究对象选择

为了抽取能为研究问题提供最大信息量的研究对象，[1]在研究对象不同的特性维度上又遵循了两种抽样策略，即“同质型抽样”和“最大差异抽样”。[1]

首先在学校方面，考虑到研究的必要性和精力的有限性，笔者初步选定了两所中等职业学校进行案例研究。中等职业学校抽样的依据是在前文量化研究阶段，研究结果显示省会城市中等职业学校与非省会城市中等职业学校学生劳动素养方面存在显著差异。因此，根据笔者研究的便利性选择了湖北省的省会城市武汉市和非省会城市孝感市。

选取武汉市Q学校，主要原因有在量化阶段，笔者就以加工制造专业大类学生为主要研究对象，在案例分析阶段也将继续以加工制造专业大类的学生、教师为主要研究对象。Q学校是湖北省人民政府批准建立的一所全日制中等专业学校，是国家级重点中专、首批国家中等职业教育改革发展示范学校。Q学校以加工制造为主，建有数控中心、模具中心、计算机中心三个校内实训基地，其中模具制造技术是首批国家级示范专业、省级实训基地。研究所选取的中等职业学校具有一定的代表性。

[1] 陈向明，2000. 质的研究方法与社会科学研究 [M]. 北京：教育科学出版社.

选取孝感市 W 学校，主要原因与 Q 学校相似，继续延续前期量化调查的以加工制造专业大类为主要专业的中等职业学校，且在非省会城市孝感市具有一定的区域影响力和持续成长力。W 学校现为首批国家示范中等职业学校、全国职业教育先进单位，形成了以机械加工技术、机电技术应用、电子技术应用、汽车运用与维修、制浆造纸工艺、计算机应用等专业为主干的先进制造类专业群。

其次是研究对象的抽样。在选定案例学校后，笔者正式开始对研究对象进行选择。在条件允许的情况下，笔者尽量保证每所案例学校访谈 4～6 位专业教师、8～10 位学生，并从中遴选出最具有典型性的个案进行分析。由于理、工、农、医等不同类型研究的差异性，本研究在量化研究阶段就确定了聚焦加工制造专业大类研究的方案，因此，在案例研究阶段延续了这一思路，即主要遴选具有加工制造大类相关专业背景的教师进行访谈。此外，本研究还考虑到研究对象性别差异，尽量选择男女比例相当的研究对象。对于教师职称与学历，也有所考量。在学历方面，尤其是近年来，中等职业学校新进专业教师已基本具有研究生学历，部分甚至具有博士研究生学历。因此，本研究也适当遴选了部分具有博士研究生学历的专业教师。在职称方面，也相应选择不同比例的讲师、副教授、教授职称的专业教师，出于研究便利性的考量，教授职称的专业教师占比较少。在研究对象——学生方面，两所学校抽取的都是加工制造专业大类的学生，在性别上也考量到男女比例相当，在年级上，聚焦于一年级与二年级学生。

本研究确定的教师与学生抽样方案如表 6-1 所示。根据访谈资料整理后，挑选出 26 名访谈对象，其中包括 6 名专业教师，4 名管理者，16 名学生进行访谈。访谈内容均以录音的方式保存，后期笔者把访谈录音材料转述成文本。在访谈数据的收集过程中均征求被访者的个人意愿，后期在数据处理的过程中均以编码的形式来呈现。本研究采用五级编码方式整理访谈数据。首先一级编码是角色编码，如教师用字母 T、学生用字母 S，管理者用字母 M，其中有些学生访谈是以小组的形式进行的，这时候研究者采用的编码是 SG，用以表示小组访谈；其次是性别编码，男生为 1，女生为 2，其中小组访谈部分，男女生都是小组成员的情况下，采用 12 进行编码；第三级编码是对于教师以教龄呈现，而学生的则以访谈时所在年级为编码代号；第四级编码是访谈轮次，第一轮就使用 1ST，第二轮访谈使用 2ND；最后一级编码是访谈的时间记录。例如：T-1-6-1ST20210410，解读为本访谈对象是专业教师，性别男，其教龄为 6 年，该访谈为第一轮访谈数据，收集数据的时间为 2021 年 4 月 10 日。

表 6-1　正式访谈数据的呈现与编码

序号	角色	性别	教龄 / 年级	访谈轮次	访谈时间	编码
1	专业教师	男	27	第一轮访谈	20200411	T-1-27-1ST20210411
2	专业教师	男	21	第一轮访谈	20200411	T-1-21-1ST20210411
3	专业教师	女	10	第二轮访谈	20200518	T-2-10-2ND20210518
4	专业教师	女	9	第二轮访谈	20200518	T-2-9-2ND20210518
5	专业教师	女	3	第一轮访谈	20200413	T-2-3-1ST20210413
6	专业教师	男	5	第一轮访谈	20200413	T-1-5-1ST20210413
7	管理者	女	22	第一轮访谈	20210326	M-2-22-1ST20210326
8	管理者	男	6	第一轮访谈	20210326	M-1-6-1ST20210326
9	管理者	女	9	第一轮访谈	20210415	M-2-9-1ST20210415
10	管理者	男	7	第二轮访谈	20210415	M-1-7-2ND20210415
11	学生	男	2	第一轮访谈	20210522	S-1-2-1ST20210522
12	学生	男	2	第一轮访谈	20210522	S-1-2-1ST20210522
13	学生	女	2	第二轮访谈	20210602	S-2-2-2ND20210602
14	学生	女	1	第二轮访谈	20210602	S-2-1-2ND20210602
15	学生	女	1	第一轮访谈	20210523	S-2-1-1ST20210523
16	学生	女	1	第一轮访谈	20210523	S-2-1-1ST20210523
17	学生	男	2	第一轮访谈	20210525	S-1-2-1ST20210525
18	学生	女	2	第一轮访谈	20210525	S-2-2-1ST20210525
19	学生	男	1	第一轮访谈	20210527	S-1-1-1ST20210527
20	学生	男	1	第一轮访谈	20210527	S-1-1-1ST20210527
21	学生	男、女	2	第二轮访谈	20210609	S-12-2-2ND20210609
22	学生	男、女	2	第二轮访谈	20210609	S-12-2-2ND20210609
23	学生	男、女	2	第二轮访谈	20210612	S-12-2-2ND20210612
24	学生	男、女	2	第二轮访谈	20210612	S-12-2-2ND20210612
25	学生	女	1	第一轮访谈	20210615	S-2-1-1ST20210615
26	学生	女	1	第一轮访谈	20210615	S-2-1-1ST20210615

四、研究资料收集

研究资料收集主要分为教师访谈资料收集、管理者访谈资料收集及学生访谈资料收集。

教师访谈资料、管理者访谈资料及学生访谈资料收集主要经历了两个阶段。第一阶段是预访谈阶段。在展开正式的研究之前，笔者就曾于 2019 年 11 月至 12 月期间对 Q 学校两位专业教师进行了两次课堂观察与一次访谈，以此作为正式研究的先导。每次访谈持续时间约 1 小时左右，并在征求访谈对象同意的前提下进行了录音。在预访谈阶段中，笔者逐渐熟悉了学校的政策、制度、课堂教学的要点，调整了正式调查访谈提纲的内容及问答方式，为后期正式研究做准备。第二个阶段是正式访谈阶段。访谈的数据收集在 2021 年 3 月完成。本研究的访谈全部是半结构式访谈，即研究者在将把访谈提纲作为参考，所提问题并不局限于提纲的内容，而是在访谈过程中根据参与教师、管理者的谈话内容适度调整。当访谈过程中，教师、管理者的谈话里出现了访谈提纲未曾涉及但被发现与研究问题非常相关的内容，笔者则选择顺应教师、管理者谈话的走向，追问或进一步讨论。研究还采用“关键事件访谈法”对访谈者进行深入交流，使其能着重回忆与能力相关的关键事件。“关键事件访谈法”不要求事无巨细地逐一叙述，而是要求列举出所经历的关键事件，并阐述起因、时间、过程、结果、相关人物、涉及范围及当时的感受。[1] 通过电话预约、微信语音电话、微信视频电话、腾讯会议等方式，对专业教师、管理者与学生进行了一对一、一对一个小组的深度访谈。访谈前对教师、管理者进行口头承诺，保证访谈与访谈对象的工作单位、业绩考核和职业发展等无关，所有访谈内容仅用于本人学术研究，绝不用于任何与研究无关的事务。每次访谈持续时间约 45 分钟到 1 小时，并在征求同意的基础上对所有访谈内容进行了录音，再通过语音转写平台转成文字，并逐一对文字进行调整与修改。

五、研究资料整理与分析

本研究的访谈资料处理分为两个阶段。第一个阶段是质性分析软件 Nvivo 11.0 对资料进行分析。对访谈过程进行录音并转写成文本，每个访谈的转写文本独立成档，转录之后，正式访谈文字累计约 12 万字。下文讨论中如有引用访谈数据，则使用访谈人姓名和转录文件页码的形式。如果文本转写中出现不清之处，则通过电话、微信、邮件等方式由访谈人确认。在正式访谈资料搜集完毕之后，本研究开始对访谈内容展开了系统分析。首先，将访谈记录以电子文本的形式导入 Nvivo 11.0 内存文件中，而后进行初步的阅读，并整理出基本思路。最后将文本进行开放式的编码，确定编码时

[1] 刘电芝，2011. 教育与心理研究方法 [M]. 合肥：安徽教育出版社.

以显性内容为主要依据，同时结合隐性内容进行判断和归纳。过程中尽可能以原始转录资料中的关键词为基础编码。根据本研究的研究目的，我们主要围绕以下三个方面的内容进行编码：①访谈对象的角色、性别、教龄或年级等基本信息；②劳动素养发展过程中的保护性因素；③劳动素养发展过程中的危险性因素。需要关注的是，对访谈转写文本的分析，本研究将采用选择性阅读法，关注那些与研究问题相关的学生劳动素养及其影响因素等。为加强研究发现的可靠性，笔者邀请 3 ~ 5 个重要访谈对象阅读本书初稿，从而形成对研究结果分析的成员互证。在对 9 位专业教师的访谈认识分析中，也使用本项目内其他访谈对象的访谈认识，作为数据之间的互证。此外，访谈数据采集与分析的方法论支撑是社会建构论，该方法论认为，访谈个体有能力解释个体行为的意义，有能力分析他们所处的社会现实；通过采纳这样的内部视角，访谈对象参与研究，共同探讨问题，而非仅仅作为被研究对象。[1]因此在呈现研究结果时，本书尽量使用访谈对象对劳动素养的阐释话语。

第二阶段是借助问卷星系统，将访谈记录所呈现的个体基本信息及其他通过 Nvivo11.0 编码的内容进行转录，形成量化数据，并利用 SPSS22.0 对量化后的数据进行后续的描述性统计及相关分析等。

第二节　访谈结果分析

笔者于 2020 年秋至 2021 年夏，期间与 Q 学校、W 学校中的两位专任教师、教研室主任以及教务处主任有着不间断的合作、沟通与交流，纵向获取学生、教师、管理者对于劳动教育的状态变化。本研究基于上述影响因素分析框架，分析中等职业学校学生劳动素养培育过程中历史性与发展性的矛盾及其在实践过程中遇到的“张力”，以及在现实层面的“张力”是如何得到消解的。中等职业学校学生劳动素养培育活动不能脱离具体情境去理解和分析，以下主要从学生、教师、管理者的立场来进行呈现与分析。（以下 A 代表笔者，S 代表学生，T 代表教师，M 代表管理者）

一、学生参与劳动素养培育活动的感受与行动

本研究进行劳动素养调查的目的是弥补学校劳动教育的不足，给学生提供创造性探索的机会。学生作为活动的主体，也是劳动教育的直接受益者，本研究假设学生能够经过持续的劳动观念教育、劳动情感教育、在解决真实社会的具体问题中得到能力的

---

[1] FLOWERDEW, J, 1999. Problems in Writing for Scholarly Publication: The Case of Hong[J]. Journal of Second Language Writing(8):243-264.

提升，培养学生发现问题和创造性解决问题的劳动能力，从而养成良好的劳动习惯与品质。通过第五章的劳动素养调查，可以看出中等职业学校学生劳动素养整体输出结果处于中等水平。基于学生认知的视角，本研究对访谈结果的分析与讨论，主要以访谈资料整理过程中基于类属分析所得出的类别与主题为基本框架，试图通过受访学生对劳动教育的主观感受与过程中的行为表现，进一步对学生劳动素养调查结果进行实践分析。

在真实的劳动教育活动开展中，学生到底有着怎么样体验、秉持着怎样的状态，是兴奋，低迷，充满热情，还是抵制抗拒？笔者意欲从学生的访谈数据中窥探学生对劳动教育的主观感受。以“基于类属分析所得出的类别与主题”为基本框架，对受访学生关于劳动教育的主观感受及过程中的行为表现进行分析。通过让学生对劳动教育活动的第一反应所给出的词汇，从学生使用的这些词汇中的情感表现来窥探学生的主观感受。

A：如果提到学校开展劳动教育活动，你的初印象是什么？脑海中首先蹦出的词语是什么？每位学生用 3～4 个词语表达。

访谈中，16 位学生给出的词语主要有：每天都在劳动、蛮有趣的、实践、很期待、有挑战性、劳动教育是什么、丰富、有意思、无聊、困难、没意思、不想劳动、懒得动、比较充实、无从下手、不需要劳动、难以实行、很想体验、没有时间等。

笔者对以上词汇依照积极情感和消极情感以及中性词进行编码，如果无法辨识，就结合文本情境进行辨别。积极情感标识为“+”，消极情感标识“–”，中性词汇标识“0”。通过编码和归类，共获得 3 类积极看法，2 类中性看法，7 类消极看法。总频次为 59（表 6-2）。

表 6-2　学生提及劳动教育实践感受及其编码

序号	主观感受	频次	编码
1	蛮有趣的、有意思	4	+
2	只想躺平、懒得动	8	–
3	无聊，没有意思	6	–
4	听从学校安排	3	0
5	根据自身情况而定	3	0
6	劳动教育是什么、已经每天都在劳动了	5	–
7	想要挑战、期待	4	+
8	比较充实、丰富生活	3	+
9	学习任务重、没有时间	8	–
10	难以实行、比较困难	6	–
11	不太会劳动、怕做不好	5	–
12	高科技时代、不需要劳动	4	–

从表 6-2 访谈的数据来看，使用积极情感来表达劳动教育活动的词汇总频次为 11，仅占总频次的 18.64%，这说明仅有少部分学生对劳动教育为积极的情感体验。

有个同学在陈述中表达了蛮有趣、想要挑战、丰富生活的情感体验：劳动教育是一个非常熟悉，又是与我们日常生活息息相关的活动。如果能够将劳动教育作为学科，让课程走进校园，我觉得是一件非常有意思的事情。我觉得如果增加校外实践环节，会非常有趣，我还是很期待的！（S-1-2-1ST20210522）

其实有这样积极的情感体验能够真实地说明该学生对进行劳动教育的实践活动还是比较有兴趣的，能够将劳动教育落实到日常生活中的方方面面，也具有将劳动教育与学校的实践相结合的初步想法。一段时间以来，中等职业学校劳动教育缺位，部分“00”后学生因物质富足、条件优渥，追求不劳而获、崇尚一夜暴富，对劳动“不屑一顾”。因此，这种积极的劳动情感对于学生来说是弥足珍贵的。苏霍姆林斯基深信：“劳动——足以能够使每个人身上燃起求知的火花”，“热爱劳动的人会变得聪明起来，懒惰的人依然愚昧无知。”[1]在《给儿子的信中》，他劝告青少年学生，要及早确定自己的生活志趣，更要投身劳动，热爱劳动，才能有所作为，有所创造。只有依靠劳动才能走上通往智慧、创作和科学的道路。[2]因此，通过让学生亲历劳动过程，体会劳动过程的辛苦，强化劳动教育，以劳动精神涵育学生职业素养，培养学生正确的劳动价值观和良好的劳动品质，成为新时代中等职业学校完成教育使命的应然之举。

笔者让学生描述在劳动过程与学习中印象最深刻的事情时，有些学生如数家珍般地娓娓道来。那一刻，笔者能感受到他们是享受劳动过程的，同时也收获颇丰。

A：你能够描述一些亲历的劳动吗?

S：老师（笔者），我们宿舍的人都是比较热爱劳动的。印象最深刻的事，就是有一次我们年级组织宿舍卫生评比活动，我们宿舍的 6 个人都很有劳动责任感，我们每个人把宿舍的每个角落都打扫得非常干净，被褥床单衣物等整理得非常整齐。在那一个星期里，我们买了一些便宜的剪纸和气球布置宿舍，我们寝室最后还获得了二等奖。宿舍的每个人都很开心，既参与了这次劳动过程，也收获了劳动荣誉。就是这样子。（S-2-2-1ST20210525）

根据学生的阐述，该校在一定程度上是比较重视学生的校园劳动教育的，让学生能够对自己的寝室卫生有所重视，通过评比的方式调动学生的劳动参与积极性。在一定程度上，通过集体寝室劳动能够促进学生的合作劳动观、平等劳动观、劳动责任感、劳动自主意识等的提升。

[1] 苏霍姆林斯基，1983．帕夫雷什中学 [M]．赵玮，等，译．北京：教育科学出版社．
[2] 苏霍姆林斯基，1981．给儿子的信 [M]．张田衡，等，译．北京：教育科学出版社．

由表 6-2 可知，使用消极情感来表达劳动教育活动的词汇总频次为 42，占总频次的 71.19%，这说明大部分学生对劳动教育为消极的情感。这也支持了量化阶段学生劳动情感与态度维度，加权后实际得分 4753.61，加权后应得总分 8098.39，真实得分率为 58.76%，达到了评估等级的第 III 级，表明学生劳动情感与态度水平较低。

事后笔者结合访谈的情境得出，这些消极情绪更多地来自于对劳动教育的概念、劳动观念教育等表现出来的无劳动意识。如有一组学生用“劳动教育是什么？已经每天在进行劳动了”来表达。在追问中，学生表示：“宿舍会安排值日，学校也偶尔让我们做志愿活动，劳动还需要教育吗？不是人人都可以做的吗？”（S-12-2-2ND20210609）

虽然这组学生在访谈中也表达喜欢劳动教育，但是却有着特别消极的情感感受，更多的原因是他们还没有想明白自己要做什么，错误地将劳动教育视为体力劳动、技能教育。

还有一组学生用难以实行、比较困难来表达。这组学生同样也表达喜欢劳动教育，但是所使用的词语依旧是消极的。在追问中学生表示：“在劳动实践过程中，一些小部分的设计，就是你想解决这方面的劳动问题，又会出现另外一个劳动问题。主要是自己想，靠同学和自己解决嘛，就是会有同学的分工，然后自己一个的琢磨，然后问老师，不是老师告诉我们什么，而是我们去问老师什么。”（S-12-2-2ND20210612）

学生习惯了接受指令性任务，当让他们自己探索的时候，往往表现得不知所措，不知如何找问题、找视角。这说明学生没有对自己提出的想法进行深入的分析，而是直接操作。这些操作对于学生来说，需要他们创造性地完成，因为没有可照搬的解决方案。因此，需要教师积极地引导，让学生在劳动的过程中，完成项目的同时，能够收获积极的情感体验。

在与学生交流的过程中，有不少学生提出对于劳动的态度会有这样的内心纠结：我们知道应该热爱劳动，应该主动接受劳动教育，但是现在“我每天只想躺着，不想动”，我们拒绝“内卷”，只想“躺平”，“我甚至想要马上退休，进入养老生活”，等等。

近期，网络流行词“佛系”“躺平”“内卷化”成为现象级流行语，折射出新时代人们对于劳动意义的新理解。这一现象反映出目前一部分人对于劳动在满足生存必需层面上的功能逐渐减弱，但是更加注重知识信息的生产、脑力知识与精神情绪层面的需求。这也意味着，国外消费主义思潮的入侵，一个国际青年话语思潮已经传至国内，一种经过青年亚文化场发酵传播的“次生文化现象”已经形成。[1] 不可否认，学生群体目前有一部分人对于劳动的态度是非常矛盾和纠结的，对于内卷化表达出内心的

[1] 令小雄，李春丽，2022.“躺平主义”的文化构境、叙事症候及应对策略 [J]. 新疆师范大学学报（哲学社会科学版）（1）：1-16.

不满。

为此，笔者接着询问："年轻人眼中的劳动及劳动教育的意义是什么?"大部分的回答可归纳为以下几个类别：实现个人价值和理想、为社会做贡献、不断探索生活的意义、感受当下的一切等。在回答中，学生们对于劳动意义的"主动、积极"倾向较为明显。其中，只有5份答案明确地回答劳动及劳动教育的意义仅仅是"生存"，强调单一的物质满足和生命的延续。除此之外，70%以上的学生认为劳动的意义最终是为了家庭、社会、人类所服务。这或许可以说明，受中职教育的学生虽然消费主义、享乐主义主义倾向明显，但当触及劳动意义的深层问题时候，他们依然更加看重家庭、社会和自我价值的实现。在受访者的回答中，有非常大的比例会把"生活体验"作为探索劳动意义的一个重要方向，这或许可以解释为学生们在实现个人价值上更加注重个人内心的体验和探索。

劳动的乐趣、劳动的幸福不能单依靠理论层面的教育或者头脑中的想象，劳动的自觉性、责任感、义务感和自尊自信都不是只凭劳动教育的解说所形成和培养出来的。苏霍姆林斯基说过："年轻人对劳动不能凭空产生热爱，只有通过劳动才能获得这个珍宝。"❶他深有体会地说："我们深信，只有通过有汗水、有老茧和有疲乏的劳动，人才具有用心灵去认识周围世界的能力。劳动少年对于劳动的看法和没有真正劳动过的人是完全不同的。"❷因此，教育工作者和家长要经常教育学生积极参加劳动，接受劳动教育。

中等职业学校的学生，是青少年中较为特殊的群体，他们大多因中考不利而被动选择进入中等职业学校学习，在学习上可能面对过一些挫折，随着不同专业学业压力与职业竞争的不断加剧，造成他们的自尊、自我效能感、生活满意度等存在一定的问题，劳动情感问题已日益突出。美国心理学家保罗·艾克曼在《情绪的解析》一书中强调，"我们的生活中不能没有情绪，我们要在情绪的世界里生活得更好❸。"因此，学校应该借助劳动教育作为学生重拾自信、重塑人格品质、勇于面对问题、积极处理问题的重要途径。学校应为学生创设一个真实的劳动环境去真实地解决问题并持续地探究，鼓励学生在劳动过程中进行积极探索，敢于挑战，勇于尝试，最后学生提交并汇报他们的劳动成果。由前面的数据分析，可以看出学生在劳动的过程中的情感变化，可以看出学校的支持会给予学生积极情感体验的机会，也有助于学生创造性解决问题能力的提升。

---

❶ 苏霍姆林斯基，1981. 给儿子的信 [M]. 张田衡，等，译. 北京：教育科学出版社.

❷ 苏霍姆林斯基，1981. 给教师的一百条建议 [M]. 周蕖，王义高，等，译. 天津：天津人民出版社.

❸ 保罗·艾克曼，2008. 情绪的解析 [M]. 杨旭，译. 海口：南海出版社.

二、教师对于劳动素养、劳动教育的理解与认知

在劳动教育活动的开发、设计与实施过程中，专任教师一直都是主要的参与者。教师在这个场域中既是劳动教育活动的设计者，也是劳动教育活动的指导者、监督者。因此，作为劳动教育活动的设计者、指导者、监督者，他们有怎样的立场？笔者根据六位专业教师的访谈数据来解读教师的行为表现与行为逻辑，并从中选取与问题最为贴切、最具代表性的回答作为辅助案例。

A：您认为中等职业学校应该进行劳动教育吗？您认为中等职业学校应该培育学生的劳动素养吗？

T：当前，学校实施劳动教育是全面贯彻党的教育方针，促进学生“德智体美劳”全面发展的迫切需要，同时也是培养新时代高素质劳动者的迫切需要。作为毕业即将进入岗位的学生来说，你不可能说具有很好的劳动技能，却没有劳动品质、劳动情感，这都是不符合社会对劳动者的培养要求的。（T-2-9-2ND20210518）

与普通教育培养人才目标不同，职业学校对学生进行劳动教育是以职业岗位要求为目标开展的，不仅要掌握一定的劳动技能，对于劳动素养中劳动观念、劳动情感、劳动品质、劳动习惯的教育等也应成为职业学校的主要培养目标。

A：您认为中等职业学校应该如何进行劳动教育？您认为中等职业学校应该如何培育学生的劳动素养？

T：首先，这个事情肯定不可能是学校一方面的事情，劳动嘛，人不仅在学校，在家庭生活、社会生活中都会劳动，那么他的劳动素养就是不能指望学校教育这一方主体，我认为是需要学校、家庭和社会整体的配合。最近劳动教育非常热门，我们老师也在思考该怎么教？肯定不能光停留在口头上的宣传，我们需要让学生在实践中，在劳动的过程中进行受教育，受启发。（T-1-21-1ST20210411）

另一个教师同样也坚定地认为劳动教育对于学生能力发展、学校发展的角度来说都是必须的，所以他们在实践中持有的立场始终是坚定的。苏霍姆林斯基的经验也充分证明了这一点。他说：“学生一旦取得相当大的成就，我们就引导他把力量用到更复杂更困难的工作上去。这对发挥素质和发展才能是很重要的：不去克服一些困难，天赋就会被埋没；天才、技艺、优良品质——这首先是顽强的劳动，是克服困难。”[1]

A：您认为劳动教育有必要开设课程吗？主要会以哪种形式开展？

T：我觉得这是一门非常重要的学科，是为学生终身发展奠基的学科，是具有独特的教育功能与学科价值的。作为一名专业课教师，我喜欢这门学科，也愿意教好这门

[1] 苏霍姆林斯基，1983. 帕夫雷什中学 [M]. 赵玮，等，译. 北京：教育科学出版社.

课，愿意在学科专业发展之路上洒下汗水、付出辛劳。（T-2-10-2ND20210518）

A：您认为中等职业学校与普通高中生的劳动教育定位应该有差异吗？您认为中等职业学校与普通高中生劳动素养要求有差异吗？如果有，那么请问体现在哪些方面？

T：在一定程度上，这是一定有差异的。原因就在于普通高中的学生与中等职业学校的学生所接受的教育环境截然不同，教育目标、教学方法、教学手段等都不相同，那么反映在学生接受的劳动教育就存在差异。比如，高中学生学习任务重，家长和学校可能对劳动教育都不欢迎，相反，在中等职业学校将有很大一部分学生毕业即就业，他们需要掌握劳动技能、劳动习惯、劳动品质等劳动素养的方方面面，以适应社会对他们的就业要求。（T-2-3-1ST20210413）

A：学校开展劳动素养培育的硬件与软件环境如何？比如平台、实验室、场地，师资，管理措施等。

T：我们学校在武汉市也是不错的中等职业学校，在硬件条件这一块总体来说也是不错的，主要是师资这一块，暂时还没有确定是由辅导员担任，还是班主任或者专业课教师担任，从利益机制的角度来看，恐怕哪位老师都不想给自己“添麻烦”，所以还需要出个政策规定，这是非常有必要的。（T-1-5-1ST20210413）

T：我们学校虽说不是位于省会城市，但是在当地也算是较好的中等职业学校，在硬件方面应该问题不大，主要是关于企业方面，需要领导出面为学生找企业进行车间实习，亲历劳动过程，这样对劳动素养的提高会更有促进作用。在师资这一块，有的老师已经身兼数职，需要对教师设置奖励机制，鼓励教师多承担劳动育人作用，培养学生的劳动素养。（T-1-27-1ST20210411）

A：您认为与劳动素养相比，学校领导更为重视什么？为什么？比如就业技能、人身安全、道德品质等。

T：学校领导也是非常重视劳动教育的，开会向我们传达《大中小学劳动教育指导纲要（试行）》的文件精神和解读政策文本，让我们作为专业教师尤其地要重视学生劳动素养的培育，让学生能够全面发展。当然，在劳动实践活动开展的过程中，不得不关注人身安全的问题，学校领导这一点还是很明白的。其次，你说到就业技能，我想相比较于劳动教育，领导肯定会更为重视就业技能的教育，但是这两者也是不相冲突的，原因在于，就业能力的提高，劳动问题解决能力的提高，也是劳动素养的一部分，但是对于你刚提到的劳动观念、劳动习惯与品质、劳动情感与态度素养还是不能松懈的。（T-1-21-1ST20210411）

综上所述，六位专业教师们的观点基本保持一致，都认为劳动教育不仅能培养学生的生活技能，而且能促进人的体力和智力发展，培养学生的创新精神和实践能力，养成尊重劳动的思想品德。对于学生劳动素养培育的看法，集中于如下方面：

在劳动素养上，学生应具备劳动技能、劳动习惯、劳动品质、劳动情感等素养；在劳动教育创设上，需要学校制定相应的政策与规划，需要企业大力支持，也需要学校、家庭和社会的整体配合，共同培育具有高水平劳动素养的技术技能人才；在师资条件上，也存在很大问题，更多教师对开设劳动教育存在疑虑与消极意愿，比如怎么教、谁来教、怎么分工、如何奖励、准入门槛如何设置等都是迫切需要解决的问题。

三、管理者在培育学生劳动素养中的身份与态度

学校管理者是劳动教育实施的主要策划人、主要推动者，发挥着劳动统筹协调的重要作用。管理者的身份是最活跃，也是最吃力的。对管理者来说，对接的是上传下达的一种身份，承受更多行政事务方面的压力。管理者对劳动教育的态度与行为是值得关注与研究的。本研究对两所学校四名管理者进行访问。

A：您认为当前有必要在中等职业学校加强劳动教育吗？主要原因是什么？

M：我们学生的能力是多方面的，综合素质各方面都要发展，所以我们不能局限于只追求能力，而不追求素质，特别是劳动素养。现在不是不要成绩，而是对成绩有了更高的要求。从能力角度来说，持续的劳动教育课对学生的帮助是非常大的，所以从他自身的发展角度来说，这方面的发展是必不可少的，而且要逐步加深和加强。而且我们是长周期的，我们可以阶段性地去完成，其实我们要有这样的意识，我们怎么样去加强和进一步去宣传它，所以从学生的本身来说，也是需要有这样一个劳动教育的课程的。第三个从学校的角度来说，学校需要发展、需要与时俱进，基于劳动素养培育的学生对我们学校发展是非常有必要的。（M-2-9-1ST20210415）

虽然四位管理者承受着一定的压力，但是他们对劳动教育的立场都比较坚定，都能够站在学校发展、人才培养的立场认为这是学校发展的必经之路，也是学生能力发展的必然选择，而且也坚信会越来越好。

人们总是习惯性地将中等职业教育视为低质量的教育，无论是家长还是学生，对于中等职业教育的期望值都比较低，然而，尽管我国制造业已迈入4.0时代，但内部还有大部分行业企业仍停留在3.0甚至是2.0的阶段，对于各类技术技能人才仍有大量需求，中等职业教育在人才培养方面仍将长期发挥重要作用[1]。因此，要重视中等职业教育对高素质技术技能人才培养的作用。尽管有的管理者认为当前劳动素养教育应该侧重视于形成积极劳动观念与养成良好劳动习惯；有人认为应侧重于培育优秀劳动品

[1] 崔宇馨，石伟平，2021. 新发展格局下加强中等职业教育基础地位面临的问题与对策建议 [J]. 教育与职业（12）：19-26.

质，四位管理者都表明了实施劳动教育的高度认同感。

A：您认为劳动教育最主要的实施主体是哪一方？

M：首先嘛，肯定家庭是最主要实施主体，正所谓“一屋不扫何以扫天下”，家庭对一个学生的成长太重要了，举个例子来说，我们了解到的农村学生的劳动观念、劳动习惯相对于城市学生要高一些。农村学生的父母一般从事繁重且低收益的劳动，不仅无暇照料子女的生活和教育，还经常让子女参与一些力所能及的劳动。那么，在家庭劳动的过程中，农村学生就会积累一定的劳动知识，掌握基本的劳动能力。重要的是学生会从劳动体验中，明白行动的重要性，执行力一般会比城市学生更强，也不惧怕挫折和失败；同时能够理解父母的辛勤劳动和付出，学会承担家庭责任，养成良好的劳动品质。当然，家庭劳动教育固然是很重要的实施主体之一，咱们学校也应该积极响应教育部文件的号召，学校与家庭进行相互配合，共同培育学生的劳动素养。（M-2-22-1ST20210326）

显而易见，管理者对学生劳动教育实施主体的案例分析与量化中的调查结果相吻合，家庭、学校、社区都是劳动教育的主要实施主体。苏霍姆林斯基尤为关注学生自我服务的劳动，认为自我服务劳动能够“培养爱整洁的习惯和尊重那些平凡的劳动以及以普通的不引人注意的劳动为职业的人们。”[1]不管是自我服务劳动、家庭劳动、校园劳动、社会公益性劳动等都需要家庭、学校和社区的相互配合，共同培育劳动素养。

A：劳动教育有必要开设课程吗？主要会以哪种形式开展？

M：有必要开设。我们学校，作为职业学校，有着更加丰富的劳动教育资源，比如我们学校拥有实训基地等适合开展劳动教育的实践场所，那么将劳动教育与实习实训课程作为合科课程开设，首先，一方面学生能够进行劳动实践，促进其掌握职业劳动技能，另一方面也涵养了职业劳动精神。其次，劳动教育也可以与职业生涯规划课程、创业教育课程，合并开设，中等职业学校的学生与普通高中学生不同，他们最后，劳动教育也可以与道德与法律课程、心理健康课程合并开设。劳动素养要求学生掌握基本的劳动法律知识，劳动基本权利与义务的知识、劳动健康知识等。此外，与道德与法律课程、心理健康课程合并开设有利于学生提高自身劳动素养。（M-2-22-1ST20210326）

相比较于普通教育，中等职业学校劳动教育“合科课程”开设方式较为丰富，学生能够在实训课程、职业生涯规划课程、创业课程、道德法律课程、心理健康课程等课程中进行劳动教育渗透，提高劳动素养。

A：您觉得在开展劳动教育活动中，您主要担当的是怎样的角色？具体负责哪些事？

---

[1] 苏霍姆林斯基，1983. 帕夫雷什中学 [M]. 赵玮，等，译. 北京：教育科学出版社.

M：可以说是一个主要的、核心的负责人。包括劳动教育课程的架构、阶段性的推进、过程性的记录以及未来的一个方向调整。劳动项目确立以后到底怎么做，能做成什么样，然后怎么去发展，怎么去解决这些问题，这都是在这个过程中需要考虑的。一把辛酸泪，如此艰难！比如说跟外界联系，也主要是我来邀请，解决什么，然后学校里面，你想好了，怎么去安排等都是需要有所计划的。（M-1-6-1ST20210326）

从以上内容可以看出，管理者在劳动育人过程中承担着统筹的任务，包括劳动教育课程框架的设计、课程理念的传递、阶段性的交流汇报的组织保障等，而且管理者同时也是承担教学任务的，所以对他们来说感受到的应该是双重压力。以下主要从访谈数据中提取他们对劳动教育及学生劳动素养培育持有的态度，以及对未来劳动教育效果的预期两个方面进行呈现与分析。

M：未来人才一定是从学校出来的，也一定是对本土有一定责任感的、情怀的。我们就是以孝感本土资源（为基础），首先就是打开校门，让学生走向社会，社会那么多，你选什么，所以就选了环境资源。人文、社会、自然，这些环境，让学生走进去，因为这些东西是存在的，学生是可以感知到的。他们的劳动观念，他们的学习经历、探究能力实际上是决定着他们的未来。（M-1-7-2ND20210415）

可以看出管理者 M-1-7-2ND20210415 能够站在更高的立场来看劳动教育，认识到高素质劳动人才培养对于社会、地区发展的意义，同时也认可劳动教育对学生创造力培育的积极影响。

M：当然管理者也会把他们的信念通过各种方式传达给教师。不过不同的教师对其的理解情况就是各有不同。教师对这方面其实还是比较薄弱的，有些教师可能还会觉得这件事情和我的关系不大。（M-1-6-1ST20210326）

M：我们现在的老师的压力是忙于平时的教学任务。我站在行政职务的角度来看：一方面，他们认为这方面是可有可无的，不认为这方面对于学生劳动素养各方面能力的提升是有帮助的，他们还是认为技能很重要，分数很重要，而没有重视素养的发展。另一方面，我们平时不断地跟老师讲这个能力方面很重要，但老师往往认为这样的宣讲对他们来说是没有用的，他们不想多了解。他们只想知道今天这个时间点让我做什么，就可以了，其他跟他们是没关系的。所以他们没有把自己放到整个系统当中，他们只是当中的某个点。对教师，影响肯定是潜移默化的，因为不管怎么说，通过一次次的会议、一次次的组织，至少让他知道高品质劳动素养培育应该是怎么样做的，他基本上各个环节是知道的，如果再让他们做，他基本上是心中有数了。一个一个系统，初步的印象是有了。（M-2-22-1ST20210326）

通过上面的内容，我们也可以看出这两位管理者深谙教育的现状，也能够理解教师们的状态。对于教师的培养秉持着客观的、积极的、长远的发展观。他们相信教师在这种实践的长期影响下一定会有所成长的。

A：您认为是否有必要与企业合作开展劳动教育？您如何看待？

M：很有必要。我们现在都在说校企合作，产教融合是职业学校内涵发展、质量提升的必由之路。那么，劳动教育是具有典型实践性的教育，光靠学校照本宣科，或是小打小闹，起不了多大作用，关键得让学生在劳动岗位上有所体悟，让学生体会到劳动者的艰辛，对劳动产生感情，能够热爱劳动，尊重劳动和劳动者，提高劳动教育与产业发展的契合度。（M-1-6-1ST20210326）

管理者对自身在学校劳动教育开展中的作用具有清晰定位，能清楚认识劳动教育对于学生发展、学校发展的重要性，能意识到学生劳动素养培育与高素质劳动者、创造性人才的关系，对地区、社会发展的实际价值，并对学校劳动教育实施有积极想法。首先，管理者对劳动教育立场比较坚定，愿意在劳动育人过程中承担统筹任务，包括体系设计、组织交流、计划安排等。其次，管理者认为校企合作在学生劳动素养养成上的作用举足轻重。最后，管理者对劳动教育体系提出建设性意见：在课程建设上，职业学校本身具有优势，更倾向于劳动教育“合科课程”开设形式，希望劳动教育能在技能训练类、就业创业类、思想政治类、心理类等课程中进行渗透，提高学生劳动素养；在师资建议上，管理者深谙教育现状，对于教师培养秉持着客观、积极、长远发展观。由管理者对学生劳动素养培育的预想规划可知，当前中等职业学校领导层愿意积极推进劳动教育，但实际落地存在困难，学校劳动素养培育体系建设并没有完成，在培养目标体系、课程建设、师资、资源利用上均存在开发的迫切性。

中等职业教育是公共服务体系的重要组成部分，在职业教育发展中居于基础性地位。2020 年教育部等九部门印发的《职业教育提质培优行动计划（2020—2023 年）》中提到要“推进职业教育协调发展，强化中职教育的基础性作用，把发展中职教育作为普及高中阶段教育和建设中国特色现代职业教育体系的重要基础。”徐国庆教授认为中等职业教育还有一个重要使命，那就是成为应用型人才培养体系的基础教育。学生接受高等职业教育所需要的职业意识基础、技能基础和专业知识基础，却只有中等职业教育能够提供。[1]因此，管理者要重视中等职业教育的人才培养质量，促进我国现代职业教育体系中初步搭建的人才供应链完整，持续输出高素质技术技能型，形成社会稳定的人才结构。

---

[1] 徐国庆，2020. 中职教育的基础地位及新使命 [N]. 中国青年报，2020-9-6.

第三节　理论分析

通过量化的劳动素养调查与案例的访谈设计，对制约中等职业学校学生劳动素养发展的原因已有一定的了解。本节拟从文化困惑、技术附魅、制度空位、资源壁垒四个方面切入，对中等职业学校学生劳动素养发展影响因素做进一步的理论分析。

一、文化困惑

文化具有表示人类存在状态的一般特征。作为人类的存在方式，文化是人类掌握客观规律的历史性的成果，是人类社会得以进化的内聚力和基本要素，也是人类思想、道德、情感、价值取向、风俗习惯的重要载体。马克思文化观最具影响力的是认为文化是人通过劳动而创造出来的“作品”，人只有在劳动中“能动地、现实地复现自己”，人的本质力量才能得到确证。[1]目前，劳动教育价值异化与劳动素养发展困境折射出精神与文化层面的危机，继而引发传统文化传承断裂、城市化价值取向牵制、消费主义思潮泛起等文化深层次的发展困惑。

（一）本土文化传续间断

与动物相区别的是，人具有历史文化属性。文化的本质就是人的自我的生命存在及其活动，文化世界的本体就是人的自为的生命存在。[2]从人与人及周围环境来看，人的发展受周围的历史文化环境制约。维果斯基的“文化—历史”发展理论认为，人的高级心理机能并不是人自身所固有的，而是在与周围人的交往过程中产生与发展起来的，是受人类的文化历史所制约的。

在我国历史上，传统文化中蕴藏着丰富的劳动及劳动教育思想。在西周时期的典籍中，就已经有了“慎之劳，劳则富”的说法。[3]周初的统治者教导大小贵族要先懂得“稼穑之艰难”，然后才可以“逸”，才可以“知小人之依”。在《诗经》中也充满了对于劳动和劳动者的热爱和歌颂，“不稼不穑，胡取禾三百廛兮？不狩不猎，胡瞻尔庭有县貆兮？彼君子兮，不素餐兮！”[4]《论语·微子》中记述“四体不勤，五谷不分，孰为夫子？”《周易》等元典更记载“先圣”辛勤劳作、“制器成物”的业绩，不乏对劳力的

[1] 王前军，许心愿，2021. 马克思文化观的美好生活向度及其当代价值 [J]. 湖南社会科学（3）：44-48.

[2] 李鹏程，1994. 当代文化哲学沉思 [M]. 北京：人民出版社.

[3] 胡寄窗，1962. 中国经济思想史（上）[M]. 上海：上海人民出版社.

[4] 陈子展，1997. 诗经直解 [M]. 上海：复旦大学出版社.

尊重，对技艺创造的景仰。先秦工艺集成《周礼·冬官·考工记》，也具体肯定“百工”（各项手工业技艺及其经营管理）的重要地位，所谓“国有六职，百工与居一焉”，明确规定，士人没有只劳心而不劳力的特权。颜元一向重视劳动教育，提出“养身莫善于习动，夙兴夜寐，振起精神，寻事去作，行之有常，并不困疲，日益精壮”。陶行知提出了生活教育理论，形成了丰富的劳动教育思想。他将自己的名字由“知行”改为“行知”，将晓庄的“老山”改为“劳山”，图书馆叫“书呆子莫来馆”，提出“到处是生活，到处是教育”的口号。[1]毛泽东、周恩来、邓小平等老一辈革命家曾就劳动和劳动者问题作出过许多重要论述，比如，“自己动手，丰衣足食”[2]，“劳动才有前途”[3]，“一切光荣都是劳动的产物”[4]等。在新中国成立之后，在中国共产党领导中国人民建设新中国的历史征程中，孟泰、王进喜、邓稼先、王全禄、张秉贵、赵桂兰等先进模范，发展并深化了具有社会主义建设时期特色的劳模精神。在改革开放新时期，在中国共产党领导中国人民从站起来到富起来的历史进程中，袁隆平、邓建军、王有德、任长霞等先进模范，也为工人阶级和全体劳动者树立了胸怀全局、爱岗敬业、无私奉献的精神坐标。可以说，中华民族伟大的劳动精神与文化，根植于中国土壤，契合历史和现实发展诉求，是我们宝贵的历史精神财富。

然而，当今的劳动思想及劳动教育在西方外来文化的冲击下，中华民族热爱劳动的精神文化没有得到很好的继承与发展，割裂了本土劳动精神与文化的历时性，造成劳动教育的本土文化成长的土壤疏松、缺乏营养。甚至可以说，当前学生劳动素养整体不高的重要原因之一便是在西方外来文化和多元文化思潮的全面冲击，原有的劳动文化精神和价值观被消解，新的劳动价值观体系尚未完全建立，人们处于一种虚无的状态，造成当前学生劳动素养面临发展困境。

（二）城市化价值取向牵制

城市是人类文明的结晶，又是人类文明创造活力不断涌流之地。美国著名城市理论家刘易斯·芒福德认为，“一座城市，象征地看，就是一个世界；而这个世界，从许多实际内容来看，已变成一座城市。”[5]在此过程中，现代城市化一方面展现了作为生存、发展与创造的普遍性价值，另一方面长期形成的城乡二元经济结构造成了城乡关系的长期对立和城乡差距的进一步加大。长期形成的城乡二元经济结构对教育的影响巨大，许多时候城市教育和农村教育面对的问题很不相同，劳动教育差异极其显著。

---

❶ 陶行知，2013. 陶行知自述 [M]. 合肥：安徽文艺出版社.
❷ 毛泽东，1996. 毛泽东文集（第 3 卷）[M]. 北京：人民出版社.
❸ 周恩来，1984. 周恩来教育文选 [M]. 北京：教育科学出版社.
❹ 邓小平，1994. 邓小平文选（第 1 卷）[M]. 北京：人民出版社.
❺ 刘易斯·芒福德，2005. 城市发展史——起源、演变和前景[M]. 宋俊岭，等，译. 北京：中国建筑工业出版社.

城市教育注重学习综合素质培养，比较关注学生德智体美劳全面发展，而农村家庭期待通过读书改变命运，农村教育中智育一枝独大，学生的社会责任感、创新思维、身体健康成长、审美观、劳动意识和动手技能等培养训练环节容易不同程度地被知识学习侵占。可见，城市化价值取向已经不知不觉地改变了人们的思想，劳动教育呈现出城市化、精英化的价值取向。

毋庸置疑，先进的工业文明带来了社会的飞速发展，以城市化取向为主导的价值体系业已成为评价、淘汰、更新社会文化的重要标志。于是，占中国绝大多数的农村人口成为社会发展的重点弱势群体。他们开始逐渐否定原有的文化、价值与观念。为了改变当前的弱势生存境遇，农村教育开始以“脱离农村、进入城市”为最终目标，他们刻苦攻读，无非是为了在争夺有限的“进入城市”教育奖励名额的角逐中增加文化资本。这样一来，农村自然、淳朴、真切、辛勤的劳动地域文化和实际劳动生活中的精华逐渐被城市化价值取向所丢弃，被农村教育体系所遗忘。陶行知早在20世纪20—30年代就曾尖锐地指出：“中国乡村教育走错了路！他教人离开乡下向城市里跑。他教人吃饭不种稻，穿衣不种棉，做房子不造林。他教人羡慕奢华，看不起务农。他教人分利不生利。他教农夫子弟变成书呆子。他教富的变穷，穷的变得格外穷。他教强的变弱，弱的变得格外弱。”[1]然而时至今日，问题不但没解决，反而越演越烈。当前，农村教育更加注重的是“升学考试”，将教育视为“鲤鱼跃龙门”的工具而不是出于关注学生自身的素质发展、生活需要与劳动素养。从家长的角度说，一怕劳动耽误孩子的学习时间，孩子只要文化课成绩好，什么都是次要的。

此外，城市化价值取向同样透支着城市教育的焦虑，导致城市教育陷入应试教育与精英教育的怪圈。有学者从社会控制的维度划分出两种社会阶层流动模式：庇护性流动（sponsored mobility，也译为赞助式流动）、竞争性流动（contested mobility，也译锦标赛式流动）。城市化价值取向更加深了在庇护式流动下，整个社会对于教育价值的认同具有趋同性，“万般皆下品，唯有读书高”成为文化潜意识。与之相应地，这种城市化价值取向，容易将醇厚质朴的乡村生活、独具特色的乡土文化、吃苦耐劳的劳动文化等相对立化、边缘化，劳动素养的培育、劳动教育的发展也会将受到不同程度的冷落或者排挤。

（三）消费主义思潮泛起

鲍曼把资本主义社会从早期到晚期的发展过程总结为从“生产者社会转向消费者社会的过程”。[2]消费主义思潮随之生成并且流行，消费主义思潮成为后现代文化的主

[1] 王剑，冯建军，2005. 对我国农村教育城市化的审视 [J]. 教育发展研究（15）：32-34.

[2] 齐格蒙特·鲍曼，2010. 工作、消费、新穷人 [M]. 仇子明，李兰，译. 长春：吉林出版集团.

要特征。消费主义指的是以追求和崇尚过度的物质占有，把消费视为美好生活和人生目的唯一实现路径的消费行为及消费观念。[1]凯恩斯将“需求”分为两大部分：一种是无关外界情况人皆有之的“绝对需求”；另一种是满足个体虚荣或者优越感的“相对需求”。[2]目前消费主义使人们进入到相对需要的状态中，人们一旦陷入这种心理就会表现出对商品消费的狂热和依赖，人的心灵永不满足，而为了满足，则必须劳作。乔治·瑞泽尔也对消费社会的变迁进行了深度思考，“消费主义的实质是一种对人的价值的异化，当一个社会里所有人都接受了这样的设定，它就会成为一个共识，这种共识会反过来对每个人形成‘规训’，将这种被灌输的观念内化变成‘自己的观念’。”[3]概言之，非理性消费被疯狂追捧，人逐渐沦为商品的奴隶。

在消费主义思潮的冲击下，劳动出现异化，由此，“劳动”丧失了对于“世界”的能动性，“改造世界”的面向越来越弱，“改造个人”的面向越来越强，“劳动者”的“劳动”被深深嵌入到不断固化的政治经济关系之中，变成不及物的生存手段，以及充满幻觉的改变“阶层”地位的合法化方式。在这个意义上，“劳动”被改写成“工作”，“劳动者”被改写成“劳动力”。[4]正如马克思所说：“如果人仅仅为了自己的生存才进行劳动，把劳动视为个人的谋生手段，那么劳动只不过被抽象化为赚取生活资料或消费资料的工具，就丧失掉了劳动其内在的丰富意蕴，造成劳动与社会生活的分离，人们在劳动中自然感受不到劳动的乐趣、自我价值的实现与生活的意义，而更多地体验到的是肉体遭受的折磨和精神遭到的摧残、疲惫、空虚，甚至是焦虑和痛苦。”[5]长期以往，劳动逐步陷入世俗化、物化的过程中，劳动创造美好生活的真正意义被消解。在教育场域之中，劳动素养及劳动教育因消费主义思潮的席卷，盲目地追求表面的、物质的层面，忽视了劳动教育及劳动素养对其本质的理解，不能引导人们超越自身的有限性，也无法承载人生真正的意义与价值。

二、技术附魅

现时代，技术化劳动生存已经成为了人类根本的生存样式。与自然化劳动生存和机械化劳动生存相区别，技术化劳动生存是现阶段人类须臾无法脱离的存在方式。法国技术哲学家雅克·埃吕尔曾说过，就技术而言，是“在人类活动的各个领域通过理

---

[1] 韩喜平，2021．消费主义思潮泛起的成因及引导 [J]．人民论坛（4）：20-23.

[2] J·M·KEYNES, 1972. Essays in Persuasion[M]. London: Macmillian.

[3] 乔治·瑞泽尔，2015．赋魅于一个祛魅的世界：消费圣殿的传承与变迁 [M]．罗建平，译．北京：社会科学文献出版社.

[4] 黄平，2010．从“劳动”到“奋斗”——“励志型”读法、改革文学与《平凡的世界》[J]．文艺争鸣（05）：48-55.

[5] 马克思，恩格斯，2017．马克思恩格斯选集（第1卷）[M]．中共中央马克思恩格斯列宁斯大林著作编译局，译．北京：人民出版社.

性获得的（在特定发展阶段）有绝对效率的所有方法。”[1]人类能够直接地在技术辅助下在自然的体力劳动中得到解放，却也自为地让技术成为奴役人的新方式。人类对技术化劳动生存的追求，衍生出大量不确定的风险，甚至使自身陷入到技术宰制的困境之中，如工具理性消减劳动主体性价值、技术变迁诱发职业适应性危机等。

（一）工具理性消减劳动主体性价值

工具理性（Instrumental rationality）也称为工具合理性，是由马克斯·韦伯（Max Weber）运用于社会学领域。工具理性强调的是人类通过理性的计算，自由选择手段的合理性和有效性，只关注效率、功用、计算和手段，而不管目的是否恰当。伴随着社会技术的发展，人类不断地提高着自身的思维水平，日益成为一个理性的动物。工业革命后，人类对劳动效率的追求使得技术理性分化成技术的工具理性和技术的价值理性两个层面，技术的工具理性得到高扬，而技术的价值理性则逐渐被忽视。注重效率和功用的技术工具理性成了奴役人的主要机制和手段，从而消解了个体生存的价值基础，科学技术的大量普及和应用，加剧了工具对人的异化。正如海德格尔的著作《演讲与论文集》中认为，作为工具性规定的技术尽管是正确的，却并不能让人们真正获得或是至少接近于技术的本质。在海德格尔看来，技术是一种解蔽，也就是说，“技术是一种解蔽方式。技术乃是在解蔽和无蔽状态的发生领域中，在无蔽即真理的发生领域中成其本质的。”[2]弗洛姆认为在当代工业社会中，有一个“幽灵”正徘徊于人们身边，却无法被人发现。这个全新的“幽灵”指的是：一个完全机械化的社会。在这个机械化的社会中，人不再是技术的主人，而沦为了技术统治下的奴婢。而人们恰恰是以“技术上能做到的就要最大限度去做”和“效率最大化”两大原则为行动的指南，[3]忽视了劳动主体性中享有的劳动能动性原则。

技术的工具理性中技术对人类劳动的替代，对人的劳动生产方式、劳动生活方式、劳动交往方式以及劳动思维方式的深刻影响，包括吃饭前的“手机消毒”，无修图不发圈的“美图文化”，无检测不看病的就医流程……现代社会越来越被嵌入到一个被工具异化的世界，人们徜徉在工具塑造的赛博空间中享受并沉迷。技术在对人们“附权”的同时也在“附魅”，导致了人们在行为方式、思维方式和价值取向上的异化。[4]在教育方面，身心统一的完整性身体是人的认知主体和实践主体，是人劳动主体性得以彰显的根本存在。但在实际活动的开展过程中，导致劳动教育中身体被“悬空”的

---

[1] JACQUES ELLUL, 1964. The Technological Society[M]. trans.John Wilkinson.New York: Alfred A.knopf.

[2] 马丁·海德格尔，1996. 海德格尔选集 [M]. 熊伟，孙周兴，等，译. 上海：上海三联书店.

[3] ERICH FROMM, 1968. The Revolution of Hope: Toward a Humanized Technology[M]. New York: Harper & Row.

[4] 徐婷婷，2021. 劳动异化与劳动同意：互联网数字劳动的价值二重性辨析 [J]. 新闻爱好者（4）：17-21.

现象，存在着人被物化为“经济人”“技术人”的现象，脱离了“育人”的本质，将“劳动”作为获得和巩固“技能”的手段，劳动素养及劳动教育的应有意义没有实现。

（二）技术变迁诱发职业适应性危机

任何对古代社会的探索，其必然是从现代社会的现实需求出发，而最终又回到现代社会，并指向未来社会。“劳动”是一个动态的概念，它在历史的变化中自我完善。劳动形态是随着技术变迁及职业分化而产生的，正如劳动和工具是人类进步的两个不可分割的“中介”一样，劳动形态作为主要的工具形式和技术也有着密不可分的关系。马克思说过：“劳动资料不仅是人类劳动力发展的测量器，而且是劳动借以进行的社会关系的指示器。”[1]从整个人类的发展历史来看，劳动能力经历了从古代到现代的更替，劳动方式也随之具有不同的时代改变，由此会带来新的劳动形态。职业的产生与劳动分工密切相关，进一步说职业是劳动者从事的有报酬的、固定的社会劳动与分工，是具有个体性与谋生性的实践活动。

职业作为劳动分工体系中的一个重要环节，受到技术变迁的直接影响。随着技术的发展与运用，辅助人类进行社会生产的工具经历了简单到复杂、机械化到自动化、自动化到智能化等一系列变化过程。在人类发展过程中，劳动从其原始形态逐渐过渡到现代形态。即使是在劳动高度机械化、智能化的将来，形似简单的劳动也不是以往的简单劳动的回归，而是一种更深意义上的复杂劳动。[2]马克思针对工业文明带来的人的劳动属性的变更指出：“大工业的本性决定了劳动的变换、职能的更动和工人的全面流动性。”[3]技术形态变迁由简单到复杂、由低级到高级的演进过程影响了职业种类的变化、从业人数的变动，进而影响职业结构的复杂化、高级化。劳动形态由简单到复杂、由低级到高级的演进过程影响了职业种类的变化、从业人数的变动，进而影响职业结构的复杂化、高级化。这将使传统行业中的低技能劳动者逐步被智能机器所排挤，而具有创新精神的脑力劳动者则会显著增加。职业适应作为人的主观感性存在的自由表达及其自身价值与内容的彰显，伴随着劳动形态的变迁也有着不同的表现，职业适应面临的风险和挑战有所增加。

因此，技术的使用、生产率的提高不仅仅是更先进机器的投入和使用，更需劳动者对职业岗位技能的更新和匹配，这必然会对劳动者职业学习提出新的要求。21世纪的今天，学习型社会的构建正加快学习与职业的融合步伐，职业学习适应不仅成为

---

[1] 马克思，恩格斯，2009. 马克思恩格斯选集（第5卷）[M]. 中共中央马克思恩格斯列宁斯大林著作编译局，译. 北京：人民出版社.

[2] 文新华，1995. 论劳动、劳动素质与劳动教育 [J]. 教育研究（5）：9-15.

[3] 马克思，恩格斯，2012. 马克思恩格斯选集（第2卷）[M]. 中共中央马克思恩格斯列宁斯大林著作编译局，译. 北京：人民出版社.

人类职业生存的基础，更成为培养合格劳动者的必备技能。职业学习适应作为人的主观感性存在的自由表达，其自身价值与内容的彰显伴随着技术的变迁也有着不同的表现。梅茨茹（Mezirow）认为职业学习分为三类："工具性、对话性和反思性"。"工具性职业学习的目的是发展技能、提高生产率；对话性职业学习关注的是组织和学习者个体在组织中所处的位置；反思性职业学习的目的是提高学习者对职业的自我理解，促使他们追问自己的身份以及需要的改变。"[1]具体来说，在劳动教育及劳动素养表现方面，需要个体在职业学习过程中，根据内在心理和外部职业学习环境的变化，通过自我调整与适应，与内外环境保持动态平衡，克服学习困难，取得良好劳动教育及劳动素养学习效果。

三、制度空位

从我国教育方针的发展历程来看，一直都很重视劳动素养的培育与劳动教育的发展。然而，目前，由于部分职业学校在劳动教育实践上存在着学校教育与家庭、社区教育相割裂，常态化、长效化组织机制缺失，缺乏评价、督促机制等问题，造成职业学校仍然面临着比较严重的制度困境。这必然造成劳动教育被弱化、软化、淡化的现象。

（一）常态化家校社协同机制缺失

首先，家庭劳动教育严重"缺位"。教育是以家庭为起点，以学校为阵地，以社会为平台，让每一个学生逐步完成从自然人向社会人转变的过程。在劳动教育过程中，家庭劳动教育是非常重要的一个环节。然而，反思目前的学校劳动教育，缺乏"协同育人"的整合机制，家、校、社在某些方面不但没有发挥合力，反而各行其是，甚至相互掣肘，给学校劳动教育带来了实实在在的困难。根据前一章调查研究可知，我国家庭劳动教育存在严重的"缺位"现象，尤其是家长的劳动教育观念不科学、劳动素养缺乏现象比较普遍，由此引发一系列问题。由于我国的教育选拔机制，使得职业教育阶段的竞争也非常激烈，父母望子成龙、望女成凤心切，因此，家长并不愿意学生把时间花费在一切与学业无关的活动上。一些家长甚至将分数的高低作为评价孩子的唯一标准，忽视了孩子的全面发展。部分学校也会因为家长、社会的压力不得不对学生进行机械训练，走入技能教育的窠臼。此外，中国城市独生子女人格发展课题组对 3298 名 10 ~ 15 岁的城市独生子女进行调查发现，独生子女平均每天的家庭劳动时间只有 11.32 分钟，不足 0.2 小时。而同一时期，美国孩子平均每天家庭劳动时间为 1.2

---

[1] 赵蒙成，2008. 工作场的学习：概念、认知基础与教学模式 [J]. 比较教育研究（1）：52-53.

小时，韩国为0.7小时，英国为0.6小时，法国为0.5小时。❶由于独生子女制度，家庭结构小型化的当下，爸爸妈妈爷爷奶奶外公外婆让孩子得到了万千宠爱，不愿意让孩子们吃苦受累成为家长们的普遍心态。因此，“小皇帝”“小公主”层出不穷，“老儿童”“巨婴”越来越常见，家庭劳动教育处于被漠视的边缘地带。家长以“爱”之名，以“读书”之重，让劳动教育丧失了家庭土壤，消除了劳动教育的家庭基础。

其次，学校在家庭劳动教育中没有很好地发挥引导功能。学校没有使家长明白除了学校，家庭的劳动教育也格外重要，家长的劳动价值观对孩子有十分重要的影响。如果不让孩子家庭劳动教育，他失去的将是自理的能力、吃苦耐劳的精神、尊重他人劳动的品质。学校也没有指导家长挖掘现有的家庭劳动教育资源，让孩子能够在家庭中有劳动参与感，让他们明白自己是属于这个家庭的，自己对其他人负有责任，不能够无偿地接受别人的劳动，要做力所能及的家务劳动。

最后，社区也没有为学校劳动教育与家庭劳动教育提供支持。劳动素养培育及劳动教育本身就是一种实践和体验的活动，无论是创造价值、输出价值的劳动教育，还是丰盈自身素养的劳动教育，都需要学生在实践中、在生活中亲身经历。社区是学校劳动教育的重要场所之一，但就目前而言，我国社区教育体系不够完善，尤其是在劳动教育方面，与学校、家庭之间的沟通较少，社区以劳动教育为活动主题开展的劳动体验活动机制缺乏，对学生劳动教育起到的影响较小。总而言之，家庭、学校、社区协同育人机制的缺乏，导致劳动教育表面化、分散化、边缘化现象严重。

（二）柔性化长效管理机制缺失

教育管理体制是教育教学中的重要环节，对保障教育教学效果起到重要的作用。柔性化管理机制是相对于某些生硬刻板、刚性化的管理机制而提出的管理方式。职业学校劳动教育应用柔性化长效的管理机制，是基于职业学校劳动教育基本状况而提出的。职业学校是区别于普通教育的学生劳动教育。职业学校劳动教育更具有劳动教育专业实践操作能力的针对性训练，却缺乏劳动教育的基本理论，出现“有劳动无教育”的现象。劳动教育不仅是出力流汗。中等职业学校劳动教育存在的主要问题是价值引领不足，只把学生的实习实训停留在技能学习层面，缺乏综合和升华。

此外，劳动教育是一项注重劳动过程、关注劳动细节、重视劳动质量的活动，而职业学校劳动教育缺少柔性化长效管理机制，往往停留在“表面化”。劳动教育融入职业学校教育教学，是一个牵一发而动全身的问题，因缺少柔性化长效管理机制，将会引发一系列的新问题与新困境。诸多调查结果显示，在实践层面，很大一部分学校将

❶ 中国城市独生子女人格发展课题组，1997．中国城市独生子女人格发展现状研究报告（摘要）[J]．青年研究（6）：1-10.

劳动教育等同于技术教育、技能教育，不再将劳动教育列入课程计划，开设专门的劳动教育课程。相应地很多职业学校缺乏劳动教育配套资源，如专职教师、实践基地、课时安排等。此外，在劳动教育教学中，劳动教育实践是劳动教育的基础，运用体力是劳动教育过程中不可避免的，因而劳动教育中的安全保障问题就不可忽视。因此，一些职业学校往往出于学生人身安全考虑，缺少相应的柔性化管理制度、安全保障措施等，为避免在劳动实践活动中出现安全事故，必然存在一些行动顾虑，即使是具有很多机会参与顶岗实习实训活动的职业学校，也不愿意以提高劳动素养为主题组织学生参加校内外的劳动教育实践活动、公益服务与志愿服务等。据访谈了解，职业学校劳动教育通常以校园卫生大扫除、寝室卫生大扫除等随意的、固化的劳动教育项目作劳动教育实践项目，做好劳动素养培育的表面工作，让劳动教育流于形式。或者是在某个特定的时期增加一些临时性活动（节假日或纪念日组织大扫除等），或者在一些固有的比赛（“文明风采”竞赛活动、技能大赛）中加入劳动元素，缺乏长效机制，出现一些运动式的劳动教育，进而窄化了劳动教育的活动形式和组织方式，甚至存在跑偏、变味的现象。[❶] 相应地，缺乏劳动教育柔性化长效管理机制，不能将劳动素养培育的各要素之间有效和谐共生，也不能为学生营造轻松、和谐、安全的劳动教育教学环境。

（三）科学化评价机制缺失

评价是关于“对象”价值的活动，是“主体”根据一定“目的”，通过特定“方法”收集关于某“对象”在某“价值领域”或“价值向量”的“数据”，根据特定指标、标准或“参照系”对数据进行分析，以识别对象的价值、品质、质量、效用、效率和重要性的过程。[❷] 教育评价是一种价值判断活动，它是评价主体根据价值主体的需要，衡量价值客体是否满足价值主体的需要以及在多大程度上满足价值主体的需要的一种判断，[❸] 即客体与主体之间是一种需要与被需要的关系，而这种需要着眼于“人的需要”。劳动教育评价是针对职业学校劳动教育实施效果进行的评价。教育评价对于教育活动具有很强的导向作用，如何科学、客观、公正、合理地评价劳动项目、成果、劳动素养等，是真正实现职业学校劳动教育高质量发展亟待解决的现实课题。

当前，劳动教育、劳动素养的种种发展困境，究其根源，科学化评价机制的缺失、劳动教育、劳动素养评价简单化是其中一项重要的原因。主要表现在以下两个方面：一方面，劳动素养评价在理论上缺乏专项系统的研究。近年来，随着德智体

❶ 王庆超，孙芙蓉，章丽君，2020. 中职德育与劳动教育协同育人路径研究 [J]. 中国职业技术教育（27）：91-96.
❷ 周作宇，2021. 论教育评价的治理功能及其自反性立场 [J]. 华东师范大学学报（教育科学版），39（8）：1-19.
❸ 冯平，1995. 走出价值判断的悖谬 [J]. 哲学研究（10）：41-48.

美劳“五育”并举的再次提出，尽管有学者对职业学校劳动素养评价问题有所关注，但是其多为宏观层面的系统研究，缺乏对职业学校劳动素养具体的实施环节，尤其是考核和评价的过程研究。另一方面，职业学校劳动素养评价是一项综合性、实践性和情境性很强的工作，单一的评价方法、评价思维、评价形态必然会导致“片面”评价。职业学校劳动素养评价系统主要是基于劳动项目评价展开，有的项目没有纳入学分体系，但已列入综合素质评价中，如优秀宿舍评比分值可作为奖学金评定的参考依据，以及寒暑假社会实践活动评优评先等；也有一些项目已经纳入学分体系，如考取特定类别执业证书（如考取驾照可以冲抵一门选修课）、毕业实习。但访谈学生表示，毕业实习存在诸多形式化，很多毕业实习都是让学生自行寻找实习单位，学校几乎不做任何统筹管理和制定科学化评价指标，很大一部分学生找个熟人单位“盖章”实习报告，草草收场。究其原因，可归结为职业学校劳动素养在考核与评价环节的缺失或弱化，尤其是对于劳动素养培育过程、劳动育人质量等环节的监管考核比较薄弱。

四、资源壁垒

资源配置是职业学校劳动教育开展、职业学校学生劳动素养培育的重要保障。当前职业学校学生劳动素养整体不高的原因之一是存在资源配置障碍。主要表现在以下两个方面：一是劳动教育课程资源开发能力不足，二是劳动教育师资队伍质量不高。

（一）课程资源开发能力不足

劳动教育课程资源的定义尚没有明确，但研究者认同其为课程要素来源，并作为劳动教育课程实施的必要条件。目前，职业教育学段尚未搭建起系统的劳动教育课程体系，不少学校、教师对如何有效开发劳动教育课程资源仍然缺乏深入研究与普遍共识，这也正是当前制约职业学校劳动教育顺利推进的瓶颈所在。

为响应德智体美劳“五育”并举的国家政策、深化劳动教育改革创新、为劳动教育提供有效载体，在国家层面上组织了一部分学者与教师进行职业学校劳动教育课程资源开发。但是落实到职业学校，存在劳动教育课程资源开发单一且有限，劳动教育课程资源开发局限于国家层面，地方劳动教育课程和校本劳动教育课程开发不足，没有挖掘具有地方特色、民族文化等独有的劳动教育特色课程资源等问题。从现实来看，暂时还尚未对职业学校教师进行劳动教育课程资源开发方面的专业培训，课程开发意识与能力不足。在课程开发过程中，开发主体缺乏对学校所处地域特色与社区基本情况的掌握，对学校教育资源的了解，对学生需求的分析等，对劳动教育课程资源开发的形式、范围、内容等缺乏判断，即对劳动教育课程形态、课程目标、课程内容、课程结构、课程功能、课程实施、课程评价等基本概念缺乏清晰的认识。此外，职业学校应以实习实训项目课程为主要载体进行劳动教育课程开发，在实习实训课程实施过程中如何根据行业企业用人需求和新技术、新工艺、新规范的发展趋势，更新实习实训教学内容，适时开发劳动教育课程模式，使学生参与真实的生产劳动和服务性劳动，对职业学校教师而言也是十分有挑战的工作。

（二）师资队伍质量低下

中等职业学校劳动教育师资队伍建设可以提升学校劳动教育培养质量，保障学校优质劳动者的持续供给，对教师的思想态度与教学行为存在明显的导向作用。目前，中等职业学校劳动教育师资队伍面临的困境严重影响了劳动教育的实施效果，更阻抑了学生劳动素养的发展。主要体现在以下几个方面：

一是中等职业学校劳动教育师资队伍结构失衡。其根源在于缺少专任教师，专任教师是职业学校劳动教育师资队伍建设困境的“破题点”。这是由于劳动教育师资队伍是近几年来，伴随着德智体美劳“五育”并举、劳动教育改革出现的新生事物，有关师资队伍培养的相关标志还未能确定，这也使得其师资队伍建设主体更多地集中在中小学。教育管理部门尚未制订出统一的职前与职后劳动教育一体化人才培养规划，尤其是尚未与职业学校合作，导致专职教师来源渠道单一。在职称评定、评优等方面，劳动教育教师与其他专任教师存在显著差距，劳动教育专任教师岗位缺乏吸引力，导致师资队伍结构的稳定性难以保障。二是中等职业学校劳动教育师资专业培训匮乏。教师队伍的培训对于师资队伍建设的重要性不言而喻。目前，对于中等职业学校劳动教育教师针对性的专业培训机制尚不健全，导致了劳动教育教师专业技能提升缺乏有效路径。同时，由于缺乏有针对性的培训，导致中等职业学校劳动教育教师劳动教学理念无法及时更新，劳动教育专业知识储备不足。若中等职业学校劳动教育教师的劳动教育专业知识掌握不牢，专业教学技能不扎实，则很难进行知识的输出，进而提升培养高素质技能型劳动者的水平。三是中等职业学校劳动教育教师身份认同度不高。“身份认同”主要关注群体中个体之成员地位的心理认知与主观感受，一个具有高度自我认同的教师，通常能够更好地投入到教学工作中，拥有更高的工作满意度和职业成就感。目前，中等职业学校受到来自外部社会认知偏见的影响，使得教师对于培养技术技能人才、高素质劳动者的动力不足，身份认同度不高。如若现有教师不能够及时转变观念，提高自我身份认同，则会制约中等职业学校劳动教育的实施落地，进而严重阻碍学校劳动教育教师队伍的建设。

本章小结

劳动素养是劳动教育培养目标的具体阐述与可操作性表达，更是落实劳动教育的重要手段与必要途径。提升与发展新时代中等职业学校学生劳动素养是加快推进高质量现代职业教育体系的迫切需求。文章借鉴相关学者劳动素养的研究成果，分析中等职业学校学生劳动素养的内涵，并借助德尔菲法构建中等职业学校学生劳动素养评价指标体系。调查发现中等职业学校学生劳动素养水平不高，究其原因，劳动素养发展存在文化困惑、技术赋魅、制度空位、资源壁垒等问题。

研究方法上，本章采用了综合的质性和量化研究方法，结合实地访谈和案例分析，以全面理解和解释中等职业学校学生劳动素养的复杂现象。在研究对象选择和数据收集方面，通过严格的抽样策略和多样化的访谈手段，确保了研究的深度和广度。未来研究可以进一步探讨如何优化中等职业学校学生劳动素养的培育策略，提升教育质量和效果。本章研究的结果对于中职教育改革和实践具有重要的启示意义，为促进中等职业学校学生全面发展提供了理论支持和实践指导。

第七章　中等职业学校学生劳动素养培育的策略分析

在新时代国家教育体系中，中等职业学校劳动教育仍旧是被忽视的角色。对中等职业学校学生劳动素养测评研究工作是中等职业教育评价中的重要组成部分，更是劳动教育质量评价的核心工作。前几章笔者通过思辨研究、量化研究、访谈研究等科学、系统地回答了“中等职业学校学生劳动素养评价指标体系如何确定”“如何制定有效的中等职业学校学生劳动素养测评工具”“中等职业学校学生劳动素养现状如何”等核心问题。本章从实用主义视角出发，在中等职业学校学生劳动素养表现的差异分析和影响因素的探究基础上，为其水平培育提出四个方面的建议。

第一节　中等职业学校学生劳动素养培育的基本特征

基于上述对中等职业学校学生劳动素养的理论建构，本节对中等职业学校学生劳动素养培育的基本特征进行分析。中等职业学校学生劳动素养培育的基本特征主要有以下几个方面。

一、综合育人性

劳可树德、劳可增智、劳可强体、劳可育美，凸显了劳动素养在综合育人体系中的不可替代性。苏霍姆林斯基指出：“一个人的和谐全面发展、富有教养、精神丰富、道德纯洁——所有这一切，只有当他不仅在智育、德育、美育和体育素养上，而且在劳动素养、劳动创造素养上达到较高阶段时，才能做到。”[1]他进一步指出，“我们劳动的理想，就在于使每一个人早在少年时期和青年早期就能领悟到劳动能使他的自然天赋更全面、更明显的发挥出来。”[1]加强劳动素养培育能够促进学生德智体美综合发展。劳动所面对的世界是一个整体的世界、综合的世界，这就决定了劳动教育

[1] 苏霍姆林斯基，1983. 帕夫雷什中学 [M]. 赵玮，等，译. 北京：教育科学出版社.

的过程必须运用多学科的知识分析和解决问题，单一知识性、单一学科性、单一形态的劳动必然会导致马克思所说的“畸形的发展”和“片面的发展”。劳动教育涉及行为要素、思维要素、道德与品质要素的多重统一。任何一种劳动绝不只是单一、封闭的动作行为。在个体层面，需要动作和思维之间的相互联结和交替，需要眼、耳、手、心的相互协调；在社会层面，需要在交往、对话、协作中体悟劳动中所承载的关于文化的、审美的、道德的、法律的多重考量。那种“就劳动谈劳动”“把劳动窄化为体力劳动”或“把劳动窄化为某一科目的学习”，使得劳动教育成为“孤岛”的现象应当坚决避免。[1]劳动素养是一个集合性的概念，包含劳动观念、劳动知识、劳动能力、劳动习惯、劳动品质、劳动情感、劳动态度等。劳动素养与劳动教育具有育人属性，是“五育”融合的关键枢纽。劳动素养以及劳动教育的首要价值并非为社会提供生产劳动产品，而是通过劳动使儿童学会自食其力，养成“自助者天助之”的独立品格，并因其劳动体验而更加珍惜父母以及所有他人的劳动成果。更重要的是，劳动教育可以让学生在劳动的过程中逐步建立家庭责任感和社会责任感[2]。具体到中等职业学校学生劳动素养的培育，不仅能够传授劳动知识与技能，还有助于引导学生树立正确的劳动价值观，帮助学生在劳动体验与实践的过程中深刻理解劳动的内涵与意义，促使学生能够结合自身所学专业，发展创造性职业劳动，能够不断地适应新时代职业劳动岗位综合素养的需求，不断地在劳动中进行自我服务、为家庭服务与为社会服务。

二、实践情境性

劳动素养是以实践场景为基础，通过劳动主体实践活动，主动进行劳动体验，建构素养，实践性是其本质特征之一。劳动素养作为一种复杂化、行为化、综合化的主体素养，它的形成离不开实践，而一切实践都根植于情境之中，即实践情境对于理论劳动素养具有规范意义。实践情境包含行动者和认识对象在内，如实践者、实践对象、特定文化和价值观、技能、仪器设备等，它们都介入实践过程，成为内在于实践的构成性要素。[3]基于实践情境性的视角，探析劳动素养的情境属性，至少有如下启示：一方面，劳动素养蕴含强烈的、开放的情境属性，并非脱离情境的实体，甚至可以说劳动素养本身是个体情境性行动的学习结果。劳动素养作为情境性的劳动知识与劳动能力，是个体认知、非认知资源与情境交互的产物。劳动素养与情境的关系并非是割

[1] 顾建军，2018. 劳动教育要抓住灵魂科学实施 [N]. 中国教育报，2018-11-28.
[2] 羌毅，姜乐军，2021. 新时代我国职业院校劳动素养评价 [J]. 教育与职业（4）：55-59.
[3] 孙自挥，2013. 教师教学研究情境性、介入性与机会性——基于科学实践哲学的解读 [J]. 中国教育学刊（2）：82-85.

裂的，而是内蕴在情境之中，这也符合认知科学尤其是情境认知理论等。正如杜威在《民主主义与教育》中曾经指出，“(形式训练)这个理论似乎抄了近路，它把某些能力视为指导工作直接而自觉的目标，而不只视为成长的结果”[1]。他进而指出，“实际上，人们并不具有一般意义上的看、听或者记忆的能力，只有看到某物，或记住某物的能力。无论是精神上还是身体上的能力，如果脱离练习所涉及的题材，只是一般地谈论能力的训练，那是毫无意义的”[1]。劳动素养的培养也应当采取类似的思维方式和教育理念。另一方面，劳动素养的知识与能力应具有情境迁移性。能够确保通过劳动实践中所获得的劳动知识与能力的迁移，进而成为个体运用的工具、资源，成为解决劳动问题的手段与中介；否则，劳动知识与能力无非是个体无意义的符号。劳动知识与劳动能力的本质就是与情境交互、建构的过程与产物。也只有在情境中所获得的劳动知识、劳动能力才更加有实际价值，才能够在更广泛的劳动场域中运用。特别引起注意的是，虚拟环境和“增强现实”(augmented reality)为“情境性”拓宽了新的机遇与挑战，应当恰当、正确地应用。因此，按照情境性的劳动素养观，应该创设充满安全、平等、关爱和支持性的环境，给学生提供机会去面对各种真实的情境和任务，让他们能够在积极应对和解决各种复杂开放的现实劳动困境或劳动任务中逐渐发展创造性、沟通交流和团队协作劳动，养成良好的劳动素养等。

三、具身认知性

具身是相对于离身而言的。[2]关于离身的理解最早可追溯到古希腊柏拉图的“学习即回忆”说，即学习并不是从外部世界获取新知识的过程，而是对灵魂中早已存在的知识的回忆。柏拉图区分了感性世界和理念世界，认为感性世界是变幻不定的，而理念世界则是永恒不变的。在柏拉图看来，人在出生前已经获得了关于理念世界的知识，但由于肉体的束缚，这些知识在出生后逐渐被遗忘。通过学习，人们能够重新回忆起这些被遗忘的知识。离身认知是认知科学中的一个概念，它强调认知在功能上可以脱离人的身体而独立存在。这一观点与柏拉图的“身心二元论”有一定的相似性，即都认为存在某种超越肉体的精神或灵魂实体。经过哲学家笛卡儿“我思故我在”的认识论论证，突出了“思”的重要性，使之成为一直支配着西方文化的思想。[3]离身认知理论倾向于将人的心理过程类比为计算机的信息处理流程，强调通过高度抽象化的符号运算与严密的逻辑推理来解析和赋予现实世界的意义。故认知过程被视为能够独

---

[1] 杜威，2002. 民主与教育 [M]. 俞吾金，孔慧，译. 上海：华东师范大学出版社.

[2] 翟贤亮，葛鲁嘉，2017. 从离身到具身：具身管理学的可能 [J]. 心理科学，40（1）：238-243.

[3] 段德智，1990. 简论笛卡儿“我思故我在”的历史嬗变与历史命运——从笛卡儿到胡塞尔和萨特 [J]. 武汉大学学报（社会科学版）(02)：33-39.

立于身体经验之外，依赖于纯粹符号化的表征与去除了具体情境的心智运作。因此，离身认知科学的研究聚焦于这些剥离了身体束缚的抽象符号系统及其运作机制，旨在探索心智如何通过这些方式理解和影响世界。

具身认知则是对传统二元论的一种颠覆认识。具身认知，也称为涉身认知，是指通过身体经验、体验、实践而展开的一种学习方式。具身认知理论注重在学习者身体与环境的互相作用中促进自身素质的发展，包括学生的认知能力、情感态度与价值观等。在现实场域中，我们“用身体思考”，以身体为媒介嵌入“内含在一个更广泛的生物、心理和文化情境”的世界之中[1]，思想是一种涉及运用大脑并整合来自大脑内部及外部的资源，进行持续不断的信息组合与再组合行为的过程。故心智可被视为是一种“扩大的系统，生物有机体与外部资源的结合”[2]。具身认知理论主要论扎根于两个核心重要思想：一是莫里斯·梅洛-庞蒂（Merleau-Ponty）关于“具身主体性”的概念，并强调“心灵的身体化”与“身体的心灵化”，即“既不把人看作是离身的心智，也不把人认为是复杂的机器，而是将人视为活生生的、具有能动性和创造性的主体，其主体性是通过身体与世界的互动而实现的”[3]。莫里斯·梅洛-庞蒂认为世界是具身的存在，个体对世界的感知与认识必须通过具身的途径。二是瓦雷拉（Varela）关于“认知基于身体”的思想。瓦雷拉认为，心智并非是一个客观注视现象发生的“无身之眼”。认知生成于广泛的各种感知运动身体的经验之中，且个体的身体感知运动能力本身就置于一个更为宏大的心理、文化 与生物场域之中。[4]故认知是一个复杂而多维的过程，与身体、环境以及心理状态紧密相连，既根植于身体之中，又在特定的情境下通过身体与环境的交互作用而生成。认知过程的具身性也就意味着认知与身体是不可分割的整体，二者共同构成了我们理解和感知世界的基石。杜威则认为，经验和理性是密切相关的，主体的身体活动、客观经历以及主体经验等奠定了理性思维的基础，即“在思维的操作和生物的、生理的操作之间并不存在一个连续上的断裂……这意味着理性操作源于身体器官的活动”[5]。由此可见，人类的认知、语言、知识、观念与思想等都与身体的知觉和行动密切相关。简而言之，认知并非孤立于大脑内部的活动，而是深深地嵌入身体并受到周围环境影响，是一个心智、身体与环境三者间紧密交织、相互作用的动态过程。

---

❶ 劳伦斯·夏皮罗，2014．具身认知 [M]．李恒威，董达，译．北京：华夏出版社．

❷ 余辉，刘晓鹏，2021．解构与纾解：劳动教育的异化与回归 [J]．大学教育科学（03）：46-48．

❸ 叶浩生，2011．西方心理学中的具身认知研究思潮 [J]．华中师范大学学报（人文社会科学版），50（4）：153-160．

❹ 叶浩生，2010．具身认知：认知心理学的新取向 [J]．心理科学进展（5）：706-710．

❺ DEWEY, 1991, J.Logic:The theory of inquiry:The later works of John Dewey[M].Carbondale:Southern Illinois University Press.

马克思与恩格斯均将劳动置于实践活动的核心位置，他们坚信在人类纷繁复杂的活动中，劳动是最为根本且不可或缺的一环。这两位伟大的思想家进一步指出，将教育与生产劳动紧密结合，是培育全面发展、具备综合素质人才的唯一有效途径。这一观点深刻揭示了劳动对于个人成长、社会进步及人类全面发展的重要意义。劳动教育紧密依赖于真实的劳动情境，旨在激活个体的身体感知与大脑思维，通过身心合一的感知过程，使个体获得深刻的劳动认知。劳动教育不仅在精神层面引导个体的劳动价值观与态度，同时在身体层面也塑造了其实践技能与行为习惯，与具身认知理论所强调的心智、身体、环境交互耦合的理念不谋而合。劳动素养的一大特殊性体现在它是一种身心合一的素养，而非单方面价值观教育或体力训练的结果。尽管所有素养或多或少都有具身的特点，但劳动素养对“身”的要求尤其广泛而深刻。[1] 正如《中共中央 国务院关于全面加强新时代大中小学劳动教育的意见》中明确提出的，劳动教育应当“以体力劳动为主，让学生亲历劳动过程，提升育人实效性”。姜大源也认为：“生命是劳动创造的，是以身体为载体的。生存是劳动支撑的，通过具身劳动创造的物质和精神财富，使生命得以健康延续；而生活是劳动塑造的，作为生命载体的身体在认知过程中发挥着关键作用，劳动让生命与世界、环境、社会交互，这对人的知识、素养和智能的形成产生了根本影响。”[2] 因此，劳动是具身的，劳动素养具有具身认知性，既不存在脱离于人的身体的抽象劳动，也不存在脱离于人的身体的劳动素养。不同主体间身体的交往在互动中获得身体体验，获得劳动观念、劳动知识、劳动技能，生成劳动情感，养成劳动习惯等。

四、主体创造性

从古至今，劳动都充满了创造性与创新性的元素。根据劳动创新程度划分，劳动可分为重复性劳动与创造性劳动。创造性劳动与人类社会相伴始终，自从有了劳动也就有了创造性劳动，人类的劳动本身就是创造性劳动的结果。苏霍姆林斯基指出，现今的劳动还要求学生心灵手巧，既会动手又会动脑，劳动的主体创造性则充分表明“手的动作和思想有不断的联系：思想检验、矫正和改善劳动过程，手则似乎把详细情况报告给思想，劳动发展着人的智力，教人逻辑连贯地思维，深入了解各种事实和现象之间无法直接观察的依从关系。”[3] 他还要求教师要教育学生“能在整个社会的以创造性态度对待劳动的气氛中得到发展”[4]。

创造性劳动已经成为推动经济社会全面发展的重要劳动形态之一。根据雅安·莫

---

[1] 陈斯琪，2019. 从“身”出发：劳动教育的逻辑起点 [J]. 基础教育，16（6）：12-18.
[2] 姜大源，2020. 刍议新时代劳动教育的时空构建 [J]. 国家教育行政学院学报（6）：43-50.
[3] 苏霍姆林斯基，1981. 给教师的一百条建议 [M]. 周蕖，王义高，等，译. 天津：天津人民出版社.
[4] 苏霍姆林斯基，1983. 帕夫雷什中学 [M]. 赵玮，等，译. 北京：教育科学出版社 .

里耶·布当（Yann Moulier Boutang）的认知资本主义理论，当今时代的劳动已经从简单作用在大机械上的体力劳动为主，转变为复杂的、发挥创造性的脑力劳动为主，创造性劳动不再局限于科研部门或研发人员，而是成为各行各业共同进步的一种内在的驱动力[1]。随着人工智能与经济社会大规模生产的深度融合，不仅将推动科技、经济、产业等领域的变革，也将对人们的生产方式、生产形态、劳动过程、价值观念、社会结构、人文心理等产生深远影响。劳动形态的变化直接影响劳动素养的内涵、内容与目标，人才培养适应社会人才的需求，注重学习者应对未来社会生活、职业挑战的高阶思维与劳动素养。人类目前从事的一些职业以及某些职业涉及的工作活动已然渐渐被全部或部分取代着。但机器和人类在劳动岗位上的重新分配并非一蹴而就。由于人类劳动者在知识储备、劳动技能、学习能力等方面具有局限性，工作岗位被机器所取代的劳动者可能一时间无法迅速学习其他岗位的知识技能，旧的劳动技能结构、个人素质无法达到工作的要求，进而出现所谓的“结构性失业”。因此，面向人工智能与信息化快速发展的新时代，在遴选劳动素养关键指标与内涵界定时均突出其时代性和前瞻性，更多地融入科技、创新、创造等元素。恩斯特·卡西尔（Ernst Cassire）在《人论》中说：“一切伟大的自然科学家……都不是从事单纯的事实搜集工作，而是从事理论性的工作而这也就意味着创造性的工作。这种自发性和创造性就是一切人类活动的核心所在。”[2]苏霍姆林斯基也指出：“体力劳动对小孩子来说，不仅是获得一定的技能和技巧，也不仅是道德教育，而且还是一个广阔无垠的、惊人的丰富的思想世界……正是在体力劳动的过程中，形成着学生的极重要的智慧品质：好奇心、钻研精神、思考的灵活性、鲜明的想象力等。”[3]马克思认为全面发展不是一个独立的概念，而是与自由结合为一体的。马克思认为，人的“自由”发展是指人在自由人的联合体内，能最大限度地克服外在条件的限制，能自主自愿地发展自己的脑力、体力的过程，其前提和真实的体现在于劳动实践[4]。这种劳动实践不是傅里叶所理解的消遣娱乐，也不是资本主义社会中外在于工人的状态，抑或被斯密视为诅咒的对象，而是有意识的、以“现实的人”为基础的生命活动，“他自己的生活对他来说是对象。仅仅由于这一点，他的活动才是自由的活动”[5]。马克思解释了人类在追寻自由的过程中，只有脑力和体力、心智和实践全方面发展，对于自然、社会、个体全方位理解，才能真正抵达自由。另一

---

[1] 韩冰，2017. 莫里耶·布当的“认知资本主义”研究 [D]. 长春：吉林大学.

[2] 恩斯特·卡西尔，1985. 人论 [M]. 甘阳，译，上海：译文出版社.

[3] 苏霍姆林斯基，1999. 给教师的一百条建议 [M]. 周蕖，王义高，等，译. 北京：教育科学出版社.

[4] 刘卓红，刘倩，2021. 理解“人的自由全面发展”命题的三个维度：内在意蕴、当下形态与实现思路 [J]. 世界社会主义研究，6（07）：10-18.

[5] 马克思，恩格斯，2009. 马克思恩格斯选集（第1卷）[M]. 中共中央马克思恩格斯列宁斯大林著作编译局，译. 北京：人民出版社.

层面，也只有在自由条件下，人才不会被劳动异化，不会把“自由活动贬低为手段”，人才能“占有自己的全面的本质”[1]。因此，自由地运用其认知、想象、情感进行技能创造与创新，不断在学习的过程中认识问题和提高问题解决的能力，是技术技能人才应该学习与掌握的基本技能。学校劳动教育在过程中也倡导彰显学生的自由创造的个性，《大中小学劳动教育指导纲要（试行）》也指出应“发挥主体作用，激发创新创造。关注学生劳动过程中的体验和感悟，引导学生感受劳动的艰辛和收获的快乐，增强获得感、成就感、荣誉感”。能够让学生在劳动过程中自主自由地去主体性发挥，做到身心投入，忘乎自我，不存在劳动逼迫，使学生能够自由地去进行劳动创造，能够专心致志、饶有趣味地去钻研、实践、设计等。长此以往，能够提高学生劳动的积极情感或爱好，而且还能在行动中自觉地践行。劳动素养是一个复杂的结构，应从人的主体性、精神成长、创新创造、幸福追求等方面拓展，追求学生在劳动过程中自主创造性素养的培育，使得学生在劳动体验、劳动实践、劳动理解的过程中从机械复刻、肌肉记忆劳动实践的局面中解放出来，尽情地发挥自我的主体创造性，尤其是在日常活动、问题解决、适应挑战等方面所形成的创造性思维与人格、社会责任感、创新精神与实践能力等关键成分。此外，劳动素养的主体创造性界定不仅要注重主体创造的静态结构与成分，更要凸显主体创新创造的动态过程，以符合劳动素养的生成与发展规律。落实到中等职业学校学生，能够通过在主动参加的家务劳动、生产劳动、公益活动和社会实践中，培养具有改进和创新劳动方式、提高劳动效率的意识，满足未来社会对技术技能人才在劳动实践与问题解决过程中新的需求与挑战，从而培养学生成长为创新创造型技术技能人才。

第二节　中等职业学校学生劳动素养培育的主要策略

劳动教育是以劳动素养养成为目标的基础性教育工作。根据量化结果可知，当前阶段，中等职业学校学生劳动素养不高。

一、聚焦素养导向的教育目标定位与实现

根据访谈结果可知，仅有 18.64% 的学生对于劳动教育活动拥有积极情感体验，为此应该改进学校劳动教育，通过解构劳动素养内涵，明确劳动教育培养目标；借鉴国

[1] 马克思，恩格斯，1979. 马克思恩格斯选集（第 42 卷）[M]. 中共中央马克思恩格斯列宁斯大林著作编译局，译. 北京：人民出版社.

际经验，注重劳动教育价值导向的实现等聚焦于劳动素养导向的劳动教育目标实现。

（一）解构素养内涵，明确教育培养目标与方向

“培养什么人”是教育的首要问题和前提条件。帕尔默曾在《教育究竟是什么》中指出：“合适的教育不是去获得满足全球资本主义的需求所需要的技能，也不是纯粹为了自己去获得知识。合适的教育尤其关心我们从学习中得到的价值和意义。”[1]瞿葆奎先生说过：“劳动教育中，除了有体育的任务外，同时有智育的任务、德育的任务和美育的任务，也就是说有知（认知）、意、情的任务”[2]。五育过程研究的结果证明，各育过程既具有各自的特殊任务，完成着对人的培养的特殊功能。然而，由于传统职业教育过于强调一技之长、劳动技能的培养，导致许多中等职业学校毕业生存在劳动综合素养不足、知识结构单一、劳动迁移能力不足和劳动精神缺乏的问题，极大地影响了学生毕业后发展的就业竞争力和职业学校的可持续性发展能力。因此，中等职业学校要明确劳动教育培养目标，强化立德树人、素养导向，融合劳动技能与劳动素养，推动从技能至上到素养导向的重要转变。

从访谈结果分析，学生对于学校开设劳动教育具有三种不同情感，且显示出学生受劳动教育意愿多以消极为主；劳动教育的形式上看，一部分中等职业学校劳动教育停留在表面的劳动，学生仅为完成劳动任务，没有将劳动观点、劳动情感和态度融入劳动行为，割裂了劳动认知与劳动行为之间本该存在的内在联系。因此，需要根据劳动素养概念与内容的分析，将劳动素养中的劳动观念、劳动能力、劳动习惯与品质、劳动情感态度等融入劳动教育目标中，让劳动素养导向的教育目标从多个指标、多个层级融合到教育理论与实践中。新时代职业学校劳动教育有助于塑造学生的世界观、价值观，提升技术技能人才培养的内在品质，引导学生崇尚劳动、尊重劳动，懂得劳动最光荣、劳动最崇高、劳动最伟大、劳动最美丽的道理。中等职业学校应在人才培养方案中凸显劳动教育的地位和素养要求，各二级学院可根据总目标结合具体专业特色修订劳动教育目标和实施途径，让学生在参与劳动教育的过程中，可以深刻地理解与认知劳动的内在本质、价值功能，能够以科学的、理性的态度对待劳动和劳动者，形成正确的新时代劳动价值观。通过重塑教育培养目标，着力解决好中等职业学校技能人才培养过程中存在的“重劳轻育”“劳育分离”“重技能轻素质”“重理论轻素养”“重形式轻过程”等问题。围绕技术技能人才培养的内在品质发展，致力于让学生在教育中进行劳动，激发劳动与劳动教育的育人功能，尤其是通过劳动塑造学生的健全人

[1] 帕尔默，2008．教育究竟是什么 [M]．任钟印，诸惠芳，译．北京：北京大学出版社．

[2] 瞿葆奎，2005．劳动教育应与体育、智育、德育、美育并列？——答黄济教授 [J]．华东师范大学学报（教育科学版）(3)：1-8.

格、顽强意志以及积极向上的精神，让劳动教育成为一种正能量的教育，让学生明白劳动素养的价值目标是从克服“单一向度”的价值取向出发，转向关注学生完整性与自由性的发展。

（二）瞄准国际经验，注重教育价值认同与引导

世界上经济和科技较为发达的国家，都十分重视劳动与技术教育，把提高国民劳动与技术素养作为国际竞争的关键。近现代劳动教育发展主要有两个源头：一是在马克思和恩格斯关于“教育与生产劳动相结合”的基础上发展，俄罗斯继承了这一模式。二是在“劳作学校”模式和“做中学”模式基础上开展的劳动教育。从国际劳动教育发展的趋势来看，已超越传统意义上的劳动教育，走向了现代意义上的“劳动与技术素养教育”。美国、英国、德国、瑞典、日本、韩国等国家的劳动教育，大都源于“手工艺教育”“工艺教育”，蕴含于技术教育之中，既具有很强的相似性，但又略有不同[❶]。其中，美国和英国倾向于通过劳动教育培养学生的技术素养；德国和瑞典更倾向于通过劳动教育帮助学生认识劳动世界，培养学生为职业选择做准备，具有职业教育的特性；日本和韩国则主要借鉴了西方发达国家的劳动教育理念，在重视培养学生技术素养的同时，也强调劳动教育的职业教育价值与功能[❷]。我国作为发展中国家，要成为劳动与技术强国，必须借鉴国际劳动素养教育改革的有益经验，建设好各学段独立设置的劳动教育课程，改变目前劳动素养教育发展不平衡、不充分的现状，这不仅对职业教育阶段学生劳动素养发展提供劳动与技术知识、劳动与技术理解、劳动与技术认知、劳动与技术操作技能等全面的经验，也对劳动教育现代化的真正实现具有深刻的理论意义与现实意义。

德国的职业技术教育在全世界有着很高的声望，而其教育中的劳动教育也颇具特色。论及教育与生产劳动相结合理论的历史渊源，可追溯到瑞士教育家裴斯泰洛齐。1774 年，裴斯泰洛齐在“新庄”建立了一所教养院，收留了几十名 4 ~ 17 岁的贫苦儿童，除了教授儿童们读书、写字外，还教他们家务、农活、纺纱织布等劳动技能。裴斯泰洛齐在《林哈德与葛笃德》这部书中，明确提出了“将功课与劳作结合在一起”的主张。当然，此时他所谓的教育与生产劳动相结合还只是简单的外部结合，目的不过是使贫苦儿童不脱离家庭手工劳动，以免降低收入。随着实验的发展和认识的加深，裴斯泰洛齐在 1807 年发表的《与友人论斯坦斯经验的信》中，明确提出“我试图使学习和手工劳动相联系，学校与工厂相联系，使它们合二为一”。这时他已认识到实

❶ PATRICK N. FOSTER, 1997. Lessons from History: Industrial Arts/Technology Education as a Case[J]. Journal of Vocational and Technical Education, 13(02): 5-15.

❷ 张熙，袁玉芝，李海波，2019. 劳动教育的国际经验及其启示 [J]. 教学与管理（11）：56-58.

施劳动教育不仅着眼于经济效益，而是使儿童的身体、心智、技能和构成谋生手段的基本能力得到全面发展。在这一认识的基础上，他进一步提出“学校和工厂合并，根据心理学的原则施教，教育的新时代必将很快到来”[1]。这不仅拓展了劳动教育对促进儿童身心发展的意义，而且指出了教劳结合对教育和社会改革的重大作用。作为裴斯泰洛齐的学生和同事的德国教育家福禄贝尔（Friedrich Froebel），受裴斯泰洛齐的影响至深。福禄贝尔认为大自然和客观环境对儿童的影响很大，要求把儿童放在像花园一样的庭院中活动。他提倡在儿童游戏的地方建立起活动园地，使儿童通过自己动手来认识世界。他的教育实践和思想对德国的教育产生了深刻影响。1898 年，《德国乡村寄宿学校的教育准则》明确规定：“要把儿童培养成具有和谐、独立性格、身心健康，能从事体力劳动和实际工作，能献身于科学、艺术，具有清醒和明锐的思考能力，热情、勇敢、坚定的德国少年”。在这一规定中，从事体力劳动和工作实践是学校培养目标的重要内容。1905 年凯兴斯泰纳提出，应当把以往传统的“书本学校”改为“劳作学校”，劳作学校运动就此兴起。关于劳动教育，其核心思想是促进学生“精神的发展、道德的适应力和工作本领，应当把劳动职业技能培训和公民精神的道德教化合二为一，旨在培养一批既有文化，掌握职业劳动技能，又拥有强烈社会责任感、驯服听话的劳动者”。[2] 因此，培养学生具有劳动精神、劳动技能、职业责任感和社会责任感成为劳动教育的主要目标。这不仅使学生能够将所学的知识与技能运用于实践之中，还打通了普通教育与职业教育的壁垒。随后经过几个世纪的发展，德国学校的劳动教育呈现出不同的时代特征，劳动教育目标与内容在各州的表述也有所不同。但总体来说可归纳为两个主要方面：一是进行劳动、经济与技术方面的教育，帮助小学高年级学生和中学生适应未来生活，引导他们认识世界；二是培养学生在职业、家庭、经济和环境保护等领域的基本能力，使之能够正确选择适合自己的职业，具有生活责任感，具备处理私人生活、未来职业生涯和公共生活等领域的基本问题的能力。[3] 因此，聚焦到我国劳动教育，应当借鉴德国劳动教育价值内涵的转向与课程内容的定位，发挥劳动教育在育人与推动经济发展方面的双重功能，促进学生劳动素养的发展，使学生有效适应现代化的社会生活与职业劳动。

劳动与技术教育是一项基本技能，也是一种品质素养，无论何时何地，都需要予以重视。“二战”后，日本就确立了智、德、体协调发展的教育方针。在 1947 年制定，2006 年全面修订的《教育基本法》中对劳动教育相关的内容进行规定：为了实现“完善人格”等教育目的，要完成“重视教育与职业和生活的关联，培养尊重劳动的态度”

[1] 张焕庭，1979. 西方资产阶级教育论著选 [M]. 北京：人民教育出版社.
[2] 凯兴斯泰纳，1935. 工作学校要义 [M]. 刘钧，译. 北京：商务印书馆.
[3] 曾天山，顾建军，2020. 劳动教育论 [M]. 北京：教育科学出版社.

等教育目标。如今，日本的劳动教育在幼儿园、小学、初中、高中、职业教育、高等教育阶段的课程方案中都有不同的规定，学生会以不同的形式与途径接受劳动与技术教育，培养学生的劳动创造精神和实践动手能力，形成正确的劳动观念和良好的劳动习惯。在职业教育阶段，日本重视企业教育制度构建，鼓励企业发挥其优势开展有关职业训练与教育的活动。强化学生的实践课程比例，鼓励学生积极参加职业训练，充实其调研与技术操作，建立产学研融合体系，提升他们的实践能力与素质。此外，日本企业重视员工的劳动精神，职业学校也将职业精神作为教学重点内容。因此教师应当具备较强的职业精神，从而为学生输出更为贴近劳动场景的知识。日本职业学校要求教师应当兼具教学能力与劳动技术素养，能够进行“双师型”教学。基于这一理念，日本的职业学校将教师称为“职业训练辅导员”，在参与教学活动前，其必须要在企业内进行为期一年的实践劳动。日本明确要求“职业训练辅导员”必须同时具有技术专业和教育专业双学士学位。通过“职业训练辅导员”的帮助，日本职业学校的学生将深刻领悟到实践工作中的具体要求，通过教师的带动其职业精神也将得到提升。[1]因此，具体到我国的职业学校劳动教育，应该重视多样化劳动体验，注重学生劳动实践能力与素养的提升。在教师方面，要求教师在具有教学能力、专业能力的同时，还要具有劳动技术素养。

二、构建素养导向的课程体系与师资建设

根据量化结果显示，学校对劳动教育比较重视的学生显著高于学校对劳动教育比较不重视的学生。因此，面对当前中等职业学校学生劳动素养整体不高的现状，学校应该提升对劳动教育的重视程度，以课程体系和师资建设为加强劳动素养的重要切入点。通过跨学科、模块化课程体系建设、专兼结合师资队伍构建等提高劳动教育质量，将其内化为学生劳动素养。

（一）精准教学内容，实施模块化多维度课程

课程是教育的核心要素之一，课程研究也是教育研究的关键领域之一。“课程”是一个发展的概念，它是为实现各级各类学校的教育目标而规定的教学科目及其目的、内容、范围、分量和进程的总和，也包括为学生个性的全面发展而营造的学校环境的全部内容。[2]课堂是中等职业学校劳动教育的主阵地、主渠道，课程是中等职业学校劳动教育的有力抓手，课程育人是中等职业学校劳动教育的重要方式。作为职业学校劳

[1] 杨秋月，2020. 劳动教育——日本学生成长必修课 [N]. 中国教育报，2020-09-04.

[2] 袁振国，2004. 当代教育学 [M]. 北京：教育科学出版社.

动教育育人的重要形式，劳动教育课程育人依托学校课程体系的系统建构，通过中等职业学校课程体系内部诸课程之间的分工、配合、联动，发挥课程体系与价值教育的同向效应，最终实现育人的总体目标。此外，劳动教育课程结构是不同课程之间的知识模块的有序排列组合。“模块”一词自身就具备系统性的特征，具有独立存在又与其他模块相衔接的功能。通过学校课程体系内部诸课程共同围绕劳动教育培养目标，合理利用多模块课程有效地建立一套涵盖各个专业层面的课程体系，是新时代优化劳动教育课程体系的重要举措之一。中等职业学校通过为学生提供多元化的学习内容，引导学生树立正确的劳动观念和劳动态度，从而自觉地投身于劳动实践中。主要包括以下三种模块的课程结构与形态相结合。

一是，在专业课程中有机渗透和融入劳动教育。专业课程是开展劳动教育活动的基本载体，是落实全面发展目标的主要内容和形态呈现。这不仅是在学校劳动教育教学层面全面落实新时代劳动教育的现实要求，也是促进中等职业学校劳动教育常态化、科学化和制度化的举措之一。专业课程的完整性、系统性和科学性对劳动课程育人发挥着基础性的作用。专业课程渗透应遵循思想性、系统性、多元性的原则，针对学段特点和专业特点选择渗透内容、方式与要求，深入挖掘专业课程的劳动教育元素，实现专业课程育人的最大化。在具体教学中，教师要在专业课程中强化本专业劳动伦理和劳动发展趋势教育，构建具有本专业特色的劳育价值体系，有效整合专业教学内容与劳动教育，设计科学合理的教学活动，培养积极的劳动情感，形成较高水平的劳动素养。

二是，劳动教育与思想政治教育、创新创业教育、职业生涯规划教育等课程相结合。中等职业学校要充分利用好思想政治教育、创新创业教育、职业生涯规划教育课堂的主渠道、主阵地，形成思想道德教育、创新创业教育、职业生涯教育与劳动教育协同育人的新局面。如将劳动教育融入思想政治教育课程中，结合思想政治教育课程内容引导学生树立正确的劳动价值观，能够尊重劳动、热爱劳动、崇尚劳动。在创新创业教育中融入劳动教育有利于学生形成自主多元、积极向上的职业劳动价值观，克服不肯吃苦、不愿奋斗、懒惰成性、不思进取、不求上进的惰性习惯，明确创新创业教育价值的意蕴，免于陷入拜金主义、享乐主义等价值取向[❶]。在职业生涯规划教育中融入劳动教育，可以帮助学生认识社会，规划职业发展路径，对职业选择能有更加清晰的认识和选择，获取促进终身职业生涯发展的能力。互联网＋时代，没有网络德育的中职德育体系是不完整的，通过网络思政德育传播平台，可以讲好校园德育故事、学生劳动故事，分享学生工匠精神和劳动德育成果。

❶ 杨秋月，顾建军，2021. 高职院校劳动教育与创新创业教育协同育人的逻辑、困境与路径 [J]. 现代教育管理（6）：123-128.

三是，劳动教育与实习实训课程相结合。据调研结果可知，参与顶岗实习活动时长6个月以上的学生劳动素养普遍高于从未参加过顶岗实习活动的学生。参与技能比赛次数在6次以上的学生劳动素养显著高于从未参加过技能比赛的学生。因此，中等职业学校应加强实习实训课程建设，以实习实训课程为主要载体开展劳动教育，激发学生内在的劳动潜力，使学生感受劳动所带来的收获和乐趣。中等职业学校应及时更新实习实训教学内容，加强综合性实践项目的开发和应用，形成科学合理、便于实施的实习实训教学方案，使学生参与真实的生产劳动和服务性劳动，提升创意物化能力，涵养深厚的劳动情怀。在实习实训课程的实施过程中，为适应劳动教育发展趋势，适时开发新的实习实训教学管理模式；根据行业企业用人需求和新技术、新工艺、新规范的发展趋势，及时更新实习实训教学内容；同时，强化劳动流程、劳动标准、劳动检查及劳动安全保护等知识和制度的学习。还可以利用宿舍、餐厅、教室、宾馆、快递站、实践基地、实训室等场所开展互动式、体验式劳动教学，开设“厨艺课堂”“园艺课堂”“生活工坊”等实践课程，既让学生体验到劳动的意义和价值，增强学生对工匠精神、劳动精神的认可，提升职业认同感和幸福感，又能让学生的生活和劳动结合在一起，形成“懂生活、爱生活、享生活”的劳动体验[1]。通过学生的实际操作和有效的劳动练习，强化劳动权利和责任教育，提高劳动技能水平，培育积极向上的劳动精神和认真负责的劳动态度。

（二）完善师资培养，推动教师自组织化发展

根据访谈结果可知，劳动教育专业的建设、课程的开发、教学的实施，都需要依靠劳动教育教师。劳动教育教师的数量直接决定了劳动教育课程的发展趋势，教师的劳动素养直接影响劳动教育课程的教学质量和学生劳动素养的发展。因此，发展劳动教育，必须要有一支优秀的劳动教育师资队伍。

首先，需要增加劳动教育教师数量，优化劳动教育师资队伍结构。目前，随着劳动教育的不断开展，职业学校纷纷响应国家政策的号召，开始开设劳动教育课程。劳动教育专业教师数量不足的问题逐渐显露，主动选择劳动教育岗位的人较少，通常是由原先学校的辅导员、德育教师，以及创新创业课程、职业生涯规划课程等其他科目的教师转岗担任，因此，劳动教育的学科建设迫切需要更多的来自理论层面、技术应用层面、教育实践层面等不同层面的人员，应当有老、中、青等不同年龄段的人员，以形成一个结构合理、功能互补的劳动教育的学科建设队伍。适当增加劳动教育教师的数量，有利于改善劳动教育教师的劳动素养不均衡的现状，从而提高中等职业学校

[1] 王庆超，孙芙蓉，章丽君，2020．中职德育与劳动教育协同育人路径研究[J]．中国职业技术教育（27）：91-96.

学生的劳动素养。

其次，专任教师与兼职教师齐头并进破短板。搭建专任教师与兼职教师破解职业学校劳动教育师资问题的关键。做好制度的顶层设计，要设置“准入”门槛，制定劳动教育兼职教师队伍遴选标准，将思想政治觉悟高、责任心强、实践教学经验丰富、具备相关资质资历的劳动模范与工匠等邀请进校园，开辟兼职教师的绿色通道，组建“结构化”教师教学团队。如围绕某个特定的劳动教育目的，由来自企业生产一线的技能大师和本地区的传统技艺传承人，以及熟稔技能理论教学的学校专业骨干教师组成一个劳动教育团队，通过各自特长定位与合理的分工协作，最终完成劳动教育项目。在完成劳动教育项目的过程中，使学生“端正劳动态度”“承担劳动责任”“珍惜劳动成果”等素养得到提升。此外，还可以培养“双师型”教师、专任教师进企业。职业学校可通过完善挂职轮岗、服务企业、担任导师等各项政策机制，增加专业教师的生产劳动经验，加大考核力度，提高教师的产业发展认知和真实岗位生产技能，并将教师指导学生劳动的工作业绩作为晋升和聘任的重要依据；还可通过举办劳动教育教师教育思想或教学方法研讨会、国家级劳动教育培训等活动，加强对劳动教育教师的培养。

最后，随着以人工智能为代表的新时代的到来，社会对劳动者的素质提出了新的要求。苏霍姆林斯基也明确指出，“必须使劳动充满丰富的智力活动，使科学技术渗透到日常的劳动活动之中。”[1]传统工业革命时期基于学科知识积累、注重技能传授式的学习方式已经很难帮助学生适应未来复杂、多样化、创新性的社会需要[2]。这时，需要学校教育立足未来发展，教师提高自身的专业素养，为学生适应未来社会做好准备，培育学生适应终身学习的品质，训练学生应对复杂生活的劳动素养。要加强对劳动教育师资的专业化培训。中等职业学校劳动教育专任教师要通过挂职轮岗、服务企业、担任导师等各项政策机制，参加实际的生产劳动实践，完善合作机制、加大考核力度，提高教师的产业发展认知和真实岗位生产技能，并将教师指导学生劳动的工作业绩作为晋升和聘任的重要依据；对于承担劳动教育的企业兼职教师，在评奖评优、带薪休假等方面给予补偿和倾斜；通过开展省级课程项目研究，举办劳动教育教师教育思想或教学方法研讨会、国家级培训等活动，加强对劳动教育教师的培养，促使其进一步成长；开展教师劳动技能竞赛，融入生产劳动素质考核，优化专业课教师技能结构等。

---

[1] 苏霍姆林斯基，1983. 帕夫雷什中学 [M]. 赵玮，等，译. 北京：教育科学出版社.

[2] 吴颖惠，文军庆，陈朝晖，2021. 核心素养背景下的学习品质评价：理念、方法与启示——以北京市海淀区实践为例 [J]. 中国教育学刊（05）：80-85.

（三）整合校内劳动教育资源，建立基于劳动素养的育人课程体系

中等职业学校劳动教育资源与课程设置对学生劳动素养的培育具有直接导向作用。第一，科学设计基于劳动素养的课程目标。以综合性、实践性、情境性、生成性、创新性等为基本原则，以“培养劳动价值观、劳动能力、劳动习惯与品质、劳动情感与态度共融发展的人”为核心，持续推进中等职业学校学生劳动素养的培养。第二，基于可持续发展的教育理念，优化并重构适应学生劳动素养多元发展、多次选择的“层类交互、学用融合”课程体系。要开设具有普遍性、通识性教育意义的劳动教育必修课程；开展劳动教育经典导读，尤其是结合职业教育特色，培养学生热爱劳动、尊重劳动、乐于劳动的劳动价值观，正如苏霍姆林斯基所言“劳动足以能够使每个人身上燃起求知的火花”。[1]要在政治教育、创新创业教育、职业生涯规划教育、课程思政等课程中融入劳动元素，形成劳动教育协同育人的新局面。要将中等职业学校学生劳动素养的培育与实习实训、职业劳动体验、劳动实践教学等相结合。

三、健全素养导向的评价体系与开放式系统

根据前期访谈结果表明，当前部分中等职业学校将劳动教育仅仅视为简单的卫生打扫、家务劳动等。这在一方面虽然帮助学生养成良好的劳动习惯，但是却没有在劳动过程中使学生获得自由的精神、创造的思维与方法等。因此，健全劳动素养评价指标体系与深度挖掘地域劳动教育优势资源，对中等职业学校学生劳动素养的提高起到发起性、维持性与约束性的作用。

（一）坚持规范评价，建立合理评价机制

中等职业学校学生劳动素养不仅强调通过标准答案式的调查结果评价，还需要关注对于人整体性发展的教育评价。《中共中央 国务院关于全面加强新时代大中小学劳动教育的意见》明确指出了健全劳动素养的评价体制，并且要制定评价标准、建立激励机制等，把劳动素养的评价作为衡量学生全面发展的重要内容。中等职业学校学生劳动素养价不仅强调通过标准答案式的调查结果的评价，还需要关注对于人的整体性发展的教育评价。在调查中发现，我们常常只能用“得分最高”“得分最低”“表现最好”等相对比较的陈述形式来说明调查结果，而缺乏标准的、可测量的量尺来测试学生的劳动素养达到的具体水平。因此，如何克服评价的主观性，使劳动教育成效评价做到尽量客观、准确，是需要进一步探讨的问题。

[1] 苏霍姆林斯基，1983. 帕夫雷什中学 [M]. 赵玮，王义高，等，译. 北京：教育科学出版社.

一是坚持劳动素养评价形式的多样化。可通过职业劳动技能、职业劳动成果展示会、职业劳动竞赛、劳动分享会、义务劳动日、劳动节等形式和载体，形成劳动素养评价的立体化体系，以强化劳动光荣、技能宝贵、创造伟大的社会风尚，进一步熏陶和提升学生的劳动素养，使劳动教育成为中国特色社会主义教育的一道亮丽风景线[❶]。通过研发劳动素养监测评价平台，家校共同收集学生课内外劳动过程和劳动成果数据，建立评价模型，让学生从自己的劳动电子记录中不断增强爱劳动的价值认同。

二是坚持定性与定量相结合的多类型评价方法。在新时代中等职业学校劳动素养评价中，可采用苏格拉底式研讨评定法、档案袋评价、表现性评价、真实性评价等方式，不仅要关注劳动任务的完成情况，还要关注学生在劳动教育过程中基于体验的特性，推动学生去经历、去感知、去省思，从而唤醒其内心的存在感、获得感和幸福感。在定量评价上，可通过劳动教育计分卡、实践手册等形式，构建中等职业学校学生劳动素养达成目标档案。至于劳动教育计分卡、实践手册的具体操作方式，可以根据学生不同发展阶段的特点，有所侧重和不同。例如，在第一学年主要侧重于记录学生基本生活能力、体会劳动意义的生活教育劳动素养达成情况；在第二学年主要侧重于记录与专业结合、体会劳动精神的生存教育劳动素养达成情况；第三学年主要侧重于记录与职业岗位相关联的生计教育劳动素养达成情况等[❷]。

三是坚持校内与校外相结合的多主体评价。评价主体主要是决定“谁来评价”问题，不同评价主体的视角差异，会直接影响评价结果是否真实、全面，影响到评价结果的客观性。通过在学校主导下，将评价结果反馈给家长、企业、社区评价主体，搭建多主体协同评价平台与机制，充分利用各类劳动素养培育资源，渗透到学生的家庭劳动教育、学校劳动教育和社会实践过程中，融教育性、职业性和社会性特征为一体。尽情发挥社会机构、企事业单位支持劳动素养评价的应尽义务和协同责任，形成主体间协同培养高素质劳动者的良好氛围和教育合力。

（二）挖掘地域资源，打造开放式创新系统

开放式创新原本是一个经济学、管理学词汇，主要指企业通过知识流入和流出，整合企业内外部创新资源进行研发从而实现商业化的创新范式[❸]。大数据时代的创新正打破企业的研发边界，通过跨产业、跨区域合作，形成面向全社会开放的新结构。在开放式创新基础上，开放式创新系统理论被引入，其要素结构和规模都与传统意义上

---

❶ 顾建军，2020. 加快建构新时代劳动素养评价体系 [J]. 人民教育（08）：19-22.

❷ 羌毅，姜乐军，2021. 新时代我国职业院校劳动素养评价 [J]. 教育与职业（4）：55-59.

❸ CHESBROUGH H, 2012. Open innovation:Where we’ve been and where we’re going[J]. Research Technology Management, 55(4):20-27.

的创新系统截然不同。创新开放式系统不仅聚焦企业内部创新资源的协同共生，更关注创新过程中成员的角色和价值以及以软环境为基础的自组织创新。由此，创新系统理论实现了由静态的、机械式的创新系统向动态的、创新的系统范式的转变[1]。因此，将创新开放式系统理论引入劳动教育概念中，指劳动教育要素发展不是静态的、封闭的，而是动态的、开放的。职业学校劳动素养的评价也是一个“评价—改进—再评价”的动态体系，是趋近于科学化、理想化评价结果的过程。

劳动教育的基本形式是实践，且以实践为主。劳动教育的实践性表现为学生在日常劳动教育中参与有目的、有计划、有组织的实践活动，并从中学习劳动知识和技能，运用理论知识解决实践问题，进而使习得的感性知识和理性知识互相检验，形成反思能力和创新精神[2]。在新时代的教育场域中劳动教育的实践性呈现的方式更加丰富，呈现的内容更加多元。因此，在劳动教育过程中，应充分挖掘地域优势资源，安排学生从事与劳动相关的活动，建立感性认识，形成健康的情感态度与价值观。如进行自然界的劳动教育优势资源的挖掘，自然界是创造性思想、探索性智慧最丰富的源泉之一。劳动教育需要走进大自然、融入大自然以及体验大自然。劳动作为与大自然接触的活动，无疑对学生感受大自然的魅力，促进自我的成长有着积极的效用。正如杜威所说：“人需要地面以供他行走，人需要海洋以供他游泳或航行，人需要空气以供他飞行。人类必须要在这个世界之内活动，而且为了本身的生存，他必须在某种程度上把自己作为自然界的一部分去适应其他的部分。”[3]马克思指出，“劳动首先是人和自然之间的过程，是人以自身的活动为中介，调整和控制人和自然之间的物质变换的过程。我自身作为一种自然力与自然物质相对立。为了在对自身生活有用的形式上占有自然物质，人就使他身上的自然力——臂和腿、头和手运动起来。”“臂和腿、头和手运动起来”作用于自然对象，一方面改变了劳动对象，另一方面也改变着劳动者自身。“当他通过这种运动作用于他身外的自然并改变自然时，也就同时改变他自身的自然。他使他自身的自然中蕴藏着的潜力发挥出来，并且使这种力的活动受他自己控制。”[4]

因此，在一定意义上，自然界是学生成长的温床。劳动教育不应将学生困于学校教育的环境之内，应当拓展教育的视野，将劳动教育引向广阔的、开放的自然界。其次，是对项目地域资源的挖掘。作为职业学校，项目实习实践是劳动教育实践活动开展最具有优势的、最便捷的方式。不同地域资源，铸就了职业学校劳动教育实践活动

[1] 李万，常静，王敏杰，等，2014. 创新3.0与创新生态系统[J]. 科学学研究，32（12）：1761-1770.

[2] 赵荣辉，2017. 论劳动教育的实践取向[J]. 教育学报，13（1）：16-22.

[3] 杜威，2005. 经验与自然[M]. 傅统先，译. 南京：江苏教育出版社.

[4] 马克思，恩格斯，2009. 马克思恩格斯文集（第5卷）[M]. 中共中央马克思恩格斯列宁斯大林著作编译局，译. 北京：人民出版社.

的特色，也是职业学校劳动教育进行开放式生态系统构建的关键性要素。校企合作作为一种覆盖从培训供给到资格认证全过程的技能人才培养模式，能够为中等职业学校学生劳动素养培育过程提供制度安排。一是建立“基地＋平台”一站式校企合作劳动教育实践基地，基地是平台的依托，平台是基地的外延，促使基地与平台形成协同育人新格局。中等职业学校应加快建设劳动教育实践基地，提供职业劳动体验车间、职业劳动实验车间、劳动实习实训与生产劳动基地、校企联合劳动工作坊等，让学生在真实的劳动情景中去体验劳动、感受劳动、思考劳动。同时，建立劳动实践平台，能够融合各类劳动资源数据库，通过线上平台反复观看企业生产劳动流程，企业也能通过平台及时发布技术需求和区域合作推广，为校企协同劳动育人打造一个开放的人才培养环境。二是完善劳动教育师资培养。可聘请一些思想政治觉悟高、实践教学经验丰富的劳动模范与工匠等进校园，组建“结构化”教师教学团队，对于承担劳动教育的企业兼职教师，在评奖评优、带薪休假等方面给予补偿等。现如今，劳动素养的培育与劳动教育的发展缺少地域特色差异性因素的整合与挖掘，导致地域性、民族性等众多劳动资源在学校劳动教育中不能得以充分体现，地域性、民族性劳动资源所蕴含的价值得不到充分表达。中等职业学校应当充分利用地域资源，开始特色项目，建立校企劳动资源合作，努力在劳动素养培育方面发挥重要作用。

四、强化素养导向的培育环境与文化基础

根据前期量化结果分析可知，平均每天家务劳动时长在 2 小时以上的学生劳动素养显著高于 15 分钟以内学生的劳动素养；父母鼓励承担家务劳动的学生劳动素养显著高于只需要自我劳动、只需要好好学习学生的劳动素养。因此，基于劳动素养的劳动教育，即通过有效的劳动培养与训练，使学生形成良好的劳动观念、掌握过硬的劳动技能、养成良好的劳动行为习惯与品质、端正劳动态度与情感，需要家校社协同培育、营造劳动校园文化等。

（一）融合劳动情境，创造家校社协同培育环境

家庭是个体成长的第一个教育场域，具有前提性、基础性、奠基性的作用。相比于其他教育，家庭教育的独特性在于它是在日常生活中进行的，这通常意味着需要依据在日常生活中的具体情境和个体经验。家庭教育具有高度个体化、隐蔽性和不易复制性等特点，这就使家庭教育研究难以有规可循。家庭劳动教育嵌入在家庭生活的方方面面，如家长的言传身教、榜样示范、衣食住行的安排、劳动习惯的养成、劳动道德品质的发展、劳动的态度与兴趣的树立等都与家庭生活密切相关。然而，目前研究

成果中，很多学者关注的不是家庭劳动教育中的“教育”问题对学生劳动素养的影响，而是家庭结构、家庭经济、家庭资本等问题。不可否认，家庭资本等问题确实在一定程度上对学生的劳动素养造成一定的影响，但我们不能将其背后的、内在的教育问题所忽视。因此，要立足于家庭教育生活，重视在家庭中进行劳动教育，让家庭劳动教育通过一种润物细无声的方式影响和改变着个体的性格和心理。

关于家庭教育的重要性，苏霍姆林斯基曾提出一个著名的论断：“最完备的教育是学校与家庭的结合，教育的效果取决于学校和家庭教育影响的一致性”[1]。陶行知先生创设的“生活教育”，实践和倡导的“生活即教育，社会即学校”的思想对我们的影响极其深远。凸显了学校教育、社会教育与家庭教育密不可分的关系。这三种教育方向相辅相成，缺一不可，合力方可发挥最全面、最有效的教育效果。学生劳动素养的培育任务，亟需家庭、学校、社会的合力，立足于新时代的劳动教育全局视阈，面对中等职业学校学生劳动素养的现状以及培育中存在的突出问题，劳动素养发展亟需家庭、学校、社会的合力。学校劳动教育、家庭劳动教育与社会劳动教育是现代劳动教育体系的三大组成部分，任何一方的教育力量都不能忽视。劳动素养的养成需要家庭、学校和社会协同发力，形成劳动教育协同育人机制。

因此，必须构建学校教育、社会教育和家庭教育相结合的三位一体的和谐教育体系，以此推动劳动素养教育，构建劳动教育和谐环境。具体来说，家庭劳动教育对学生的发展具有启蒙性、感染性、终身性等特点，在劳动教育中发挥着基础性、奠基性的作用。学校劳动教育对学生的发展具有内容系统性、组织严密性、手段有效性等特点，在劳动教育中发挥着主体作用，是劳动教育的主阵地。社会劳动教育具有开放性、多样性、补偿性等特点，在劳动教育中发挥拓展、补充、完善的作用。家庭和社区要尽力配合学校的劳动教育，创造条件让学生进行劳动实践，充分感受劳动教育的意义。在家庭劳动教育方面，实现学生劳动素养的不间断发展，需要普及家庭劳动教育意识，家长的重视程度影响着孩子对劳动教育的基本认知与掌握。劳动教育的生活取向要求所选内容的安排富有开放性和可选择性，家长应有意识的以生活为本源，从生活现实、需要和困惑出发，选择对孩子发展有益、对未来生活有用、与劳动发展趋势相关的内容，突破教育世界与生活世界的隔阂，鼓励个体在现实劳动教育中身体力行提升劳动素养。政府要发挥牵头和指引作用，出台劳动教育相关政策，从政策上宏观指引劳动教育的实践方向，指明劳动教育的实践路径，宣扬学生劳动素养对未来人才结构质量的重要性。政府要进一步明确主体责任，提升统筹协调和监督指导水平，规划总体走向，规范制度模式，调动家庭意识，引导企业参与，形成行政推动力。职业学校是学生劳动素养培育的

[1] 苏霍姆林斯基，1983. 帕夫雷什中学 [M]. 赵玮，等，译. 北京：教育科学出版社.

核心场所，一方面，学校管理者要充分挖掘劳动素养培育的显性与隐性资源，主动搭建劳动实践平台，通过日常劳动、服务性劳动、生产劳动等多种劳动类型构建社会稳定的人才结构；另一方面，学校需要顶层设计劳动素养培育体系，包括在目标维度、课程建设、师资培养、考核评价等方面，通过独立、融入、联合等形式搭建劳动教育课程，通过分配制度、培训、讲座、利益保障、奖励机制等多种途径提高教师的劳动教育意愿与积极性等。充分利用良好的校企合作项目，在企业和政府单位内为学生提供劳动技能实训场地；充分结合新时代劳动教育的新形态，探索实施中等职业学校劳动教育“校政合作”“校企合作”“校校合作”“家校合作”等模式，推动劳动教育学校资源平台与校外资源平台的紧密对接，从而形成全社会共同参与的立体化劳动教育课程实施渠道，让学生置身于劳动情境中提高劳动素养。

（二）拓展劳动平台，丰富劳动教育形式

劳动实践平台是劳动教育的重要载体和必要手段。劳动实践活动作为支撑个体劳动认知深化、劳动精神与态度塑造，以及劳动习惯与品质养成的坚固基石，构成了中等职业学校实施“知情意行”四位一体劳动育人工作的核心目标。为达成这一目标，中等职业学校在推动劳动素养提升的过程中，需致力于两方面的拓展：一是扩宽劳动教育资源平台，整合校内外资源，包括企业合作、社会实践基地等，为学生提供更广阔的学习与实践空间；二是扩展劳动教育实践形式，不仅限于课堂教学，更要融入日常生活、志愿服务、创新创业等多种场景，让学生在多样化的活动中体验劳动的价值与乐趣。

一方面，拓宽学生社会实践活动的平台与资源。首先，深化校企合作，探索劳动教育创新合作模式。鉴于中等职业学校与企业之间天然的紧密联系，学校应主动加强与地方企业的深度合作，充分发掘和利用企业资源，共同打造劳动实践教育基地。通过这一平台，将学生的专业学习与劳动实践紧密结合，实施项目导向的劳动教育模式。学生能够在真实的劳动场景中，参与并完成完整的劳动项目，这不仅能有效锻炼他们的职业技能，还能让他们提前融入企业文化，了解职业环境，实现知识与实践的深度融合。其次，注重网络媒体的正面引导作用，营造崇尚劳动的社会氛围。在信息时代背景下，网络媒体的影响力不容小觑。中等职业学校应携手社会媒体，共同传播劳动教育的正能量，弘扬劳模精神和工匠精神。通过广泛宣传劳动模范和优秀技师的先进事迹，激发学生的共鸣与敬仰之情，引导他们以这些杰出人物为榜样，树立正确的劳动观念，深刻认识到劳动的价值与意义。同时，通过媒体的积极引导，促进全社会形成尊重劳动、崇尚技能的良好风尚。

另一方面，扩展劳动育人实践形式，丰富学生的实践体验。首先，促进劳动教育

与创新创业深度融合。2019年3月，教育部在指导创新创业教育示范高校建设工作中首次提出“创新创业教育应贯穿‘五育’培养过程”。2019年国务院印发《国家职业教育改革实施方案》明确提出“职业教育与普通教育是两种不同教育类型，具有同等重要地位”。2020年3月，《中共中央 国务院关于全面加强新时代大中小学劳动教育的意见》强调劳动教育“要注重围绕创新创业，创造性地解决实际问题，使学生增强诚实劳动意识，积累职业经验，提升就业创业能力”。在此背景下，劳动教育与创新创业教育作为职业教育系统的重要组成部分，共同承担培养面向未来工作世界、劳动世界创新型劳动者的育人任务。中等职业学校应紧密结合专业特色与市场需求，将劳动教育与创新创业教育有机融合。通过构建多维立体课程体系赋能创新创业与劳动教育的融合。通过统筹劳动教育与创新创业教育的培养目标、培养方案、培养内容，构建科学合理的课程体系，增设一部分融合课程。学校在举办的创新创业讲座上开展的创新创业体验活动，都可以融入劳动教育的理论与实践内容，使创新创业教育和劳动教育互通；再者，可以将劳动教育实践活动课程、创新创业教育实践活动课程与校园文化活动课程三者紧密衔接起来，遵循实践性、发展性与生活化的原则。师资队伍建设也是促进创新创业与劳动教育相融合的重要手段：一是整合创新创业教育校内师资队伍，通过产教融合、校企合作搭建的学习平台，鼓励校内教师参与劳动教育理论与实践培训；二是在“理论型”专职教师培养上，组织多方主体参与，鼓励教师及时更新教学内容，从劳动教育学、劳动哲学、劳动经济学、劳动法学、劳动保障学等课程中汲取营养；三是聘请社会企业行业领域的大国工匠、劳动楷模、优秀创业者等担任兼职教师，并制定相关聘请机制，形成合理流动、专兼结合、资源共享的师资合作团队。[1]其次，强化学生日常劳动习惯培养。将劳动教育融入学生的日常生活之中，通过一系列日常性、生活化的劳动活动，如教室维护竞赛、寝室文化创建大赛、公共区域环境美化行动等，引导学生从小事做起，从身边事做起。这些活动不仅能够提升学生的自我管理能力，还能在潜移默化中培养他们良好的劳动习惯，使劳动成为其日常生活的一部分，进而促进劳动技能的初步锻炼。最后，拓宽志愿服务与社会实践渠道。充分利用校内外资源，设计并组织丰富多彩的志愿服务和社会实践活动。具体可通过鼓励学生走出校园，参与社会志愿服务，感受关爱他人的温暖；开展暑期支教活动，将知识传递给需要的人，体验教育的力量；参与社区工厂的公益活动，了解工业生产流程，增强职业认知。同时，在校内设立勤工助学、图书馆助理、校园环保志愿者等角色，让学生在服务中增长见识，提升专业技能。以此拓宽学生的劳动视野，在实践中锻炼他们的劳动技能，增强社会责任感。

---

[1] 杨秋月，顾建军，2021. 高职院校劳动教育与创新创业教育协同育人的逻辑、困境与路径 [J]. 现代教育管理（06）:123-128.

（三）夯实文化基础，营造劳动校园文化

文化是人类文明长期发展的历史积淀和结晶。教育和文化传统相互依存、相互制约，“教育传统总是带着民族文化的烙印，从而形成民族教育的特质。这种特质不能简单地肯定或否定，它适合于该国或该民族的政治、经济、科技、制度和发展水平，适合于它们的文化传统。”[1]中国是一个以文化立国的国家，文化类型较为丰富，不仅有以儒家思想为代表的优秀传统文化，也有进入二十一世纪以来，劳动模范长期实践和创新所凝练的劳模文化。劳模，劳动者的楷模，榜样的价值导向作用。广大劳模在平凡的岗位上创造了不平凡的业绩，“是民族的精英、人民的楷模，是共和国的功臣”。劳模是一种产生于中国现代化进程中的“中国话语”；劳模文化作为中国特色社会主义发展进程中的先进文化，蕴含着丰富的“中国经验”[2]。田鹏颖等人从哲学视角系统论述了劳模文化的内在价值，认为劳模文化是在一定社会文化环境影响下，经过“劳动模范”这个集合体长期劳动与创新所形成的价值观念、信仰追求、道德规范、行为准则、创业精神、助人风尚、劳动品格的总和[3]。劳模文化，不仅推动了我国经济增长和社会进步，在劳动教育过程中也表现出独有的价值观和思维模式，强化劳模文化的示范为学生劳动素养的培育提供了一定的可能性。劳动教育的理性认知与价值引领需要通过劳动行为彰显，特别是要强化劳动工匠模范的行动引领作用。在全社会营造良好的劳模文化氛围，在劳模事迹的宣传上坚持正面宣传，“讲好劳模故事、讲好劳动故事、讲好工匠故事，引导广大人民群众树立辛勤劳动、诚实劳动、创造性劳动的理念，让劳动光荣、创造伟大成为铿锵的时代强音”。因此，作为中等职业学校学生要向劳模学习，以劳模为榜样，通过加强劳动教育，弘扬劳模文化，培植和激发学生劳动素养培育的内生动力。

弘扬劳模文化主要通过以下四个方面：一是建立常态的劳模文化教育机制。中等职业学校塑造劳动教育典型榜样，通过多种形式宣传劳模先进事迹，让学生有渠道近距离地接触劳动模范、时代楷模，聆听劳模故事，观摩卓越工匠精湛匠艺，真切地领悟到劳动的光荣与魅力。将校外技术能手、工匠艺人、非遗传承人等通过适当的途径和方式请到学生身边，组织学生与榜样人物对话、学习和思考，将工匠精神和劳动教育融入学生日常生活[4]。二是建立以劳模精神为引领的劳动教育机制。中等职业学校通过开展劳模进学校、工匠进课堂的活动，青年志愿者学习劳模活动、社会实践活动等，不仅为学生提供更多的在劳动中增长才干和磨炼意志的机会，更会帮助他们逐步

[1] 顾明远，2004. 中国教育的文化基础 [M]. 太原：山西教育出版社.
[2] 李妍妍，2021. 新中国成立以来劳模文化构建的回顾与展望 [J]. 党政研究（3）：90-98.
[3] 田鹏颖，姜耀文，2018. 劳模文化哲学论纲 [M]. 北京：社会科学文献出版.
[4] 王庆超，孙芙蓉，章丽君，2020. 中职德育与劳动教育协同育人路径研究 [J]. 中国职业技术教育（27）：91-96.

形成尊重劳动、热爱劳动的劳动价值观。三是充分挖掘劳模文化作为案例式教学资源的价值，把劳模文化融入到课程教育中。通过运用劳模事迹，深入讲述生活中或课本里劳模人物的道德规范、劳动精神等，使广大学生能够从劳模文化中吸取精神力量。四是将劳动教育与校园文化建设相融合，从建校初期的历史文化、学校发展进程中的过程文化中提炼劳动价值的元素，努力营造“以生为本、以劳育德”的氛围，对学生润物无声地进行劳动教育熏陶，让学生深切体味到劳动价值美，使“崇尚劳动、业精于勤”成为学生的职业信仰等，夯实劳动文化基础。

本章小结

劳动教育联结着已知与未知、感性与理性、机体与认知、身体与大脑、理智与情感等。新时代劳动教育与现代职业教育相辅相成，互相贯通。在新的时代背景下，中等职业学校学生劳动素养培育具有新的内涵：综合育人性、实践情境性、具身认知性和主体创造性。增强劳动教育培养技术技能人才价值，需要聚焦素养导向的教育目标定位与实现、构建素养导向的课程体系与师资建设、健全素养导向的评价体系与开放式系统、强化素养导向的培育环境与文化基础。它们之间相互联系、相互制约、相辅相成，共同构成了现代中等职业学校劳动教育体系。同时，这一运行机制需要在劳动教育的实践中不断优化、不断完善，以此推进职业教育的可持续发展，加快打造现代职业教育劳动体系。

第八章　结论、反思与展望

教育不是灌输，而是点燃火焰[1]。学生评价的目的也不是检验学生是否记住了教过的知识，而是是否学会了应对未来社会的挑战，以期能够点燃埋藏在学生心底那团求知的火焰。评价旨在提供适宜学生学习的条件以促进每一个学生的发展，帮助每一个学生成功地达到目标。劳动教育本身是一个动态的发展过程，学生劳动素养评价是劳动教育培育效果的直观缩影。面对中等职业学校学生劳动素养指标体系建构、劳动素养测评、劳动素养影响因素剖析、劳动素养培育策略等稍显细致、复杂的议题，但局限于自身研究视野不够开阔、举措不够创新、创造能力不够强，故造成本研究存在很多遗憾之处。鉴于此，笔者希望能够通过进一步的归纳研究主要结论、研究反思与展望，找到本研究存在的不足及进一步的研究设想，为后续研究提供经验借鉴。

第一节　主要结论

劳动是人类生存与发展的基础，劳动教育是为人、属人的教育，劳动素养是发展人、培养健全人劳动观念、劳动能力、劳动习惯与品质、劳动情感与态度的综合体现。在中职教育评价体系中，劳动素养评价指标体系的构建仍然是被忽视的角色。基于前期问卷调查、深入访谈与案例分析，发现现行中等职业学校学生劳动素养评价制度中一个被广泛诟病的问题就是忽视评价对象的特殊性，在评价过程中存在较为严重的“标准化”“一刀切”等问题。面对新时代劳动教育发展的新诉求，中等职业学校显然并未做好充分准备。基于上述研究背景，本研究通过思辨研究、量化研究、案例研究等得出了以下结论。

一、中等职业学校学生劳动素养评价指标体系分级及影响作用分析

中等职业学校学生劳动素养评价指标体系各级指标具有必要性，但其重要程度有

[1] 刘鸿儒，凌秋千，2015. 基于“个性化”教育向度的“核心素养”培育 [J]. 现代教育管理（8）：95-99.

所不同。根据三轮专家意见咨询与预测量表修正，中等职业学校学生劳动素养评价指标体系最终由四个一级指标、八个二级指标、十七个三级指标构成。一级指标包括：劳动观念、劳动能力、劳动习惯与品质、劳动情感与态度；二级指标包括：劳动价值观、劳动成果观、劳动技能、劳动创造、劳动习惯、劳动品质、劳动情感、劳动态度；三级指标包括：感知劳动荣辱、尊重劳动平等、保护劳动产权、珍惜劳动成果、设计劳动流程、掌握劳动操作、探究技术原理、创造性解决问题、实现创意物化、遵守劳动纪律、践行劳动环保、讲求诚信务实、注重团队合作、表明劳动意向、体贴劳动过程、端正劳动态度、承担劳动责任。

一级指标对中等职业学校学生劳动素养所起影响作用由大到小依次为劳动观念、劳动习惯与品质、劳动情感与态度、劳动能力。这就表明相较于其他三个一级指标，劳动观念中等职业学校学生影响程度最大，学生在劳动实践活动过程中所形成的对劳动的基本认知与想法对整个劳动素养的发展最为重要。

二级指标对中等职业学校学生劳动素养所起影响作用由大到小分别是劳动价值观、劳动习惯、劳动态度、劳动技能、劳动创造、劳动情感、劳动品质、劳动成果观。这就说明劳动价值观在劳动观念素养中占据首要地位，对学生整体劳动素养起着重要的作用。此外，劳动习惯在劳动习惯与品质素养中占据重要地位，学生心理上对劳动需求动机从认同到内化、从他律到自律、从被动接受到主动承担等尤为重要。

三级指标对中等职业学校学生劳动素养所起影响作用由大到小分别是感知劳动荣辱、遵守劳动纪律、端正劳动态度、尊重劳动平等、讲求诚信务实、表明劳动意向、承担劳动责任、践行劳动环保、注重团队合作、珍惜劳动成果、保护劳动产权、设计劳动流程、探究技术原理、体贴劳动过程、掌握劳动操作、实现创意物化、创造性解决问题。可以看出三级指标对中等职业学校学生劳动素养的影响程度基本与二级指标相对应。

此外，结合中等职业学校学生劳动素养修正量表评价结果表明，中等职业学校学生劳动素养评价指标体系具有良好的内部一致性信度和内容效度。在劳动观念、劳动能力、劳动习惯与品质、劳动情感与态度四个量表中，各题项个人观点得分与量表总分都有极其显著的相关性，说明中等职业学校学生劳动素养评价指标体系具有良好的内容效度。

二、中等职业学校学生劳动素养现状与影响因素分析

通过对中等职业学校学生劳动素养的测评，本研究发现，当前阶段中等职业学校学生劳动素养不高。此外，研究通过量化研究分析，包括独立样本 T 检验、单因素方差分析、双因素方差分析以及访谈分析、案例比较分析等，对中等职业学校学生劳动

素养的具体影响机制进行了全面研究与探索，并从以下四个方面得出基本结论：

第一，学生个体层面的性别、平均每天家务劳动时长、家庭所在地、专业大类是影响中等职业学校学生劳动素养的重要因素。根据所调查的样本相比较而言，中职的女生劳动素养高于男生；平均每天家务劳动时长在2个小时以上的学生劳动素养高于平均每天家务劳动时长在15分钟以内的学生；家庭所在地位于乡镇、农村的学生劳动素养高于城市的学生；专业大类为加工制造大类的学生劳动素养高于电子信息大类的学生，电子信息大类的学生劳动素养高于土木建筑大类的学生，土木建筑大类的学生劳动素养高于交通运输大类的学生。

第二，家庭层面的同辈家庭子女数量为4个及以上的学生劳动素养显著高于同辈家庭子女数量为3个、2个、独生子女的学生；父母劳动态度表现为比较乐意劳动的学生劳动素养显著高于父母劳动态度一般、父母不太乐意劳动的学生；父母对待子女劳动态度表现为鼓励学生承担家务劳动的学生劳动素养显著高于父母认为子女只需要自我劳动、只需要好好学习的学生劳动素养。此外，进一步研究对同辈家庭子女数组群体所负荷的父母对待子女劳动的态度做了交叉比较分析。结果表明，与家庭中是独生子女的学生相比，同辈家庭子女2个组群、同辈家庭子女3个组群、同辈家庭子女4个及以上组群体父母对待子女劳动态度鼓励承担家务劳动负荷明显更高。

第三，学校组织层面中学校位于省会城市的学生劳动素养显著高于学校位于非省会城市的学生。学校对劳动教育比较重视的学生劳动素养显著高于学校对劳动教育一般重视、不太重视学生的劳动素养。学校近两年内组织学生参加顶岗实习活动时长在6个月及以上的学生劳动素养显著高于从未参加过顶岗实习活动的学生。此外，进一步研究对学校对劳动教育重视程度群体所负荷的参加顶岗实习时长做了交叉比较分析。结果表明，就参加顶岗实习活动时长6个月及以上的学生而言，学校对劳动教育比较重视的群组参加顶岗实习时长的学生劳动素养明显高于对劳动教育一般重视与对劳动教育不太重视群组。学校近两年内组织学生参加技能比赛次数在6次以上的学生劳动素养显著高于从未参加过技能比赛次数的学生。进一步研究学校对近两年内参加技能比赛对中等职业学校学生劳动素养的影响，本研究继续对学校所在地群体所负荷的参加技能比赛次数做了交叉比较分析。结果表明，就参加技能比赛在6次以上的学生而言，位于省会城市的学生劳动素养显著高于非省会城市的学生。

第四，本研究还发现，中等职业学校学生劳动素养在学生个体、家庭、学校组织层面要素之间存在明显的交互效应。家族所在地为农村且父亲乐意劳动者，会表现出较高的劳动素养；同辈家庭子女较多且平均每天家务劳动时长较长者，会表现出较高的劳动素养；学校所在城市为省会城市且父母鼓励子女进行家务劳动者，会表现出较高的劳动素养；学校对劳动教育较为重视且父母鼓励子女进行家务劳动者，会表现出较高的劳动素养。

三、中等职业学校对学生劳动素养培育发挥着一定的激励－约束作用

通过量化研究，本研究发现，中等职业学校学生劳动素养与其应然定位存在一定的差距，但其背后的劳动素养培育影响因素仍未可知。因此，本研究结合前期量化调查结果，遴选出两类不同类型的中等职业学校，26 名访谈对象，并做了研究设计，进而通过访谈分析与案例研究来揭示其培育影响因素。

研究发现，中等职业学校学生劳动素养培育受到学校激励机制的影响。如有部分学生对劳动素养培育、劳动教育活动表现出较为乐观的态度，表现出参与劳动教育活动的意愿；教师认为学校实施劳动教育是促进学生“德智体美劳”全面发展的迫切需要，认为职业学校与普通高中生的劳动教育定位应有所不同，中等职业学校学生需要掌握劳动技能、劳动习惯、劳动品质等劳动素养的不同方面，以适应社会对他们的就业要求；学校管理者认为有必要贯彻落实《中共中央 国务院关于全面加强新时代大中小学劳动教育的意见》与《大中小学劳动教育指导纲要（试行）》精神，有必要对学生开展劳动教育活动，有必要开设劳动教育课程，职业学校劳动教育“合科课程”开设方式较为丰富，学生能够在实训课程、职业生涯规划课程、创业课程、道德法律课程、心理健康课程等课程中进行劳动教育渗透，提高劳动素养等。

同时，中等职业学校学生劳动素养培育受到学校约束机制的影响。如有部分学生对劳动素养的培育、劳动教育活动的开展表现出较为消极、较为矛盾的劳动态度，对于劳动、劳动素养、劳动教育的本质意义理解不够深入等；有部分教师认为劳动素养培育的硬软件条件存在一定的问题，如平台、实验室、场地、师资、管理措施等，尤其是学校师资这一方面，对学生劳动素养的提高存在很大的制约作用，还需要学校管理者和教师共同对其进行完善；管理者则认为学校劳动教育项目的开展与实施具有一定的难度，包括劳动教育课程的架构、阶段性的推进、过程性的记录以及未来的一个方向调整，对教师劳动素养培育的观念传输得不到充分的落实等，在一定程度上都对学生劳动素养的培育产生制约作用。

基于此，本研究对中等职业学校学生劳动素养培育的影响进一步分析，发现即使学校在学生劳动素养培育中发挥着重要的作用，但其激励－约束机制仍然存在一定的限度。根据访谈结果，从理论层面归纳出劳动素养主要受到文化困惑、技术附魅、制度空位、资源壁垒等因素的制约。更进一步的详细分析得出主要包括本土文化传续间断、城市化价值取向牵制、消费主义思潮泛起；工具理性消减劳动主体性价值、技术变迁诱发职业适应性危机；常态化家校社协同机制缺失、柔性化长效管理机制缺失、科学化评价机制缺失；课程资源开发能力不足、师资队伍质量低下等方面。也就是

说，在学校劳动素养培育激励—约束机制相同的情况下，学校对中等职业学校学生劳动素养的束缚仍然是有限度的。因此，从本质上讲，正是这种限度的存在，带来不同中等职业学校学生劳动素养的差异性。

第二节　研究反思

当代，是反思的时代。反思作为反向思考，是与一般思维（正向）相对而言的[1]。“批判性”与“自反性”是反思所特有的功能。本研究通过三个主要方面的反思，突破原有思维研究框架的局限，实现研究层次的跃迁。

一、研究方法的整合性不足

为了能够全面而又深刻地了解中等职业学校学生劳动素养测评结果与原因探析，笔者在研究设计之初就选定了定量研究与定性研究相结合的混合研究法。同时，在定量研究阶段，本研究运用了德尔菲法、层次分析法、问卷调查法等，对中等职业学校学生劳动素养整体水平、个体层面、家庭层面、学校组织层面的现状与可能存在的差异性进行了调查与分析。从已有的教育实践来看，在对学生的学习效果、学习素养进行测评的时候，通常采取编制量表与问卷调查的方法，再采用现代统计工具进行分析与处理。可是，由于教育活动本身具有复杂性、学生个体发展具有特殊性，且有的内容本身无法也无须进行量化评价。单一的量化可能会将很多有价值、有意义的评价内容排除在评价范围之外；在定性研究阶段，通过前期定量研究的调查结果进行设计访谈提纲，对专任教师、管理者、学生三类样本群体开展深入的案例研究，旨在探析劳动素养实践困境产生的原因。以上是本研究在研究设计之初所拟定的基本思路，并极力按照这一研究思路进行接下来的研究。然而在实际的研究与调查过程中，笔者发现混合研究方法内部的整合性存在挑战。尤其是在定性研究中的案例研究，涉及选择不同的地区、不同的学校、不同的专业教师、不同的学生，笔者尽量保持前后两类不同研究选择专业相近的学校、专业教师和学生，然而，笔者也深知在两种研究方法逻辑背后所蕴藏的哲学基础具有较大的差异性，很难保持前后两个研究阶段高度的连贯性与相关性。因此，笔者在质性研究的过程中，更以陈述客观事实为主，而不拘泥于固定不变的研究步骤。其次，在本研究中通过到达调查现场发放纸质问卷进行调查。调查方式和流程较为传统，没有结合当今现代化信息和网络技术，造成调查渠道与调研

[1] 杨子均，1995. 论反思思维 [J]. 四川师范大学学报（社会科学版）(3)：30-35.

手段较为单一，调研的效率和科学性有所降低。

二、研究样本的完备度不足

在定量研究阶段，结合研究选题，为了实现对中等职业学校学生劳动素养总体的把握，对研究样本结构的优化，明确所要研究的整体内容，本研究选定了四个地区的四所中等职业学校中的加工制造大类专业学生作为研究对象。原因在于，就中等职业学校而言，不同专业背景下培育的中等职业学校学生劳动素养具有一定程度的差异，因此，本研究四所不同的职业学校尽量选择同一专业，且本研究以“工科”专业学生为主要研究对象，并没有以农、林、牧、渔、医学等专业为基础进行研究。因此，由于样本没有覆盖其他中职专业大类，依据定量研究数据得到的调查结果与推论，需要注意研究结论的可推广性。此外，由于中等职业学校专业大类较多，笔者再进行调查研究时，由于研究精力与研究能力的有限性，很难严格依据大规模专业类别进行分层抽样，没有对不同专业大类背景下的学生的劳动素养进行层层分解，有针对性地发放问卷，而是设计了较多的背景变量，造成调查样本结构的精细度不足。在定性研究阶段，虽然极力考虑不同层次学校的差异，但依然由于研究精力的有限、访谈内容的负责性等问题，笔者只选择通过熟人关系介绍的方式进入中等职业学校进行调查，这也导致部分量化研究阶段结论很难在案例研究阶段都得到进一步探索，希望能够在后续研究中弥补这一遗憾。

三、研究过程的生成性不足

本研究是针对中等职业学校学生劳动素养评价指标体系建构、水平测量、影响因素剖析与实施策略。中等职业学校学生劳动素养评价指标体系的建构是经过“文献研究—模型建构—量表开发—量表及模型检验—修订完善”五个阶段，并有多位专家的修改建议，在一定程度上保障了研究过程的规范性与严谨性，确保了研究结果的科学性与合理性。然而，本研究所开发的量表仍具有一定的缺陷与不足，难以确保研究过程始终聚焦于劳动素养上。在文献研究中，笔者尽管阅读大量有参考价值的相关文献，但关于中等职业学校学生劳动素养评价的论文实在有限，因此只能以研究问题检索相关文献。在质性研究中，对劳动素养整体水平不高的影响因素进行分析的过程中，有诸多不可控因素，面临很大的挑战。尽管在研究过程中，笔者已经紧紧围绕探讨中等职业学校学生劳动素养培育实践背后的逻辑这一研究目标，专注于研究重点，重视访谈内容的控制与反馈，然而，随着研究的深入，笔者发现中等职业学校学生劳动素养整体不高的主要原因不仅局限于个体层面与学校组织层面，还存在于家庭层面、社会层面等。但是由于访谈技巧与方法、访谈精力等有限，面对繁多的访谈资料，笔者只能尽量按照访谈提纲进行整理，提取出与研究相关的核心问题的访谈信息，在一定程度上造成研究过程的生成性不足。

第三节　研究展望

当前，职业学校劳动素养评价工作进入新时期，构建职业学校劳动素养评价指标体系理论已转化为行动，职业学校劳动教育也正迈入转型发展的新阶段，为此，应明确未来发展方向，为构建中等职业学校学生劳动素养评价指标体系更好地服务。

一、扩充研究样本量

本研究采取的是随机分层抽样的方法，出于研究可行性和研究精力有限性的考虑，选定在四个城市中开展中等职业学校学生劳动素养调查。虽然严格遵循了研究样本抽样的原则与规范，且样本数量远超过数据统计分析的基本要求，但仍然未对全国范围内绝大多数专业开展真正意义上的中等职业学校学生劳动素养随机抽样调查。在定性研究阶段，出于研究可行性的考虑，选定了定量研究中的两个城市、两所中等职业学校对专任教师、管理者、学生进行访谈。基于上述研究样本的选择，基本上完成了本研究的预设目标。在后续研究中有必要进一步扩充研究样本量，以提高研究结果的可信度与可推广性。一方面，将研究样本量扩充至加工制造专业大类以外的其他专业，了解其他专业的中等职业学校学生劳动素养以及存在的劳动教育问题。还可以将各个不同专业的学生劳动素养测评结果及影响因素进行对比分析，找出解决劳动素养问题的措施。另一方面，将研究样本扩充到与培育学生劳动素养密切相关的教育主体，如行业协会人员、企业相关人员，了解他们对于中职毕业生劳动素养的相关要求，进而能够以更加多元化的视角去重新审视中等职业学校学生劳动素养与实践培育逻辑问题。

二、丰富研究方法

目前本研究采取的是定量研究与定性研究相结合的混合研究法。在合理利用量化结果与质性访谈结果评价的同时，还需要积极采用能够全面、深入、真实再现评价对象的特点和发展趋势的特殊的质性评价方法，如情景判断测验，经国内外的众多研究和实际运用，人们普遍认为情景判断测验可以较好地测查实践智力、内隐知识，是个体胜任力测量的良好工具，能避免自陈式和投射式测验的缺点，能够较好地预测学习绩效[1]。劳动素养测评是一个实践性较强的测量内容，因此，通过情景判断测验能够找出劳动教育实践中存在的问题，可以更好地强调学生的发展功能，而不仅仅是通过评价强调其甄别功能、选拔功能等，实现对学生的知、情、意等各方面发展的全面评价，包括积极的学习态度、创新精神、实践能力、健康的身心品质等各种素质综合发展。例如成长记录袋法，从语义分析来看，成长记录袋的英文单词是“portfolio”，意思是“文件夹”“公事包”或“代表作选辑”等，指通过对成长记录袋的制作过程和最终结果的分析而进行的对学生发展状况的评价[2]。通过学习日记、成长记录袋法有利于提供学生劳动素养培育的真实证据，比传统的纸笔测试更能开放地、多层面地、全面地评价学生；能够为学生提供展示的机会，使学生体验成功，激发学生劳动热情；也能够培养学生的自我劳动反思能力，帮助学生形成元认知策略，发展学生评价自己劳动作品优缺点的技能，提高自我评价和自我反思的能力。

三、完善评价内容

本研究通过两个阶段的定量研究与定性研究，基本对中等职业学校学生劳动素养测评结果做了系统的剖析，但仍然有很多有价值的研究问题呼之欲出，有待研究。尤其是在进入中等职业学校“现场”做访谈的过程中，笔者愈发觉得中等职业学校学生劳动素养培育问题的深刻性与复杂性。尽管在两个阶段的评价中，笔者已经尽量拓宽评价内容的范围，建立起包括“知识与技能”“过程与方法”“情感态度与价值观”等多方面要素在内的、完整的劳动素养评价内容体系，将学生习得的知识、技能和在学习过程中的学习态度、创新精神、参与意识、积极性、合作精神、意志品质、价值观等都纳入评价体系。但是，后续应该针对学生的个性特点和发展状况，制定相应的评价指标，突出学生的个体差异和个性化发展的价值，促进学生富有个性的发展。在某种程度上而言，中等职业学校学生劳动素养问题的存在，是整个职业教育人才培育问题的缩影。中等职业学校学生劳动素养的症结与职业教育培养数以万计的高素质劳动者具有重要的关联。因此，完善中等职业学校学生劳动素养评价内容，可以促进中职教育技能人才劳动素养满足行业企业的需求，适应就业岗位需求，实现人才供给与需求的良好对接。劳动教育是职业人才培养的应有之义，是筑牢职业教育人才培养的底色。对于一个职业技术教育学专业的研究者而言，不但不可忽视劳动教育对于职业教育人才培养问题的重要性，更应以饱满的热情与奋发向上的精神投入其中。由此，职业学校劳动教育及劳动素养培育问题的关注，将成为笔者后续研究的重点领域。

---

[1] 唐素萍，2004. 情景判断测验的开发程序、构思效度及研究趋势 [J]. 心理科学进展（1）：119-125.

[2] 周智慧，2010. 利用成长记录袋评价促进学生发展的研究 [J]. 前沿（1）：128-131.

参考文献

中文文献

一、学术专著

爱德华·汤普森，2020. 共有的习惯 [M]. 沈汉，等，译. 上海：上海人民出版社.

曾天山，顾建军，2020. 劳动教育论 [M]. 北京：教育科学出版社.

陈桂生，2009. 教育学的建构 [M]. 上海：华东师范大学出版社.

陈向明，2000. 质的研究方法与社会科学研究 [M]. 北京：教育科学出版社.

陈正昌，程炳林，陈新丰，等，2005. 多变量分析方法：统计软件应用 [M]. 北京：中国税务出版社.

陈子展，1997. 诗经直解 [M]. 上海：复旦大学出版社.

邓小平，1984. 邓小平文选（第 1 卷）[M]. 北京：人民出版社.

杜威，2002. 民主与教育 [M]. 俞吾金，孔慧，译. 上海：华东师范大学出版社.

杜威，2007. 评价理论 [M]. 冯平，余泽娜，译. 上海：上海译文出版社.

杜威，2012. 经验与自然 [M]. 傅统先，译. 北京：中国人民大学出版社.

恩斯特·卡西尔，1985. 人论 [M]. 甘阳，译. 上海：译文出版社.

高清海，1988. 文史哲百科词典 [M]. 长春：吉林大学出版社.

谷衍奎，2008. 汉字源流字典 [M]. 北京：语文出版社.

顾明远，1998. 教育大辞典（增订合编本）[Z]. 上海：上海教育出版社.

顾明远，2004. 中国教育的文化基础 [M]. 太原：山西教育出版社.

汉娜·阿伦特，2009. 人的境况 [M]. 王寅丽，译. 上海：上海人民出版社.

胡寄窗，1962. 中国经济思想史（上）[M]. 上海：上海人民出版社.

胡森，1997. 简明国际教育百科全书（第一版）[M]. 许建钺，译. 北京：教育科学出版社.

怀特海，2003. 过程与实在 [M]. 杨富斌，译. 北京：中国城市出版社.

霍恩比，2010. 牛津高级英汉双解词典（第 7 版）[M]. 王玉章，赵翠莲，邹晓玲，等，译. 北京：商务印书馆.

教育大词典编纂委员会，1990. 教育大词典（第 1 卷）[M]. 上海：上海教育出版社.

凯兴斯泰纳，1935. 工作学校要义 [M]. 刘钧，译. 北京：商务印书馆.

凯兴斯泰纳，1935. 劳作学校要义 [M]. 刘钧，译. 北京：商务印书馆.

康德，1986. 道德形而上学原理 [M]. 苗力田，译. 上海：上海人民出版社.

劳伦斯·夏皮罗，2014. 具身认知 [M]. 李恒威，董达，译. 北京：华夏出版社.

李德顺，1987. 价值（第 1 版）[M]. 北京：中国人民大学出版社.

李鹏程，1994. 当代文化哲学沉思 [M]. 北京：人民出版社.

励雪琴，2006. 教育学是什么 [M]. 北京：北京大学出版社.

刘电芝，2011. 教育与心理研究方法 [M]. 合肥：安徽教育出版社.

刘蔚华，1991. 方法大词典 [M]. 济南：山东人民出版社.

刘易斯·芒福德，2005. 城市发展史——起源、演变和前景 [M]. 宋俊岭，等，译. 北京：中国建筑工业出版社.

刘振铎，2002. 新编中国四大辞书：现代汉语辞海（第 1 版）[M]. 哈尔滨：黑龙江人民出版社.

罗贝尔·福西耶，2007. 中世纪劳动史 [M]. 陈青瑶，译. 上海：上海人民出版社.

罗伯特·K·殷，2017. 案例研究：设计与方法 [M]. 周海涛，史少杰，译. 重庆：重庆大学出版社.

马丁·海德格尔，1996. 海德格尔选集 [M]. 熊伟，孙周兴，等，译. 上海：上海三联书店.

马克思，2004. 资本论（第三卷）[M]. 北京：人民出版社.

马克思，恩格斯，1972. 马克思恩格斯选集（第 1、2、3、4、5、23、28 卷）[M]. 中共中央马克思恩格斯列宁斯大林著作编译局，译. 北京：人民出版社.

马克斯·韦伯，1997. 经济与社会：上卷 [M]. 林荣远，译. 北京：商务印书馆.

毛泽东，1996. 毛泽东文集（第 3 卷）[M]. 北京：人民出版社.

内田弘，2011. 新版《政治经济学批判大纲》的研究 [M]. 王青，李萍，李海春，译. 北京：北京师范大学出版社.

帕尔默，2008. 教育究竟是什么 [M]. 任钟印，诸惠芳，译. 北京：北京大学出版社.

彭克宏，马国泉，陈有进，1989. 社会科学大词典 [M]. 北京：中国国际广播出版社.

齐格蒙特·鲍曼，2010. 工作、消费、新穷人 [M]. 仇子明、李兰，译. 长春：吉林出版集团有限责任公司.

乔治·瑞泽尔，2015. 赋魅于一个祛魅的世界：消费圣殿的传承与变迁 [M]. 罗建平，译. 北京：社会科学文献出版社.

瞿葆奎，1989. 教育学文集·教育评价 [M]. 北京：人民教育出版社.

苏霍姆林斯基，1983. 教育思想概述 [M]. 长沙：湖南教育出版社.

苏霍姆林斯基，1983. 帕夫雷什中学 [M]. 赵玮，等，译. 北京：教育科学出版社.

苏霍姆林斯基，1999. 给教师的一百条建议 [M]. 周蕖，王义高，等，译. 北京：教育科学出版社.

陶行知，2013. 陶行知自述 [M]. 合肥：安徽文艺出版社.

田鹏颖，姜耀文，2018. 劳模文化哲学论纲 [M]. 北京：社会科学文献出版社.

涂艳国，2007. 教育评价 [M]. 北京：高等教育出版社.

王景英，2015. 教育评价学 [M]. 长春：东北师范大学出版社.

威廉·威尔斯马，史蒂芬·G·于尔斯，2010. 教育研究方法导论 [M]. 袁振国，译. 北京：教育科学出版社.

吴钢，2008. 现代教育评价教程 [M]. 北京：北京大学出版社.

吴国盛，2009. 技术哲学讲演录 [M]. 北京：中国人民大学出版社.

吴明隆，2018. 问卷统计分析实务——SPSS 操作与应用 [M]. 重庆：重庆大学出版社.

习近平，2020. 习近平谈治国理政：第三卷 [M]. 北京：外文出版社.

肖远军，2004. 教育评价原理及应用（第 1 版）[M]. 杭州：浙江大学出版社.

许祖慰，1992. 项目反应理论及其在测验中的应用 [M]. 上海：华东师范大学出版社.

杨向东，2014. 理论驱动的心理与教育测量学 [M]. 上海：华东师范大学出版社.

余金成，2019. 劳动论要 [M]. 北京：光明日报出版社.

袁振国，2004. 当代教育学 [M]. 北京：教育科学出版社.

约翰・杜威，2007. 评价理论 [M]. 冯平，等，译. 上海：上海译文出版社.

张焕庭，1979. 西方资产阶级教育论著选 [M]. 北京：人民教育出版社.

张彦，刘长喜，吴淑凤，2016. 社会研究方法（第 2 版）[M]. 上海：上海财经大学出版社.

赵国栋，黄永中，2008. 网络调查研究方法概论 [M]. 北京：北京大学出版社.

中国大百科全书出版社不列颠百科全书编辑部，1986. 不列颠百科全书（第 9 卷）[M]. 北京：中国大百科全书出版社.

中国法制出版社，2018. 知识产权法（第五版）[M]. 北京：中国法制出版社.

中国社会科学院语言研究所词典编辑室，2022. 现代汉语词典 [M]. 北京：商务印书馆.

周恩来，1984. 周恩来教育文选 [M]. 北京：教育科学出版社.

周辅成，1964. 西方伦理学选辑 [M]. 北京：商务印书馆.

周概容，1993. 应用统计方法辞典 [M]. 北京：中国统计出版社.

朱贻庭，2003. 伦理学大词典 [M]. 上海：上海辞书出版社.

二、期刊论文

安洪溪，张凤莲，1994. 教育与生产劳动相结合的几个问题 [J]. 清华大学教育研究（1）：28-31.

白刚，2018. 劳动的张力：从斯密、黑格尔到马克思 [J]. 哲学研究（7）：34-40.

班建武，2019. “新”劳动教育的内涵特征与实践路径 [J]. 教育研究（1）：21-26.

毕文健，顾建军，2020. 乐学教学：让学生爱上劳动——新时代学校劳动教育策略研究 [J]. 教育科学研究（8）：11-17.

毕文健，顾建军，2020. 乐学思想与新时代劳动教育课程建设策略探析 [J]. 中国教育科学（中英文），3（1）：85-92.

毕文健，顾建军，徐维炯，2021. 重视学生劳动品质的培养——积极心理学视域下劳动教育的调查研究 [J]. 中国教育学刊（8）：97-102.

卞玉昌，2021. 小学生劳动素养评价体系的价值与构建 [J]. 教学与管理（26）：16-18.

蔡瑞林，花文凤，2021. 基于混合研究方法的大学生劳动素养评价指标体系构建 [J]. 中国大学教学（11）：81-85+96.

陈桂生，1989. 略论我国中小学劳动技术教育的演变 [J]. 课程・教材・教法（10）：13-16.

成有信，1982. 论教育和生产劳动相结合的实质 [J]. 中国社会科学（1）：163-176.

成有信，1992. 劳动教育、综合技术教育和职业教育（上）[J]. 高等师范教育研究（12）：34-40.

成有信，1997. 教育与生产劳动相结合理论的新探索 [J]. 北京师范大学学报（社会科学版）(3)：26-34.

成有信，2003. 简论教育与生产劳动相结合 [J]. 河北师范大学学报（教育科学版）(2)：23-26.

程从柱，2020. 劳动教育何以促进人的自由全面发展——基于马克思主义劳动观和人的发展观的考查 [J]. 南京师大学报（社会科学版）(3)：16-26.

程从柱，2020. 论劳动教育的生命意义 [J]. 当代教育科学（9）：30-36.

丁沅，1994. 科学教育与劳动、技术教育 [J]. 辽宁教育学院学报（2）：1-2.

冯建军，2020. 构建德智体美劳全面培养的教育体系：理据与策略 [J]. 西北师大学报（社会科学版），57（3）：5-14.

冯建军，2020. 人“如何”生活在一起：历史发展的逻辑 [J]. 华南师范大学学报（社会科学版）（5）：113-126+191.

傅小芳，周俪，2005. 德国基础教育中的劳动技术教育 [J]. 比较教育研究（2）：35-40.

顾建军，2018. 技术的现代维度与教育价值 [J]. 华东师范大学学报（教育科学版），36（6）：1-18+154.

顾建军，2020. 加快建构新时代劳动素养评价体系 [J]. 人民教育（8）：19-22.

顾建军，2020. 建构素养导向的劳动教育体系 [J]. 教育发展研究，40（24）：3.

顾建军，毕文健，2019. 刍议新时代劳动教育课程的一体化设计 [J]. 人民教育（10）：11-17.

顾明远，2015. 学生成长在活动中——我提倡“活动教育”[J]. 基础教育论坛（1）：6-8.

郝天聪，2017. 我国高技能人才培养的误区及模式重构——基于高技能人才成长的视角 [J]. 中国高教研究（7）：100-105.

侯红梅，顾建军，2020. 我国小学劳动教育课程的时代意蕴与建构 [J]. 课程·教材·教法，40（2）：4-11.

胡君进，檀传宝，2018. 马克思主义的劳动价值观与劳动教育观——经典文献的研析 [J]. 教育研究（5）：9-15+26.

黄济，2004. 关于劳动教育的认识和建议 [J]. 江苏教育学院学报（社会科学版）(5)：17-22.

姜大源，2020. 刍议新时代劳动教育的时空构建 [J]. 国家教育行政学院学报（6）：43-50+57.

蒋丽君，2019. 高职院校劳动教育理念辨析与实践刍议 [J]. 中国高教研究（2）：78-81.

李纯斌，2020. 高职院校以劳动教育铸就工匠精神的实践探索 [J]. 中国高等教育（Z2）：78-80.

李珂，2019. 行胜于言：论劳动教育对立德树人的功能支撑 [J]. 教学与研究（5）：96-103.

李珂，蔡元帅，2019. 陶行知劳动教育思想对新时代加强大学生劳动教育的启示 [J]. 思想教育研究（1）：107-110.

李珂，曲霞，2018. 1949 年以来劳动教育在党的教育方针中的历史演变与省思 [J]. 教育学报，14（5）：63-72.

林克松，熊晴，2020. 走向跨界融合：新时代劳动教育课程建设的价值、认识与实践 [J]. 湖南师范大学教育科学学报，19（2）：57-63.

刘鸿儒，凌秋千，2015. 基于“个性化”教育向度的“核心素养”培育 [J]. 现代教育管理（8）：95-99.

刘茂祥，2020. 基于实践导引的中小学劳动教育评价研究 [J]. 教育科学研究（2）：18-23.

刘世峰，1981. 苏联劳动教育六十年述评 [J]. 全球教育展望（5）：17-23.

刘世锋，1995. 对“教劳结合”中的“教”和“劳”的再认识 [J]. 华东师范大学学报（教育科学版）（8）：37-44.

刘向兵，2018. 新时代高校劳动教育的新内涵与新要求——基于习近平关于劳动的重要论述的探析 [J]. 中国高教研究（11）：17-21.

卢晓东，2018. 劳动，在人工智能时代意味着什么 ?[J]. 中国高等教育（21）：7-9.

卢晓东，曲霞，2020. 大学劳动教育课程框架、特征与实施关键：基于劳动要素的理论视野 [J]. 中国大学教学（Z1）：8-16.

鲁洁，1997. 通识教育与人格陶冶 [J]. 教育研究（4）：16-19.

马开剑，2005. 劳动技术教育反思与重建 [J]. 中国教育学刊（9）：45-48.

毛平，2020. 新时代高职院校劳动教育实施体系构建思路探析 [J]. 思想理论教育导刊（05）：120-123.

羌毅，姜乐军，2021. 新时代我国职业院校劳动素养评价 [J]. 教育与职业（4）：55-59.

瞿葆奎，2005. 劳动教育应与体育、智育、德育、美育并列？——答黄济教授 [J]．华东师范大学学报（教育科学版）（9）：1-8.

任平，贺阳，2020. 从“劳作学校”到“普职融合”：德国劳动教育课程建设的价值嬗变、特征与启示 [J]. 全球教育展望（10）：114-128.

桑新民，1991. 对“五育”地位作用及其相互关系的哲学思考 [J]. 中国社会科学（6）：159-166.

石伟平，郝天聪，2018. 新时代我国中等职业教育发展若干核心问题的再思考 [J]. 教育发展研究，38（19）：16-20+77.

孙喜亭，1996. 试论毛泽东关于教育与生产劳动相结合思想的特定含义 [J]. 江西教育科研（6）：3-7.

檀传宝，2017. 劳动教育的本质在于培养劳动价值观 [J]. 人民教育（9）：45-48.

檀传宝，2018. 加强和改进劳动教育是当务之急——当前我国劳动教育存在的问题、原因及对策 [J]. 人民教育（20）：30-31.

唐素萍，2004. 情景判断测验的开发程序、构思效度及研究趋势 [J]. 心理科学进展（1）：119-125.

滕青，杨汝奎，方美君，2008. 关于大学生劳动教育的思考 [J]. 教育探索（10）：33-34.

王剑，冯建军，2005. 对我国农村教育城市化的审视 [J]. 教育发展研究（15）：32-34.

王庆超，孙芙蓉，章丽君，2020. 中职德育与劳动教育协同育人路径研究 [J]. 中国职业技术教育（27）：91-96.

王绍梁，2019. 从“劳动光荣”到“劳动幸福”：当代青少年劳动价值观的转变 [J]. 青年学报（1）：12-16.

文新华，2018. 论以新时代马克思主义劳动观为指导深入推进劳动教育 [J]. 中国高等教育（21）：10-12.

吴康宁，2002. 教育研究应研究什么样的“问题”——兼谈“真”问题的判断标准 [J]. 教育研究（11）：8-11.

萧宗六，1999. 怎样理解“教育与生产劳动相结合”[J]. 教育研究（6）：52-56.

肖绍明，扈中平，2013. 重释劳动教育的人性意义 [J]. 现代教育论丛（8）：7-12.

徐海娇，2018. 劳动教育的价值危机及其出路探析 [J]. 国家教育行政学院学报（10）：22-28.

徐海娇，2019. 意义生活的完整性：人工智能时代劳动教育何以必要与何以可为 [J]. 国家教育行政学院学报（11）：88-95.

徐海娇，柳海民，2017. 遮蔽与祛蔽：劳动的教育意蕴——基于马克思劳动概念的价值澄明 [J]. 湖北社会科学（6）：13-18.

徐海娇，柳海民，2018. 历史之轨与时代之鉴：我国劳动教育研究的回顾与省思 [J]. 教育科学研究（3）：36-41+47.

徐金雷，顾建军，2016. 论技术知识及其默会维度 [J]. 教育研究与实验（05）：15-20.

徐金雷，顾建军，2020. 从知识到素养：教师适应性专长构成及发展——基于对技术教育教师的考查 [J]. 教育发展研究，40（12）：53-59.

徐长发，2018. 新时代劳动教育再发展的逻辑 [J]. 教育研究（11）：12-17.

杨秋月，2020. 新时代职业院校劳动教育的价值逻辑：应然、异化及回归 [J]. 高等职业教育探索，19（1）：8-14.

杨秋月，2020. 新时代职业院校劳动教育课程体系设计探讨 [J]. 职教通讯（06）：24-30.

杨秋月，顾建军，2021. 高职院校劳动教育与创新创业教育协同育人的逻辑、困境与路径 [J]. 现代教育管理（6）：123-128.

杨子均，1995. 论反思思维 [J]. 四川师范大学学报（社会科学版）（3）：30-35.

叶浩生，2015. 身体与学习：具身认知及其对传统教育观的挑战 [J]. 教育研究（4）：104-114.

翟贤亮，葛鲁嘉，2017. 从离身到具身：具身管理学的可能 [J]. 心理科学，40（1）：238-243.

张沿沿，顾建军，徐维炯，等，2018. 对我国 8 省市区义务教育阶段学生技术素养的调查与研究 [J]. 华东师范大学学报（教育科学版），36（6）：29-41+154-155.

赵荣辉，2012. 异化与回归：反思劳动教育的存在状况 [J]. 教育学术月刊（11）：11-14.

赵荣辉，2017. 论劳动教育的实践取向 [J]. 教育学报，13（01）：16-22.

卓晴君，2017. 劳动教育：培育学生核心素养的关键工程 [J]. 创新人才教育（1）：14-16.

三、学位论文

董宏鹰，2014. 劳动形塑人的精神研究 [D]. 广州：华南理工大学.

杜德省，2017. 体面劳动理论及其当代中国实践研究 [D]. 上海：华东师范大学.

高红雨，2019. 马克思的劳动思想 [D]. 北京：中共中央党校.

马开剑，2006. 普通高中技术教育研究 [D]. 上海：华东师范大学.

唐锡海，2014. 职业教育技术性研究 [D]. 天津：天津大学.

徐海娇，2017. 危机与重构：劳动教育价值研究 [D]. 沈阳：东北师范大学.

徐晔，2019. 现代职业教育体系下中等职业教育功能定位研究 [D]. 天津：天津大学.

薛峰，2020. 人工智能对马克思劳动理论的影响研究 [D]. 上海：上海师范大学.

赵荣辉，2001. 劳动教育及其合理性研究 [D]. 南京：南京师范大学.

郑银凤，2016. “90 后”大学生劳动观教育研究 [D]. 成都：西南交通大学.

四、报纸文章

班建武，2020. 劳动教育应在“教育”上下功夫 [N]. 中国教育报，2020-09-09.
程建坤，2020. 以评价促进劳动教育高质量开展 [N]. 中国教育报，2020-12-24.
顾建军，2018. 劳动教育要抓住灵魂科学实施 [N]. 中国教育报，2018-11-28.
顾建军，2020. 发挥居家劳动的独特育人价值念 [N]. 中国教育报，2020-2-26.
顾建军，2020. 居家劳动也是一种教育（新论）[N]. 人民日报，2020-03-13.
姜大源，2020. 职业院校强化劳动教育的新思考新措施 [N]. 中国教育报，2020-4-14.
宁本涛，2019. 重塑劳动教育观 [N]. 人民日报，2019-01-29.
青竹，2014. 阿伦特没有真正理解马克思的劳动概念 [N]. 中国社会科学报，2014-8-18.
田鹏颖，2018. 用实干践行马克思主义劳动观 [N]. 光明日报，2018-5-23.
徐国庆，2020. 中职教育的基础地位及新使命 [N]. 中国青年报，2020-9-6.
徐长发，2015. 劳动教育是人生第一教育 [N]. 中国教育报，2015-5-6.
杨秋月，2020. 日本中学劳动教育“技术含量”多 [N]. 中国教育报，2020-11-27.
杨秋月，2020. 职业院校劳动教育课程体系如何构建 [N]. 中国教育报，2020-6-9.
赵国庆，2015. 找准劳动和教育的结合点 [N]. 光明日报，2015-8-6.
周光礼，2020. 劳动教育 高水平人才培养体系的重要一环 [N]. 光明日报，2020-7-28.

五、重要文件、报告

中共中央关于制定国民经济和社会发展第十四个五年规划和二〇三五年远景目标的建议. 2020-10-29. http://www.moe.gov.cn/jyb_xwfb/s6052/moe_838/202011/t20201104_498130.html.

中共中央 国务院印发《中国教育现代化 2035》. 2019-2. http://www.moe.gov.cn/jyb_xwfb/s6052/moe_838/201902/t20190223_370857.html.

教育部等六部门关于印发《义务教育质量评价指南》的通知. 2021-03-04. http://www.moe.gov.cn/srcsite/A06/s3321/202103/t20210317_520238.html.

中共中央 国务院印发《深化新时代教育评价改革总体方案》. 2020-10-13. https://www.gov.cn/zhengce/2020-10/13/content_5551032.htm.

教育部关于印发《大中小学劳动教育指导纲要（试行）》的通知. 2020-07-09. http://www.moe.gov.cn/srcsite/A26/jcj_kcjcgh/202007/t20200715_472808.html.

中共中央 国务院印发《全面加强和改进新时代学校美育工作的意见》和《关于全面加强和改进新时代学校体育工作的意见》. 2020-10-15. https://www.gov.cn/zhengce/2020-10/15/content_5551609.htm

中共中央 国务院印发《关于深化新时代教育督导体制机制改革的意见》. 2020-02-19. https://www.gov.cn/zhengce/2020-02/19/content_5480977.htm.

南京师范大学教育科学学院顾建军团队. 2018 年发布大中小劳动教育现状与课程建构的调查报告.

南京师范大学教育科学学院顾建军团队. 2018 年发布大中小劳动教育一体化的理论研究和体系构想.

南京师范大学教育科学学院顾建军团队. 2019 年 3 月发布劳动教育理论研究、实践研究及比较研究成果概述.

英文文献

BELANGER MARC.(2008). Online Collaborative learning for Lab or Education, Labor Studies Journal. Vol, 33 Issue 4, pp412-430.

BERNARD STIEGLER.(1999).The re-enchantent of the world. Springer Netherlands, 93-98.

BRAVERMAN, HARRY.(1974). Labour and Monopoly Capital, New York: Monthly Review Press.

CARL MITCHAM.(1978). Research in philosophy &technology : a research annual. Jai Press.

CARL MITCHAM.(1994). Thinking through technology: the path between engineering and philosophy. Chicago: The University of Chicago Press.

D.KNIGHTS, H.Willmott.(1990). Labour process theory, The Macmillan Press LTD.

D · DIDEROT, PONS A.(1963). Encyclopédie oudictionnaireraisonné des sciences, des arts et des métiers 1751-1772: les articles les plus signifacatifs de Diderot, d'Alemberet, de Jaucourt, J.-J. Rousseau, Voltaire, Quesnay, d'Holbach, Damilaville, J'ailu.

E · G · MESTHENE.(1970). Technological change: it's impact on man and society. New York, 60.

E · T · LAYTON.(1974). Technology as knowledge. Technology & Culture, 15(1): 31-41.

FRANK TANNENBAUM.(2011). The true society, A philosophy of Labour, New York, Knopf, 1951.

GOMATHY GOPAL, ANGELA GILLAN, ANTONY NICOLL.(2019). Outcomes following induction of labour in east of Scotland: Comparative analysis of past vs. present. European Journal of Obstetrics & Gynecology and Reproductive Biology, 234.

GURRATH, P.(2011). Landwritschaft auf einen Blick.Wiesbaden.

HANS LENK, GUNTER ROPOHL.(1979). Interdisciplinary philosogy of technology, Research in Philosophy Technology, (2), 25.

HENDRILK VAN RIESSEN.(1979). Structure of technology. Research in Philosophy Technology, (2), 301.

J · C · PITT.(2000). Thinking about Techology: Foundations of the philisophy of technology . NewYork: Seven Bridges Press.

JOHN T.DUNLOP.(1958).Industrial Relations Systems, Harvard Business School Press.

KALLIOPI PAPPA, ANTONIOS SFAKIANAKIS, ANNA DANEZI, et, al. (2019). Operative Vaginal Delivery in labour ward, a reflection of practice[J]. European Journal of Obstetrics & Gynecology and Reproductive Biology, 234.

KAZAKEVICH, V.M.(2002). The Present State and Prospcets of the Technological Training of Students for Labor. Russian Education & Society. Vol.44, Issue 12. p31.

KEITH LAYBORN.(1992). A History of British Trade unionism, Alan sutton publishing LTD.

L SCHULTZ REED. (1966). The labour philosophy of Samuel Gompers, N Y Kennikat Press.

LANGEVIN, MARK.(1994). Replacing the State: New Directions in Brazilian Labor Education. Labor Studies Journal. Vol. 19 Issue 1, pp56-71.

M.BEECH. (2006). The political philosophy of New Labour, N Y Tauris Academic Studies.

M.SVERKE.(1997). The future of trade unionism, Ashgate, Publishing Company.

MARIE BRÉBAN, Marc Dommergues, Jacky Nizard.(2019). Maternal disability: Labour and delivery management European Journal of Obstetrics & Gynecology and Reproductive Biology, 234.

MAROI BUNGE.(1977). Philosophical Richness of Technology. East Lansing, Michigan: Philosophy of Science Association, (2): 153-172.

MAROI BUNGE.(1979). Philosophical inputs and outputs of technology. SCHARFF. RC; DUSEK, V. Philosophy of technology: The Technological Condition , (5), 10.

MARTIN HEIDEGGER.(1954).PlatonnLehre von der wahrheit: miteinem brief über den "Humanismus". SammlungÜberlieferung und auftrag, Reiheproblome und hinweise, Francke, c1947.

MUELLER N.(2009).Akademikerausbildung in Deutschland: Blinde Flecken beim internationalen OECD-Vergleich . Berufbildung in Wisenschaft und Praxis, (2): 42.

N · ROSENBERG.(1982). Inside the black box . London: Cambridge Universit y Press.

NASH.(1978) .Al.Labor Education, Labor Studies, and the Knowledge Factor. Labor Studies Journal. Vol.3 Issue1, pp5-18.

P · KROES, A·MEJIERS.(2002).The dual nature of technical artifacts—presentation of a new research programme. Techné, (2), 4-6.

PIOTR KRAJEWSKI, MICHAŁ MACKIEWICZ.(2015)The role of capital and labour in shaping the environmental effects of fiscal stimulus. Journal of Cleaner Production, 216.

RACE MATHEWS.(2001).Turning the tide: towards a mutualist philosophy and policies for labor and the left, Melbonrne: Australian Fabian Society and Arena publications.

RYCHEN. D.S.(2001) Introduction.In Rychen D.S.&Salganik.L.H. Defining and selecting key competencies. Göttingen, Germany: hogrefe & huber, 12.

SHLOMO AVINERI.(1996). Labor, Alienation, and Social Class in Hegels Realphilosophie, in John O Neilledited, Hegels. Dialectic of Desire and Recognition: Texts and commentary, Albany: State University of New York Press, p192.

SIDNEY AND BEATRICE WEBB.(1897).Industrial Democracy, Longmans, Green, and Co.: 39 Paternoster Row, London.

附　录

附录 1：《中等职业学校学生劳动素养评价指标体系》专家咨询表（第一轮）

尊敬的专家：

您好！为了更为科学地了解中等职业学校学生劳动素养，本研究课题在前期文献梳理、调查实验、深入访谈基础上，初步制订了中等职业学校学生劳动素养指标体系框架，并拟采用德尔菲法，发放二轮问卷，每一轮问卷结果汇总之后再反馈给专家，供专家分析判断，直到意见趋于集中。悉知您在职业教育与劳动教育领域的丰富学识和经验，诚邀您参加本课题专家咨询，真诚期待您对本研究提出宝贵建议！本研究所有资料将严格保密，仅供研究使用，请您放心作答！祝您工作顺利，生活愉快！

博士研究生：杨秋月

导师：顾建军教授

第一部分　专家基本信息

1. 您的性别是（　　）

A. 男　　B. 女

2. 您的最高学历是（　　）

A. 专科　　B. 本科　　C. 硕士研究生　　D. 博士研究生

3. 您的职称是（　　）

A. 未定级　　B. 初级　　C. 中级　　D. 副高　　E. 正高

4. 您在现单位的工作年限是（　　）

A.1 ~ 10 年　　B.11 ~ 20 年　　C.21 ~ 30 年　　D.30 年以上

5. 您所在单位的类型是（　　）

A. 高职院校　　B. 本科院校　　C. 科研院所

第二部分　专家指标评估

评分方法：文末附有完整指标体系，建议您在评分之前先行浏览。按照合理性程度，研究者将其分为五个等级：非常合理、比较合理、一般、比较不合理、非常不合理，分别赋值为 5、4、3、2、1，请您在评分时选择相应数字。对于评分为比较不合理、非常不合理的指标，请您尽量给出修改或者删除建议。另外，也请您根据需要给出指标分类建议、增加建议。期待您的真知灼见！

表 1　中等职业学校学生劳动素养一级评价指标

一级指标	非常合理	比较合理	一般	比较不合理	非常不合理	评分选择	指标修改为
1. 劳动观念	5	4	3	2	1		
2. 劳动知识与能力	5	4	3	2	1		
3. 劳动习惯与品质	5	4	3	2	1		
4. 劳动情感与态度	5	4	3	2	1		
一级指标分类建议							
一级指标删除建议							
一级指标增加建议							

表 2　中等职业学校学生劳动素养二级评价指标

一级指标	二级指标	非常合理	比较合理	一般	比较不合理	非常不合理	评分选择	指标修改为
1. 劳动观念	1.1 劳动价值观	5	4	3	2	1		
	1.2 劳动过程观	5	4	3	2	1		
	1.3 劳动成果观	5	4	3	2	1		
2. 劳动知识与能力	2.1 劳动工具使用	5	4	3	2	1		
	2.2 劳动问题解决	5	4	3	2	1		
	2.3 劳动创新创造	5	4	3	2	1		
3. 劳动习惯与品质	3.1 劳动行为习惯	5	4	3	2	1		
	3.2 劳动人格品质	5	4	3	2	1		

续表

一级指标	二级指标	非常合理	比较合理	一般	比较不合理	非常不合理	评分选择	指标修改为
4. 劳动情感与态度	4.1 劳动情感	5	4	3	2	1		
	4.2 劳动态度	5	4	3	2	1		
二级指标分类建议								
二级指标删除建议								
二级指标增加建议								

表 3　中等职业学校学生劳动素养三级评价指标

二级指标	三级指标	非常合理	比较合理	一般	比较不合理	非常不合理	评分选择	指标修改为
1.1 劳动价值观	1.1.1 劳动荣辱观	5	4	3	2	1		
	1.1.2 劳动平等观	5	4	3	2	1		
	1.1.3 劳动幸福观	5	4	3	2	1		
1.2 劳动过程观	1.2.1 体贴劳动过程	5	4	3	2	1		
	1.2.2 体验劳动快乐	5	4	3	2	1		
1.3 劳动成果观	1.3.1 崇尚自食其力	5	4	3	2	1		
	1.3.2 珍惜劳动成果	5	4	3	2	1		
2.1 劳动工具使用	2.1.1 熟练使用日常生活劳动工具	5	4	3	2	1		
	2.1.2 规范使用简单生产劳动工具	5	4	3	2	1		
	2.1.3 精通专业领域内劳动工具	5	4	3	2	1		
2.2 劳动问题解决	2.2.1 设计劳动流程	5	4	3	2	1		
	2.2.2 熟练劳动操作	5	4	3	2	1		
	2.2.3 胜任劳动岗位	5	4	3	2	1		
2.3 劳动创新创造	2.3.1 探究技术原理	5	4	3	2	1		
	2.3.2 创造性解决问题	5	4	3	2	1		
	2.3.3 实现创意物化	5	4	3	2	1		

续表

二级指标	三级指标	非常合理	比较合理	一般	比较不合理	非常不合理	评分选择	指标修改为
3.1 劳动行为习惯	3.1.1 遵守劳动法规	5	4	3	2	1		
	3.1.2 倡导劳动文明	5	4	3	2	1		
3.2 劳动人格品质	3.2.1 讲求诚信务实	5	4	3	2	1		
	3.2.2 注重团队合作	5	4	3	2	1		
4.1 劳动情感	4.1.1 表明劳动意识	5	4	3	2	1		
	4.1.2 体会劳动艰辛	5	4	3	2	1		
4.2 劳动态度	4.2.1 端正劳动态度	5	4	3	2	1		
	4.2.2 承担劳动责任	5	4	3	2	1		
三级指标分类建议								
三级指标分类删除								
三级指标分类增加								

第三部分　专家意见反馈

1. 您对咨询内容的熟悉程度是（　　　）

A. 非常熟悉　　B. 比较熟悉　　C. 一般　　D. 比较不熟悉　　E. 非常不熟悉

2. 您选择指标合理性程度的判断依据是（　　　）

项目程度	高	中	低
理论分析			
实践经验			
查阅文献			
直觉判断			

3. 如果您有其他建议，请在下文空白处填写

____

____

再次感谢您对本研究的支持与指导！

附录 2 :《中等职业学校学生劳动素养评价指标体系》专家咨询表（第二轮）

尊敬的专家：

您好！在您的大力支持下，第一轮专家咨询已顺利完成，一级指标基本达成共识。第一轮发放专家咨询表 20 份，回收 17 份，专家积极系数为 0.85。通过对第一轮咨询表的统计分析，并综合各专家建议，本研究对指标体系进行了修改，形成第二轮专家咨询表。真诚期待继续得到您的支持与指导！

博士研究生：杨秋月

导师：顾建军教授

第一部分　专家指标评估

评分方法：均值表示专家意见的集中程度，均值越大说明指标合理性越高。标准差表示专家意见的协调程度，标准差越小说明指标协调性越高。第二轮评分请根据合理性程度（非常合理、比较合理、一般、比较不合理、非常不合理），填写相应数字 5、4、3、2、1。

表 1　中等职业学校学生劳动素养一级评价指标

一级指标	第一轮平均值	第一轮标准差	第二轮评分选择	指标更合适的表达
1. 劳动观念	4.61	0.51		
2. 劳动能力	—	—		
3. 劳动习惯与品质	4.61	0.57		
4. 劳动情感与态度	4.52	0.52		

表 2　中等职业学校学生劳动素养二级评价指标

一级指标	二级指标	第一轮平均值	第一轮标准差	第二轮评分选择	指标更合适的表达
1. 劳动观念	1.1 劳动价值观	4.03	0.78		
	1.2 劳动成果观	4.14	0.70		
2. 劳动能力	2.1 劳动工具使用	4.51	0.38		
	2.2 劳动问题解决	4.52	0.70		
	2.3 劳动创新创造	4.36	0.68		

续表

一级指标	二级指标	第一轮平均值	第一轮标准差	第二轮评分选择	指标更合适的表达
3. 劳动习惯与品质	3.1 劳动行为习惯	4.89	0.68		
	3.2 劳动人格品质	4.46	0.70		
4. 劳动情感与态度	4.1 劳动情感	4.41	0.71		
	4.2 劳动态度	4.28	0.62		
二级指标删除建议					
二级指标增加建议					

表 3　中等职业学校学生劳动素养三级评价指标

二级指标	三级指标	第一轮平均值	第一轮标准差	第二轮评分选择	指标更合适的表达
1.1 劳动价值观	1.1.1 理解劳动内涵	—	—		
	1.1.2 认识劳动价值	—	—		
1.2 劳动成果观	1.2.1 保护劳动产权	—	—		
	1.2.2 珍惜劳动成果	4.57	0.59		
2.1 劳动工具使用	2.1.1 熟练使用日常生活劳动工具	4.18	0.51		
	2.1.2 规范使用简单生产劳动工具	4.13	0.69		
	2.1.3 精通专业领域内劳动工具	4.57	0.57		
2.2 劳动问题解决	2.2.1 熟练劳动操作	4.46	0.78		
	2.2.2 设计劳动流程	4.40	0.70		
	2.2.3 胜任劳动岗位	4.73	0.69		
2.3 劳动创新创造	2.3.1 探究技术原理	4.73	0.69		
	2.3.2 创造性解决问题	4.56	0.06		
	2.3.3 实现创意物化	4.51	0.08		
3.1 劳动行为习惯	3.1.1 遵守劳动法规	4.68	0.82		
	3.1.2 注意劳动安全	—	—		
	3.1.3 践行劳动环保	—	—		
3.2 劳动人格品质	3.2.1 讲求诚信务实	4.52	0.47		
	3.2.2 注重团队合作	4.63	0.67		
	3.3.3 秉持勤俭节约	—	—		

续表

二级指标	三级指标	第一轮平均值	第一轮标准差	第二轮评分选择	指标更合适的表达
4.1 劳动情感	4.1.1 表明劳动意识	4.63	0.59		
	4.1.2 体会劳动艰辛	4.35	0.42		
4.2 劳动态度	4.2.1 端正劳动态度	4.72	0.71		
	4.2.2 承担劳动责任	4.51	0.64		
三级指标删除建议					
三级指标增加建议					

第二部分　专家意见反馈

1. 您对咨询内容的熟悉程度是（　　）

A. 非常熟悉　B. 比较熟悉　C. 一般　D. 比较不熟悉　E. 非常不熟悉

2. 您选择指标合理性程度的判断依据是（　　）

项目程度	高	中	低
理论分析			
实践经验			
查阅文献			
直觉判断			

3. 如果您有其他建议，请在下文空白处填写

____

____

再次感谢您对本研究的支持与指导！

附录 3：《中等职业学校学生劳动素养评价指标体系》专家咨询表（第三轮）

尊敬的专家：

您好！在您的大力支持下，第二轮专家咨询已顺利完成，一级指标基本达成共识。第二轮发放专家咨询表 20 份，回收 16 份，专家积极系数为 0.80。通过对第一轮咨询表的统计分析，并综合各专家建议，本研究对指标体系进行了修改，形成第三轮专家咨询表。真诚期待继续得到您的支持与指导！

博士研究生：杨秋月

导师：顾建军教授

第一部分 专家指标评估

评分方法：均值表示专家意见的集中程度，均值越大说明指标合理性越高。标准差表示专家意见的协调程度，标准差越小说明指标协调性越高。第二轮评分请根据合理性程度（非常合理、比较合理、一般、比较不合理、非常不合理），填写相应数字 5、4、3、2、1。

表 1 中等职业学校学生劳动素养一级评价指标

一级指标	第二轮平均值	第二轮标准差	第三轮评分选择	指标更合适的表达
1. 劳动观念	4.94	0.24		
2. 劳动能力	4.88	0.33		
3. 劳动习惯与品质	4.93	0.25		
4. 劳动情感与态度	4.91	0.37		

表 2 中等职业学校学生劳动素养二级评价指标

一级指标	二级指标	第二轮平均值	第二轮标准差	第二轮评分选择	指标更合适的表达
1. 劳动观念	1.1 劳动价值观	4.50	0.50		
	1.2 劳动成果观	4.38	0.60		
2. 劳动能力	2.1 劳动工具	—	—		
	2.2 劳动技能	—	—		
	2.3 劳动创造	—	—		

续表

一级指标	二级指标	第二轮平均值	第二轮标准差	第二轮评分选择	指标更合适的表达
3. 劳动习惯与品质	3.1 劳动习惯	—	—		
	3.2 劳动品质	—	—		
4. 劳动情感与态度	4.1 劳动情感	4.79	0.41		
	4.2 劳动态度	4.81	0.39		
二级指标删除建议					
二级指标增加建议					

表 3　中等职业学校学生劳动素养三级评价指标

二级指标	三级指标	第二轮平均值	第二轮标准差	第三轮评分选择	指标更合适的表达
1.1 劳动价值观	1.1.1 感知劳动荣辱	—	—		
	1.1.2 尊重劳动平淡	—	—		
	1.1.3 感受劳动幸福	—	—		
1.2 劳动成果观	1.2.1 保护劳动产权	4.31	0.68		
	1.2.2 珍惜劳动成果	4.25	0.56		
2.1 劳动工具	2.1.1 熟练使用日常生活劳动工具	4.75	0.56		
	2.1.2 规范使用简单生产劳动工具	4.38	0.60		
	2.1.3 精通专业领域内劳动工具	4.19	0.63		
2.2 劳动技能	2.2.1 熟练劳动操作	3.95	0.59		
	2.2.2 设计劳动流程	4.72	0.56		
	2.2.3 胜任劳动岗位	4.65	0.57		
2.3 劳动创造	2.3.1 探究技术原理	4.19	0.73		
	2.3.2 创造性解决问题	4.38	0.60		
	2.3.3 实现创意物化	4.34	0.61		
3.1 劳动习惯	3.1.1 遵守劳动法规	4.54	0.64		
	3.1.2 注意劳动安全	4.81	0.53		
	3.1.3 践行劳动环保	4.25	0.66		

续表

二级指标	三级指标	第二轮平均值	第二轮标准差	第三轮评分选择	指标更合适的表达
3.2 劳动品质	3.2.1 讲求诚信务实	4.25	0.66		
	3.2.2 注重团队合作	4.44	0.61		
	3.2.3 秉持勤俭节约	4.31	0.68		
4.1 劳动情感	4.1.1 表明劳动意识	4.78	0.45		
	4.1.2 体会劳动艰辛	4.81	0.49		
4.2 劳动态度	4.2.1 端正劳动态度	4.79	0.51		
	4.2.2 承担劳动责任	4.82	0.58		
三级指标删除建议					
三级指标增加建议					

第二部分　专家意见反馈

1. 您对咨询内容的熟悉程度是（　　）

A. 非常熟悉　　B. 比较熟悉　　C. 一般　　D. 比较不熟悉　　E. 非常不熟悉

2. 您选择指标合理性程度的判断依据是（　　）

项目程度	高	中	低
理论分析			
实践经验			
查阅文献			
直觉判断			

3. 如果您有其他建议，请在下文空白处填写

再次感谢您对本研究的支持与指导！

附录4：中等职业学校学生劳动素养测评问卷预测版

亲爱的同学：

你好！感谢你在繁忙的学业之余抽时间参与劳动素养问卷调查，本次调查的目的是准确了解现阶段中职生的劳动素养，发现存在的问题。我们会对你的答卷做好保密工作，调查数据仅作研究之用，请同学们根据自身情况如实作答。谢谢！

第一部分　基本信息

1. 性别：男（　　）　　女（　　）

2. 年级：（　　）

3. 家庭所在地（　　）

A. 城市　B. 县城　C. 乡镇　D. 农村

4. 专业类别：（　　）

A. 农林牧渔类　B. 资源环境类　C. 能源与新能源类

D. 土木水利类　E. 加工制造类　F. 石油化工类

G. 轻纺食品类　H. 交通运输类　I. 信息技术类

J. 医药卫生类　K. 休闲保健类　L. 财经商贸类

M. 旅游服务类　N. 文化艺术类　O. 体育与健身类

P. 教育类　Q. 司法服务类　R. 公共管理与服务类　S. 其他类

5. 你有几个亲兄弟姐妹？（　　）

A. 独生子女　B. 1个兄弟姐妹

C. 2个兄弟姐妹　D. 3个及以上兄弟姐妹

6. 你学校对待劳动教育的重视程度是：（　　）

A. 比较重视　B. 一般　C. 不太重视

第二部分　劳动素养调查

1. 劳动观念调查

请根据你的实际情况作答：5→1表示 非常符合→非常不符合

题项	非常符合	比较符合	一般	比较不符合	非常不符合
1. 我认为辛勤劳动的人是具有魅力的	5	4	3	2	1
2. 我强烈排斥不劳而获的行为	5	4	3	2	1
3. 我认为工作得好不如嫁（娶）得好	5	4	3	2	1
4. 我认为普通劳动岗位的人也可以评选劳动模范	5	4	3	2	1
5. 我眼中大街上的清洁工都是脏兮兮的	5	4	3	2	1
6. 我认为劳动者是国家的主人，具有主人翁地位	5	4	3	2	1
7. 校园劳动周能够使我对劳动更有亲近感	5	4	3	2	1
8. 我经常做完家务劳动之后心情会变好	5	4	3	2	1
9. 我经常在努力完成一项工作后会获得极大的成就感	5	4	3	2	1
10. 我坚决抵制购买盗版制品的行为	5	4	3	2	1
11. 我能够做到不传播盗版制品	5	4	3	2	1
12. 我能够做到文明上网，上绿色网站	5	4	3	2	1
13. 我认为网红吃播后进行催吐是在浪费粮食	5	4	3	2	1
14. 用餐时，我会做到“光盘”	5	4	3	2	1
15. 物品损坏，无论价格高低，我首先会考虑是否可以修复	5	4	3	2	1

2. 劳动能力维度调查

请根据你的实际情况作答：5 → 1 表示 非常符合→非常不符合

题项	非常符合	比较符合	一般	比较不符合	非常不符合
16. 日常生活中的家电我都能熟练使用	5	4	3	2	1
17. 我每次做完饭都会关上灶具阀门	5	4	3	2	1
18. 我不会将金属类的碗、勺放进微波炉一同加热	5	4	3	2	1
19. 我能够正确使用锄头、铁锹和耙子	5	4	3	2	1
20. 我能够正确使用测电笔测试电路	5	4	3	2	1
21. 我能够正确使用螺丝刀来组装网购的书桌	5	4	3	2	1
22. 我能够熟练使用与本业相关的劳动工具	5	4	3	2	1
23. 我能够熟练使用 office 等常用办公软件	5	4	3	2	1
24. 我能够熟练使用打印机与复印机	5	4	3	2	1
25. 在修理电器之前，我会掌握电路相关知识	5	4	3	2	1
26. 我会了解劳动者的基本权利与义务	5	4	3	2	1

续表

题项	非常符合	比较符合	一般	比较不符合	非常不符合
27. 我会了解劳动者的基本安全卫生常识	5	4	3	2	1
28. 我能够设计出不同主题的劳动活动方案	5	4	3	2	1
29. 我能够设计出详细的劳动活动流程	5	4	3	2	1
30. 我会设计劳动事故预防与处理方案	5	4	3	2	1
31. 当衣服的纽扣掉了，我会缝制纽扣	5	4	3	2	1
32. 我会烹饪 2～3 个拿手菜	5	4	3	2	1
33. 当灯泡烧了，我会自己更换一个新的灯泡	5	4	3	2	1
34. 在体力劳动的过程中也需要深入思考，探究劳动中蕴含的技术和原理	5	4	3	2	1
35. 在实习实践活动中，我会思考劳动工具的工作原理	5	4	3	2	1
36. 在完成劳动任务后反思其原理，有助于积累劳动知识	5	4	3	2	1
37. 看到新事物，我经常充满好奇心，愿意探索并尝试新技术	5	4	3	2	1
38. 我经常在使用劳动工具感到不适时，想办法改良劳动工具	5	4	3	2	1
39. 我经常在劳动中开动脑筋，开发新的劳动方法	5	4	3	2	1
40. 我能够自己动手制作一些便于生活的小用品	5	4	3	2	1
41. 我能够在实习实践中将自己有用的创意制作出成品	5	4	3	2	1
42. 我能够将废弃材料改造成有用的物品	5	4	3	2	1

3. 劳动习惯与品质维度调查

请根据你的实际情况作答：5 → 1 表示 非常符合→非常不符合

题项	非常符合	比较符合	一般	比较不符合	非常不符合
43. 我会自觉遵守劳动纪律	5	4	3	2	1
44. 我会自觉从事受到法律支持的、合法的劳动	5	4	3	2	1
45. 我会在劳动结束后保持劳动用具规整	5	4	3	2	1
46. 在插插头时，我习惯性确保手是擦干的	5	4	3	2	1
47. 在使用煤气后，我会将总闸关闭	5	4	3	2	1
48. 在学校宿舍内，我会使用大功率电器	5	4	3	2	1
49. 我会参加维护卫生、保护劳动环境的志愿活动	5	4	3	2	1
50. 在公园里散步的时候，我会踩踏草坪，乱摘鲜花	5	4	3	2	1
51. 在校园里，看见散落的垃圾，我会自觉地捡起来丢进垃圾箱	5	4	3	2	1

续表

题项	非常符合	比较符合	一般	比较不符合	非常不符合
52. 我认为诚实守信是每一个劳动者都应具有的品质	5	4	3	2	1
53. 我认为在劳动中弄虚作假是不道德的	5	4	3	2	1
54. 我认为在做承诺时要慎重，对于自己做不到的事情，要诚实地回答	5	4	3	2	1
55. 我认为许多劳动任务的完成需要同伴之间的友好合作	5	4	3	2	1
56. 周围同学遇到动手上的难题，我会主动提供帮助	5	4	3	2	1
57. 参加公益劳动，我总是积极肯干，脏活累活总是抢在先	5	4	3	2	1
58. 在穿衣打扮上，我不会喜新厌旧，能穿的尽量穿	5	4	3	2	1
59. 我吃饭会尽量吃多少盛多少	5	4	3	2	1
60. 我会把水龙头尽量开小，用完随手关闭	5	4	3	2	1

4. 劳动情感与态度维度调查

请根据你的实际情况作答：5 → 1 表示 非常符合→非常不符合

题项	非常符合	比较符合	一般	比较不符合	非常不符合
61. 我在家里经常承担一些力所能及的家务	5	4	3	2	1
62. 我在学校积极打扫班级的卫生	5	4	3	2	1
63. 我会帮老师搬运一些东西	5	4	3	2	1
64. 我能够体会父母做家务劳动的辛苦	5	4	3	2	1
65. 我能够体会车间一线生产劳动的辛苦	5	4	3	2	1
66. 我能够体会农民种庄稼的辛苦	5	4	3	2	1
67. 在日常学习中，我能够做到刻苦耐劳	5	4	3	2	1
68. 在组装书桌的过程中，我会拧好每一颗螺丝	5	4	3	2	1
69. 我会总结自我的劳动成长与进步	5	4	3	2	1
70. 我会在家庭生活中尽量不向父母提过分的要求	5	4	3	2	1
71. 我会在实习实践中把实现组织的目标当成是自己的目标	5	4	3	2	1
72. 在实习实践中遇到问题时，我会主动担当	5	4	3	2	1

非常感谢您的作答！

附录 5：中等职业学校学生劳动素养测评问卷正式版

亲爱的同学：

你好！感谢你在繁忙的学业之余抽时间参与劳动素养问卷调查，本次调查的目的是准确了解现阶段中职生的劳动素养，发现存在的问题。我们会对你的答卷做好保密工作，调查数据仅作研究之用，请同学们根据自身情况如实作答。谢谢！

第一部分　基本信息

1. 性别：男（　　）女（　　）

2. 年级：（　　）

3. 家庭所在地（　　）

A. 城市　　B. 县城　　C. 乡镇　　D. 农村

4. 专业类别：（　　）

A. 农林牧渔类　　B. 资源环境类　　C. 能源与新能源类

D. 土木水利类　　E. 加工制造类　　F. 石油化工类

G. 轻纺食品类　　H. 交通运输类　　I. 信息技术类

J. 医药卫生类　　K. 休闲保健类　　L. 财经商贸类

M. 旅游服务类　　N. 文化艺术类　　O. 体育与健身类

P. 教育类　　Q. 司法服务类　　R. 公共管理与服务类　　S. 其他类

5. 你父亲的学历：（　　　）

A. 研究生及以上　　B. 大学本科　　C. 大学专科　　D. 普通高中

E. 中专 / 技校 / 职业高中　　F. 初中及以下

6. 你母亲的学历：（　　　）

A. 研究生及以上　　B. 大学本科　　C. 大学专科　　D. 普通高中

E. 中专 / 技校 / 职业高中　　F. 初中及以下

7. 你有几个亲兄弟姐妹？（　　）

A. 独生子女　　B. 1 个兄弟姐妹　　C. 2 个兄弟姐妹

D. 3 个及以上兄弟姐妹

8. 你在家平均每天家务劳动时长是：（　　）

A. $t \geqslant 2$ h　　B. 1 h $\leqslant t <$ 2 h　　C. 0.5 h $\leqslant t <$ 1 h

D. 0.25 h ≤ t < 0.5 h　　　　E. t < 0.25

9. 你在家中做家务时，长辈的态度是：(　　)

A. 会鼓励我做家务，并给予我适当的引导

B. 我只需要整理好自己的个人卫生，不需要参与家里其他劳动

C. 我只要好好学习就可以，家务劳动不需要我做

10. 你学校对待劳动教育的重视程度是：(　　)

A. 比较重视　　B. 一般　　C. 不太重视

11. 你近两年内参加顶岗实习时长为：(　　)

A. t ≥ 6 个月　　B. 3 个月 ≤ t < 6 个月

C. 1 个月 ≤ t < 3 个月　　D. t ≤ 0

12. 你近两年内参加技能比赛次数为：(　　)

A. 6 次以上　　B. 4 ~ 6 次　　C. 1 ~ 3 次　　D. 0 次

第二部分　劳动素养调查

1. 劳动观念调查

请根据你的实际情况作答：5 → 1 表示 非常符合→非常不符合

题项	非常符合	比较符合	一般	比较不符合	非常不符合
1. 我认为辛勤劳动的人是具有魅力的	5	4	3	2	1
2. 我强烈排斥不劳而获的行为	5	4	3	2	1
3. 我认为工作得好不如嫁（娶）得好	5	4	3	2	1
4. 我认为普通劳动岗位的人也可以评选劳动模范	5	4	3	2	1
5. 我眼中大街上的清洁工都是脏兮兮的	5	4	3	2	1
6. 我认为劳动者是国家的主人，具有主人翁地位	5	4	3	2	1
7. 校园劳动周能够使我对劳动更有亲近感	5	4	3	2	1
8. 我经常做完家务劳动之后心情会变好	5	4	3	2	1
9. 我经常在努力完成一项工作后会获得极大的成就感	5	4	3	2	1
10. 我坚决抵制购买盗版制品的行为	5	4	3	2	1
11. 我能够做到不传播盗版制品	5	4	3	2	1
12. 我能够做到文明上网，上绿色网站	5	4	3	2	1
13. 我认为网红吃播后进行催吐是在浪费粮食	5	4	3	2	1
14. 用餐时，我会做到“光盘”	5	4	3	2	1
15. 物品损坏，无论价格高低，我首先会考虑是否可以修复	5	4	3	2	1

2. 劳动能力维度调查

请根据你的实际情况作答：5 → 1 表示 非常符合→非常不符合

题项	非常符合	比较符合	一般	比较不符合	非常不符合
16. 日常生活中的家电我都能熟练使用	5	4	3	2	1
17. 我每次做完饭都会关上灶具阀门	5	4	3	2	1
18. 我不会将金属类的碗、勺放进微波炉一同加热	5	4	3	2	1
19. 我能够正确使用锄头、铁锹和耙子	5	4	3	2	1
20. 我能够正确使用测电笔测试电路	5	4	3	2	1
21. 我能够正确使用螺丝刀来组装网购的书桌	5	4	3	2	1
22. 我能够熟练使用与本业相关的劳动工具	5	4	3	2	1
23. 我能够熟练使用 office 等常用办公软件	5	4	3	2	1
24. 我能够熟练使用打印机与复印机	5	4	3	2	1
25. 在修理电器之前，我会掌握电路相关知识	5	4	3	2	1
26. 我会了解劳动者的基本权利与义务	5	4	3	2	1
27. 我会了解劳动者的基本安全卫生常识	5	4	3	2	1
28. 我能够设计出不同主题的劳动活动方案	5	4	3	2	1
29. 我能够设计出详细的劳动活动流程	5	4	3	2	1
30. 我会设计劳动事故预防与处理方案	5	4	3	2	1
31. 当衣服的纽扣掉了，我会缝制纽扣	5	4	3	2	1
32. 我会烹饪 2 ~ 3 个拿手菜	5	4	3	2	1
33. 当灯泡烧了，我会自己更换一个新的灯泡	5	4	3	2	1
34. 在体力劳动的过程中也需要深入思考，探究劳动中蕴含的技术和原理	5	4	3	2	1
35. 在实习实践活动中，我会思考劳动工具的工作原理	5	4	3	2	1
36. 在完成劳动任务后反思其原理，有助于积累劳动知识	5	4	3	2	1
37. 看到新事物，我经常充满好奇心，愿意探索并尝试新技术	5	4	3	2	1
38. 我经常在使用劳动工具感到不适时，想办法改良劳动工具	5	4	3	2	1
39. 我经常在劳动中开动脑筋，开发新的劳动方法	5	4	3	2	1
40. 我能够自己动手制作一些便于生活的小用品	5	4	3	2	1
41. 我能够在实习实践中将自己有用的创意制作出成品	5	4	3	2	1
42. 我能够将废弃材料改造成有用的物品	5	4	3	2	1

3. 劳动习惯与品质维度调查

请根据你的实际情况作答：5 → 1 表示 非常符合→非常不符合

题项	非常符合	比较符合	一般	比较不符合	非常不符合
43. 我会自觉遵守劳动纪律	5	4	3	2	1
44. 我会自觉从事受到法律支持的、合法的劳动	5	4	3	2	1
45. 我会在劳动结束后保持劳动用具规整	5	4	3	2	1
46. 在插插头时，我习惯性确保手是擦干的	5	4	3	2	1
47. 在使用煤气后，我会将总闸关闭	5	4	3	2	1
48. 在学校宿舍内，我会使用大功率电器	5	4	3	2	1
49. 我会参加维护卫生、保护劳动环境的志愿活动	5	4	3	2	1
50. 在公园里散步的时候，我会踩踏草坪，乱摘鲜花	5	4	3	2	1
51. 在校园里，看见散落的垃圾，我会自觉的捡起来丢进垃圾箱	5	4	3	2	1
52. 我认为诚实守信是每一个劳动者都应具有的品质	5	4	3	2	1
53. 我认为在劳动中弄虚作假是不道德的	5	4	3	2	1
54. 我认为在做承诺时要慎重，对于自己做不到的事情，要诚实地回答	5	4	3	2	1
55. 我认为许多劳动任务的完成需要同伴之间的友好合作	5	4	3	2	1
56. 周围同学遇到动手上的难题，我会主动提供帮助	5	4	3	2	1
57. 参加公益劳动，我总是积极肯干，脏活累活总是抢在先	5	4	3	2	1
58. 在穿衣打扮上，我不会喜新厌旧，能穿的尽量穿	5	4	3	2	1
59. 我吃饭会尽量吃多少盛多少	5	4	3	2	1
60. 我会把水龙头尽量开小，用完随手关闭	5	4	3	2	1

4. 劳动情感与态度维度调查

请根据你的实际情况作答：5 → 1 表示 非常符合→非常不符合

题项	非常符合	比较符合	一般	比较不符合	非常不符合
61. 我在家里经常承担一些力所能及的家务	5	4	3	2	1
62. 我在学校积极打扫班级的卫生	5	4	3	2	1
63. 我会帮老师搬运一些东西	5	4	3	2	1
64. 我能够体会父母做家务劳动的辛苦	5	4	3	2	1
65. 我能够体会车间一线生产劳动的辛苦	5	4	3	2	1
66. 我能够体会农民种庄稼的辛苦	5	4	3	2	1

续表

题项	非常符合	比较符合	一般	比较不符合	非常不符合
67. 在日常学习中，我能够做到刻苦耐劳	5	4	3	2	1
68. 在组装书桌的过程中，我会拧好每一颗螺丝	5	4	3	2	1
69. 我会总结自我的劳动成长与进步	5	4	3	2	1
70. 我会在家庭生活中尽量不向父母提过分的要求	5	4	3	2	1
71. 我会在实习实践中把实现组织的目标当成是自己的目标	5	4	3	2	1
72. 在实习实践中遇到问题时，我会主动担当	5	4	3	2	1

非常感谢您的作答！

附录 6：中等职业学校学生劳动素养综合评价调查表

尊敬的专家：

您好！此问卷旨在了解中等职业学校学生劳动素养，并为推进中等职业学校劳动教育制度改革提供参考。请根据您的经验，按重要程度对所列指标进行评分，本项调查的结果将作为确定评价指标权重的主要依据。请各位专家针对各指标间的重要性采取 9 度法打分。在评分之前，建议先行浏览中等职业学校学生劳动素养评价指标题项结构模型。感谢您的支持！

南京师范大学职业技术教育学专业　杨秋月

评分说明：

1：i 比 j 同样重要

3：i 比 j 稍微重要

5：i 比 j 比较重要

7：i 比 j 非常重要

9：i 比 j 绝对重要

1/3：i 比 j 稍微不重要

1/5：i 比 j 比较不重要

1/7：i 比 j 非常不重要

1/9：i 比 j 绝对不重要

2，4，6，8，1/2，1/4，1/6，1/8：表示重要程度介于 1～3，3～5，...... 之间

根据中等职业学校学生劳动素养评价指标体系层次结构模型，判断矩阵包括 1 个一阶矩阵，4 个二阶矩阵，以及 8 个三阶矩阵。具体如下文表格所示：

表 1　一级评价指标水平一阶矩阵

	劳动观念	劳动能力	劳动习惯与品质	劳动情感与态度
劳动观念	1			
劳动能力		1		
劳动习惯与品质			1	
劳动情感与态度				1

表 2　劳动观念二阶矩阵

	劳动价值观	劳动成果观
劳动价值观	1	
劳动成果观		1

表 3　劳动能力二阶矩阵

	劳动技能	劳动创造
劳动技能	1	
劳动创造		1

表 4　劳动习惯与品质二阶矩阵

	劳动习惯	劳动品质
劳动习惯	1	
劳动品质		1

表 5　劳动情感与态度二阶矩阵

	劳动情感	劳动态度
劳动情感	1	
劳动态度		1

表 6　劳动价值观三阶矩阵

	感知劳动荣辱	尊重劳动平等
感知劳动荣辱	1	
尊重劳动平等		1

表 7 劳动成果观三阶矩阵

	保护劳动产权	珍惜劳动成果
保护劳动产权	1	
珍惜劳动成果		1

表 8 劳动技能三阶矩阵

	设计劳动流程	掌握劳动操作
设计劳动流程	1	
掌握劳动操作		1

表 9 劳动创造三阶矩阵

	探究技术原理	创造性解决问题	实现创意物化
探究技术原理	1		
创造性解决问题		1	
实现创意物化			1

表 10 劳动习惯三阶矩阵

	遵守劳动法规	践行劳动环保
遵守劳动法规	1	
践行劳动环保		1

表 11 劳动品质三阶矩阵

	讲求诚信务实	注重团队合作
讲求诚信务实	1	
注重团队合作		1

表 12 劳动情感三阶矩阵

	表明劳动意向	体贴劳动过程
表明劳动意向	1	
体贴劳动过程		1

表 13 劳动态度三阶矩阵

	端正劳动态度	承担劳动责任
端正劳动态度	1	
承担劳动责任		1

非常感谢您的作答！

附录7：中等职业学校学生劳动素养指标评价专家两两判断矩阵表汇总

表1 劳动素养指标下判断矩阵

劳动素养	劳动观念	劳动能力	劳动习惯与品质	劳动情感与态度	权重
劳动观念	1	3	2	1	0.3645
劳动能力	1/3	1	1/2	1/2	0.1197
劳动习惯与品质	1/2	2	1	2	0.2810
劳动情感与态度	1	2	1/2	1	0.2348

一致性比例系数 $CR = 0.0639 < 0.1$，$\lambda_{max} = 4.1707$。

表2 劳动观念指标下判断矩阵

劳动观念	劳动价值观	劳动成果观	权重
劳动价值观	1	3	0.75
劳动成果观	1/3	1	0.25

一致性比例系数 $CR = 0 < 0.1$，$\lambda_{max} = 2$。

表3 劳动能力指标下判断矩阵

劳动能力	劳动技能	劳动创造	权重
劳动技能	1	1/2	0.3333
劳动创造	2	1	0.6667

一致性比例系数 $CR = 0 < 0.1$，$\lambda_{max} = 2$。

表4 劳动习惯与品质指标下判断矩阵

劳动习惯与品质	劳动习惯	劳动品质	权重
劳动习惯	1	2	0.6667
劳动品质	1/2	1	0.3333

一致性比例系数 $CR = 0 < 0.1$，$\lambda_{max} = 2$。

表5 劳动情感与态度指标下判断矩阵

劳动情感与态度	劳动情感	劳动态度	权重
劳动情感	1	1/2	0.3333
劳动态度	2	1	0.6667

一致性比例系数 $CR = 0 < 0.1$，$\lambda_{max} = 2$。

表 6　劳动价值观指标下判断矩阵

劳动价值观	感知劳动荣辱	尊重劳动平等	权重
感知劳动荣辱	1	2	0.6667
尊重劳动平等	1/2	1	0.3333

一致性比例系数 $CR = 0 < 0.1$，$\lambda_{max} = 2$。

表 7　劳动成果观指标下判断矩阵

劳动成果观	保护劳动产权	珍惜劳动成果	权重
保护劳动产权	1	2	0.6667
珍惜劳动成果	1/2	1	0.3333

一致性比例系数 $CR = 0 < 0.1$，$\lambda_{max} = 2$。

表 8　劳动技能指标下判断矩阵

劳动技能	设计劳动流程	掌握劳动操作	权重
设计劳动流程	1	5	0.8333
掌握劳动操作	1/5	1	0.1667

一致性比例系数 $CR= 0 < 0.1$，$\lambda_{max} = 2$。

表 9　劳动创造指标下判断矩阵

劳动创造	探究技术原理	创造性解决问题	实现创意物化	权重
探究技术原理	1	3	4	0.6250
创造性解决问题	1/3	1	2	0.2385
实现创意物化	1/4	1/2	1	0.1365

一致性比例系数 $CR = 0.0176 < 0.1$，$\lambda_{max} = 3.0183$。

表 10　劳动习惯指标下判断矩阵

劳动习惯	遵守劳动纪律	践行劳动环保	权重
遵守劳动纪律	1	5	0.8333
践行劳动环保	1/5	1	0.1667

一致性比例系数 $CR = 0 < 0.1$，$\lambda_{max} = 2$。

表 11　劳动品质指标下判断矩阵

劳动品质	讲求诚信务实	注重团队合作	权重
讲求诚信务实	1	2	0.6667
注重团队合作	1/2	1	0.3333

一致性比例系数 $CR = 0 < 0.1$，$\lambda_{max} = 2$。

表 12　劳动情感指标下判断矩阵

劳动情感	表明劳动意向	体贴劳动过程	权重
表明劳动意向	1	2	0.6667
体贴劳动过程	1/2	1	0.3333

一致性比例系数 $CR = 0 < 0.1$，$\lambda_{max} = 2$。

表 13　劳动态度指标下判断矩阵

劳动态度	端正劳动态度	承担劳动责任	权重
端正劳动态度	1	2	0.6667
承担劳动责任	1/2	1	0.3333

一致性比例系数 $CR = 0 < 0.1$，$\lambda_{max} = 2$。

附录 8：中等职业学校学生劳动素养培育实践困境案例研究阶段访谈提纲

学生篇

1. 你的基本信息是？包括年级、专业、家庭所在地、家里同辈家庭子女数、父母职业等。

2. 你对学校实行劳动教育的初印象是什么？请你用 3～4 个词语表达出来。

3. 你能够描述一些有关于亲历劳动活动的经历吗？

4. 你认为自己劳动素养如何？在劳动观念、劳动能力、劳动习惯与品质、劳动情感与态度四个方面，哪个方面较好？哪个方面较弱一些？

5. 你认为学校开展劳动教育最大的困难是什么？我们该如何克服？

6. 你眼中开展劳动及劳动教育的意义是什么？

教师篇

1. 您的基本信息是？包括学历、职称、教龄、是否有行政职务、任教专业等。

2. 您认为中等职业学校应该进行劳动教育吗？您认为中等职业学校应该培育学生的劳动素养吗？

3. 您认为中等职业学校应该如何进行劳动教育？您认为中等职业学校应该如何培育学生的劳动素养？

4. 您认为劳动教育有必要开设课程吗？主要会以哪种形式开展？

5. 您认为职业学校与普通高中生的劳动教育定位应该有差异吗？您认为职业学校与普通高中生劳动素养要求有差异吗？如果有，那么请问体现在哪些方面？

6. 学校开展劳动素养培育的硬件环境如何？比如平台、实验室、场地等。

7. 您认为与劳动素养相比，学校领导更为重视什么？为什么？比如就业技能、人身安全、道德品质等。

管理者篇

1. 您的基本信息是？包括学历、职称、教龄、行政职务等。

2. 您认为当前有必要在中等职业学校加强劳动教育吗？主要原因是什么？

3. 您认为劳动教育最主要的实施主体是哪一方？

4. 您认为劳动教育有必要开设课程吗？主要会以哪种形式开展？

5. 您觉得在开展劳动教育活动中，您主要担当的是怎样的角色？具体负责哪些事？

6. 您认为如何组织教师参与劳动教育课程活动？如何促进教师在学生劳动素养中发挥重要作用？

7. 您认为是否有必要与企业合作开展劳动教育？您如何看待？

后 记

行文至此，落笔为终。时光荏苒，如白驹过隙，悄然间已将我带至这段旅程的终点。曾几何时，脑海中积攒了无数当下的思绪，期盼着将它们悉数倾注于后记之中，然而此刻执笔，却发觉言语难以承载那万千感慨。然而，正是这些看似零散的片段，如同涓涓细流，汇聚成河，最终凝练为本书的底色，也铸就了我学术生涯中一段难以忘怀的旅程。这段旅程，既是思想的沉淀，也是生命的印记，它承载着无数个孤寂与迷茫的时刻，也见证了每一次突破自我的喜悦与成长。

“中等职业学校学生劳动素养评价与培育研究”选题，既源于我对职业教育领域的长期关注与思考，也得益于跟随导师顾建军教授参与全国教育科学规划教育学重点项目的深刻启发。这一选题不仅是对职业教育现实问题的回应，更是对劳动教育理论与实践深度融合的探索。能师从顾建军教授完成这一研究，是我学术生涯中莫大的幸运。顾老师德高望重、学识渊博、治学严谨、虚怀若谷、儒雅绅士，那宽广的学术视野、敏锐的洞察能力、扎实的理论功底、求实的学术品质和提携后辈的爱生情感，已成为我今后为人、为学及工作的榜样。顾老师对我的学术成长同样倾注了很大的精力——用他的满腔热情激励着我的学术追求，用他的科学严谨培育着我的学术态度，用他的专业智慧灌溉着我的学术思考，用他的善解人意包容着我的学术稚嫩。对此，我满怀感激，并将这份师恩铭记于心，化作前行的动力。

本书的完成离不开多位师长的悉心指导与帮助。程晋宽教授、李如密教授、何善亮教授、谭顶良教授、顾雪英教授、项贤明教授、李艺教授在本书的写作与完善过程中给予了宝贵的建议与启发，他们的真知灼见为本书增色不少。吴康宁教授、冯建军教授、程天君教授在讲座或其他场合的发言也让我受益匪浅。郝天聪副教授于我而言，亦师亦友，亦兄亦长。他既是学术道路上的引路人，以深厚的学识与独到的见解为本书提供了细致的点评与宝贵的建议，也是生活中的挚友，以真诚的关怀与温暖的鼓励陪伴我度过学术探索中的迷茫与困惑。他的学术风范与人格魅力深深影响着我，让我在治学与为人上受益匪浅。

真诚地感激参与本书问卷调查的各位教师、学校管理者与学生。他们中有些人从我选定研究主题之初便一路相伴，不厌其烦地协助我完成多轮专家论证与深入访谈，有些人则在酷暑中抽出宝贵时间，或是在寒冬里放下繁忙事务，认真细致地填写问卷、接受访谈，为我的研究提供了不可或缺的支持。在访谈中，他们毫无保留地分享了学校的实践经验与个人的真知灼见，这些宝贵的见解不仅丰富了我的研究内容，更让我深刻体会到教育实践者的智慧与情怀。正是他们的慷慨分享与无私支持，才使本书得以顺利完成。我深知，学术研究的价值不仅在于理论的构建，更在于对实践的回应与推动。

此外，我要特别感谢“顾门中人”这个温暖的大家庭。在这个充满智慧与温情的学术共同体中，有幸与徐金雷博士、张沿沿博士、侯红梅博士、毕文健博士、徐梅丹博士、徐维炯硕士、陆叶丰硕士、王晴硕士、郑青硕士、蔡亮文硕士、顾稳稳硕士、王春宇硕士等同门并肩前行。我们不仅在学术上深入交流、相互启迪，更在生活中真诚互助、共同成长。尤其是参与大中小学生技术素养大调查、共同组建劳动教育课题项目组并申报国家重点课题的经历，让我深刻体会到团队合作的力量与意义。特别感谢三位大师兄——张继平博士、邓宏宝博士和陈向阳博士。每次见面，我总是不厌其烦地向他们提出各种问题，而他们总是不辞辛劳地耐心解答，关心我的研究进展。他们的支持与鼓励让我在学术道路上更加坚定，也让我深刻体会到师门传承的温暖与力量。感谢王洁博士，在韩国参加 ICTE 会议期间，你无微不至的照顾让我倍感温暖；在国内接待外国专家时，你鼓励我勇敢表达自己的想法，让我受益匪浅。感谢陈文远师姐、印度尼西亚的留学生安迪师兄和阿曼师兄，我们互相打气，并肩“作战”，这段经历让我终身难忘。正是这些同门的陪伴与支持，让我在学术探索的路上从未感到孤单。

感谢那些与顾老师有项目合作的技术教育研究领域的国际学者与教授们，包括荷兰代尔夫特理工大学的 Marc de Vries 教授、美国弗吉利亚理工大学的 John Wells 教授、澳大利亚科廷大学的 John Williams 教授、英国利物浦约翰摩尔大学的 Matt McLain 博士以及爱尔兰的 Jeffrey Buckley 博士。与他们的每一次对话，都如同一场思想的盛宴，不仅拓宽了我的学术视野，更让我对科研的本质与人生的意义有了更深刻的思考。这些跨越国界的学术交流，不仅丰富了我的研究内容，也让我深刻体会到学术无国界的真谛。

我怀着深深的歉疚与无尽的感激之情，向我的家人致以最诚挚的谢意。我出生在一个平凡却充满温暖的家庭，父母以他们的勤劳、勇敢与无私，将全部心血与爱倾注于我。在我求学的这些年里，他们的鬓角已悄然染上霜白，却始终无怨无悔地为我提供最好的条件，默默支持我的每一个选择。他们的付出，是我前行的力量源泉。我还要感谢爷爷奶奶、外公外婆、叔伯阿姨、弟弟妹妹们，你们的牵挂与鼓励，如同冬日里的暖阳，始终温暖着我的心灵。

特别感谢我的丈夫颜兴，从武汉到南京，四年的陪伴，知我冷暖，护我周全。初见乍惊欢，久处亦怦然。愿我们携手共度余生，白首不相离。如今，我们有了可爱的儿子颜亦恒，他的乖巧与笑容是我生命中最美的风景。每当他安然入睡，我便打开电脑修改这本拙著，时不时回头望望他是否醒来。偶尔看见他在梦中绽开的笑颜，我的心仿佛被温柔融化。我真的很爱他。从某种意义上说，学术与儿子于我而言，有着同等重要的份量。学术是我精神世界的寄托，而儿子则是我生命中的一束光，照亮我前行的道路，也成为我学术探索的不竭动力。他们都是我生命中最珍贵的礼物，承载着我最深沉的爱与希望。

值此拙著付梓之际，感谢我的研究生李小凤、朱晓清、王慧汝对于部分章节内容的整理与修订。最后，感谢地质出版社的编辑老师们为本书顺利出版所付出的辛勤工作。

杨秋月
2021 年 8 月 26 日初稿于南京师范大学随园西山
2024 年 3 月 27 日定稿于湖北工业大学职业技术师范学院